FRIEDRICH CORNELIUS
GESCHICHTE DER HETHITER

FRIEDRICH CORNELIUS

GESCHICHTE DER HETHITER

Mit besonderer Berücksichtigung
der geographischen Verhältnisse und der Rechtsgeschichte

1973

WISSENSCHAFTLICHE BUCHGESELLSCHAFT
DARMSTADT

Bestellnummer: 6190
Schrift: Linotype Garamond, 10/12

© 1973 by Wissenschaftliche Buchgesellschaft, Darmstadt
Satz: Maschinensetzerei Janß, Pfungstadt
Druck: Wissenschaftliche Buchgesellschaft, Darmstadt
Einband: C. Fikentscher, Darmstadt
Printed in Germany

ISBN 3-534-06190-X

A. KAMMENHUBER
in wissenschaftlicher
und herzlicher Verbundenheit
zugeeignet

INHALT

Inhalt IX

VORWORT

Dies Buch ist die erste ausführliche Geschichte der Hethiter, die geschrieben worden ist. Alle bisherigen Darstellungen mußten sich auf Skizzen des ungefähren Ablaufes beschränken, weil die notwendigen Vorarbeiten noch nicht geleistet waren.

Zu diesen gehörte in erster Linie die geographische Erforschung und Einordnung. An dieser Aufgabe habe ich seit dreißig Jahren gearbeitet, und nachdem meine Ansätze jetzt an fünf verschiedenen Stellen durch Neufunde bestätigt sind, darf ich sie als gesichert unterstellen. Zweitens war klarzulegen, was die Hethiter aus ihrer indogermanischen Heimat an Vorstellungen und Rechtseinrichtungen mitgebracht haben: Dieser Aufgabe habe ich mich in meiner ›Indogermanischen Religionsgeschichte‹ und im letzten Bande meiner ›Geistesgeschichte der Frühzeit‹ unterzogen. Da die Ergebnisse noch nicht Gemeingut sind, war es notwendig, in diesem Buche nochmals eine ausführliche Darstellung der ostanatolischen Geographie und eine Darlegung besonders der indogermanischen Rechtszustände einzubauen. Schließlich habe ich auch die historischen Texte der hethitischen Großreichszeit eingehend bearbeitet, wenn auch bisher das Werk noch nicht im Druck erscheinen konnte — darunter eine Reihe kleinerer Stücke, die noch von keinem anderen Forscher bearbeitet waren.

Von diesen Grundlagen aus konnte ich viel genauer, als es bisher möglich war, sowohl die militärischen Ereignisse als auch die religiöse und die rechtliche Entwicklung zeichnen. Natürlich bleibt noch vieles fraglich, auch an manchen Stellen, wo ich nicht ausdrücklich ein Fragezeichen gesetzt habe. Gelegentliche Wiederholungen, die der Anschaulichkeit der Darstellung zuliebe nötig waren, wird wohl niemand als störend empfinden.

Frau Professor Kammenhuber hat die Freundlichkeit gehabt, mein Manuskript (vor Abfassung der Anmerkungen) durchzusehen und eingehend mit mir zu besprechen, so daß ich manche Einseitigkeiten ausmerzen konnte, wie sie jedem Forscher unterlaufen. Ihr möchte ich daher hier meinen besonderen Dank aussprechen. Ebenso gilt mein Dank Herrn Professor Otten, der mir auf zahlreiche Anfragen liebenswürdig Bescheid gab. Schließlich möchte ich auch meinen türkischen Kollegen Sedat Alp und N. Özgüç hier meinen Dank aussprechen, die mir mit der Führung durch ihre Ausgrabungen wesentliche Einblicke vermittelten, und ganz allgemein den türkischen Gastgebern, die uns auf unseren drei Reisen oft so freundlich aufgenommen haben.

Die Anmerkungen sind in erster Linie für die Mitforscher bestimmt; ich bitte die anderen Leser, sich durch Bezugsziffern und Anmerkungsteil nicht beirren zu lassen. Nur den Schlußabsatz von Anm. 84 des Kapitels III möchte ich allen recht dringlich ans Herz legen.

Greifenberg/Ammersee   Friedrich Cornelius
Frühling 1972

BEMERKUNGEN ZUR AUSSPRACHE

Ich habe die türkischen Namen möglichst so wiedergegeben, wie sie auf den heutigen Landkarten stehen. Nur habe ich das i ohne Punkt und das schwache g nicht eigens unterschieden. Man merke:

türkisch c ist dj zu sprechen (wie j in englisch 'Jokay'),
    ç ist tsch,
    ş ist deutsch sch,
    y ist verschliffenes i wie in 'Bayern',
    z ist weiches s wie in deutsch 'Rose'.

Da ich zumeist ältere Landkarten benutzt habe, die noch andere Rechtschreibung hatten, sind mir allerdings einige Inkonsequenzen unterlaufen.

Die hethitischen Namen habe ich im Nominativ wiedergegeben, also die Personennamen auf -s, die Ortsnamen auf Vokal endend. Ich habe die überflüssigen Unterscheidungszeichen weggelassen und habe das hethitische h durch ch umschrieben[1], das immer zu sprechen ist wie in 'Bach', auch nach hellen Vokalen und am Anfang des Wortes. Den hethitischen Zischlaut habe ich mit s umschrieben, mit Ausnahme der wenigen Fälle, wo die ugaritische Wiedergabe zeigt, daß sch gesprochen wurde.[2] Wo s und ch als getrennte Laute aufeinanderfolgen, habe ich sie durch Apostroph getrennt. Um des gemeinsamen Registers willen habe ich diese Umschrift auch in den Anmerkungen verwendet.

---

[1] Nach dem Vorgang von H. Otten, in: Kulturgeschichte des Alten Orients.

[2] Vgl. R. Degen, WO IV 61 ff.

Hethitisch z ist tj oder dj,

    j ist verschliffenes i wie das y in 'Mayer' oder 'Bayern',
w ist verschliffenes u, wie englisch w.

Das schwierigste Problem der Umschrift gab der Name der
hethitischen Schutzgottheit, die 'D. Kal' geschrieben wurde,
aber anders, und zwar wahrscheinlich an verschiedenen Orten
ganz verschieden, ausgesprochen wurde. Im ostanatolischen
Raum ist die Aussprache 'Inaras' nachzuweisen.[3] In Westkleinasien ist eine Aussprache 'Kalas' (griech. 'Pallas') mindestens möglich, und ich habe sie da eingesetzt, wo man in
den bisherigen Bearbeitungen 'KAL' hat stehenlassen. Ich
betone aber, daß die wirkliche Aussprache noch ungewiß ist.

---

[3] Den Beweis für diese von E. Forrer aufgestellte, von F. Sommer
und anderen heftig bestrittene Gleichung gibt KUB XIV 4 II 5: der
Felsgipfel der DKAL, auf den Mursilis hier anspielt, ist der der Inaras
in der Sage von Illujanka. Aber die phonetischen Komplemente, die
Sommer gesammelt hat, zeigen, daß es noch andere Namen dieser Gottheiten gegeben hat. Vgl. auch H. Ehelolf, OLZ 37, 1934, Sp. 721 f.

ABKÜRZUNGSVERZEICHNIS

AAA	Annals of Archaeology and Anthropology, Liverpool
ABoT	Ankara Arkeoloji Müzesinde bulunan Bogazköi tableteri
AfO	Archiv für Orientforschung
AJA	American Journal of Archaeology
AJSL	American Journal of Semitic Languages and Literature
AM	A. Goetze, Annalen des Mursilis (MVÄG 1933)
Anab.	Anabasis (Arrian bzw. Xenophon)
Anat St	Anatolian Studies
ANET	Pritchard, Ancient Near Eastern Texts relating to the Old Testament
Ann Brit School Ath	Annual of the British School at Athens
App. Mithr.	Appian Mithridatika
armen.	armenisch
Ar Or	Archiv Orientalny
ARM	Archives Royales de Mari
AR	Altes Reich; Breasted AR = Breasted Ancient Records
AU	Ferdinand Sommer, Die Ahhijawaa-Urkunden, München 1932
BASOR	Bulletin of the American School of Oriental Research
BCH	Bulletin de Correspondence Hellenique
bell Alex	bellum Alexandrinum
Bi Or	Bibliotheca Orientalis

Bo	Unveröffentlicher Bogazköi-Text
BoSt	Bogazköi-Studien
BoTU	E. Forrer, Bogazköi-Texte in Umschrift, Heft 2 (WVDOG 41, 1922)
CAH	Cambridge Ancient History, 3. A.
Cat.	E. Laroche, Catalogue, 1. A. (in RHA, Heft 58 ff.)
Cic. de div.	Cicero: de divinatione
CRAI	Compte Rendue de l'Academie des Inscriptions et Belles Lettres, Paris
Dio Cass.	Dio Cassius (Historia Romana)
D. Hal. Ant. Rom.	Dionysios Halikarnassios Antiquitates Romanae
DS	H. G. Güterbock, The Deeds of Suppiluliuma (in JCS X)
Eurip.	Euripides
F. Gr. Hist.	Jacoby, Die Fragmente der griechischen Historiker
griech.	griechisch
HAB	F. Sommer und A. Falkenstein, Die hethitisch-akkadische Bilingue des Chattusili I., München 1938
heth.	hethitisch
HSS	Harvard Semitic Series
HUCA	Hebrew Union College Annual
IBoT	Istanbul Arkeoloji Müzesinde bulunan Bogazköi tableteri
idg.	indogermanisch
Il.	Ilias
JAOS	Journal of American Oriental Studies
IOV	Institut für Orientforschung (Berlin), Veröffentlichungen
JCS	Journal of Cuneiform Studies
JNES	Journal of Near Eastern Studies

KBo	Keilschrifttexte aus Bogazköi
Kleinas. Forsch.	Kleinasiatische Forschungen
KUB	Keilschrift-Urkunden aus Bogazköi
lat.	lateinisch
MAOG	Mitteilungen der Altorientalischen Gesellschaft
MDOG	Mitteilungen der Deutschen Orientgesellschaft
MIO	Mitteilungen des Instituts für Orientforschung
mir. ausc.	(Pseudo-Aristoteles) de mirabilibus auscultationibus
MSS	Münchener Studien zur Sprachwissenschaft
MVÄG	Mitteilungen der Vorderasiatisch-Ägyptischen Gesellschaft
NF	Neue Folge
n. h.	(Plinius) naturalis historia
Nic. Dam.	Nikolaos Damaskenos
OIP	Oriental Institut Publications, Chicago
OLZ	Orientalische Literatur-Zeitung
Or	Orientalia, nova series, Rom
Plut.	Plutarch
Ptol.	Ptolemaios (Geographie)
PRU	Palais Royal d'Ugarit
RA	Revue Assyriologique
RE	Pauly-Wissowa-Kroll, Realenzyklopädie
Renc. ass.	Rencontre Assyriologique Internationale, Actes
RHA	Revue Hittite et Asianique
RL	Reallexikon
Rom. Abt.	Romanistische Abteilung
R. S.	Ras Schamra
Sam.	Samuel (Bibel)

septentr.	septentrionalis
SBAk	Sitzungsberichte der Akademie, philologisch-historische Klasse
skand.	skandinavisch
Steph. Byz.	Stephanos von Byzanz
SRT	Chiera, Sumerian religious texts
s. v.	sub verbo
Tab. Peut	tabula Peutigeriana
TC	Tablettes cuneiformes du Louvre
VBoT	A. Goetze, Verstreute Bogazköi-Texte
WO	Die Welt des Orients
WVDOG	Wissenschaftliche Veröffentlichungen der Deutschen Orientgesellschaft
WZKM	Wiener Zeitschrift für die Kunde des Morgenlandes
Yale Or. Ser. Res.	Yale Oriental Series, Researches
Z.	Zeitschrift
ZA oder ZAss	Zeitschrift für Assyriologie
ZDMG	Zeitschrift der Deutschen Morgenländischen Gesellschaft

I. DIE GEOGRAPHISCHEN GRUNDLAGEN DER HETHITISCHEN GESCHICHTE[1]

Das östliche Anatolien, das der Schauplatz der hethitischen Entwicklung war, ist ein Hochland, dessen tiefste Stellen nur wenig unter tausend Meter über dem Meer liegen, während seine höchsten vulkanischen Berge beinahe die 4000-Meter-Höhe erreichen. Im Norden und im Süden ist es durch Randgebirge vom Meer abgeriegelt, die man nur an wenigen Stellen durchqueren kann, wo sie von Flüssen durchbrochen sind. Ebenso schwer passierbar grenzen es im Osten die armenischen Gebirge ab. Und auch im Westen, in der Mitte der Halbinsel, ist ein gebirgiger Querriegel, der zwar keine beträchtliche Höhe hat, aber durch steile Abstürze auf weite Strecken den Verkehr unterbindet: der Sultan Dag westlich der Ebene von Konya und die Gebirgszüge, die sich von Afyun Karahissar nach Norden ziehen, bis der Sangarios (Sakariya) sie durchbricht. Nur an dieser Stelle ist eine breitere Pforte, die denn auch mehrmals im Laufe der Geschichte den Weg für Völkerwanderungen gewiesen hat[2] und durch die wohl auch die Vorfahren der Hethiter und Luwier das Land betreten haben[3].

Dieser westliche Gebirgsriegel fängt im Sommer die Wolken ab, so daß sie ihren Regen fast nur auf den westlichen Teil der Halbinsel fallen lassen. Im Innern des Landes hatten wir[4] in den Monaten August und September kaum jemals einen Regentag. In alter Zeit war das wohl anders. Wenigstens findet sich am Delice Su bei Öz Köi eine römische In-

---

[1] Anmerkungen zum ersten Kapitel s. S. 283 ff.

schrift der Kaiserzeit, in der sich ein Statthalter rühmt, an dieser Stelle eine Brücke gebaut zu haben — wo heute ein winziges Bächlein nicht höher als bis zu den Knöcheln reicht, wenn man nicht mit einem großen Schritt darüber setzt.[5] Die Hethiter wissen zwar davon, daß bei schlimmem Götterzorn die Flüsse vertrocknen können, doch scheinen solche durstigen Jahre eine Ausnahme gewesen zu sein. Doch bestimmt die Regenarmut die Siedlungsgeschichte: Nur wo Quellen waren, konnten sich größere Orte bilden. Daher sind die Siedlungsstätten der Hethiterzeit meist noch heute bebaut.

Der größere Teil des Gebietes zwischen den genannten Gebirgen war von 1600—1200 v. Chr. im Hethiterreich geeint. Und zwar unterschieden die Hethiter selbst das 'obere Land', das 'innere Land' und das 'niedere Land'. Nicht ihrem Reiche eingefügt war lange Zeit der nordwestliche Teil, das Flußgebiet des Sangarios (heute 'Sakariya'). Hier, im späteren Phrygien, saßen Stämme, die die Arawanna, d. h. 'die Freien', hießen. Der bedeutendste davon waren die Masa, assyrisch (mit kaukasischer Pluralendung) 'Muski'. Die Assyrer übertrugen diesen Namen auch auf die Phryger, während die Moschoi der Griechen ein an die Ostgrenze des hethitischen Gebietes verschlagener Splitterstamm sind.

Es wird dem Verständnis der hethitischen Geschichte dienlich sein, wenn wir uns zunächst alle Teile des Landes und der Nachbargebiete geographisch genau vergegenwärtigen.

Beginnen wir bei der Einzelbeschreibung mit der Gegend an der Nordküste, die Mursilis II. in seinem 10. Jahre unterwarf. Hier zieht sich am Ufer des Schwarzen Meeres ein äußerst fruchtbarer Küstenstreifen entlang, bewässert aus den Flüssen, die am Randgebirge entspringen und die das Land gerne zu überschwemmen scheinen. Wenigstens sind um Therme die Häuser regelmäßig auf Steinen oder Pfählen errichtet (Abb. 1), so daß der hölzerne Fußboden des Untergeschosses sich etwa einen halben Meter über dem Erdboden befindet. Aber ob nun die Flüsse oder die Regengüsse diese Gegend gelegentlich unter Wasser setzen, jedenfalls bringen die Flüsse des Binnenlandes all den feinen Humusstaub mit, der im inneren Anatolien in sie hineingeweht wird und setzen ihn an der Meeresküste ab. Wir gingen auf der Suche nach den Ruinen von Themiskyra den Thermodon entlang: Dieser Fluß ist bis zu fünf Metern in den Humus eingeschnitten und erreicht nicht das anstehende Gestein des Untergrundes. Nach der hethitischen Beschreibung muß hier ehemals mindestens eine Stadt, Aripsa, auf einer Insel gelegen haben,[6] aber diese ist längst dem Festland angewachsen.

An manchen Stellen allerdings treten die Gebirge so nahe an das Meer heran, daß kein Weg für Menschen dazwischen blieb, ehe man Straßen hineingesprengt hat. Eine solche Stelle ist östlich von Samsun, westlich der Mündung des 'gelben Flusses' (Yeşil-Irmak). Samsun hat einen vorzüglichen Hafen und ist mindestens seit frühgriechischer Zeit besiedelt. Aber geschichtliche Spuren sind in einer so stark überbauten Stadt nicht zu erwarten — mindestens nicht an der Oberfläche.

Gleich südlich dieser Stadt aber und ebenso den ganzen Streifen des Schwemmlandes entlang erhebt sich die erste Welle des Randgebirges. Die Straße überquert sie in weiten Serpentinen. Man sieht in ein tief eingeschnittenes Bachtal; aber die Wände fallen so schroff und steil ab, daß nicht einmal für einen Fußweg Platz zu sein scheint. Die oberen Hänge sind mit dürftigem Wald bewachsen; sie mögen ehemals dichteren Baumbestand gehabt haben. In Paphlagonien ist es nicht anders. Zwar steigen hier die Randgebirge nicht so steil an und bieten Raum für beträchtliche Siedlungen und Viehwirtschaft, auch für einigen Getreidebau. Aber dann schließt ein Gebirge, von tiefen Schluchten durchfurcht, an, durch dessen Porphyrfelsen gewiß im Altertum so wenig Pfade geführt haben wie heutzutage. Paphlagonien blieb daher den Hethitern, soviel wir wissen, verschlossen und immer selbständig, bis es sich freiwillig den Königen von Pontos anschloß. Die Perser rechneten es zwar zu ihren Satrapien; aber es gab einen König von Paphlagonien, als Alexander der Große durch Phrygien zog, und dieser huldigte ihm unter der Bedingung, daß die Makedonen sein Land nicht beträten.[7] Wir wissen nur von zwei Kriegszügen durch dieses Land: Das eine Mal waren es die rückkehrenden Griechen unter dem Befehl von Cheirisophos und Xenophon, das andere Mal die Römer unter Lucullus. Beide haben das Land der Küste entlang betreten, die Griechen von Osten her, die Römer von Westen. Und beide sind auch der Küste entlang weitergezogen. Das innere Gebirge haben sie nicht überstiegen. Zwar gab es von der Griechenstadt Sinope aus einen Weg, der über Gangra (heute 'Çenkiri', sprich 'Dschenkiri') quer durch die Halbinsel bis an die Südküste führte. Die Behauptung Herodots[8], daß ein Reiter binnen fünf Tagen hier die Halbinsel durchqueren könnte, zeigt, wie selten der Weg begangen wurde; sonst hätte sich solch ein Märchen nicht durch Jahrhunderte halten können.

Dem Yeşil-Irmak entlang konnte man im Altertum ins Binnenland gelangen, und Lucullus hat dies getan.[9] Dann aber folgt östlich ein Gebirgsstock, der wieder auf 200 Kilometer kaum eine Möglichkeit zu einer Überquerung bietet. Erst bei Kerasus (im Lande Kalasma, hethitisch gesprochen) mündet ein tief eingeschnittenes Tal, das von Şebbin Kara Hissar (Abb. 2) fast genau in nördlicher Richtung mit einem Gefälle von über tausend Meter das Gebirge durchschneidet und eine Reihe von Erzlagerstätten freilegt, die schon im 2. Jahrtausend abgebaut wurden. Der Erzabbau war eine Hauptquelle des Reichtums schon zur Zeit des assyrischen Handels (um 1800 v. Chr.). Allerdings hat er dadurch, daß die Erze bis in die Gegenwart hinein auf Holzfeuer ausgeschmolzen wurden, sehr wesentlich zur Entwaldung und

damit zur Austrocknung des Landes beigetragen. Heute
stehen in den meisten Schluchten die farbigen Felsen kahl
zutage.

Das Innere dieser Landschaft südlich vom Randgebirge
gliedert sich natürlicherweise in seinem nördlichen Teil in die
drei Stromgebiete des Sangarios, des Halys und des Iris oder
Gelben Flusses.[10]

Der Sangarios ist die große Wasserader von Großphrygien.
Aus einem zerklüfteten Hügelland sammeln sich seine Quellen zu einem für diese Gegend beträchtlichen und reißenden
Fluß, der nach Osten in weiter Ausbiegung an Gordion, der
alten Hauptstadt des Phrygerreiches, vorüberfließt, dann aber
nach Westen biegt und ein Tal zwischen der fruchtbaren phrygischen Hochebene und den Randgebirgen von Paphlagonien
eintieft. Erst weit in Westkleinasien bricht er durch die Randgebirge und bahnt sich in einem lieblichen Tal den Weg zum
Schwarzen Meer. Auffallend ist an seinem Unterlauf der
Gegensatz zwischen dem wohlbewässerten Flußtal mit Feldern, Büschen und einzelnen Hainen und den kahlen, von
allem Pflanzenwuchs entblößten Höhenzügen darüber (Abb. 3)
— ein seit frühester Zeit für die wirtschaftliche Nutzung maß-
gebender Unterschied. In Nebentälern erklimmt die Straße
die Höhe des Plateaus. Dort liegt zuerst Bileçik, dann
Eskişehir (zu deutsch 'Altenburg'), der einzige Ort, wie man
mir versichert hat, wo der Meerschaum gewonnen und verarbeitet wird. Von diesem Mineral ist schon im Altertum die
Rede. Ob es schon in den Texten der Hethiter vorkommt,
kann ich nicht sagen: Wir können noch lange nicht alle in
ihnen genannten kostbaren Steine mit ihren heutigen Namen
bezeichnen.[11] Östlich von Eskişehir sind weitgedehnte Wei-
zenfelder, durch keinen Baum, aber gelegentlich durch Unland
unterbrochen, auf dem nur Disteln und Wolfsmilch und andere Unkräuter gedeihen. Die Disteln bieten immerhin noch

Futter für die Esel, die heute und schon in vorhethitischer Zeit das übliche Transporttier sind und waren.[12]

Im Osten wird diese Höhenplatte begrenzt von einer Bodenrippe von geringer Höhe, an die sich der Ort Sivri Hissar schmiegt (Abb. 4). Auffallenderweise führte die alte Römerstraße geradezu eigensinnig über diese Felsrippe hinüber (Abb. 5), die sich leicht hätte westlich umgehen lassen. Aber man wundert sich nicht mehr, wenn man ihrem Lauf folgt: So gering die Felshöhen sind, so reichen sie doch aus, aus dauernd auch im Hochsommer fließenden Quellen die Brunnen mit Wasser zu versorgen, die am Wegrande angelegt sind.

Etwas weiter südlich, wo die Bergrippe schon viel flacher und von Wiesen überkleidet ist, lag die alte heilige Stadt Pessinus, die aber, soweit bisher bekannt, in der Hethiterzeit noch nicht bestanden zu haben scheint, sondern erst während des ersten Jahrtausends v. Chr. die Stätte eines aus Syrien hierher verpflanzten Kultes der 'Göttermutter', der sumerischen Kubaba, geworden ist.[13] Östlich von dem beschriebenen Höhenzug nimmt das Land hügelige Formen an. Die Straße überschreitet heute den Sangarios ein gutes Stück südlich vom alten Gordion (Abb. 6), das seit Jahrtausenden verlassen steht und erst jüngst ausgegraben worden ist. In hethitischer Zeit ist es noch nicht genannt. Nach griechischer Angabe hat es seinen Namen von einem phrygischen Herrscher des 7. Jahrhunderts; in Wirklichkeit heißt der Name wohl einfach 'Burg'.[14]

Die Straße aber führt wie gesagt ein gutes Stück südlich von Gordion von der Sangariosbrücke aus fast geradlinig nach Nordosten, nach Ankara. Die Berge, die südlich der Straße, aber in beträchtlichem Abstand, sie begleiten, steigen immer höher an. Aber die Anbaugebiete, die der Weg durchschneidet, haben kaum nennenswerte Höhenunterschiede. Erst innerhalb der Stadt Ankara selbst begegnet eine von Westen nach Osten streichende Hügelkette mit ziemlich steilen Hängen. Auf einer isolierten Hügelkuppe steht die türkische Burg von Ankara. Die ausgegrabenen Teile der römischen Stadt mit ausgedehnten Badeanlagen liegen am unteren Rande dieser Hügelkette. Wie heute, so war ja schon unter den Römern hier die Hauptstadt des inneren Kleinasien. Die Ausgrabungen haben noch weiter zurück bis in die Phryger-Zeit Überreste aufgedeckt. Wahrscheinlich war Ankara eine zweite Residenz der phrygischen Könige. So führten die Perser ihre stattliche Königsstraße von Kilikien aus auf dem Umweg über Ankara, um dann wieder südwestlich bis ins Mäander-Tal auszubiegen. Diese gewundene Straßenführung, die auch Alexanders des Großen Marschroute bestimmt hat, erklärt sich am besten, wenn die vorher von den Phrygern angelegten Straßen beim Ausbau benützt worden sind, für die eben Gordion und Ankara (griech. ʽAnkyra') die Mittelpunkte waren.

Ankara wird — wie es scheint — unter dem Namen ʽAnkala' als Heimat eines Masa-Mannes in der Hethiterzeit ganz flüchtig erwähnt.[15] Bedeutung hatte es noch keine. Heute aber sind die Anhöhen im Norden der Stadt mit weißen Häuschen übersät. Und schon in der Perserzeit führte von hier die Straße ins innere Anatolien. Die alte Straße ging über einen Paß in der Hügelkette nach Norden hinüber in die breite Talmulde, die sich dort anschließt, und die nun schon ihre Wasser dem Halys zuführt. Auch der Weg von Ankara direkt nach Osten, den die Eisenbahn nimmt, geht durch ein nicht ganz enges Tal in manchen Windungen bis zu einer kaum merkbaren Paßhöhe, wo dann tief eingeschnittene Schluchten in sehr bröckeligem Fels zum Stromtal des Halys (Abb. 7) hinableiten. Südöstlich von Ankara dagegen ist ein mächtiger Gebirgsstock,[16] den eine weitere schon aus der Römerzeit bezeugte Straße von der Stadt direkt nach Süden westlich umgeht, um sich dann südöstlich abbiegend zwischen dem Halys und dem großen Salzsee hindurchzuzwängen.

Das Flußgebiet des Halys ist das eigentliche Heimatland der Hethiter und muß uns daher genauer beschäftigen. Aus zwei Quellarmen, die sich wenige Kilometer westlich von Siwas vereinigen, stammt der Hauptteil des Wassers jenes Flusses, den die Hethiter 'Marassanda', die Griechen nach seinem Salzgeschmack 'Halys' nannten und die Türken nach seiner rötlichen Farbe 'Kizil Irmak', 'Rotfluß', nennen. 'Roter Fluß', so hieß schon bei den Hethitern der Quellarm, der von Osten her an Zara (heth. 'Saala'?) und Çemis (lat. 'Camisa', heth. 'Chagmis' genannt [Abb. 36]) vorüber, südlich Siwas entlang fließt. Diese Gegend war Eigengut des Chattusilis III., ehe er König wurde. Siwas (lat. 'Sebaste') ist nach Kaiser Augustus benannt, dessen Titel die Griechen durch Sebastos wiedergaben. Auf einer Höhe nördlich des Tales liegt an der Ostseite der Stadt eine Burg, an deren Untermauerung man noch deutlich den Wechsel der Baustile ablesen kann. Sie mag bis in die Römerzeit oder noch weiter zurückreichen, sicher bis in byzantinische Zeit. Um 1400 war Siwas der Sitz eines türkischen Geschlechtes, das mit den Osmanen rivalisierte. Südlich des Flusses sind in dieser Gegend breite ebene Flächen, geeignet zum Aufmarsch eines reisigen Heeres. Die Straße aber geht nördlich in einigem Abstand dem Fluß parallel an einem Felsabhang entlang, der durch Regenrunsen wie geriefelt erscheint; diese Runsen laufen in trichterförmige Becken zusammen, in denen das Wasser zu versiegen pflegt. Nachher bei Hafiz hat sich die nördliche Talseite wieder erweitert, noch weiter östlich, wo ein Seitental von Süden einmündet, liegen kleine, intensiv blaue Seen ohne Abfluß zwischen die Hügel gestreut, die das Flußtal im Norden begleiten. Danach kommt wieder eine ziemlich breite Ebene am Fluß (Abb. 8), teils bestelltes Land, teils Tummelplatz der Schafherden. Der Sand des Baches — denn von Fluß kann man hier wohl nicht mehr sprechen — ist von tiefroter Farbe und so fein, daß im Wasser immer einiger Sand aufgewirbelt mitschwimmt. So

behält der Halys bis in seinen Unterlauf eine leicht rötliche
— doch später viel dunklere — Färbung.

Mindestens ebenso wasserreich (im Sommer 1964 viel bedeutender) ist der andere Arm, der sich mit diesem Roten
Fluß westlich von Siwas vereinigt, und den die Türken heute
'Yildiz Irmak', 'Sternenfluß', nennen, die Hethiter aber als
den Oberlauf des Marassanda aufgefaßt zu haben scheinen.[17]
Seine Quellen sind am steilen Yildiz Dag, einem Kegel von
vulkanischer Form, der bis zu 2400 Meter über dem Meer
aufragt, und aus dem fast ebenso hohen Gebirgsbogen, der
nordwestlich anschließt. In mancherlei Windungen[18] fließt
der Bach, bis er den Weg durch die Berge direkt nach Süden
findet (Abb. 9).

Nach dem Zusammenfluß wendet sich der Halys nach Südwesten, mit starkem Gefälle dem 'weißen Berg' ('Ak Dag',
heth. 'Charkijas') entlang in das Hügelland vorbrechend, das
die Hethiter das 'innere Land' nannten. In großem Bogen
durchströmt er dieses Gebiet, wendet sich nach Westen, nach
Nordwesten und endlich als gewaltiger Fluß nach Norden,
am mächtigen Gebirgsmassiv südöstlich Ankara entlang. Er
ist jetzt so tief, daß man ihn nur schwimmend überqueren
kann. Der Fluß war daher für das Hethiterreich lange Zeit
eine natürliche Grenze gegen Westen (Abb. 7). Heute führen
natürlich mehrere Brücken über ihn. Zur Römerzeit scheint
nur bei Eccobriga, heute 'Achburga',[19] ein Übergang gewesen
zu sein, wo der Bach, der von nördlich Ankara kommend das
liebliche, flache Seitental durchströmt, in den Halys einmündet. In der Hethiterzeit war die Furt oder Brücke[20] noch
ein Stück weiter nördlich, wo ein zweites von West nach Ost
streichendes Tal einmündet, an der Nordseite von einer fast
senkrechten Felspartie abgeschlossen (Abb. 10), die von Çenkiri, lat. 'Gangra', hethitisch wohl 'Kammala' (sprich 'Kang'la'),
lückenlos bis zum Halys reicht. Ein sehr breites Flußbett
lehrt, daß der hier mündende Bach bisweilen viel Wasser

führt. Auch in römischer Zeit war bei der Mündung dieses Flusses ein Übergang für die Straße, die nach Amasia weiterführte.[21]

Ein Stück weiter nördlich nimmt der Halys die Wasser des Delice Su auf, des 'Kappadox' der Römer (und 'Zulija' der Hethiter?), in dem sich die meisten Wasser des Inneren Landes sammeln. Danach hat der Halys in tief eingeschnittener Gebirgsschlucht, die ich noch nicht aus eigener Anschauung kenne, einen seltsamen Zickzacklauf, nach Westen, Nordosten, Süden scharf umbiegend, um schließlich in der alten nordöstlichen Richtung zum Meere zu finden.

Im Innern dieses Flußbogens sind drei Gürtel zu unterscheiden. Von den Bergen westlich des Ursprungs und dem Weißen Berge zieht fast genau nach Westen ein Höhenrücken, der rund zwei-, dreihundert Meter höher als die südlich anschließende Hügellandschaft ist und in der Gegend von Yozgad noch höhere Bergkuppen trägt. Es ist das 'obere Land' der Hethiter.[22] Der Abbruch gegen Süden ist bei Yozgad und Kerkennes so steil, daß sich ein weiter Ausblick wie von einem Gipfel aus darbietet (Abb. 11). Weniger schroff ist der Abhang bei Nefez (Abb. 23), dem alten Tavium,[23] in dem ich Arinna, die sakrale Hauptstadt der Hethiter, erkenne. Hier und östlich bis Yozgad ziehen eine große Reihe von Tälern mit heute nur geringen Rinnsalen parallel nach Süden, die alle dann in das Quertal des Delice Su münden. Unübersichtlicher ist der Verlauf der Täler östlich Yozgad. Der Bach, der das Profil gestaltet, läuft zunächst ostwärts bis Sorghum, bricht dann südwärts durch die Höhenkette, die am Kerkennes Dag abschließt. Auf der Nordseite der Berge um Yozgad, von denen der höchste der 'Piskurunuwas' der Hethiter ist, sammelt sich der Bach, der bei Bogazköi ('Schluchtdorf') die tiefe Schlucht bildet, nach der der Ort benannt ist. Parallel fließt ein anderer ähnlich tief eingeschnittener Bach von nördlich Tavium über Tambasan. Bei Bogazköi (heth. 'Chattusa') treten beide aus dem Gebirge in ein flaches offenes Becken, vereinigen sich und fließen dann nordwestlich durch ein breites Gebirgstor bei Sungurlu aus dem Oberen Land heraus und weiter dem Delice Su zu.

Nördlich und östlich des Beckens von Bogazköi gehen die Anhöhen wieder ziemlich steil empor, doch nicht allzu hoch. Es ist in beiden Richtungen nur der Abbruch eines Plateaus, das sich wenig gefurcht bis Alaca hinzieht. Man kann es westlich umgehen, wo das Becken von Bogazköi ohne merkliche Steigung sich nordwärts fortsetzt und in das Tal von Alaca übergeht. Von Alaca aus führt dann wieder eine breite Talmulde südwärts bis östlich von Yozgad, eine andere nach Osten in das Flußgebiet des Skylax.

Nordwestlich von Alaca durch einen schmalen, aber schroffen Felsdurchbruch zugänglich, liegt das Tal von Alaca Hüyük ('Bunthügel'; 'Hüyük' heißt zu deutsch 'Ruinenhügel'), der vorhethitischen Königsstadt Zalpa.[24] Von dieser führt eine Straße nordwärts zunächst durch ein schroffes Gebirge, dann an einem alten Seebecken vorüber nach Çorum, dem althethitischen Churma (?).[25] Damit sind wir ebenso wie bei Sungurlu aus dem Oberen Land in die breitere Niederung herausgetreten, die den Halys-Lauf in dieser Gegend am Ostufer begleitet, auch sie in unübersichtlicher, kaum zu beschreibender Weise durchfurcht. Von Çorum kommt man über einen breiten Höhenrücken in das Gebiet, das in griechisch-römischer Zeit 'die hundert Dörfer' hieß, das aber schon einem anderen Flußsystem angehört. Ostwärts führt die Straße durch eine breite, anmutige Mulde ohne Gebirgshindernis zum Gelben Fluß südlich Amasia.

Der Delice Su entspringt in der Gegend direkt nördlich des südlichsten Punktes des Halys-Bogens. Eine Reihe von Quellarmen, lauter schmale Bäche, rinnen zunächst meist in nördlicher Richtung, vereinen sich allmählich und fließen dann westwärts zwischen dem Oberen Land und einem größeren, mäßig hohen Gebirgsmassiv hindurch. Diese Gegend war der Schauplatz des Bürgerkrieges zwischen Chattusilis III. und seinem Neffen. Dann wendet sich der Delice Su bei dem Dorf, dessen Namen er trägt, nordwärts nach Sungurlu. Zwischen ihm und dem Halys ist hier eine weitgedehnte Niederung, der flachste Teil des bisher beschriebenen hethitischen Gebietes. Südlich davon ragt zwar wieder ein imposanter, wenn auch kleinerer Gebirgsstock auf, doch läßt er von Delice aus einen breiten Übergang nach dem Tal eines anderen Nebenflusses des Halys, des Ökse-Su, frei, der eigentlich nur ein Bach ist.

Der Ökse-Su kommt aus einer Gegend, die nach dem Ausdruck meines Begleiters aussieht, als ob die Riesen hier mit Felsbrocken Ball gespielt hätten. Ich glaubte zunächst, es seien stark verwitterte Reste von frühgeschichtlichen Befestigungen; aber bei näherem Zusehen war deutlich, daß es sich um gewachsene Felsen handelt. Von da fließt der Ökse-Su in nahezu östlicher Richtung vom Halys durch ein wildes Bergmassiv, vom Delice Su durch einen breiten Bergrücken getrennt, über den heute die Straße von Jerköi (heth. 'Ches-'chaspa') herüberführt. Das Tal des Ökse-Su ist ein Muster dessen, was man als altorientalische Bewässerungskultur bezeichnet. Nicht nur, daß hier sehr alte Keramikreste aus dem 3. Jahrtausend (sogenannte 'Chirbet-Kerak-Ware')[26] beim Straßenbau zum Vorschein gekommen sind, sondern den ganzen Bach entlang sind wohlbewässerte Gärten aneinandergereiht, so daß das grüne Tal sehr auffallend von den kahlen Berghängen absticht. Bei Kirşehir, unter dessen Hüyük vermutlich die heilige Stadt Samucha liegt, wendet sich der genannte Bach nach Süden und mündet südlich der Stadt in den Halys, auch hier wieder eine paradiesische Gartenlandschaft wässernd, nur daß das Tal hier enger, der bewässerte Raum also beschränkter ist. Nach Osten kommt man über eine kleine Anhöhe nach Muksur (lat. 'Mokissos'), einem römischen Ort, wo aber nur ein winziger Hüyük die alten

Reste umschließt. Die Höhen, die diese Gegend vom Halys trennen, sind minder bedeutend. Die Straße führt ostwärts ohne besondere geographische Auffälligkeiten weiter, bis sie da, wo von Süden her der Melas in den Halys mündet, dorthin umbiegt, um an dieser Stelle den bequemsten Flußübergang zu erreichen.

Zwischen dem Quellgebiet des Delice Su und der Straße von Jerköi zum Ökse-Su liegt eine fast unzugängliche Hochfläche, die für menschliche Siedlungen und Anbau ungeeignete Steppe zu sein scheint.

Zum Flußgebiet des Halys gehört noch südlich des Flußlaufes eine schmale Zone, die die merkwürdigsten geographischen Seltsamkeiten aufweist. Nahe dem südlichsten Teil des Halys-Bogens erhebt sich der Erciyas, ein steiler Vulkankegel von nahezu 4000 Meter Höhe, griechisch 'Argaios' geschrieben, aber offenbar schon 'Ardjaios' gesprochen.[27] An seinem Nordfuß liegt die nach Ankara größte Stadt des inneren Anatolien, Kayseri, in byzantinischer Zeit 'Kaisareia' genannt, die Heimat der großen kappadokischen Kirchenväter. Vor Augustus hieß sie 'Mazdaka' und in hethitischer Zeit wahrscheinlich 'Arzija', eben nach dem Berge. Von hier rinnt der Melas einige Stunden in westlicher Richtung, dann eine kurze Strecke nordwärts zum Halys. Der Hüyük von Kayseri wurde beim Bau des Bahnhofs leider abgetragen, ohne daß wissenschaftliche Beobachtungen gemacht wurden. Nördlich ist das Becken von Kayseri wieder durch eine schroff aufsteigende felsige Erhebung vom Halys getrennt, an der ein bedeutender Ort, Erkelet, wie in den Hang hineingebaut aussieht.

Die Gegend östlich vom Vulkan ist ehemals von Lavafluten ganz flach überschüttet worden. Wenn der Wind den Staub wegbläst, so sieht das Gestein wie ein künstlicher steinerner Bodenbelag aus; wo irgendein Bach ein Tal hineingegraben hat, ist es am oberen Rand mit einem Felssims abgeschlossen,

und nur unterhalb von diesem kommt die natürliche Frucht-
barkeit der zersetzten Lava zur Geltung. Die unterirdischen Feuer in der Gegend westlich des Vul-
kans, von denen der Geograph des Altertums redet,[28] sind
heute erloschen. Dagegen haben sich in der Gegend westlich
der Melas-Mündung auf der Anhöhe auf 15 Kilometer Breite
die vulkanischen Aschen zu weichen Tuffgesteinen zusammen-
gesintert, in die die byzantinischen Mönche die berühmten
Höhlenwohnungen und Höhlenkirchen von Göreme einge-
bohrt haben. Manche Höhlen mögen auch durch natürliche
Auswaschung vorgeformt gewesen sein. Die ungleiche Härte
des Vulkansinters bedingte es, daß Oberflächenformen entstanden, wie der Boden einer ungeheuer vergrößerten Tropf-
steinhöhle anzusehen (Abb. 12). Die Höhlen scheinen seit
frühchristlicher Zeit ein gesuchter Zufluchtsort gewesen zu
sein. (Eine Münze des Kaisers Hadrian bezeugt das.) Aber eine
neolithische Klinge, die wir zufällig fanden, scheint zu zeigen,
daß die erste Besiedlung der Höhlen in noch viel frühere Zeit
zurückreicht. Zwischen den Aschenfelsen sind Schluchten bis
zu schätzungsweise fünfzig Meter Tiefe eingeschnitten, die
sich zum Halys öffnen und wahrscheinlich im Frühling auch
entsprechend Wasser führen, während im Sommer das wenige
Wasser der Quellen alsbald von der dürftigen Vegetation beinahe aufgebraucht oder von der Sonne ausgetrocknet ist.

Südlich an den Halys-Bogen schließt noch ein Flußsystem
an, das nicht mehr mit dem des Halys zusammenhängt, aber
geographisch zum Inneren Lande der Hethiter gehört hat.
Nur durch eine schmale und nicht mehr hohe Gebirgszone ist
der Halys vom großen Salzsee getrennt, der so recht im Her-
zen der anatolischen Landschaft liegt. Es ist eine Salzlauge, so
dick, daß die Alten erzählten, ein Vogel, der mit dem Flügel
das Wasser streife, sei verloren, weil das Salz ihm sofort die
Federn verklebe,[29] so daß er hinabstürzen müsse. Im Südosten
dieses Sees beginnt ein mächtiger Gebirgsblock altvulkanischen

Gesteins, der Hassan Dag, der über dreitausend Meter Meereshöhe erreicht. Schon in der Jungsteinzeit wurde hier der harte Obsidian gewonnen, den man weithin bis nach Syrien und Mesopotamien verfrachtete und zu Pfeilspitzen und Messerklingen verarbeitete.[30] Die Gebirgskette zieht nach Südosten bis in die Gegend von Nigde. An ihrer Nordseite fließt zum Salzsee ein Fluß, den die Griechen 'Hylas', die Hethiter abschätzig 'Sechirija' ('Seichiger') genannt haben, vielleicht einen älteren Namen volkstümlich umdeutend.[31] Beim quellenreichen Selme liegt nördlich des Flusses und des Osthügels, der wieder Höhlen nach der Art von Göreme enthält (Abb. 30), eine breite Ebene, wie mir scheint, das Aufmarschgebiet des hethitischen Heeres bei Zügen nach Westkleinasien. Dann folgen unregelmäßige Hügellandschaften bis in die Gegend von Newşehir und Göreme — kein natürliches Hindernis für Eroberer bietend. Erst am Ostrande erheben sich mächtigere Berge, die dann wieder ziemlich steil zu der tiefen Senke abfallen, die den Erciyas an seiner Westseite genau nordsüdlich abgrenzt und eine alte natürliche Wegeverbindung in die südlicheren Landstriche herstellt.

Ehe wir diese Gegenden besuchen, müssen wir noch das dritte Flußsystem beschreiben, das in das Schwarze Meer mündet. Parallel zu dem nördlichen Randgebirge, fast gradlinig von seinem Ursprung nördlich von Erzingjan an stürzt sich der Kelkit Su von Ost nach West, der 'Dachchar' der Hethiter. Die Griechen übersetzten den Namen mit 'Lykos', 'Wolf'. In seinem Oberlauf in flachem, von fruchtbaren Fluren bedeckten Tal, nach der einzigen größeren Schlinge seines Laufes bei Su Şehri ('Wasserburg') zwängt er sich dann durch eine enge Schlucht zwischen Felsen hindurch, in der gerade für die Straße, kaum einmal auch für einige Häuser, Platz ist. Am Hang südlich des Flusses findet sich einiger Wald; an der Nordseite fallen die Schichten bunter, kristalliner Gesteine

auf. Erst bei Niksar erweitert sich das Tal zu einem breiten
Kessel, der ehemals ein See gewesen sein muß (Abb. 13), aber
schon im ersten Jahrhundert v. Chr. ein Wiesenland war,
wohlgeeignet zur Pferdezucht. Der Name 'Niksar' ist ver-
stümmelt aus 'Neokaisareia'. So hatten die Römer den Ort
umbenannt, der vorher 'Kabeira' und wahrscheinlich — zur
Hethiterzeit — 'Kapperi' hieß. Dieses Becken wird im Westen
durch einen niedrigen, natürlichen Querwall abgegrenzt, in den
sich der Kelkit Su seinen Weg genagt hat. In tiefen Schluchten
rinnen von den Bergen südlich kleine Bäche innerhalb dieses
Querwalles dem Kelkit zu, so daß das zerklüftete Gelände
trotz seiner geringen Höhe vor dem Bau der modernen Straße
ein fast unübersteigbares Hindernis für den Menschen gewesen sein muß.[32] Nur nördlich des Flusses scheint es einen
schmalen, bequemeren Übergang zu geben.

Hinter diesem Querwall folgt wieder ein breites fruchtbares Talbecken, darin der Ort Erbaa, bekannt durch die
goldreichen Grabfunde von Horoztepe.[33] In dieses Becken
tritt an seinem Westrande von Süden kommend der Gelbe
Fluß ein, in den der Kelkit mündet und der dann das Randgebirge durchbrechend dem Meere zueilt.

Dieser Gelbe Fluß (Yeşil-Irmak) entspringt in dem heute
fast unzugänglichen Gebirgsstock westlich Su Şehri und nördlich der Halys-Quelle. In seinem Oberlauf nur durch den
schmalen Gebirgsstock Karaçam Dag vom Kelkit geschieden,
nähert er sich diesem südlich von Niksar bis auf wenige Kilometer, so daß nur ein niedriger Paß die beiden Täler trennt.
Dann biegt der Fluß wieder nach Südwesten und läßt zwischen sich und dem Kelkit den Raum für ein breiteres, in
mehrere Ketten gegliedertes Waldgebirge. Noch heute ist es,
als beinahe einziges Gebiet der Türkei, von dichten Buchen-
wäldern bedeckt, in denen einzelne, weltabgeschiedene Siedlungen liegen. Das Gebiet des Yezil Irmak dagegen ist fast
ausnahmslos ganz kahl. Es ist eben das uralte Bergwerksge-

biet,[34] wo schon Ende des 4. Jahrtausends v. Chr. der Abbau von Antimonerz bei Gazziura begonnen zu haben scheint und wahrscheinlich noch andere Erze (Gold, Kupfer?) gewonnen wurden. Manche Berge sind von unterirdischen Schächten und Stollen durchsetzt,[35] sei es, daß diese vom Bergbau oder von militärischen Anlagen herrühren. Bis Gazziura ist das Tal breit und offen. Dann zwängt sich der mächtig angewachsene Fluß durch die Randberge des Oberen Landes hindurch, wo der Schrägabfall der Berge beiderseits bis zum Flusse reicht. Hier mündet auch der Skylax ein. Dann wendet sich der Gelbe Fluß nach Norden, drängt sich am fast senkrecht abfallenden Burghügel von Amasia (s. z. B. K. Eller, Das goldene Buch der Türkei, Abb. 149) vorbei durch eine enge Talrinne zum Becken von Erbaa hindurch, das im Altertum durch seinen Obstreichtum berühmt war.[36]

Der Skylax (d. h. 'Welpe', also 'der kleine Wolf'), hethitisch 'Dachasta',[37] entspringt südlich von Tokat in den Bergmassiven, die das Tal des Yildiz Irmak westlich abschließen. Ich sehe in ihnen den Berg Zalijanus der Hethiter. Das Wasser sammelt sich dann als Abfluß eines alten, längst ausgefüllten Seebeckens bei Bolus (spätgriech. 'Boryza', vermutlich hethit. 'Nerik'). Immer tiefer schneidet der Skylax bei seinem Lauf nach Westen in die Massive des Oberen Landes ein und nimmt die Bäche, die vom 'weißen Berg' ('Ak Dag') herunterströmen, in sich auf. An einem dieser Nebentäler liegen die Bergwerke von Akdag Maden, hethitisch 'Zisparna', lat. 'Sibora', wo schon um 2000 v. Chr. Kupfer gewonnen wurde[38] und ausnahmsweise der Nadelwald trotzdem nicht verwüstet worden ist, sondern offenbar immer nachgepflanzt wurde. Wo der Skylax südlich von Zile vorbeifließt, vorübergehend bis an den Rand des Oberen Landes heraustretend, ist er schon ein beträchtlicher Fluß geworden. Dann eilt er wieder nordwärts durch eine Klamm dem Gelben Flusse zu.

Zile selbst, das 'Zela' der Römerzeit (Abb. 29), war, wie damals noch bekannt war,[39] eine assyrische Gründung ('Durchamid', heth. 'Durmitta'). Es liegt auf einem einsamen, steilen Hügel inmitten einer weiten, flachen Ebene, die nach Norden zu durch einen Streifen Unland zwischen kleineren Bergen von Gazziura (heute 'Turhal') getrennt ist, südwärts durch mehr hügeliges Gelände von der Schlinge des Skylax geschieden ist.[40]

Das ganze Stromgebiet des Gelben Flusses und seiner Nebenflüsse Lykos und Skylax war zu hethitischer Zeit das Wohngebiet der kriegerischen Gaschgasch-Stämme, von denen in den hethitischen Annalen immer wieder die Rede ist. Nur von Amasia bis Erbaa und zum Meere scheint der Unterlauf des Gelben Flusses im Besitz eines anderen Volkes, der Azzi, gewesen zu sein.

Wenden wir uns nun den abflußlosen Gebieten des inneren Anatolien zu. Südlich der Felshügel, in denen der Sangarios entspringt, dehnt sich eine größere Ebene, die man im Altertum noch zu Phrygien rechnete, südwestlich vom Sultan Dag überragt, aus dessen kompaktem Gebirgsstock mehrere Vulkangipfel emporragen. Von diesem Rande Phrygiens tritt man ostwärts über einen schmalen, niedrigen Rücken in die unermeßliche lykaonische Ebene ein. Gerade daß das Auge am Horizont im Südosten und Osten noch einige Höhenzüge wahrnimmt. Im Süden sind es die Ketten des Taurus, die die Ebene begrenzen. Von dessen nördlichen Ausläufern kommt der wasserreiche Çarsamba herab, der die Gegend um Ikonion (heute 'Konya') und weiter südlich bewässert. Es ist eine Landschaft des frühesten Getreidebaues, als solche schon im siebenten Jahrtausend v. Chr. nachzuweisen, und ist noch heute die Kornkammer der Türkei. Der Strich nordöstlich von Ikonion bis zum Tatta-See dagegen ist zuerst noch allenfalls Weideland und geht dann immer mehr in reine Wüste über.[41]

Nur einige gegrabene Brunnen machten südlich des Salzsees entlang von Akşerai zum südlichen Phrygien hin eine Straße möglich, die für die Römerzeit wohlbezeugt ist,[42] aber schon von den Hethitern beim Marsch nach Westen benutzt wurde. Wahrscheinlich war damals die Gegend noch nicht so ausgedörrt wie heute. Im Südosten wird die Wüste von einem doppelten Höhenzug begrenzt. Den höchsten Gipfel davon (bei Arisama) hatten die Römer mit einem befestigten Wachtposten besetzt[43] (Abb. 14). Wohlerhalten ist noch die große Zisterne, die sie nicht weit unter dem Gipfel anlegten und die immer noch ein wenig Wasser führt. Der Weg, der einmal heraufgeführt haben muß, ist längst in der Geröllhalde verschwunden, die am Nordhang des Gipfels steil herabgeht. Der Anstieg ist heute mühsam und nicht ungefährlich. Im Tal zwischen beiden Bergketten, an die südliche sich nahe anlehnend, aber weit südwestlich des römischen Postens und ohne Zusammenhang mit diesem, haben wir einen Ruinenhügel entdeckt — wenn wir richtig gehört haben, nennen ihn die Anwohner 'Buludan Hüyük'. Schon die Oberflächenfunde bewiesen, daß er von mindestens Mitte des zweiten Jahrtausends an bis in griechische Zeit besiedelt war. Ich spreche ihn als die Stätte des alten Burus'chanda[44] an, der Hauptstadt der Gegend. Der südliche Höhenzug reicht bis zur Straße Konya — Eregli. Südlich von dieser liegt ohne Zusammenhang mit ihm der 'schwarze Berg' (heth. 'Chuwalusija').

Aber mit diesen Höhen haben wir erst die Mitte der großen Ebene erreicht. Diese setzt sich auf der anderen Seite fort, wieder vom Salzsee und dem anschließenden vulkanischen Gebirgszug bis zum Taurus reichend. Die Hethiter nannten diese Ebene das 'niedere Land'. Sie ist wirklich ihrer absoluten Höhe nach tiefer gelegen, die einzige Stelle des inneren Anatolien, die etwas unter eintausend Meter Meereshöhe absinkt. Aber wahrscheinlich meinte der hethitische Ausdruck vielmehr die Flachheit des Gebietes. Es war in der Zeit des Großreiches fest in hethitischer Hand, nur bei Thronwechseln bisweilen unruhig.

Ein kleiner Streifen im Südosten der Ebene wird von Bächen entwässert, die sich in die Täler des Taurus hinunter ergießen. Damit leiten sie uns über zu den Flußsystemen des Mittelmeergebietes.

Die Flüsse Westkleinasiens werden in den hethitischen Urkunden nur selten erwähnt. Von dem Gebiet um das Marmara-Meer, das die Hethiter nie betreten zu haben scheinen, kann ich schweigen.[45] Das eigentliche, zum Ägäischen Meer hinschauende Westkleinasien wird von drei großen Flüssen (und einigen kleineren) von Osten nach Westen durchfurcht, die parallel zueinander strömen, alle drei in ganz breiten Tälern, voll üppigstem Pflanzenwuchs. Der nördliche hieß griechisch der 'Kaikos'. Er strömt an Pergamon vorüber durch die Landschaft, die bei den Griechen 'Teuthranien' heißt. Die Hethiter nennen sie nach dem Strom das Land des Secha-Flusses[46] ('Ka-Secha', daraus griech. 'Ka-ikos', da das s zwischen Vokalen ausfiel). Südlich davon, durch einen Bergrücken getrennt, lag das Land der Lyder im Tal des Hermos (heth. 'Sarmija'). Wahrscheinlich ist die Stadt Manissa, griech. 'Magnesia', auch 'Madnasa' geschrieben[47], schon als 'Madunassa' bei den Hethitern genannt. Das Hermos-Tal und die südlich jenseits des Sipylos-Gebirges anschließenden kleinen Flußgebiete um Smyrna und Ephesos bildeten zusammen das vielgenannte Land Arzawa. Der Oberlauf des Hermos hat ein älteres, quer zu ihm nach Süden laufendes Tal angeschnitten und sein eigenes Bett so tief gegraben, daß von diesem Tal jetzt ein steiler Abhang zu ihm hinunterleitet. Das Hermos-Tal ist vor allem ein großer Wein- und Obstgarten. Die südliche Hauptader des Landes ist das Tal des Maiandros (heth. 'Astarpa'). Seine beiden Hauptquellen, bei Sandikli und bei Dinar, entspringen nahe der Grenzscheide zu Ost-

anatolien, so daß das Tal des Maiandros der natürliche Zugang
von Osten her bis in die Perserzeit geblieben ist.[48] Ursprünglich lief der eine Arm von Dinar direkt nach Westen. Davon
ist die breite Talrinne geblieben, an die sich die Straße hält.
Aber schon zur Griechenzeit war vom Wasserlauf nichts
übrig als ein Salzsee.[49] Danach hat ein von Süden herüber-
kommender Bach sich das alte Talbett zu eigen gemacht, während der Maiandros selbst erst westlich von Hierapolis von
Norden her wieder in das Tal zurückkehrt. Von dieser Stelle
bis hinab nach Tralles (Aydin) ist das Tal des Maiandros ein
einziger, über hundert Kilometer langer Feigen- und Orangen-
garten. Die Berge dagegen, die den Fluß im Norden und Süden begleiten, sind nur mit Gestrüpp überwachsen. Auch das
Delta des Flusses, das zum größten Teil erst in den letzten
zweitausend Jahren angeschwemmt ist,[50] ist wieder kahles
Unland.

Ich übergehe das südlich dem Meere zu gelegene Lykien,
dessen in den hethitischen Texten nur fragliche Erwähnung
geschieht. In das Maiandros-Stromgebiet kann man vom inneren Anatolien auf zwei Wegen gelangen. Der eine führt an
der natürlichen Festung Afyon vorüber (griech. 'Eulandros',
heth. 'Ijalanda'[51]). Ein nach allen Seiten ungewöhnlich steil
abfallendes Felsenriff (Abb. 33) liegt hier, jeden Durchzug
beherrschend, direkt in der Senke, die den natürlichen Paß
bildet zwischen dem vom Taurus nach Norden streichenden
Bergzug, der östlich an Dinar vorbei eben bis nach Afyon
reicht, und dem ebenfalls nordwärts streichenden und durch
tief eingeschnittene Quertäler jedenfalls für jedes Fahrzeug
gesperrten Höhenzug, der nahe Afyon, nördlich der Stadt,
wieder anhebt. Westlich von Afyon kann man dann entweder
südwärts zum Maiandros-Quell oder nordwärts in Richtung
auf Kütehya und von da nach Lydien abbiegen. Es gibt auch
einen Weg direkt nach Westen,[52] nach Lydien, an dem eine
Reihe bedeutender Ruinenhügel liegen, den aber die Heeres-

züge des Altertums nicht zu benützen pflegten. Der andere
Weg von Inneranatolien zum Maiandros führt von Konya
den Abhang hinauf in das Land Pisidien an seinen beiden
schönen, hochgelegenen Seen entlang, die zwischen die Fels-
rippen des Taurus oder richtiger in seine nördliche Fortsetzung eingebettet sind. Hier hat einmal Suppiluliumas I. gekämpft. Man kommt nördlich am See von Beyşehir entlang
in die Hauptstadt von Pisidien, nach Antiochia. Heute führt
eine Straße südlich den Egirdir-See entlang in das Becken von
Isparta und weiter hinunter an den See von Burdur. Diese
hochgelegenen Gegenden lassen die umliegenden Berge niedrig
und sanft geschwungen erscheinen, so beträchtlich auch ihre
Höhe über dem Meer ist. Von Burdur aus kann man entweder
einen kleinen Wasserlauf entlang nordwärts den Weg nach
Dinar einschlagen oder südwärts über eine bequeme Paßhöhe
nach Pamphylien an der Mittelmeerküste, genauer nach Antalia gelangen. Auf diese Gegend bezieht sich der Text über
Madduwattas.

Die Lykier scheinen in den hethitischen Texten nicht oder
nur ganz am Rande erwähnt zu sein. Von ihren Gegnern,
den Solymern, die bei den Griechen in den Bergen westlich
von Pamphylien hausen, ist nichts in den hethitischen Urkunden zu finden, auch der Name nicht.

In der Gegend von Antalia ist der Taurus verhältnismäßig
niedrig, von Pisidien aus gesehen ein unerheblicher Höhenzug,
mehr der Abbruch der pisidischen Hochebene zum Meere hin.
Ein uralter Weg führt zuerst am Abfluß des Beyşehir-Sees
entlang (der dann nach Lykaonien abbiegt), dann durch ein
tannenbestandenes Bergtal, das noch heute kaum besiedelt ist,
obwohl die Straße schon seit der Römerzeit begangen wird
(der Apostel Paulus scheint sie auf seiner zweiten Reise benützt
zu haben). Ich halte es für wahrscheinlich, daß dieser Weg, den
keine natürlichen Hindernisse sperren (den Wald ausgenommen), schon in hethitischer Zeit eine Rolle gespielt hat.[53]

Weiter östlich werden die Berge höher, und der Kalykadnos furcht eine tiefe Schlucht in sie ein, die der Meeresküste parallel laufend erst weit im Osten bei Selewkia einmündet. In ihrem unteren Teil umgibt ein schütterer Buchenwald die Schlucht, der aber vielleicht erst den Aufforstungsbestrebungen unseres Jahrhunderts sein Dasein verdankt. Die Straße muß sich weit oberhalb des Wasserlaufs am Hang hinziehen. Es ist dies der Weg, auf dem die Assyrer nach Lykaonien gelangten.[54] Wahrscheinlich ist der Kalykadnos der Chulaja-Fluß der Hethiter. Der Taurus ist hier schon ein Hochgebirge, und die Abhänge, auch weiter oben vielfach mit Nadelwald bestanden, sind wegen ihrer Steilheit nicht leicht begehbar. Doch fehlt dem Walde das Unterholz, so daß die flacheren Stellen leicht zugänglich sind. Bei Karaman, früher 'Laranda' genannt,[55] kommt man auf die lykaonische Hochfläche.

Diese Hochfläche nebst dem Tal des Kalykadnos bildet in hethitischer Zeit die Lugga-Länder ('Lugga-udne'),[56] in griechischer Zeit 'Lykaonien' geheißen. Nur rechneten die Hethiter auch noch das Gebiet hinzu, das im ersten Jahrtausend als 'rauhes Kilikien' abgetrennt wurde,[57] da es unter andere Herrschaft kam. Dieses Rauhe Kilikien ist von Seleukia (Selewkia) bis Lamos eine felsige Küste, die aber eine ganze Reihe natürlicher Häfen besitzt. Großartig sind besonders die Häfen und Ruinen von Elaiusa und Korykos. Aber sie stammen aus römischer und byzantinischer Zeit. Hethitische Reste habe ich in der Gegend nicht angetroffen. Aber um seiner maritimen Bedeutung willen haben sich die Hethiter in ihren Verträgen dies scheinbar öde Gebiet immer vorbehalten.[58]

Noch reichen die Ausläufer des Taurus hier bis an die Meeresküste. Im Innern wächst er nun bis über dreitausend Meter in die Höhe. Seine Gipfel tragen teilweise ewigen Schnee. Besonders aber ist der Bulgar Dag durch seine Silbergruben berühmt; er ist der Silberberg der Assyrer, und an einer seiner

Felswände findet sich eine lange hethitische Inschrift.[59] Die
Silbergruben sind seit hundert Jahren wieder in Betrieb.

Bei Lamos, wo ein gleichnamiger Bach mündet, beginnt nach
Osten zu das 'ebene' oder 'fruchtbare Kilikien', das in hethi-
tischer Zeit zum Lande Kizzuwadna gehörte. Der Taurus
weicht weiter nach Norden zurück und läßt bis zur Küste
Raum für eine sich mehr und mehr verbreiternde Ebene. Die
Wasser, die vom Taurus herabfließen, sammeln sich in den
Flüssen Kydnos und Saros (heth. 'Chuatna'[60] und 'Samri').
Über der fruchtbaren Ebene glänzen in der Ferne die schnee-
reichen Gipfel auf. Der Übergang über den Taurus durch die
Kilikische Pforte pflegt bis Anfang Juni durch Schnee ver-
sperrt zu sein.[61]

Aus dem südlichen Lykaonien, der Gegend von Eregli
(griech. 'Kybistra', bei Hethitern und Assyrern 'Chupisna'
geschrieben) und von Bor (griech. 'Tyana', heth. 'Tuwannuwa'),
sammeln sich die Rinnsale zu einem Bache, der zwar scheinbar nur geringe Wassermengen führt, aber nur darum, weil
diese Wasser so flink den tieferen Gegenden zuströmen. Da,
wo der Bach die höhere Taurus-Kette durchbricht, hat er eine
kurze Strecke weit eine enge Klamm gegraben, wo nur gerade
der Weg neben dem Bache Raum hat und eine kleine Abteilung, die die Abhänge oberhalb besetzt, durch Steinwürfe mit
dem bereitliegenden Geröll auch einem großen Heer den
Durchzug unmöglich machen kann. Dies ist die im Altertum
Kilikische Pforte genannte Stelle. Tiefer unten ist der Bach
zu einem Fluß geworden und tragen die kahlen Abhänge
heute wieder Wald, und zwar Pinienwald, ganz deutlich infolge der Einsicht eines einzelnen Grundherrn vor einigen
Jahrzehnten neu bepflanzt.

Der Saros, der unweit von Adania ins Meer mündet, hat
seine beiden Hauptquellarme weit im Norden, im sogenannten 'Antitaurus'. So haben die Griechen den Bergzug genannt,
der vom Taurus nach Norden abzweigend sich östlich des

Erciyas bis zum Halys, nahe Siwas, erstreckt. Aus diesem nördlichen Gebiete kommt der eine Quellarm, 'Zamanti Su' geheißen, der den höheren Antitaurus bei Pinarbaşi ('Quellhaupt') verläßt und einen so mächtigen, langsamen Fluß bildet, daß er für Kähne schiffbar ist. Die Landschaft an seinen Seiten ist dem Wasserreichtum entsprechend fruchtbar. Ob man den kleineren Höhenzug westlich der vom Flusse geprägten Landschaft auch zum Antitaurus rechnen will, ist Belieben. Dagegen zieht an ihrem Ostrand eine mächtige Gebirgskette von Nord nach Süd. Jenseits entspringt bei Serigg (lat. 'Sirica') der Fluß, dem der Name 'Saros' (heute 'Seyhan') beigelegt wird. Er hat sich ein ziemlich enges Tal geschaffen, in dem aber seit Urzeiten der Hauptverbindungsweg von Anatolien nach Syrien verlaufen ist. Die Berge sind zugleich eine Wetterscheide. An den Gipfeln des Taurus bleiben die aufsteigenden Luftströmungen hängen, die vom Mittelmeer herüberwehen, und laden dort ihre Wasser in Gewittern, bisweilen von tropischer Heftigkeit, ab. Wir sahen die Wolken und das Wetterleuchten in das obere Saros-Tal herüber, aber nur die Randwolken schauten über die Berge hinüber in unsere sonnige Gegend. — Am Saros lag das alte Kultzentrum Komana (heth. 'Kummanni'). Südlich davon wird das Flußtal, nach der Karte zu schließen, immer schroffer und felsiger; es nimmt den vorher beschriebenen anderen Quellarm und manche anderen Bäche auf und tritt nördlich von Sis in die kilikische Ebene ein.[62]

Der Oberlauf des Saros von Serigg bis Jalak ist fast genau nach Süden gerichtet, dann biegt der Fluß mit starkem Gefälle nach Südwesten ab in Richtung auf Komana. Das Tal aber geht in der gleichen Richtung und Höhe weiter. Wir kommen auf diese Weise fast ebenen Fußes in das Stromgebiet des Pyramos (heth. 'Puranas'). Zunächst bricht bei Göksün der gleichnamige Fluß Göksu, 'himmelblauer Fluß', in einer gewaltigen Quelle aus der Erde hervor. Hier biegt das

Tal nach Osten ab (wenngleich auch ein Weg nach Westen möglich scheint). Der junge Fluß allerdings verläßt bald darauf die Straße durch eine ungangbare, enge Klamm; das Tal aber führt mit geringer Steigung über einen weiteren Paß in die weite, wohlbebaute Landschaft Kataonien hinüber. Die heutige Straße führt durch ein kleines, mit schütterem Wald bestandenes Tal, das von der offenen, fast baumlosen kataonischen Ebene durch einen geringen Höhenzug abgetrennt ist; aber diese wäre auch schon vorher durch eine Lücke in diesem Höhenzug zugänglich; und für die ältere Zeit müssen wir annehmen, daß dieser Durchgang benützt worden ist. Denn eben auf der Nordseite dieses Höhenzuges liegt der große Hüyük, den Frau N. Özgyç ausgegraben hat und dessen Name auf der römischen Landkarte (der ›Tabula Peutigeriana‹) 'Pagrum' und in der hieroglyphischen Inschrift 'Tacharama'[63] lautet. Nach den Abstandsangaben von Cocuso und Arabisos (heute 'Elbistan') kann nur dieser versunkene Ort gemeint sein, und damit ist eben dieser Straßenverlauf festgelegt. Hier war der Aufmarschplatz der Hethiter für ihre Feldzüge gegen Syrien.

Zwischen diesem Hüyük und Elbistan hat die sonst überall von ziemlich hohen Bergen umrahmte Flachlandschaft von Kataonien ein breites Tor nach Süden. Der Quellarm, der hier einen kleineren Hüyük in einem Dreiviertelkreis umströmt, ist schon ein beträchtlicher Fluß, etwas über knietief und ca. 10 Meter breit. Den weiteren Lauf nach Süden kenne ich nicht aus eigener Anschauung. Es sind hier dreierlei alte Straßen: Man konnte den Pyramos entlang nach Kilikien gelangen, zweitens durch eine Berglücke nach Syrien; der dritte Weg geht an den Euphrat-Übergang von Zeugma.

Das 'ebene' oder 'fruchtbare Kilikien' zu Füßen des Taurus erstreckt sich bis an den Amanos, der als südliche Abzweigung des Taurus nach Süden bis zu der Syrischen Pforte bei Alexandrette reicht. Er ist ein Gebirge, das sowohl auf der syrischen Seite als auch auf der zur Mittelmeerküste hingewandten Strecke der Westseite ungemein schroff und plötzlich aus der Ebene aufragt, von wilden Schluchten zerrissen. Wesentlich leichter ist nur der Anstieg gegenüber dem Ende der kilikischen Ebene bei Toprak Kale ('Scherbenburg' oder 'Geschirrburg'). So heißt ein türkisches Schloß am Hang des Amanos, das den Paß zwischen diesem und einem niedrigeren, aber auch noch beträchtlichen Gebirgszug überwacht, der zum Unterlauf des Pyramos und westlich bis Mopsuhestia (heute 'Misis') reicht und den östlichsten Teil Kilikiens vom Meer abriegelt. Doch läßt er im Pyramos-Delta auch noch eine Durchgangsstraße dem Meere entlang frei. Auch zwischen Mopsuhestia und dem Amanos ragt in der Ebene einmal bei Sirkeli ein Höhenzug auf, an den sich eine Schlinge des Pyramos anschmiegt. Wir befinden uns hier in einer ganz anderen Klimazone als im inneren Anatolien. Eine Temperatur von 25° bezeichnete mir Bossert, der in Mopsuhestia ausgrub, als angenehm kühl. Wolken, die vom Mittelmeer herangeweht werden, entladen ihre Wassermassen am Amanos und über Kilikien in Regengüssen von tropischer Heftigkeit, und eine Viertelstunde nach Aufhören des Regens ist die Landschaft von der Sonne wieder getrocknet.

Wenn man über die Syrische Pforte steigt (das ist ein immerhin noch ansehnlicher Höhenrücken, der den Amanos mit dem südlicher gelegenen, bis zum Meere vorspringenden Nosairier-Gebirge verbindet), so zeigt sich ein anderes Bild. Wir kommen in das Land Mukisch der Hethiterzeit, das Flußgebiet des Orontes, hinüber. Dieser entspringt in dem nördlichsten Ausläufer der großen Erdspalte, die die Geologen den 'Afrikanischen Grabenbruch' nennen und der nach Asien durch den Golf von Akaba, die anschließende Senke, das Tote Meer und das Jordantal bis in die Senke zwischen Libanon und Sirion (Antilibanon) in fast genau nördlicher Richtung reicht. Der Orontes fließt um das Nordende des Libanon herum, nimmt die Bäche, die von Norden her kommen, auf, biegt dann wieder nach Südwesten und ergießt sich als breiter Strom ins Mittelmeer.

Ein schmaler Zufluß kommt ihm aus dem Tal, das im Osten den Amanos entlangläuft und sich südöstlich der Syrischen Pforte zu einem größeren See erweitert. Ein anderer Arm kommt weiter von Nordosten. Beide schließen ein kahles Gebirge ein, assyrisch 'Adalur' genannt, das sich zwar an Mächtigkeit mit dem Amanos nicht vergleichen läßt, aber doch im Altertum und in der Gegenwart als natürliche Grenze gewirkt hat. Das Tal östlich des Amanos zerfällt wieder in eine Reihe von Dorfgebieten, die durch breite Zonen von Unland geschieden sind, wo nur Fels und Gestrüpp aus der Erde hervorkommen. Der Zufluß zum Orontes von Osten weist den Weg, der über Aleppo (heth. 'Chalpa') zum Euphrat führt.

Der Euphrat (heth. 'Maala') entspringt in zwei großen Quellarmen aus den armenischen Gebirgen. Man nennt sie den 'westlichen' und den 'östlichen' Euphrat; das stimmt aber nur für die Stelle des Zusammenflusses. Richtiger wäre es, 'südlicher' und 'nördlicher' Euphrat zu sagen. Denn vom Ursprung an fließen beide zunächst etwa parallel von Ost nach West. Dem nördlichen Arm scheinen die Hethiter den Namen 'Suppilulia', 'Klarquell', gegeben zu haben.[64] Er hat schon einen weiten Lauf hinter sich, wo er das Gebiet erreicht, das in der hethitischen Geschichte von Belang ist. Da kommt er zuerst in die Ebene von Erzingjan (heth. 'Lichzina'?), eine Hochebene, die rings von Bergen umgeben ist, von denen mindestens ein Teil die 3000-Meter-Meereshöhe übersteigt und ewigen Schnee trägt. Zwischen solchen Bergriesen hindurch bahnt sich der Euphrat ein enges Tal, das nur wenig Raum für Anbau läßt und zeitweise in eine Klamm übergeht, wo die moderne Straße gerade durch eine Brücke über den Fluß geleitet wird. Weitere Brücken sind nötig, um die tief einge-

schnittenen Schluchten zu überqueren, die vom südlich gelegenen Bergmassiv herabstürzen. Zwischen zwei solchen Schluchten eingeklemmt liegt der Hügel, der die alte Festung
Kum-mach trägt (Abb. 31). Sie hat ihre Untermauern schon aus
hethitischer Zeit und schon damals denselben Namen. Der
Gau umher hieß 'Land des Kummesmacha-Flusses'. Gegenüber
kommt eine Wasserader, heute der 'kleine Fluß' (oder das
'Flußkind') genannt, in dem sich die Bäche der den Euphrat
auf der Nordseite begleitenden Berge (heth. 'As'charpaja'-Ge-
birge) aus mehreren Tälern sammeln.

Der Lauf des nördlichen Euphrat geht weiter in westlicher
Richtung (in das südliche Gaschgasch-Gebiet) bis zu einem
Punkt annähernd südlich der Halys-Quelle. Hier trifft ein
Tal von Westen mit dem Euphrat-Tal zusammen. Es kommt
von der breiten Hochfläche von Kangal, schneidet dann in
tiefer Schlucht diese vom Gebiet des Roten Flusses ab und
mündet östlich von Divrigi (griech. 'Tephrike', heth. wahrscheinlich 'Tappika') (Abb. 34 f.) in den großen Fluß, der sich
von da ab südwärts wendet. Südlich von Tephrike und Kangal
beginnt ein äußerst unübersichtliches Gewirr von Tälern und
Berggipfeln. Genau besehen ist es der vielgefurchte Abfall der
Hochebene von Kangal gegen Süden zu. Die südwestlichste
der Schluchten ist die, wo Gürün in einer Art von Oase
zwischen den kahlen Hochflächen eingebettet liegt. Eine andere Schlucht beginnt etwas südwestlich von Kangal, erweitert sich zu einem mäßig breiten Becken, um bei Derende
wieder schluchtartigen Charakter anzunehmen. Ihr Wasser
wendet sich dann nach Osten, während die Straße von Gürün
ostwärts mehrmals die bis über 2000 Meter hohen Bergketten
erklimmt und wieder in die engen Schluchten hinabtaucht.
Ein drittes oder richtiger viertes, lieblicheres Tal führt von
südöstlich Kangal immer in südöstlicher Richtung, bis es bei
einem besonders mächtigen Hüyük die verhältnismäßig tief
gelegene Ebene von Malatia (heth. 'Malazzya' oder 'Mal-

dia',[65] griech. 'Melitene') erreicht. In dieser sammeln sich auch die Bäche aus den vorher aufgezählten Schluchten zu einem recht breiten Fluß, der die Landschaft bewässert. Zwischen dem letztgenannten Tal und dem Euphrat liegt wiederum eine Hochfläche, etwas mehr gewellt als die von Kangal, und — wie es scheint — wesentlich fruchtbarer. Bei Arabkir ist sie von einem Bachtal eingekerbt, das sein Wasser direkt zum Euphrat entsendet. Ein ähnliches, etwas breiteres Tal, mit geringerem Gefälle, folgt erst ein gutes Stück weiter südlich, nur mehr durch einen einzigen Höhenwall von der Ebene von Malatia getrennt.

Inzwischen hat der Euphrat auch seinen südlichen ('östlichen') Quellarm (griech. 'Arsanias') aufgenommen und ist ein breiter Fluß geworden, bisweilen geteilt durch schlammige Inseln, der größte von Anatolien. Die gesammelten Gewässer aus der Ebene von Malatia strömen nördlich von diesem Ort vorbei und ergießen sich in den Euphrat.

Südlich von Malatia ist wieder ein Gebirgsstock. Man kann ihn umgehen, wenn man dem Talzuge in südwestlicher Richtung folgt, wo sich ein Weg nach Syrien öffnet — soweit ich gesehen habe, in breitem, sanft absteigendem Tale. Dagegen ist die Landschaft von Malatia durch einen mächtigen Gebirgsriegel von dem kataonischen Becken geschieden. Ostwärts aber führt von Malatia die Straße über mehrere rasch abwärtssteigende Geländestufen zur großen Brücke über den Euphrat, ins Land 'Isuwa' der Hethiter, während der Fluß mit einer Ausbiegung nach Osten sich alsbald wieder südlich wendet und bei der benannten Brücke in eine Klamm eintritt (Abb. 15). Hier durchbricht er in raschem Fall mit einer Reihe von lebensgefährlichen Stromschnellen[66] die südliche Taurus-Kette. An deren Südrand schlägt er fast westliche Richtung ein, bis er dann in Syrien in scharfem Knick erst nach Süden in Richtung auf Kargamisch (wie die Hethiter schreiben; uns ist die Namensform 'Karchemisch' geläufiger) und südlich von diesem bei Thapsakos nach Südosten umbiegt. Von diesem 'Knie' an entfernt er sich vom Mittelmeer, strömt an der Ruinenstätte von Mari vorüber und erreicht schließlich das von ihm bewässerte Tiefland Babylonien (Irak). Dann mündet er in den Persischen Golf.

Wer dieser Schilderung gefolgt ist, der hat sogleich den Eindruck: Das östliche Anatolien und besonders das Gebiet der Hethiter ist ein durch ein Gewirr von Gebirgszügen in Kleinlandschaften geteiltes Land. Wenn ein Hethiterkönig,[67] um sein Land zu umschreiben, 43 Landschaften aufzählt, jede nach einer darin vorherrschenden Stadt benannt, so ist das die natürliche Gegebenheit. So ist denn auch die hethitische Geschichte geprägt von dieser Zerklüftung in Teillandschaften. Kräftige Herrscherpersönlichkeiten fassen sie in ein einheitlich regiertes Reich zusammen; aber fast bei jedem Thronwechsel suchen sich einzelne Kantone, namentlich die im Nordosten des Reichs an den Quellen der Ströme gelegenen, der gemeinsamen Oberleitung zu entziehen.

Die naturgegebene Verfassung eines solchen vielgegliederten Reiches war die eines Lehensstaates, in dem die Teilgebiete große Selbständigkeit genossen, ohne doch dem Großkönig die Dienstbarkeit zu weigern. Ob es gelingen würde, die Treubande so zu festigen, daß die Sonderwünsche der Teilfürstentümer hinter der gemeinsamen Verteidigung zurücktraten, das war die Aufgabe, vor die sich die hethitischen Könige immer wieder gestellt sahen.

II. DIE EINHEIMISCHEN BEWOHNER
VON ANATOLIEN

Schon lange, ehe die Hethiter ihr Reich in Kleinasien errichteten, war Anatolien ein Gebiet hoher Kultur. Darüber haben uns vor allem die Ausgrabungen in Çatal Hüyük belehrt.[1]

Çatal liegt in der heute baumlosen Ebene von Lykaonien. So weit das Auge sieht, scheint sie völlig flach; nur am Horizont ragen Berge auf: im Süden die meist verschneiten Höhen des Taurus, im Osten der 'schwarze Berg', und im Westen die Kette des Sultan Dag mit mehreren Vulkankegeln. Von dieser Kette kommt auch ein ansehnlicher Wasserlauf, der ein kleines Tal in die Ebene schneidet, um dann, auf viele Bewässerungsgräben verteilt, in die Äcker zu versickern. In diesem Tal gibt es auch einzelne Baumreihen, die von der Ebene gesehen unsichtbar bleiben. Nahe diesem Flußlauf nun haben sich wahrscheinlich schon im 7. Jahrtausend Menschen niedergelassen und eine der ältesten Städte gegründet: Rechteckige Häuser, die aneinandergebaut waren, so daß ein Eingang nur über die Dächer vorhanden war, bildeten eben dadurch eine natürliche Festung, allerdings vermutlich mehr zum Schutz gegen wilde Tiere als gegen feindselige Menschen.

Das Innere der Häuser zeigt Räume mit Schlafbänken aus Lehm an der Nord- und der Westseite, in einem rechten Winkel zueinander; sie waren zum Sitzen und zum Schlafen geeignet. Die Wände waren mit geometrischen Webemustern

[1] Anmerkungen zum zweiten Kapitel s. S. 288 ff.

bemalt. Es gab aber auch Räume, die offenbar dem Kulte gehörten. Man fand an den Wänden Gemälde mit Jagd- und Tanzszenen, dazu eine in der Farbe sich abhebende weiße Frauengestalt mit üppigen Formen, die lebhaft an die Steinbilder der mittleren Altsteinzeit gemahnt. Man pflegt sie als Muttergöttin zu deuten; weil sie nie ein Kind bei sich hat, ist sie wohl richtiger als 'Copia', als Verkörperung der Fülle, des Überflusses anzusehen. Nur darf man das nicht als Abstraktion mißverstehen; ich meine die lebendige spendende Macht. Der plastische Schmuck jeweils an der einen Wand besteht aus Stierhörnern. Vor ihnen sind Altäre oder Tische aus Stein oder Lehm aufgerichtet.

An der Ostwand finden sich Bilder von großen Vögeln, die kleine Menschengestalten forttragen. Diese Menschen sind ohne Kopf dargestellt, sei es, daß damit angedeutet werden soll, daß es die Toten sind, oder wahrscheinlicher, weil die Farbe, mit der die Köpfe gemalt waren, der Zeit nicht standgehalten hat, wie das bei Menschenbildern in der Sahara und in Australien mehrfach festzustellen ist. Jedenfalls zeigt das Größenverhältnis zwischen den Vögeln und den Menschen: Entweder es sind Vögel einer jenseitigen Welt, wie es sie in gleicher Größe auf Erden nicht gibt, oder die Menschen meinen Seelen, wie sie bei vielen Naturvölkern als winzige Gestalten vorgestellt werden, die in den Körpern wohnen und beim Tode wegfliegen. Der Glaube, daß ein Vogel die Seele ins Jenseits trage, ist häufig in einer frühen Völkerschicht, die mit dem Bodenbau begonnen hat, aber den Pflug noch nicht kennt.

Unterhalb der Ostwand waren die Schädel der Toten bestattet, während der übrige Leib gesondert in einem Friedhof außerhalb der Siedlung ruhte. Diese Doppelbestattung ist vielleicht wieder mit jenen Vogelbildern zu kombinieren,[2] und wahrscheinlich auch mit dem Brauch vieler afrikanischer Völker, den Schädel des Ahnen als heilige Reliquie aufzu-

bewahren und ihm als dem Repräsentanten des Verstorbenen Verehrung zu erweisen. Dort ist der Glaube, daß der
Verstorbene in seinem ältesten Enkel wieder auf die Erde
kommt, mit diesem Schädelkult verbunden.

Stämme mit verwandter Gesittung wie in Çatal finden
wir in Kleinasien weit verbreitet. Die Tongefäße von Hacilar
in der Nachbarschaft von Karien (südwestlich Burdur) sind
in einem Stil verziert, der wie eine Ausartung des jüngsten
Stils von Çatal anmutet. Sie schließen auch zeitlich an die
Funde von Çatal an [3] und zeigen die ununterbrochene Kul-
turentwicklung bis in die Anfänge des 5. Jahrtausends. Aber
bodenständige Bräuche erhalten sich unverändert durch
viele Jahrtausende. In Çatal selbst fanden die Ausgräber den
aus der Altsteinzeit bekannten Brauch, seine Anwesenheit
durch farbigen Abdruck seiner Hand zu beurkunden, nicht
nur bildhaft in den Ruinen, sondern noch in lebendiger
Übung. Und ebenso fanden wir selbst in Nefez, dem hethitischen 'Arinna', galatischen 'Tavium', die Inneneinrichtung
des Wohn-Schlafraumes noch jetzt in der Art, wie in Çatal:
Bettgestelle, die tags zum Sitzen dienten, an zwei anein-
anderstoßenden Seiten des Raumes entlang. Nefez war eine
Hauptstadt und jedenfalls ein Hauptkultort der Chattier
(der Vorgänger der Hethiter, die von ihnen den Namen
erbten wie z. B. das Königreich Preußen von den baltischen
Preußen oder Britannien von den vorindogermanischen
Briten). Trotz der drei bisher durch keine Funde hinreichend
überbrückten Jahrtausende, die zwischen den letzten Funden
von Çatal und der Bezeugung der Chattier klaffen, glaube
ich um der gleichen Raumeinrichtung willen die Chattier
mit den Bewohnern von Çatal als kulturverwandt anspre-
chen zu dürfen. Jedenfalls gehörten auch sie zu den acker-
bauenden Völkern.

Nun haben wir von den Chattiern bisher fast keine
archäologischen Reste, aber dafür in ziemlichem Umfang

Texte in Keilschrift.[4] Und zwar steht die chattische Sprache ganz allein. Weder mit irgendeiner der zahlreichen Sprachen, deren Reste im Kaukasus übriggeblieben sind,[5] noch mit andern altorientalischen oder modernen Sprachen hat sie Ähnlichkeit, weder im Wortschatz noch in der Grammatik. Sie bildet den Plural des Hauptwortes und die Verbalformen durch vorgesetzte Silben, etwa unserem Artikel vergleichbar, die Kasusformen aber durch angehängte Konsonanten, also durch Flexion. Ihr Verbum ist noch kein 'Zeit'wort: Es sagt nur den Vorgang an, nicht das 'wann'. Darin steht sie wie manche andere urzeitliche Sprache noch der Sprache der Kinder nahe.

Eine weitere chattische Eigentümlichkeit sind die vielen Ortsnamen auf -s, die dann die Hethiter zu -ssa weitergebildet haben: Chattusa, Nesa, Charranassa, Chupigassa, um im bezeugt chattischen Gebiet zu bleiben. Solche Namen sind über ganz Kleinasien und Griechenland verbreitet und längst als Zeichen einer gemeinsamen vorgriechischen Sprachschicht erkannt worden. Man darf daraus schließen, daß mindestens ein in die Chattier eingegangenes Volkstum so weit verbreitet war. Ich möchte darin eben die frühen Bodenbebauer von Çatal vermuten. Die ebenfalls bis Griechenland verbreiteten Ortsnamen auf -anda, -inda, -nthos fehlen im chattischen Gebiet, mit Ausnahme des schon an dessen Grenze gelegenen Ziplanda und Nirchanda nahe der Hauptstadt, das leicht eine spätere Gründung sein kann. Weniger ausgedehnt ist das Gebiet der Ortsnamen auf -sna: Kulivisna, Abzisna, Ulusna im bezeugt chattischen Gebiet. Chupisna und Lusna in Südanatolien, letzteres dicht bei Çatal Hüyük. Auch sie möchte ich als Kennzeichen der ursprünglichen Verbreitung chattischer Sprache in Anspruch nehmen.[6]

Eine merkwürdige chattische Mythe erzählt vom Monde, der auf die Erde gefallen sei — vielleicht die Erinnerung an einen großen Meteoriten. Er soll mitten in ein Dorf hinein-

gefallen sein.[7] Was dann aus ihm geworden ist, steht leider
auf der zerbrochenen Tafel nicht mehr. Aber von Unwich-
tigem pflegen Sagen nicht zu reden. Die Chattier haben früh-
zeitig gewußt, daß die Substanz der Meteore ein besonders
reines und leicht ausschmelzbares Eisen ist. Und Eisen
('chapalki') finden wir bei den Chattiern schon im Anfang des
2. Jahrtausends in Gebrauch, zu einer Zeit, wo es im Vorderen Orient sonst noch wenig bekannt ist.[8]

Als erste Gottheiten werden in den chattischen Ritualen der
Wettergott Taaru und eine Gottheit Wasezzili genannt.[9]
Der Wettergott scheint auf den Standarten als Stier dargestellt zu sein. Der Name 'Wasezzili' wird mit 'Löwe' oder
wohl richtiger 'Löwin' übersetzt (die chattische Sprache unterscheidet ebensowenig wie nachher die hethitische zwischen männlichen und weiblichen Wörtern). Beide Tiergestal-
ten sind schon aus Çatal bekannt. Der Löwe ist aber auch
das heilige Tier der Göttin Wurunsemu, d. h. 'Landesherrin',
die in anderen Texten die oberste Gottheit ist. Sie heißt
später 'die Sonne von Arinna'.[10] Aber das ist wohl als Herr-
schertitel zu verstehen. Denn daneben haben die Chattier
einen männlichen Sonnengott Estan. Die Wurunsemu hatte
eine Tochter Mezzulla, der wir später als einer Kriegsgöttin (?) begegnen, und die fast immer mit ihrer Mutter zusammen genannt wird. Erwähnt ist sehr oft eine Göttin
Inar, die eine Art Schutzengel war und daher durch einen
Schild versinnbildet werden konnte. Welcher dieser Göttinnen
der Hirsch als Sinnbild zugehörte, der auf den chattischen
Standarten dem Stiergott parallel steht, wage ich nicht zu
entscheiden. Auch er ist schon aus Çatal als heilig bekannt.

Dazu kommen nun zwei Gottheiten, die man nach der
Schreibung für mesopotamisch halten müßte: 'Zababa' und
'Tasmetum'. Es ist an sich nicht ausgeschlossen, daß die Chattier unter der akkadischen Herrschaft, von der die Sage berichtet, oder nachher durch die Assyrer auch in ihrem Glau-

ben beeinflußt worden sein könnten. Aber bei Tasmetum, der Beischläferin des Wettergottes[11], handelt es sich eher um eine einheimische Göttin Tasimezzas, deren Namen die späteren Schreiber akkadisch umgestalteten, weil das vornehmer klang. Zababa dagegen führt zwar den Namen 'Wurunkatte', 'Landeskönig', wird aber nicht der Wurunsemu als Gemahl beigegeben, sondern bleibt ein nachgeordneter Gott, was man wohl als Zeichen für nachträgliches Eindringen aus der Fremde ausdeuten kann.

Vor allem aber haben die Chattier auch den verschwundenen und plötzlich wiedererscheinenden Gott, der recht das Kernstück der sumerischen und mesopotamischen Religion war. Er heißt chattisch 'Telipinu', was ich geradezu als Übersetzung von sumerisch 'Dumuzi' deuten möchte. Wir werden von ihm später noch Genaueres hören. Auch vom Unterweltsgotte Lelwannis und den ihm beigesellten zwei kundigen Spinnerinnen, den Schicksalsgöttinnen, will ich später handeln. Zu erwähnen aber ist hier noch Chalmasuitta, die Göttin des Thrones. — Der Name klingt wie eine Übersetzung von ägyptisch 'Isis', oder vielmehr der Hieroglyphen, mit denen dieser Name geschrieben wurde, weist also auf Beziehungen zum Nilland, für die auch archäologische Zeugnisse, darunter eine Statuette mit hieroglyphischen Inschriften aus dem Mittleren Reich[12], vorhanden sind.

Eigentümlich ist nun, daß die chattischen Götter nach ihren Kultorten aufgespalten waren. Es gab nicht nur einen Himmelsgott, sondern der Wettergott von Chattusa war ein anderer als der von Nerik oder von Ziplanda; die Schutzgöttin von Chattusa eine andere als die von Durmitta. So ist die Fülle von Gottheiten für jene Völkerschicht unbegrenzt und unübersehbar.

Ob man daraus, daß die höchste Gottheit der Chattier weiblich war (wofern sie nicht erst bei der Übernahme durch die Hethiter zur höchsten Gottheit geworden ist), Schlüsse auf das chattische Familienrecht ziehen darf, ist sehr fraglich.[13] Viel wahrscheinlicher ist, daß ihre Familienordnung derjenigen der andern Ackerbauvölker Vorderasiens und Europas glich, wie sie denn jedenfalls ein Boden bebauendes Volk waren.[14]

So undeutlich und verwischt dieses Bild der Chattier scheinen mag, so ist es doch kaum möglich, heute mehr über sie zu ermitteln. Wir können nicht einmal entscheiden, ob das Fürstentum, das in Chattusa und in Zalpa bezeugt ist, ihnen national eigentümlich war, oder ob es schon aus der Überschichtung durch die Indogermanen hervorgegangen ist.[15]

Ein sehr urtümliches Volk, das vielleicht noch eine ältere Volksschicht als die von Çatal und Chatti darstellt, saß an der Küste des Schwarzen Meeres, im Lande Azzi mit der Hauptstadt Chajasa. Ob es sprachlich den Chattiern nahestand, ist bei den winzigen Resten nicht zu ermitteln. Doch haben die Chattier, nach einem ihrer Rituale zu urteilen, bis ans Meer gesessen.[16] Aber die primitiven Hütten, die dort noch heute an der Küste des Schwarzen Meeres stehen, gehören jedenfalls zum Altertümlichsten, was wir an Hausbauten kennen (Abb. 16). Andererseits verbindet ein Brauchtum, nämlich die Geschwisterehe,[17] die im Herrscherhaus üblich war, das Land Azzi mit der Landschaft in Südwestkleinasien, die bei den Griechen 'Karien' hieß.[18] Aus dem 2. Jahrtausend, aus dem Lande Miraa, das sich großenteils mit Karien deckt, ist ein solcher Brauch nicht bekannt. Die damalige Oberschicht dort war von anderem, von indogermanischem (luwischem) Volkstum.

Westlich vom Halys wohnten die Arawanna, das heißt 'die Freien'. Der Name ist gebildet wie bei den Franken, den Germanen, die sich an der Grenze des Römerreichs außerhalb von dessen Befehlsgewalt zusammenschlossen. Die Herkunft der Arawanna kennen wir nicht, und ihre Sprache

liegt nur in wenigen alten Ortsnamen vor. Über einen Unter-
stamm, die Masa, können wir aufgrund der Pluralendung -k
in der assyrischen Namensform 'Muski' erschließen,[19] daß
sie sprachlich zum nordwestlichen Zweig der Kaukasusvölker
gehört haben. Sie waren noch in hethitischer Zeit wahrscheinlich nur mit Rohrpfeilen mit steinernen Spitzen bewaffnet.[20] Man darf daraus nicht auf einen hamitischen Ursprung (Tardenoisien) schließen. Die Pfeilspitzen, die wir
gefunden haben,[21] sind ganz anders geformt, nämlich schmal
und langgestreckt. Andere Anhaltspunkte über ihre Volk-
heit und ihr Brauchtum fehlen einstweilen.

Historisch viel wichtiger sind die Gaschgasch, die im Nordosten, besonders im Tal des Iris und Lykos, auch des oberen
Halys und bis an den nördlichen Euphrat hin hausten. Wenn
man auf die Namensähnlichkeit etwas geben darf, kann man
in ihnen die 'Kerketai' der Griechen, die heutigen Tscherkessen, wiedererkennen.[22] Aber das kann leicht täuschen.
Jedenfalls waren sie äußerst kriegsgewohnte Stämme, die
nicht unter Fürsten und Häuptlingen, sondern unter der
Leitung ihrer Ältesten zu stehen pflegten. Von den Hethitern werden sie abschätzig als Schweinehirten und Leine-
weber bezeichnet. Doch darf man das nicht verallgemeinern.
Denn aus den eroberten Gaschgasch-Orten pflegten die
Könige der Hethiter Beute an Rindern und Schafen fortzu-
treiben. Einigen Gaschgasch-Orten legte König Mursilis einen
Tribut in Wein auf. Die Gaschgasch trieben also auch Vieh-
zucht und verstanden sich auf die Herstellung von berau-
schendem Getränk. Das läßt weiter darauf schließen, daß
zwei Sitten oder Unsitten, die die Griechen von Stämmen
dieser Gegend berichten,[23] ebenfalls auf die Gaschgasch
zu beziehen sind; sie sind bei Stämmen häufig, die Wein
anbauen und Schweinezucht betreiben: die Kopfjagd und die
künstliche Deformierung des Schädels (Makrokephalie).[24]

Letztere läßt auf ein Schönheitsideal schließen, bei dem die sogenannte 'armenoide Rasse' Vorbild war; also mag die Oberschicht der Gaschgasch aus dieser Rasse stammen. Die Kopfjagd aber erklärt, weshalb die Hethiter gerade die Gaschgasch so erbittert bekämpft haben: Es war kein dauernder Friedenszustand zwischen den hethitischen Siedlern und den umwohnenden Gaschgasch möglich. Vielleicht ist der Volksname chattisch? Dann wäre er zu übersetzen 'Mondleute' oder 'Mondverehrer'.

Von der Sprache der Gaschgasch wissen wir eines: Wie im Volksnamen, so begegnet in vielen ihrer geographischen Namen Verdoppelung der Stammsilben: 'Daritara'; Berg 'Malimalija'; 'Chanchani'; u. a. Das verbindet die Gaschgasch mit den Lelegern,[25] die als eine Volksschicht im vorgeschichtlichen Hellas und Karien genannt werden; auch in Griechenland gab es ja Kopfjäger, bei denen 'Kyknos' (heth. 'Kukkullis' geschrieben) die gleiche sprachliche Bildung des Namens zeigt, und 'Oinomaos' die gleiche Beziehung zum Wein. Ich möchte also die Leleger von Südwestkleinasien und Hellas ethnologisch mit den Gaschgasch verbinden. (Ein anderer Zug der Gaschgasch-Sprache, die häufig auf -macha endenden Ortsnamen, läßt keine psychologische Deutung zu.)

Ist es ein Zufall, daß sich die Gaschgasch gerade in den Gegenden angesiedelt haben, wo der älteste Bergbau heimisch ist? Die Assyrer haben ihre Kupferhandelsplätze bis ins Gaschgasch-Gebiet vorgeschoben: Durmitta (Zile) und Tismurna (heth. 'Zisparna', lat. 'Sibora', heute 'Akdag Maden') lieferten das wertvolle Metall. Weitere uralte Kupfergruben und Verhüttungsanlagen gibt es im Gebiet von Kerasus (heth. 'Kalasma'). Eine griechische Nachricht sagt, die Arsenbronze sei in dieser Gegend erfunden.[26] Auch der Antimonbergbau[27] von Gazziura (Turhal) und der Goldbergbau von Tokat (Takupta) reichen wahrscheinlich bis ins 3., ja vielleicht 4. Jahrtausend zurück. Ich möchte den Gaschgasch also auch den planmäßigen Abbau von Metallerzen zuschreiben; vielleicht sind sie sogar dessen Erfinder.

Im Gegensatz zu den Häusern des chattischen Gebietes, die heute das Flachdach über der ebenerdigen Wohnung kennzeichnet (Abb. 17), haben die Bewohner des früheren Gaschgasch-Gebietes bis zum heutigen Tage vorwiegend Giebelhäuser mit mehreren Stockwerken (Abb. 18) (mindestens Erdgeschoß und einen Oberstock), soviel ich erkennen konnte, in Fachwerk-Bauweise.

Gaschgäisch scheint auch die Sprache der späteren Paphlagonen gewesen zu sein; jedenfalls verzeichnet Strabo in der Gegend um Amasia zahlreiche paphlagonische Namen, von denen einige uns gerade als Namen von Gaschgasch-Orten wiederbegegnen.[28] Das würde darauf deuten, daß in spät- oder nachhethitischer Zeit die Gaschgasch in die Gegend von Amasia und vielleicht schon früher bis nach Paphlagonien vorgedrungen sind (über das die hethitischen Nachrichten bisher schweigen).

Im Gebiet südlich des Halys treffen wir auf eine weitere Volksschicht, deren Name ebenfalls verschollen ist. Sie ist gekennzeichnet durch die Namen auf -umna, -amna, -achsu und andere Auffälligkeiten. Wahrscheinlich reichte diese südostanatolische Schicht bis nach Nordwestkleinasien; denn die gleiche Namenbildung auf -umnus ist im Etruskischen häufig; und auch der etruskische Gott Tarku ist wohl im Südosten Kleinasiens daheim. Doch geht diese Vermutung weit über das Beweisbare hinaus. Genaueres über das Volkstum dieser Südostkleinasiaten wissen wir nicht und wird sich schwerlich ermitteln lassen.

Dagegen sind die Churriter, die uns in den anschließenden syrischen Gebieten begegnen, ein geschichtlich nicht nur greifbares, sondern höchst wirksames Volk, von dem ich später zu handeln habe.

Ob die über fast ganz Kleinasien, aber nicht bei Chatti und Gaschgasch, verbreiteten Ortsnamen auf -anda, -inda dem verschollenen südostanatolischen Volke zugehören oder eine luwische Partizipialbindung sind, analog den deutschen Namen, auf -ingen, den illyrischen auf -ntum, darüber sind sich die Sprachforscher uneins. Den Namen auf -ingen scheinen sie insofern zu gleichen, als -anda im Türkischen wahrscheinlich zu -ek geworden ist (in Kappurnanda — Gemerek, vielleicht auch in Zippalanda — Temlik), was auf eine Aussprache -angda zurückschließen ließe, wenn nicht Wörter auf -ek im Türkischen so häufig wären. Jedenfalls die Ortsnamen auf -anda existierten schon, als die Hethiter ins Land kamen.

Ganz vereinzelte Anzeichen scheinen darauf hinzudeuten, daß auch schon im 5. Jahrtausend, also lange vor den Hethitern, wandernde Hirten nach Kleinasien gekommen sind. Ihnen gehören wohl die Gefäße in Gestalt eines Kuheuters[29] an, eine in Ton nachgeahmte Lederform, sowie Keramiken, deren Verzierung eine Naht am Gefäßrand nachahmt.[30] Und von wandernden Hirten erfahren wir in den hethitischen Staatsverträgen. Wollte doch kein Teil seine Wiesen von fremden Untertanen abweiden lassen — und ebensowenig den Reichtum, den die Hirten nicht nur in ihren Herden besaßen, sondern auch durch Viehhandel sammeln konnten, der eigenen Steuerverwaltung entschlüpfen lassen.

Aber die Ausbreitung all dieser Volksstämme ist ein vorgeschichtliches Ereignis (genauer gesagt, deren mehrere). In dem Augenblick, da die geschichtliche Überlieferung zu reden beginnt, sind sie im Besitz von fast ganz Kleinasien (nur Pamphylien und Lykien scheinen damals noch weithin unbesiedelt gewesen zu sein).

III. EINWANDERUNG UND KULTURELLES ERBGUT DER HETHITER

1. Kriegsspuren

Die erste Nachricht über Kleinasien ist eine Dichtung über Sargon von Akkad. Nach deren Version beklagten sich die Kaufleute über die Bedrückungen durch den König von Burus'chanda, und Sargon beschließt daraufhin einen Kriegszug nach Kappadokien.[1] Man pflegt diese Nachricht als erdichtet zu vernachlässigen. Aber Dichtung war eben die alte Form der geschichtlichen Überlieferung. Jedenfalls besaß der Enkel des Sargon, Narâmsin von Akkad (ca. 3300—3268) Gebiete von Kleinasien. Gegen ihn taten sich eine große Zahl von Königen zusammen, darunter eben der von Burus'chanda und der von Chattusa. Narâmsin scheint aber der Gegner Herr geworden zu sein, und zu seinem Ruhme wurde der Bericht gedichtet.

Dann aber, noch unter der Regierung des Narâmsin, brach eine große Katastrophe herein. Wir können sie in Lykaonien archäologisch nachweisen[2]. Dort wurden die allermeisten Siedlungen zerstört und verbrannt; von etwa hundert untersuchten Ruinenhügeln blieben angeblich nur drei weiter bewohnt. Der Krieg hatte seinen Ausgangspunkt also nicht in Kleinasien, sondern dieses war sein erstes Opfer. Die Dichtung[3] von Akkad berichtet uns, von Kleinasien her seien die Manda-Truppen gegen Akkad herangeflutet. Dreimal habe Narâmsin sein Aufgebot wider sie geschickt, jedesmal wurde

[1] Anmerkungen zum dritten Kapitel s. S. 292 ff.

es vernichtend geschlagen. Vergeblich rief er die Götter an, das Unheil schien unabwendbar. Aber die fremden Krieger ließen die wohlbefestigte Hauptstadt seitwärts liegen und plünderten statt dessen die Länder ringsumher: Assyrien, Babylonien, Elam; ja sie setzten über das Meer nach Tilmun. Dann verrann die Völkerflut, wie sie gekommen war, und bei Narâmsins Tod konnte die Regierung ungestört auf seinen Nachfolger übergehen. Wieder muß man die dichterische Ausschmückung abziehen, aber das Ereignis ist jedenfalls geschichtlich. Seitdem blieb Narâmsin als Unheils-Herrscher in Erinnerung.[4]

In den anatolischen Ruinen zeichnet sich das Eindringen der Manda-Krieger durch die sogenannte Zwischenschicht ab. Sie bringt fremdartige Formen, besonders sehr unbeholfene, flache Menschenfiguren, bei denen das Gesicht oft nur durch eine runde Scheibe dargestellt ist.[5] Die Geräteformen weisen nach Mitteleuropa, sie haben Beziehungen zur sogenannten 'Badener Kultur' des Wiener Beckens und der Jordansmühl-Kultur von Mähren und Schlesien. Wir dürfen folgern: Die Manda-Krieger waren die indogermanische Einwanderungswelle. Ich stehe mit diesem Schluß vorläufig noch allein; aber schon sind neue archäologische Zeugnisse hinzugekommen, und ich bin überzeugt, daß er in 50 Jahren Allgemeingut der Wissenschaft sein wird. Weiter möchte ich geschichtlich kombinieren: Wandernde Kaufleute,[6] die nach Südosteuropa kamen, besonders um nach Gold zu schürfen — in Rumänien mit gutem Erfolg —, brachten die Kunde von den reichen Städten Mesopotamiens, woraufhin Stämme der Indogermanen mit ihrer angeborenen Abenteuerlust zum Zug nach Asien aufbrachen. Die Steppen Ungarns, die Ebene von Nordbulgarien boten keine natürlichen Hindernisse. Den ersten Widerstand fanden sie in Troia,[7] das schon damals als Handelsplatz eben für das rumänische Gold, aber auch für andere Produkte des Schwarzmeer-Beckens reich geworden war. Sie eroberten und plünderten die Stadt und brannten sie nieder. Sie besiedelten das westliche Kleinasien (Arzawa). Andere Teile der Abenteurer, die sich 'Luquoi', 'Wolfsleute', nannten (wir sagen 'Luwier'), drangen in das Gebiet vor, das seitdem nach ihnen 'Lugga-Land', 'Lykaonien', heißt. Hier scheinen sie die einheimische Bevölkerung fast ausgerottet zu haben. Oder war sie infolge der Eroberungen von Sargon so zusammengeschmolzen? Für diejenigen unter dem Heere, die neues Ackerland suchten, war es der herrlichste Siedlungsboden. Schon von den früheren Bewohnern gerodet, hat es seine Fruchtbarkeit bis heute nicht eingebüßt. Der andere Teil, dem es mehr um Beute zu tun war, folgte den ebenfalls schon vor Sargon eröffneten Wegen über den Taurus nach Mesopotamien. 'Manda' hießen die Kämpfer, wie mir wahrscheinlich dünkt, nach ihrem Ausdruck 'Mandos' für das Wagenpferd.[8] Lähmender Schrecken ergriff die Bewohner der Tiefebene am Euphrat. Aber die Manda-Kämpfer hielten sich nicht auf damit, Festungen zu belagern. Wo eine Stadt in der Überraschung nicht ihre Tore offenstehen ließ, da stürmten sie vorüber: Sie fanden auch auf dem offenen Lande Beute genug, vor allem das, was bei ihnen anstelle von Geld im Gebrauch war, ungeheure Viehherden. So verheerten sie das ganze Land; aber schließlich hatten sie sich zu Tode gesiegt. Jedenfalls hatte der Zug nach Mesopotamien keine dauernden Folgen.[9]

Dagegen breiteten sich die indogermanischen Eindringlinge in Kleinasien noch weiter aus. Nicht nur am großen Salzsee in Ulama (Acem Hüyük) und am Halys in Kanes finden wir ihre Spuren. Mindestens den Halys entlang bis zum Becken des nördlichen Euphrat um Erzingjan scheint ein Teil schon bald vorgedrungen zu sein,[10] gelockt vermutlich durch die Kunde von den ergiebigen Bergwerken der Täler südlich Kerasus. In diesen Gebieten, die später das Land 'Palaa' hießen,[11] hat sich ein Stamm niedergelassen, der sich durch die

große Entfernung von Lykaonien zu einem unabhängigen
Volke mit eigener Sprache entwickelte. Zu den Fürstentümern des Chatti-Landes aber knüpften sich mindestens
Kulturbeziehungen, möglicherweise auch Heiratsbeziehun-
gen der Herrscher untereinander. Von den Chatti lernten
die Luwier das Eisen kennen,[12] das ihnen als das Metall, das
vom Himmel stammte[13] (Meteor-Eisen), zum Sinnbild des
Herrschertums wurde. Ein eiserner Thron und ein eisernes
Szepter zeichneten den Großkönig von Burus'chanda aus.[14]

Die Eindringlinge haben Westkleinasien[15] und Lykaonien,
aber wahrscheinlich auch schon dem Gebiet bis zum oberen
Euphrat[16] ihre Sprache aufgeprägt. Diese Sprache hat sich
später nach etwa einem halben Jahrtausend in mindestens
drei Sprachen aufgespalten. Ihre gemeinsame Urform wird
jetzt als 'hethito-luwisch' bezeichnet.

Es bedarf der Erklärung, daß die Eindringlinge, die doch
wahrscheinlich nur eine verschwindende Minderheit gegenüber der ansässigen Bevölkerung waren, ihre Sprache bewahren konnten. In Lykaonien scheinen sie zwar die Vorbewohner großenteils ausgerottet oder als Sklaven verschleppt zu
haben, aber in anderen Gegenden Kleinasiens ist derartiges
Wüten der Eroberer nicht nachzuweisen. Möglicherweise sind
sie sogar bei ihrem eiligen Vordringen ohne Frauen gekommen und haben sich erbeutete Frauen zu Gattinnen genommen.[17] Trotzdem haben sie die angestammte Sprache weithin
erhalten, besonders den grammatischen Aufbau. Lehnwörter
aus den einheimischen Sprachen haben sie allerdings reichlich
aufgenommen.[18] Die Erklärung ergibt sich wohl aus den
rechtlichen Einrichtungen. Bei allen Indogermanen war die
Volksversammlung nicht nur die eigentlich politisch be-
stimmende oberste Gewalt, sondern jede Rechtsentscheidung
war von ihr zu fällen, ja jedes größere Rechtsgeschäft bedurfte ihrer Zustimmung. Sehr oft also waren Volksversammlungen der Männer größeren oder kleineren Umfangs

nötig. Und die Rechtssprache war eben die ererbte, indogermanische. Sie konnte darum nicht in Vergessenheit geraten.[19] Sie war sogar mit ihrer genau abgestimmten Formenfülle, z. B. mit der scharfen Unterscheidung, ob ein Zeitwort einen neueintretenden Vorgang oder einen Dauerzustand bezeichnen sollte,[20] besonders geeignet für juristische Genauigkeit. Zudem waren alle Rechtsvorgänge mündlich und wurden vor Zeugen abgeschlossen, die sie mit urkundlicher Treue im Streitfall wiedergeben mußten. Das war nur möglich, wenn die üblichen Rechtsvorgänge in unabänderlichen Formeln festgelegt waren. In diese Formeln konnten zwar fremde Wörter eindringen; sie ließen sich aber nicht einfach in die Syntax einer anderen Sprache übertragen.

2. Die indogermanische Erbsprache

Wir wissen durch die vergleichenden Wissenschaften über Sprache, Religion und Recht der Indogermanen ziemlich genau Bescheid. Und wie derjenige, der die mittelalterliche Geschichte verstehen will, nicht nur vorher die Zustände des Römischen Reiches ins Auge fassen muß, sondern auch die der Germanen vor der Völkerwanderung, so ist genaue Schilderung der indogermanischen Zustände für eine sinnvolle Darstellung der hethitischen Geschichte unerläßlich. Die Sprache gehört zur Gruppe der flektierenden Sprachen, oder — genauer ausgedrückt — nur einerseits die indogermanischen Sprachen und andererseits die Gruppe der semitisch-hamitischen Sprachen bilden ihre Formen durch Flexion, bei der die formbildenden Elemente mit dem Stamm unlösbar zu einem Wort verschmelzen, ja der Stamm selbst oft Veränderungen erleidet — im Gegensatz zu den sogenannten agglutinierenden Sprachen Nordasiens, z. B. des Türkischen, wo jede grammatische Funktion durch eine eigene, angehängte

Silbe ausgedrückt wird, oder des Sumerischen, wo diese Anhängsilben sich sogar im Satz von dem zugehörigen Worte trennen.[21] Die Hauptunterschiede gegenüber den hamitischen Sprachen sind: In der Deklination kennen die hamitischen Sprachen nur zwei Geschlechter, männlich und weiblich; die Indogermanen fügten ein sächliches Geschlecht hinzu. Und während im Hamitischen die weibliche Form sich regelmäßig durch die Diminutivendung -it (akkadisch -at, nordwestsemitisch dumpfes -ah) unterscheidet, kennt das Indogermanische noch eine Fülle anderer Femininbildungen, unter denen die auf -ita nur eine Minderheit ausmachen. Beim Verbum bildet das Hamitische die Aktionsarten durch Abwandlung des Stammes, besonders des Stammvokals; in den indogermanischen Sprachen ist diese Bildungsart (sogenannte starke Konjugation) auf eine Minderzahl von allerdings sehr häufigen Verben beschränkt (z. B. ich singe, sang, gesungen); zahlreicher sind die Verben, die ihre Aktionsarten und ihre Tempora durch angehängte Konsonanten bilden, an die sich dann die Personalendungen anschließen (ich liebe, liebte, geliebt). Dabei entwickelte das Urindogermanische eine Formenfülle, die in den Einzelsprachen selten voll beibehalten worden ist. Das Hethitische z. B. hat das Femininum dem Maskulinum angeglichen. Es hat zwar für die beginnende Handlung und für die andauernde Handlung je eine Form der Gegenwart und der Vergangenheit (wobei die Dauerform mit teilweise denselben Formantien wie im Griechischen gebildet wurde, z. B. auf -sk, auf -numi, auf -ia), dagegen fehlt dem Hethitischen die durch Reduplikation gebildete Form für die abgeschlossene Handlung, die im Griechischen, Sanskrit, Keltischen und in einzelnen Resten im Lateinischen und Germanischen vorhanden ist.[22]

Aber außer dieser Fülle der Formen ist das Indogermanische auch durch eine Überfülle von Wortstämmen gekennzeichnet.[23] Es gab z. B. mindestens zwei Wörter für 'Hand' ('mānus', germ. 'munt', und '*ghessir': heth. 'kessara', gr. 'cheir'), drei für 'Fluß' ('Wistros'; 'Strom' [vgl. 'Strymon' in Thrakien], '*alph-': skand. 'elf', griech. 'alpheios'), zwei für 'Wasser' (heth. 'watar', germ. 'water', gr. 'hydor' und lat. 'aqua', deutsch 'ache', kelt. 'apa'), zwei für 'Feuer' (lat. 'ignis', sanskr. 'agni', balt. 'ugguns' und heth. 'pahhur', griech. 'pyr', tocharisch 'por', deutsch 'Feuer'). Von dieser Vielfältigkeit der Ausdrucksmöglichkeiten hat das Hethitische nur eine sehr geringe Auswahl beibehalten; oft wurden auch durch derbe Umschreibungen, wie sie bei Soldaten üblich sind, neue Ausdrücke geschaffen. Dazu kommt noch, daß die Indogermanen, besonders auch die Hethiter, eine Freude daran hatten, sich fremder Wörter anstelle der angestammten zu bedienen. Das ist besonders auffallend in ihrer Religion, wo sie sich für gemeinsame indogermanische Vorstellungen fast lauter fremde Götternamen aneigneten.

3. Die indogermanische Religion

Die heutigen Menschen sind so sehr an den Monotheismus gewöhnt, daß sie die Fülle von göttlichen Gestalten nicht mehr verstehen, von denen sich die Indogermanen umgeben fühlten. Und zwar gibt es unter den Indogermanen zwei verschieden Gottesauffassungen.[24]

Für die eine Völkergruppe sind die Götter vor allem die Lichtbringer. Ihr Name '*deiwos', heth. 'siwas' bezeichnet sie als solche. Da ist vor allem der Himmelsvater Djews ('Djauspitar', 'Juppiter'). Er ist zunächst Vater im Verhältnis zur Mutter Erde, der den befruchtenden Regen auf sie niedersendet. Er ist also Wettergott.[25] Man muß zum Verständnis dafür bedenken, daß im 3. Jahrtausend das Klima in Europa sehr viel regenärmer war als heute. Die Gefahr, daß die Ernte durch Trockenheit mißrate, war damals viel größer, die Bitte um Regen viel dringlicher als heutzutage. Seitdem es Bebauung des Bodens gab, war darum die Bitte um Regen und sinnbildliche Darstellung ihrer Erfüllung das Kernstück des Kultes. Der Himmelsvater war dann auch Vater der Götter, das heißt ihr Oberhaupt.

Es war nicht notwendig gegeben, daß der Regengott auch der Blitzgott war, doch lag die Verbindung nahe. Bei den Griechen und Römern ist der Himmelsgott der Gewittergott, bei Indern und Germanen werden sie unterschieden. Bei den Hethitern gab es außer dem Wettergott des Himmels noch zahlreiche lokale Wettergötter. In Palaa hat der Wettergott den Namen 'Zaparwa' bekommen. Andererseits ist der Vater der Götter naturgemäß auch der oberste Richter und, da die Indogermanen den Krieg als ein Gottesgericht ansahen, auch der Lenker der Schlachten. Das darf auch für die anatolischen Indogermanen als Ausgangspunkt der Entwicklung vorausgesetzt werden. Schließlich ist der Himmelsgott auch derjenige Gott, der durch die am Himmel fliegenden Vögel seine Zeichen gibt. Besonders der Adler war sein heiliger Vogel.[26] Der Glaube an die Vorzeichen, die man dem Flug der Adler und anderer Vögel entnehmen zu dürfen meinte,[27] knüpft an den Himmelsgott an. Das ist bei den Hethitern sehr deutlich.

Als Vater in der Götterfamilie mußte der Himmelsvater eine Gattin haben; und das war für die Indogermanen nicht die Erdgöttin, die nicht zu den lichtspendenden Wesen gerechnet werden konnte, sondern eine Himmelsgöttin, Himmelskönigin. Sie war zunächst die Göttin der Ehe, ist aber bei den Hethitern, mit einer chattischen Göttin verschmolzen, zur obersten Gottheit, zur 'Sonne', d. h. Herrscherin, zur Reichsgöttin geworden.

Von weiteren Lichtwesen sind natürlich Sonne und Mond verehrt worden, beide dem männlichen Geschlecht zugeordnet. Zum Unterschied von der 'Sonne von Arinna', der eben genannten Himmelskönigin, wird das Gestirn 'Sonne' bei den Hethitern als die 'Sonne des Himmels' bezeichnet.[28] Von anderen indogermanischen Gottheiten sei noch der Kriegsgott, griechisch 'Ares', altbayerisch 'Er', hethitisch 'Jarris', herausgehoben. Von seinem Namen scheint griechisch 'arete', 'Tapferkeit', und deutsch 'Ehre' abgeleitet. Er ist es, durch den ein Mann zu den 'Ersten' (griech.: zu den 'aristoi', 'den Besten') emporsteigt.[29] In diesem Sinne ist diese Gottheit zu verstehen. Und die im Namenszusammenhang durchscheinende Gesinnung gibt uns einen Grund an, warum die Geschichte der indogermanischen Völker so blutig verlaufen ist.

Andererseits kennen wir in Griechenland und aus den deutschen Märchen eine weibliche Gestalt, die in Gefahren unerwartete Hilfe bringt. Sie tritt auch bei den Hethitern stark hervor. Die Beschirmerin der Kämpfer wurde passenderweise durch einen Schild abgebildet. So sehen wir sie auf Abbildungen aus mykenischer Zeit; so wurde sie beim römischen Neujahrsfest umhergetragen; und so ist die Hilfsgöttin — wieder mit chattischem Namen 'Inaras' (?) — bei den Hethitern in einem Ritual beschrieben.[30]

Damit mag es genug sein. Wir können die Fülle der Gestalten, von denen sich die Indogermanen unsichtbar umgeben fühlten, oder die sie traumhaft sogar sahen und wahrnahmen, nicht mehr überblicken. Bei dieser Auffassung von der Götterwelt war es überdies gegeben, daß alle Götter, die ein indogermanisches Volk bei seinen Nachbarn verehrt fand, ihm ebenso heilig waren und sehr oft in die eigene Götterwelt aufgenommen wurden. Gerade diese Neigung, fremde Götter anzuerkennen, ja sich mit Inbrunst an sie zu wenden, ist bei den Hethitern besonders ausgeprägt und für die weitere Entwicklung ihrer Religion entscheidend gewesen.

Die Götter waren für die Indogermanen, mindestens für den Zweig, aus dem die Hethiter hervorgegangen sind, nicht nur Wunschvorstellungen oder Schreckvorstellungen des

Glaubens, sie waren Rechtspersönlichkeiten. Sie hatten einen Rechtsanspruch auf den herkömmlichen Kult, und zwar mit allen Einzelheiten. Das kommt bei den Hethitern besonders dadurch zum Ausdruck, daß ein fremder Gott, der in ihrem Reich Aufnahme fand, mit Gebeten und Riten in seiner Heimatsprache angerufen werden mußte. Die palaaische Gottheit Zaparwa hatte ihren Kult in palaaischer Sprache; churritische und babylonische Gottheiten mußten auf churritisch und auf babylonisch verehrt werden. Dagegen gingen die Hethiter nicht so weit wie die Römer, daß sie ein Fest, bei dem ein Formfehler im Ritus unterlaufen war, deswegen als ungültig betrachteten und wiederholten.

Und die Götter hatten auch einen Anspruch auf die Einhaltung der sittlichen Gebote. Bestimmte Taten, die gegen die gottgesetzte Ordnung verstießen, mußten als Frevel (heth. 'wastul') gegen die Götter verfolgt werden. Während für Taten gegen Menschen der Geschädigte oder seine Angehörigen zu klagen hatten, griff bei solchen Freveln gegen die Götter der Staat ein. Die Frevler wurden bei den Indogermanen den Göttern geopfert.[31] Das war der Ursprung der Todesstrafen. Und zwar drohte dem, der sich gegen die Sonne vergangen hatte, der Tod durchs Rad; und so wurde das 'heilige Rad' bei den Hethitern die Bezeichnung für die höchste Gerichtsstätte. Diebstahl galt bei den Indogermanen als Frevel gegen den Windgott: Das ist bei den Hethitern einer milderen Auffassung gewichen. Aber als todeswürdige Frevel ('churkel'[32]) galten vor allem die sexuellen Missetaten: Blutschande und geschlechtlicher Umgang mit Tieren. Nicht ausdrücklich als 'churkel' bezeichnet, aber mit dem Tod geahndet wurden bestimmte Arten schädlicher Zauberei. Meineid dagegen war natürlich auch ein Frevel gegen die Eidgötter, aber der Hethiter nahm an, daß in diesem Falle die Götter selbst die Strafe vollzögen. So war es furchtbarer Ernst, wenn die Hethiter die Verträge mit Nachbarstaaten beschworen und beschwören ließen und dabei alle mächtigen Wesen des Himmels und der Unterwelt aufzählten.

Die Indogermanen pflegten die Beziehung zu den Göttern durch die Formen ihres Kultes. Sie gehen von der einfachen Anrufung und dem Gebet, dem Preislied, bis zum Opfer. Jede Schlachtung eines zum Verspeisen bestimmten Tieres mußte als Opfer an einen Gott vollzogen werden. Man strich oder sprengte dann von dem Blut des Opfertieres auf den Altar, um eine Speisegemeinschaft und damit eine Gastfreundschaft zwischen Mensch und Gott herzustellen. Solche Blutspuren fanden die Ausgräber noch am Altar von Yazili-Kaya. Indogermanische Sagen wissen auch davon, daß die Götter im Kampf mit unholden Mächten gelegentlich menschlicher Hilfe bedurften. Das ist bei den Hethitern besonders in der Sage von der Schlange Illujanka festgehalten. Umgekehrt hoffte der Mensch natürlich auf die Hilfe der ihm gastlich verbundenen Götter.

Insbesondere glaubte der Zweig der Indogermanen, aus dem die Hethiter hervorgegangen sind, an bestimmte Zeichen, durch die die Götter den Menschen mit Rat beistünden. Das war einerseits das Losorakel, bei dem drei Stäbe mit eingeschnittenen Zeichen geworfen und je nach der Art ihres Fallens gedeutet wurden.[33] Vor allem aber war es die Beobachtung des Vogelfluges, durch die die Hethiter ebenso wie die Latiner und die Balten den Rat der Götter erkundeten.[34] Diese beiden Formen, die Meinung der Götter zu erforschen, sind indogermanisch. So war es im Gedankengut vorbereitet, daß weitere Vorzeichensysteme, besonders die Opferschau und die Sterndeutung, aus dem babylonischen Kulturgut leicht bei den Hethitern Aufnahme fanden.

Die indogermanischen Götter waren kämpfende Götter. Darin lag die Denkvoraussetzung, daß es noch andere, den Göttern feindliche überirdische Wesen geben müsse. Diese suchten die Menschen natürlich nicht sich durch Kult zu verbinden — es sei denn, ein Zauberer rief sie herbei, um Unheil durch sie anzurichten. In der hethitischen Literatur treten eine Schlange und besonders ein gestürzter Gott der Churriter, Kumarbi, und sein Sohn Ulikummi, der als Vulkan beschrieben wird, als solche Feinde der Götter auf, denen jene dann unterliegen.[35]

Zu den Mächten des indogermanischen Jenseits zählten außerdem noch die Ahnen, d. h. die verstorbenen Vorfahren. Es gehörte zu den Aufgaben des Kultes, diese Ahnen mit Nahrung, besonders Getränk, zu versorgen, damit sie nicht dürsteten. Das war das abendliche Opfer jeder Familie. In den hethitischen Urkunden tritt uns nur ein Kult der Ahnen des Königs und *einer* Königin entgegen.[36] Man sieht, es wäre unzutreffend, von den Seelen der Ahnen zu reden: Die Verstorbenen haben noch leibliche Bedürfnisse nach Essen und Trank — wenn auch nur in kleiner Menge. Dafür erwartete man auch, daß die Ahnen ihren Angehörigen Segenskräfte zuwandten. Welchen Segen die Indogermanen erwarteten, läßt sich nicht mehr sicher erschließen. Analogien nichtindogermanischer Völker lassen vor allem den Kindersegen als Gabe der Ahnen vermuten, aber auch das Gedeihen der Saaten.

4. Das Recht der Einwanderer

Über das Recht der Indogermanen,[37] das die Hethiter aus ihrer Vergangenheit mitbrachten, lassen sich folgende Einzelheiten feststellen, die zum Teil erhalten geblieben sind, zum Teil zum Keim wichtiger Neubildungen wurden.

Die oberste Gewalt hatte die Volksversammlung. Zum Unterschied von anderen Völkern auf vergleichbarer Kulturstufe fanden die Volksversammlungen der Indogermanen in Waffen statt. Sie waren militärischer Appell. An ihnen teilzunehmen, war für den Freien nicht nur Recht, sondern

Pflicht. Wer nicht mehr fähig war, Waffen zu tragen oder wem es rechtlich untersagt war, der durfte auch nicht mit abstimmen. Ob es die Versammlung eines einzelnen Dorfes oder des ganzen Stammes war, es war immer eine Heeresversammlung. Deswegen bedurfte sie der Leitung durch einen militärischen Anführer, den 'regs' (indisch 'raja', keltisch 'rix', bei den Germanen 'rik', 'rich', nur mehr in Zusammensetzungen erhalten: 'Hein-rich', 'Gänse-rich'). Man pflegt mit 'König' zu umschreiben; das ist nur richtig, wenn man an die Könige des Märchens denkt. Besser wäre wohl, 'Häuptling' zu sagen. Allerdings hat sich bei den Eroberungen das Königtum z. B. der Luwier und der Hethiter aus diesem Führertum der Volksversammlung entwickelt. Ein solcher Häuptling hatte im Frieden die Leitung der Volksversammlung, im Krieg die Heerführung. Er hatte in der Versammlung die Fragen zu stellen, die die Versammlung zu beantworten hatte, und traf durch die Art, wie er fragte, allerdings eine sehr wichtige Vorentscheidung. Aber die Entscheidung selbst lag bei der Volksversammlung. Sie allein konnte ursprünglich einen Krieg erklären, und wenn sie das tat, stand sie ja sofort bereit, in Waffen auszuziehen — Rechte, die beim Entstehen von Großstaaten notwendig auf die Könige übergingen. Aber auch jede Rechtsentscheidung fiel in der Volksversammlung, sofern sich die streitenden Parteien nicht auf einen Schiedsrichter einigten, der sie versöhnen sollte und dessen Spruch dann galt. Der Häuptling war nur insofern Richter, als er die Gerichtsversammlung leitete; er fällte nicht selbst das Urteil. Die Volksversammlung entschied über das Recht, aber sie gab keine Gesetze. Die Vorstellung war vielmehr, daß das Recht von den Göttern ein für allemal gesetzt sei; man konnte es nicht schaffen, man konnte es nur finden. Darum war ein Rechtsspruch, der in einer früheren Sache ergangen war, auch für die Zukunft für alle ähnlichen Fälle verpflichtend. So ist z. B. der § 43 des hethitischen Gesetz-

buches deutlich die Entscheidung eines einmaligen Falles, der
mit allen Einzelheiten beschrieben wird: Ein Mann durch-
querte mit seinem Rind einen Fluß; ein anderer hängte sich
an den 'Schwanz' des Rindes (ich setze das Wort 'Schwanz'
in Anführungszeichen), wobei der Besitzer des Rindes fort-
geschwemmt wurde. Das wäre — in moderner Juristen-
sprache — fahrlässige Tötung bei Gebrauchsdiebstahl, eine
ganz seltene Missetat. Aber weil der Fall vorgekommen war,
wurde er in die Gesetzessammlung aufgenommen.

Der Häuptling war ursprünglich lebenslang, aber durch
die Wahl der Volksversammlung bestimmt. Wo also der
Häuptling nicht schon selbst seinen Nachfolger hatte wählen
lassen,[38] da mußte ein Ersatzmann eintreten, um die
Königswahl-Versammlung zu leiten. Bei den Hethitern ist
dies der Anführer der Leibwache, der Groß-Mesedi, mindestens in zwei Fällen, die uns genau berichtet sind; ein drittes
Mal ist es ein verzichtender Erbe. Gewählt wurde ein naher
Verwandter des Vorgängers, zunächst ohne daß eine bestimmte Erbfolgeregel galt.

Der Name 'regs' bezeichnet den Häuptling als den Leiter,
der Name 'duks'[39] ('Her-zog') als Führer des Heeres. Ein
weiterer Titel scheint '*esus' gewesen zu sein (lat. 'herus'),
was bei den Kelten als Gottesname erhalten blieb, bei den
Hethitern aber in der Lautform 'chassus' die geläufige Bezeichnung des Königs war.

Dieser Häuptling nun hatte das, was man in modernen
Staaten die 'ausführende Gewalt' nennt. Er hatte die Be-
schlüsse der Volksversammlung durchzuführen und Wider-
strebende zur Ordnung zu zwingen. Dafür hielt er sich ein
Gefolge, das ihm durch Treueid besonders verpflichtet war.
Es bestand mindestens zum Teil aus jungen Leuten, die noch
keine eigene Familie hatten. Sie lebten von dem, was auf des
Häuptlings Tisch kam. Der Haushalt des Häuptlings war
also umfangreicher als der des Bauern. So erhielten einzelne

Gefolgsleute besondere Aufgaben: Da gab es den Koch, den 'Großen des Weins', den Stallmeister — die ersten und zunächst die einzigen Beamten im indogermanischen Stamme. Wir finden sie alle bei den Hethitern, wie später bei den Germanen. Sie wurden je nach Gelegenheit auch mit anderen Aufgaben betraut, als ihr Titel angab, besonders mit der Führung militärischer Sonderkommandos. Um das Gefolge zu erhalten, mußte dem Häuptling ein größerer Anteil des Stammesbodens zugeteilt werden als den einzelnen Freien. Dieser Boden wurde von Hörigen bebaut, die einen Teil ihrer Ernte dem Häuptling abzuliefern hatten. Denn staatliche Steuern kannten die Indogermanen nicht. Kennzeichen des freien Mannes waren das Recht, Waffen zu führen und an der Volksversammlung teilzunehmen. Sein äußeres Kennzeichen aber war das lange Haar. Einem Mann das Haar scheren hieß, ihn unter die Hörigen einreihen. Wir hören von dieser Strafe auch bei den Hethitern.[40]

Eine Polizei gab es nicht. Der Schutz von Leben und Eigentum war vielmehr die Aufgabe der Sippe. Die Sippe war der Verband der Familien, die vom gleichen Ahnherrn abstammten. Ihre Aufgabe war erstens die Blutrache bei einer Tötung oder schweren Verletzung, bei der der Betroffene nicht mehr selbst Rache üben konnte. Die Rachepflicht oblag zunächst den Nächstverwandten: den Söhnen, den Brüdern des Getöteten oder Verletzten. Darum heißt bei den Hethitern der nächststehende Erbe eines gewaltsam Getöteten der 'Blutherr'.[41] Je mehr Söhne eine Familie hatte, desto wirksamer konnte sie zur Blutrache schreiten, desto angesehener war sie. Der Fremde konnte als Gast in die Sippe aufgenommen werden: Gemeinsame Mahlzeit begründete unverbrüchliche Freundschaft[42].

Im Gegensatz zum hamitischen Brauch war die Blutrache bei den Indogermanen nicht unabdingbar. Der Totschläger konnte sie abkaufen. Und zwar war die Kopfbuße für einen

Totschlag gesetzlich festgelegt — nach dem Rang des Getöteten abgestuft. Die altertümlichste Regelung hat dabei der Hethiter beibehalten.[43] Der Totschläger hat für einen Edlen vier, für einen Hörigen zwei Menschen zu geben, das heißt das Doppelte dessen, was er geschädigt hat. Der Edle galt eben doppelt soviel wie der Hörige. Bei unabsichtlicher (fahrlässiger) Tötung aber genügte einfacher Ersatz, also für einen Edlen zwei, für einen Hörigen ein anderer Höriger.

Die zweite Rechtsaufgabe der Sippe, die wir nachweisen können, war die Spurfolge — das Aufspüren gestohlener Dinge, besonders von Vieh. In hethitischen Urkunden finden wir sie nur angedeutet; wir dürfen aus dem Brauch verwandter Völker ergänzen: Der Bestohlene lud zur Nachforschung die nächsten Verwandten, damit er Zeugen habe, und suchte das Vieh auf, das ihm abhanden gekommen war. Sofern es noch lebte, war es ja schwer zu verstecken. Die Heimholung gestohlener Rinder spiegelt sich besonders in den indogermanischen Göttersagen — von Indra, von Apollon und Hermes, von Herakles und Cacus. War aber der vermißte Gegenstand eine Kostbarkeit, die man im Hause verbergen konnte, so stand dem Geschädigten zu, in ritueller Nacktheit, nur die Scham durch einen Schurz bedeckt, der vom Gürtel gehalten wurde, Haussuchung zu halten. Die Nacktheit war vorgeschrieben, damit der Suchende nicht selbst das Gesuchte einschwärzen konnte. Bei den Römern hieß das: „Nachspüren mit Schurz und Schüssel", der Tracht der Spätbronzezeit entsprechend, die eine schüsselförmige Gürtelschnalle benutzte. Bei den Hethitern sind über all das nur unklare Anspielungen zu finden.

Die dritte Sippenpflicht war die Eideshilfe vor Gericht. Es genügt sie anzudeuten, da ich bisher bei den Hethitern keine Nachwirkung dieses Brauches belegen kann. Das liegt aber vielleicht nur daran, daß wir überhaupt vom hethitischen Gerichtswesen so wenig Nachrichten haben.

In einer Welt, in der der Schutz des Lebens auf der Blutrache beruht, sind die Frauen als Schutzbedürftige notwendig
ihren Schützern untergeordnet. So kennt denn auch das
indogermanische Recht die Frau nur als abhängig vom
Mann.[44] In der Familie war der Vater der Befehlende, die
Söhne und Töchter waren sein Gesinde. Und zwar waren
die Indogermanen Bauernvölker. Familie war die Gemeinschaft der Personen, die einen Hof bewirtschafteten. Die
Familienordnung ist in den Grundzügen bei allen Bauern-
völkern gleich und darum auch der sumerischen und semitischen gleichartig. Frau und Kinder unterstanden der Haus-
gewalt des Hausvaters. Die Zugehörigkeit zur Sippe vererbte
sich im Mannesstamm. Die Regel scheint mir, daß der älteste
Sohn auf dem Hofe des Vaters verblieb, bis dieser ihm die
Leitung übergab, jüngere Söhne aber bei der Hochzeit einen
neuen Hof und damit auch eine neue Familie begrün-
deten.

Die Ehe wurde durch den Verlöbnisvertrag und durch
den nachfolgenden Vollzug der Ehe geschlossen.[45] Beim Verlöbnisvertrag hatte der Bräutigam (oder sein Vater als Vor-
mund) den Eltern der Braut eine bestimmte Summe zu
geben. Kam die Ehe nicht zustande, so mußte dieser Braut-
preis zurückgegeben werden. Diese Kaufehe ist den Indogermanen und den Völkern Babyloniens gemeinsam, und
so haben die Hethiter ein babylonisches Fremdwort dafür
verwendet; nur, daß der Kaufpreis bei den Indogermanen
wechselnd angesetzt ist und, wo wir Belege haben, viel
höher ist als bei den Semiten und daß er mindestens bei
manchen Völkern als Ausstattung in die Ehe mitgegeben
wurde und beim Tod des Mannes der Witwe als Eigentum
verblieb. Wie es die Hethiter damit hielten, ist noch nicht
untersucht. Wenn der Mann die Gattin verstieß, so mußte
er das Brautgeld herausgeben. So diente es auch zur Festi-
gung der Ehe. Die Ehe wurde dann durch Heimholung der

Braut in das Haus des Mannes begonnen. Wir kennen die indogermanischen Bräuche und Riten für die Hochzeit sehr genau;[46] aber wir wissen nichts darüber, wieviel die Hethiter davon beibehalten oder abgeändert haben. Darum übergehe ich sie. Wichtig davon ist nur, daß die indogermanischen Bauern auf die Jungfräulichkeit der Braut Wert legten und Rechtsfolgen an sie knüpften. Der voreheliche Umgang, wie er bei den frühen Gartenbauvölkern und auch in den Nachrichten über die Lyder in Westkleinasien hervorgehoben wird,[47] war bei den Indogermanen offenbar nicht Rechtens.

Wohl aber kam es oft vor, daß ein Mann sich eine Braut gegen den Willen der Eltern und ohne vorherigen Verlöbnisvertrag raubte oder entführte. Das war zwar Friedensbruch, und nach dem hethitischen Recht konnten die Helfer bei der Entführung als Friedensbrecher ('Wölfe') von den Verfolgenden bußlos getötet werden.[48] Aber war die Raubehe vollzogen, so war sie rechtsgültig wie die durch Verlobung vorbereitete Ehe.

Auch für die Rechtsstellung der Frau in der Ehe sind wir für die Indogermanen viel besser unterrichtet als speziell für die Hethiter, deren ursprüngliches Brauchtum wir durch die Analogie der verwandten Völker erschließen müssen. Die Ehe war vor allem Opfergemeinschaft. Der Ahnenkult wurde von den Ehegatten gemeinsam vollzogen — eine geringe Spende vor dem Schlafengehen. Die Ehe war ferner rechtlich die Gemeinschaft zur Erzeugung ebenbürtiger, d. h. zur Blutrache berechtigter Söhne. Eben um der Rachepflicht willen wurden die Söhne so viel höher gewertet als die Töchter. Und doch hob dieses Recht auch wieder die Würde der Ehefrau. Es wird zwar auch damals uneheliche Liebesverhältnisse gegeben haben; doch waren sie angesichts der Gültigkeit der Entführungsehe wohl meist nur der Anfang einer dauernden Ehe, die für beide Teile eine rechtlich so viel bessere Stellung brachte.

Zwar war die Frau bei den Indogermanen, wie sie als unvermähltes Mädchen unter der Vormundschaft des Vaters gestanden hatte, nach dem Eheschluß dem Manne rechtlich untertan.[49] Sie war niemals rechtlich selbständig, konnte keinen Vertrag selbständig abschließen, konnte auch vor Gericht ihr Recht nicht vertreten und umgekehrt nicht belangt werden; selbst wenn sie stahl, hatte es nicht sie selbst, sondern der Mann zu vertreten. Aber als Frau des Hauses hatte sie dem Gesinde gegenüber die Stellung einer Herrin. Sie hatte die 'Schlüsselgewalt', das heißt, sie hatte die Vorräte zu verwahren, seien es die Lebensmittel von der einen Ernte bis zur nächsten, seien es die Gespinste, die an den langen Winterabenden verfertigt worden waren. Insofern war der Eheschluß für jede Frau ein gewaltiger rechtlicher Aufstieg.

Freilich, der Mann hatte das Recht über sie; er konnte sie verstoßen oder bei Ehebruch sogar am Leben strafen. Da war es dann gut, wenn sie Brüder hatte, die auf einen Schimpf an ihrer Schwester mit Blutrache antworten konnten. Denn nicht nur Leibesverletzungen provozierten Rache, sondern auch Verletzungen der Ehre. Wenn das indische Epos den Kampf der beiden Sippen, den es schildert, damit beginnen läßt, daß ein Mann seine Frau im Spiel als Einsatz gegeben und verloren hatte, der glückliche Gewinner aber der Frau ins Haar greift und so ihre Ehre als freigeborenes Weib versehrt, damit die Rache aller Sippengenossen dieser Frau auf sich zieht und nicht einmal dadurch, daß er sie dem früheren Ehemann zurückgibt, die unerbittlichen Rächer beschwichtigen kann, so sind alle die Rechtsvorgänge, die in diesem Vorspiel des Kampfes geschildert sind, für die Indogermanen insgesamt typisch.

Hatte aber eine Familie keinen Sohn, so heiratete die älteste Tochter nicht aus dem Hof hinaus, sondern blieb als Erbtochter. Im hethitischen Recht ist daraus die Folgerung

gezogen worden, daß bei der Ehe mit der Erbtochter diese
dem Manne eine Ausstattung schuldet,[50] weil in diesem Falle
er die Stelle der Frau einnimmt. Man sieht, die juristische
Spitzfindelei, wie sie bei Römern und später auch bei Deutschen so häufig begegnet und in der griechischen Prozeßsucht
ihr Gegenstück hat, ist gemeinindogermanisch. Der heran-
gewachsene Sohn wurde durch eine schlichte Feier in die
Reihen der Erwachsenen aufgenommen, bei den Ariern durch
das Anlegen eines Gürtels mit Schwertgehänge.[51] Auch das
hethitische Gesetz scheint auf eine ähnliche Form anzuspie-
len.[52]

Zum gemeinsamen Brauch, der mit der Wirtschaftsfüh-
rung des Hofes gegeben ist, gehört es weiter, daß der Haus-
vater, wenn er gebrechlich wurde, den Hof an seinen Sohn
übergab und selbst aufs Altenteil zog. (Bei den Römern
haben die Decemvirn dies abgeschafft; aber im latinischen
Recht wurde es gehalten wie bei den Griechen — z. B. Laer-
tes — und den Germanen.) Wir werden eine Anwendung
dieses Grundsatzes in der hethitischen Königsfamilie kennen-
lernen.[53]

Die übrigen Geschwister konnten vorläufig auf dem Hofe
bleiben. Die unmündigen Knaben und alle Frauen unterstanden dann eben dem neuen Hofbesitzer. War der Boden
knapp, so stellte sich damit die Form der Großfamilie ein;
alle von einem Ahn abstammenden Männer blieben unter
gemeinsamer Leitung auf dem einen Hof [54]. Aber das führte
leicht zu Streit unter den Geschwistern. Bei den meisten
Stämmen der Indogermanen und so auch mindestens in der
hethitischen Königsfamilie finden wir vielmehr, daß sich die
heiratenden Söhne abschichten,[55] das heißt ihre eigenen Sitze
erhielten. War doch Boden genug zum Roden rings um jedes
Dorf und, vor allem, gab es nicht immer Häuptlingssöhne,
die zu einem Zug in die Ferne aufriefen, um neues Land zu
erbeuten!

Die Auswandererzüge bei Übervölkerung konnten religiöse Formen annehmen. Wie in geschichtlicher Zeit die Züge der Italiker als 'heiliger Frühling' unter der Führung eines Tieres, das den Gott versinnbildete und das wir uns nach den Beispielen aus Alaca Hüyük als Tierstandarte vorstellen dürfen (s. Vieyra, Hittite Art, Abb. 6 u. 7), so mögen auch die Luwier vielleicht unter der Führung eines Wolfsgottes nach Anatolien gekommen sein.[56]

Denn das Recht des Siegers, den Boden des Besiegten in Besitz zu nehmen, schien den Indogermanen naturgegeben, besonders wenn der Besiegte Überfluß hatte und ihn mit den bedürftigen Ankömmlingen nicht teilen wollte. Der Krieg war den Indogermanen ein Rechtsgang.[57] Auf Blutvergießen erpicht waren sie dabei nicht. Statt den kämpfenden Heeren konnte die Entscheidung dem Zweikampf je eines erlesenen Kämpen von jeder Seite übertragen werden.[58] Als Entscheidung im Völkerrecht ist der Zweikampf aufgekommen. Erst viel später (nicht bei den Hethitern) wurde er auch Rechtsmittel des privaten Prozesses.

Andere Rechtseinrichtungen des Völkerrechts, das die Indogermanen mit allen umwohnenden Völkern gemeinsam hatten, waren die Heiligkeit der Gesandten, ja des Gastes überhaupt. Wer als Gast an einem Hofe aufgenommen worden war und an der gemeinsamen Mahlzeit teilgenommen hatte, der galt als zugehörig zum Familienkreis und wurde wie ein Familienmitglied verteidigt.[59] Auf diese Weise konnten sich wandernde Kaufleute ungefährdet ins Gebiet der Indogermanen begeben und sich darin bewegen. Meist scheint ein solcher Kaufmann versucht zu haben, bei dem Häuptling selbst Gastrecht zu erwerben. Im hethitischen Recht genießt er einen Ausnahmeschutz, der sich am besten erklärt, wenn der Kaufmann als Gast des Königs galt.

Aus dem privaten Recht ins Völkerrecht wurde der Brauch übernommen, als Bürgen für einen Vertrag Geiseln zu stellen.[60] Im privaten Recht galt das besonders zur Sicherung einer aufgenommenen Schuld. Das freie Kind, das als Geisel untergebracht wurde, wuchs zunächst als freier Mensch eben im Gewahrsam des fremden Hofes heran; wurde der Vertrag nicht eingehalten, die Schuld nicht zurückbezahlt, so konnte es der Gläubiger als Hörigen verkaufen. Als Hörigen, nicht als Sklaven; denn Sklaverei im Sinne des römischen oder des neuzeitlichen Rechtes bis 1862 gab es bei den Hethitern nicht. Der Hörige hatte — abgesehen von seiner Abgabenpflicht — dieselbe Rechtspersönlichkeit wie der Freie und konnte wie dieser eine Familie gründen und Verträge abschließen.

Private Verträge wurden bei den Indogermanen mündlich mit Handschlag oder in anderer äußerer, sichtbarer Form abgeschlossen, unter den Augen von mindestens zwei Zeugen,[61] die aufgefordert waren, zuzuhören, und den Wortlaut des Vertrages vor Gericht wiederholen mußten, wenn es zum Streit kam. Dies blieb offenbar auch im hethitischen Recht so, solange das Hethiterreich Bestand hatte. Darum haben wir im Gegensatz zum semitischen Orient aus dem hethitischen Reich keine Urkunden über wirtschaftliche Vorgänge.[62]

Beweismittel im hethitischen Prozeß waren wie schon gemeinsam bei den Indogermanen der Eid der Partei und die Aussage von Zeugen. Indogermanisch waren überdies gewisse symbolische Handlungen beim Abschluß eines Vertrages vorgeschrieben, was sich gelegentlich im hethitischen Ritual widerspiegelt.[63] Schriftliche Urkunden aber waren den Indogermanen unbekannt, wie sie überhaupt den Gebrauch der Schrift ablehnten. Erst bei königlichen Willkürakten (Privilegien) wurde die geschriebene und gesiegelte Urkunde eingeführt, weil diese Verleihungen das Leben von Aussteller und Belehnten überdauern sollten.

Von dem indogermanischen Gemeineigentum des Dorfes an seinen Äckern und Fluren habe ich bei den Hethitern nur zweideutige Spuren gefunden. Vielleicht beruht auf ihm die Fronpflicht, die mit dem Landbesitz verbunden war.

Dieser Geistes- und Rechtszustand also mußte als Ausgangspunkt der hethitischen Entwicklung vorausgeschildert werden.

5. Entwicklung zum Feudalstaat

Für die weitere Entwicklung der Indogermanen bei ihrer Ausbreitung über Europa und Westasien war entscheidend, daß sich die Stellung des Häuptlings zu einem Großkönigtum ausweiten konnte. Das war begründet in seiner religiösen Würde und seiner Stellung an der Spitze der Gefolgschaft.

Die Volksversammlung war nämlich auch Opferversammlung. Man ging nicht auseinander, ohne einen Braten verzehrt zu haben, und das Fleisch kam von einem Opfertier. Der Leiter der Volksversammlung war daher auch Priester, der das Opfer zu vollziehen hatte. So erhielt der Häuptling die Würde des obersten Priesters (bei den Hethitern des Priesters der Göttin von Arinna), wodurch ihm eine heilige Weihe gegeben wurde. Zwar scheinen die Hethiter die Sage nicht zu kennen, die bei den andern Indogermanen die Abstammung der Könige von einem Gotte, meist von dem höchsten Himmelsgotte selbst, dichtete, dafür erhöhten sie ihn selbst mit dem Titel 'Sonne' zum Göttergleichnis,[64] und nach dem Tode zum Gotte[65].

Und weiter hatte der indogermanische Häuptling, wie schon ausgeführt, ein Gefolge von Männern, die ihm durch persönlichen Eid verpflichtet waren. Ursprünglich waren es seine nächsten Gefährten im Kampf; ja, mancher Raubzug ist von einem Fürsten nur mit Hilfe seines Gefolges ausgeführt worden, ohne daß das allgemeine Volksaufgebot behelligt worden wäre. Im Frieden aber war dies Gefolge

die Hausgenossenschaft des Königs. Vergrößerte sich das
Machtgebiet eines Fürsten, so waren es diese seine nächsten
Hausgenossen, denen er seine vertraulichen Aufträge er-
teilte.[66] So finden wir im Hethiterreich den 'Großen des
Weines' oder den Oberkoch oft als Leiter bei militärischen
Unternehmungen, die der König nicht selbst durchführte.
Sie erhielten dann auch Lehen, die ihnen vielleicht dauernde
Abwesenheit vom Hofe auferlegten. Kurz, die Gefolgschaft
ist die rechtliche Grundlage, auf der sich der Feudalstaat
entwickelt hat.

Die wirtschaftliche Grundlage des Feudalstaates aber war
die Pferdezucht. Seitdem nämlich der leichte Streitwagen
erfunden war — jener roßbespannte Wagen, mit dem nach
indogermanischer Auffassung der Sonnengott über den Himmel fuhr und das Götterpaar der Nothelfer dem Schutz-
bedürftigen zu Hilfe eilte —, seitdem war der Kämpfer vom
Streitwagen aus jedem Fußsoldaten, ja sogar allein einer ganzen Abteilung von Fußtruppen überlegen. Man brauchte die
Fußtruppen wohl noch, um das eroberte Land zu besetzen
und in Ordnung zu halten; aber die Entscheidung im Kampfe
fiel den rosselenkenden Streitwagenkämpfern zu. Ich habe
einmal versucht zu zeigen, daß mit den Manda-Truppen
eben diese Streitwagenkämpfer gemeint seien. Ich habe damit freilich wenig Gegenliebe bei andern Forschern gefunden.
Ich glaube allerdings auch jetzt noch, daß der Blitzfeldzug
der Manda-Kämpfer gegen Narâmsin von Kleinasien bis
Elam nur mit Hilfe des Pferdes möglich war und daß sich
überhaupt die Ausbreitung der Indogermanen vom Atlanti-
schen Ozean bis Indien, die nur in der europäischen Kolonisation seit 1500 n. Chr. ein geschichtliches Gegenstück hat
(und vorher in der Ausbreitung des Islam von Marokko bis
Turkestan), nur dadurch erklären läßt, daß sie durch eine
neue militärische Erfindung ein augenblickliches Übergewicht
über die viel höher entwickelten Kulturen des Orients hatten.

Dieses Übergewicht gab eben die Verwendung des Streit-
wagens. Die Folge war, daß das Reich von Akkad vorübergehend unterlag, daß später das Amoriterreich von Babel,
obwohl es schon den Streitwagen aufgenommen hatte, den
Feudalstaaten der Hethiter und Churriter zum Opfer fiel,
daß die Ägypter vorübergehend der Herrschaft der rosse-
züchtenden Hyksos anheimfielen und die Induskultur von
den Indern überwältigt und ausgerottet wurde.

Doch darüber mag man streiten. Jedenfalls war die Pferdezucht den Indogermanen bekannt, wie die zahlreichen sprachlichen Belege es zeigen. Aber Rossezucht ist keine Lebens-
grundlage (sowenig wie Maschinenindustrie). Von der Seite
der Ernährung her gesehen waren die Indogermanen Bauernvölker, die Gerste, Weizen, Hirse und allerlei Gemüse zogen
und Rinder, Schafe, Ziegen, Schweine, Hunde und Gänse
als Haustiere oder vielmehr Weidetiere besaßen. Gerade die
Rinderzucht scheint im Vordergrund der bäuerlichen Wirtschaft der Indogermanen gestanden zu haben. Pflug und
Sichel als Erntegeräte, Mahlsteine zum Zerreiben des Korns
waren allgemein im bäuerlichen Gebrauch (Abb. 19). Der Hof,
von der Familie bewirtschaftet, befriedigte fast alle täglichen
Lebensbedürfnisse; nur, daß man sich vielleicht gelegentlich
ein Werkzeug beim Schmied oder eine Schale beim Töpfer
ertauschte. Sonst war der Handel kaum entwickelt. Fern-
handel scheint sogar eher in den Händen von wandernden
Kaufleuten der Keilschriftkultur gelegen zu haben.[67] So ist
das Eindringen von sumerischen Lehnwörtern in das Indogermanische am leichtesten zu erklären. Ich verzeichne als
solche sumerisch 'tug' = deutsch 'Zeug';[68] 'kur' (= Land
oder Berg) = griechisch 'chora', kelt. 'Jura', (slawisch
'Gora'?);[69] 'schosch' (= sechzig) = deutsch 'Schock' (mit
veränderter Endung, aber gleichem Rechenbrauche). Gegenüber den zahllosen sumerischen Lehnwörtern im türkischen
Sprachstamm[70] ist das freilich nur eine verschwindend ge-

ringe Zahl — eben weil der Handel, der bis zu den Indogermanen gelangte, nur spärlich war. Trotzdem möchte ich die
Gleichungen nicht als Zufall ansehen.

Und eben den Handel, den diese Wörter bezeugen, sehe
ich als den Grund an, der die Richtung der anatolischen
Einwanderung bestimmt hat. Wenn ich mit der Einwanderung in Anatolien richtig den Zusammenbruch des Reiches
von Akkad, mindestens seiner Herrschaft in Kleinasien, in
ursächlichen Zusammenhang setze, so folgten auf sie rund
dreihundert Jahre, in deren Verlauf sich die Indogermanen
in Anatolien ungestört ausbreiten und in ihren Lebens-
formen an die neuen geographischen Bedingungen anpassen
konnten. Nicht nur die Sprachen haben sich in dieser Zeit
verändert,[71] sondern der ganze Volkstyp. Aus den kleinen
Häuptlingen der Heimat wurden mit der Eroberung Könige
von Großreichen. Aber die Abhängigkeit der Unterkönige
von den Großkönigen war sehr locker;[72] sie beruhte nur
auf dem Gefolgschaftsrecht. Nur bei gemeinsamer kriege-
rischer Bedrohung trat das Großkönigtum in Erscheinung,
sammelten sich die lokalen Fürsten um den gemeinsamen
Anführer. Im übrigen schaltete jeder Fürst in seinem ihm
bei der Verteilung der Beute zugewiesenen Gebiet und unter
ihm wieder jeder Dorfschulze in seinem Dorfe, jeder Bauer
auf seinem Hofe. Gemeinsam war dem Dorfe nicht nur wie
in der Heimat die unbebaute Flur an Wald und Weide, sondern auch der Dreschplatz im Dorf,[73] wie ihn schon die Einheimischen sich eingerichtet hatten (Abb. 20). Gedroschen
wird in der Türkei noch heute, wie um 2000 v. Chr., indem
die Ähren auf dem Dreschplatz ausgebreitet werden und
dann ein Rind oder Esel einen Schlitten darüber hin- und
herzieht, in dessen Fugen zwischen den Leisten harte Steine
vorragen (Obsidiane, wie sie auch für Pfeilspitzen Verwendung fanden). Diese in Reihen angeordneten Steine waren
es vor allem, die die Körner aus den Hülsen herausquetsch-

ten. Den Esel und den Wasserbüffel lernten die Einwanderer wohl erst auf kleinasiatischem Boden kennen.

In die Jahrhunderte direkt nach der indogermanischen Einwanderung möchte ich einige Veränderungen des Rechts setzen, die sich als Anpassung an das einheimische Recht am passendsten erklären lassen und im hethitischen Gesetzbuch um 1550 v. Chr. schon durch weitere Neuerungen verändert werden. Verschwunden sind im hethitischen Recht bis auf wenige Restbestände die sakralen Todesstrafen der Indogermanen. Das Rad (auch 'Gott Rad' geschrieben)[74] als Symbol des Hochgerichts ist geblieben; aber nie hören wir, daß bei den Hethitern ein Mörder gerädert oder ein Dieb gehängt worden wäre. Selbst der Zauberer wird nur dem Geschädigten überlassen.[75] Statt dessen wird fast überall die Bußzahlung als Strafe durchgeführt. Dabei mußte auf die verschiedene Art der Bevölkerungen Rücksicht genommen werden. Für die Hirten war das Vieh der werbende Besitz, Viehdiebstahl das schlimmste Verbrechen. Dem trug das hethitische Recht dadurch Rechnung, daß es für Viehdiebstahl einen dreißigfachen Ersatz vorschrieb.[76] Für die seßhafte Bevölkerung standen andere Straftaten im Vordergrund: Schädigung der Gärten und Weinpflanzungen, Brandstiftung und dergleichen mehr. Hier begnügte sich das hethitische Recht in der Regel mit dem Doppelten oder Dreifachen des angerichteten Schadens.[77]

Das Gesetz unterschied 'Edle' (das Schriftzeichen bedeutet 'Erhabene') und Knechte. Letztere werden mit dem sumerischen Zeichen für 'Sklave' geschrieben. Das darf uns nicht irreführen: Mit demselben Zeichen kennzeichnet der König auch seine Vasallenfürsten. Der hethitische Knecht konnte zwar durch Verkauf seinen Herrn wechseln, aber ein rechtloser Sklave war er nicht. Er hatte das halbe Wergeld des Edeln (also im Verhältnis mehr als der Gemeinfreie nach

salischem Recht unseres Mittelalters); er konnte Eigentum
erwerben, eine Frau selbst aus den Töchtern der Edeln
freien, haftete aber auch selbst für Missetaten. Kurz, er war
Höriger im Sinne des mittelalterlichen Rechts, aber nicht Leib-
eigener.

Eine spätere, zeitlich nicht einzuordnende Vorschrift eines
Königs gibt die Anweisung, den alleinstehenden Hörigen (je)
vier Tage auf dem Acker des 'Palastes' und vier Tage auf
seinem eigenen Acker arbeiten zu lassen. Das kennzeichnet
die Rechtsstellung.[78]

Wir dürfen wohl annehmen, daß die Fürsten den Unterworfenen gleich bei der Eroberung die Pflichten auferlegten,
die wir in der Folge finden: die Fronpflicht und die Abgabenpflicht. Die Fron ergab sich durch die örtlichen Verhältnisse.
War z. B. für die gesamte Flur ein Bewässerungsgraben anzu-
legen oder instand zu halten, so wurde wohl schon, bevor die
Indogermanen kamen, die ganze Bevölkerung des betreffenden Dorfes aufgeboten, ebenso für die Erhaltung der Wege.
Spätere hethitische Herrscher haben die Arbeitskraft der
Bauernschaft vor allem zur Befestigung der Orte eingesetzt.
Die Verpflichtung zum Frondienst lag erblich auf dem Lehn-
gut[79] — und es scheint, jedes Stück Acker war als Lehen vom
Fürsten vergeben, das heißt zuerst bei der Eroberung als
Beute beschlagnahmt. Abgaben hatten die Bauern, wie es
scheint, in Naturalien zu liefern,[80] die dann in großen Vor-
ratshäusern aufgestapelt wurden; das Vieh wurde in staatliche Ställe getrieben.[81] Die Vorräte dienten für den Lebens-
bedarf der Könige mit ihrem Hofstaat und der Heere, das
abgelieferte Vieh vor allem für die Opferfeste. Wir haben
keine Nachrichten, und die Fürsten hatten wohl selbst keine
Übersicht darüber, wie hoch sich diese Abgaben beliefen.
Denn es gibt kein Anzeichen dafür, daß schon eine schriftliche Verwaltung bestanden hätte.

Unter den neuen Verhältnissen ergab sich auch eine Vielzahl von handwerklichen Berufen. Wir hören von Friseuren, Zimmerleuten, Webern, Schmieden, Töpfern, Schneidern und manchen andern, deren Berufsbezeichnung[82] wir noch nicht übersetzen können.

Am Fürstenhof gab es nicht nur die alten Hausbeamten für Küche, Keller und Stall, sondern sehr schnell nahmen die Fürsten der Indogermanen den orientalischen Brauch der Vielweiberei an, und es gab daher ganze Scharen von Palastkindern und Nebenfrauen, die schon in einer Art Harem vom Verkehr mit den Männern des Volkes abgetrennt waren.[83] Dann hatte der Fürst auch seine Leibwache — der Name ist akkadisch 'Mesedi' —; ihr Befehlshaber spielte am Hofe eine sehr wichtige Rolle, er war in der Regel einer der nächstverwandten Prinzen, ein Bruder des Königs.

Über die Einzelheiten allerdings ist in diesen schriftlosen Zeiten keine Nachricht erhalten; auch kein Gedicht erzählt davon.[84]

Wie es in dieser dunklen Zeit bei den nichtindogermanischen Nachbarvölkern in Kleinasien aussah, darüber lassen die Ausgrabungen einige Aussagen zu. Sie zeigen, daß eine ganze Reihe von Fürstentümern sich das nördliche Kleinasien teilten. Die Grabstätten von Horoztepe bei Erbaa (Chajasa?) und Alaca Hüyük (Zalpa) mit ihren reichen Goldbeigaben zeigen, wie reich diese Fürsten waren. Auch hier sind Anklänge an die Formen des Donaugebietes festgestellt worden[85]. Ob wir daraus schließen müssen, daß das Gold aus den uralten Bergwerken von Rumänien stammte und also ein kräftiger Handelsantrieb auch stilistischen Angleichungen den Weg wies? Wahrscheinlicher scheint mir doch, daß sich die Tatsache dadurch erklärt, daß in diese Fürstentümer Herrscher der Hethito-Luwier eingedrungen waren, sei es auf friedlichem Wege durch Einheirat oder Wahl, sei es durch Eroberung. Oder die Einflüsse sind auch schon durch den

Handel mit den südlicher gelegenen Fürstentümern der Hethito-Luwier hinreichend zu erklären.

Von den Standarten mit Tierbildern ist die Rede gewesen. Andere Goldscheibchen mit geometrischem Gitterzierat
sind nach den Fundumständen Teile des Festschmuckes gewesen,[86] in dem die Rinder paarweise in einen Raum über
der Grabkammer geführt wurden, um dort geopfert zu werden. Der Raum war durch eine Holzdecke vom eigentlichen
Grab getrennt. Die Anordnung ist die gleiche, wie zwei Jahrtausende später bei dem Taurobolium, das einen Lebenden
unterhalb des Opferraumes durch eine Bluttaufe zur Un-
sterblichkeit weihen sollte.[87] So möchte ich annehmen, daß
auch in Alaca das Opferblut durch die Holzdecke den Be-
statteten benetzte. Das Fell des Opfertieres, das noch den
Schädel und den unteren Teil der Gliedmaßen enthielt,
wurde in der Stellung eines ruhenden Tieres im Grabe belassen. Der weitere Schluß, daß die 'Standarten' (s. Vieyra,
Hittite Art, Abb. 6 u. 7) ein Schmuck des Leichenwagens
gewesen seien, ist sehr fragwürdig, da von diesem Leichenwagen im Gegensatz zu den genannten Holzdecken keine
Spur gefunden worden ist. Er müßte denn aus grünen Zwei-
gen eigens für das Begräbnis gefertigt worden sein, als Schlitten oder Sänfte. Ob die Gräber mit Stierstandarte Männer-
gräber und die mit Hirschstandarte Frauengräber waren,
läßt sich wohl nicht mehr feststellen.

Aber fast habe ich den Funden schon mehr entnommen,
als wissenschaftlich vertretbar ist. Schriftliche Nachrichten
fehlen, und so sind wir für diese Zeit auf vage Mutmaßungen
angewiesen.

IV. DIE ASSYRISCHE KOLONISATION

Nachdem das Reich von Akkad zusammengebrochen war, hören wir mehrere Jahrhunderte lang nichts von Kleinasien. Die Keilschriftländer hatten genug mit ihren inneren Wirren zu tun,[1] so daß sie sich um so ferne Gegenden nicht bekümmern konnten. Zuerst herrschten die Gutäer,[2] die nach der Angabe einer Urkunde überhaupt keine Könige hatten, nach der Königsliste ihre Herrscher in winzigen Abständen wechselten. Aber wir haben von ihnen selbst bisher überhaupt keine schriftlichen Zeugnisse, so daß es verfrüht war, wenn ich ihnen hypothetisch eine republikanische Verfassung zugeschrieben habe.[3] Von der Herrschaft dieser Gutäer befreite Utuchegal von Uruk die Länder von Sumer und Akkad — die entscheidende Schlacht fand am Tag nach der Mondfinsternis vom 25. Juli 2095 v. Chr. statt. Utuchegal und sein Zeitgenosse Gudea von Lagasch — ob dieser ein besonders verdienter Untergebener oder ein Rivale des Königs von Uruk gewesen ist, läßt sich noch nicht entscheiden — haben zwar offenbar bis nach Syrien hin friedliche Zustände herbeigeführt. Gudea konnte von Amanos Zedern für seine Tempelbauten auf dem Euphrat und seinen Kanälen bis Lagasch verflößen.[4] Auch Chachchum, der damalige Goldmarkt Syriens, der in der Gegend vom Euphrat-Knie gelegen haben muß,[5] lieferte Gold nach Lagasch. Aber von dem, was jenseits des Taurus geschah, haben die Völker des Irak keine Kunde hinterlassen.

---

[1] Anmerkungen zum vierten Kapitel s. S. 300 ff.

Ebensowenig reichte der Blick der Herrscher von Ur III (2060—1955), die sich stolz Könige von Sumer und Akkad nannten, bis Kleinasien. Sie besaßen zwar alle Keilschriftländer, auch Assur und Elam, in die sie ihre verantwortlichen Beamten schickten.[6] Um so weniger aber scheinen sie sich um die Länder außerhalb des Kulturbereiches gekümmert zu haben. Weswegen dann ziemlich plötzlich die westsemitischen Amurru, die den zivilisierten Mesopotamiern Barbaren dünkten,[7] zuerst Mari am mittleren Euphrat überwältigten, dann bis ins Kernland der Kultur vordrangen und das Reich von Ur aufspalteten. Elam wurde nicht nur selbständig, sondern bezwang Ur; neue Königshäuser entstanden in Isin und Larsa (1961), und schließlich setzten sich die Amoriter in Babylon fest (1830), das dann zur Hauptstadt des ganzen Tieflandes wurde. Unabhängig hielt sich nur Assur, das nun eben im Gegensatz zu den Amurru-Staaten zu einer selbständigen Großmacht heranwuchs. Im Gegensatz zu den Amoriterstaaten von Babylon und Mari, von denen die große mesopotamische Steppe sie trennte, dehnten die Assyrer ihre Herrschaft im fruchtbaren Streifen am Fuß der armenischen Berge nach Westen aus, sich den Transithandel in diesen Gegenden sichernd. Dabei trafen sie nun jenseits des Euphrat-Knies auf die ersten Feudalstaaten. Aleppo hatte ein Großkönigtum inne, dem eine große Zahl von Kleinkönigen untergeben war. Weniger mächtig war Kargamisch am Euphrat. Nördlich von diesem reichte das Gebiet der Stadt Ursum, die im Taurus lag, bis an den Euphrat etwa bei Zeugma.[8] Und hier überschritten die assyrischen Kaufleute den Fluß und fanden einen Handelsweg durch die Gebiete von Ursum nach Kleinasien.

Wir wissen von diesem Lande Ursum viel zuwenig. Doch scheint die Göttin Ma von Kummanni im Tal des Samri (griech. 'Saros', heute 'Seyhan') im geistlichen Mittelpunkt seiner Religion gestanden zu sein. Die Göttin Ma war im Ge-

gensatz zu den sumerisch-semitischen Dirnengöttinnen[9] eine
strenge, jungfräuliche Göttin.[10] Der Priester dieser Göttin war
bis in die Römerzeit der mächtigste Mann der ganzen Gegend.
Vielleicht darf ich vermuten, daß der König von Ursum zu
Anfang des 2. Jahrtausends selbst dieser Priester war. Doch
wissen wir nur sehr ungefähr, wo Ursum selbst gelegen hat. Mit
dem Lande Ursum jedenfalls knüpften die Assyrer Beziehungen
an, so daß ihnen der Handel in diesem Lande und der Durchzug bis nach Kleinasien gestattet wurde.[11] Der Handelsweg
führte vom Euphrat wahrscheinlich über Maraş nach Kataonien. Diesen Abschnitt des Weges kenne ich nicht aus eigener
Anschauung. Von wichtigen Handelsniederlassungen in diesem Abschnitt des Weges werden Chachchum, Salachsuwa und
besonders Churma[12] genannt, das etwa am Eingang nach
Kataonien, nahe Elbistan, gelegen haben muß. Es war ein
Zentrum des Wollhandels. Seitab von da gegen Kilikien zu
lag Lawazantija.[13] Von Kataonien führt ein schönes Tal
über eine flache Paßhöhe hinüber in das Tal von Göksün,
ziemlich genau nach Westen. Bei Göksün entspringt der gleichnamige Fluß, sogleich als mächtiger Bach aus der Erde hervor-
dringend, der merkwürdigerweise schon im Altertum den
Namen 'Cucuso' führte, was türkisch 'blauer Fluß' bedeutet.[14] Für den Ort ist der Name 'Tanadaris' überliefert, der
aber in den keilschriftlichen Urkunden nicht erscheint. Aber
der Ruinenhügel, der steil neben dem Fluß aufsteigt, noch
heute den Ortskern tragend, ist uralt.[15] Hier biegt das Tal
nach Norden ab. Vor Erbauung der neuen Straße war der
Weg darin im oberen Teil streckenweise nur ein Saumpfad;
man konnte noch 1962 nur auf mühsamen Windungen mit
dem Wagen durch die Felsbrocken hindurchgelangen, die ver-
streut auf dem Talgrund lagen. Doch ist das Tal nirgends
schluchtartig verengt, sondern läßt immer einen freien Blick
nach Norden und Süden offen. Es lockte geradezu zu Ent-
deckungsfahrten und bot für Eselskarawanen[16] kein Hinder-

nis. Nur mit kaum merklicher Steigung führte der Weg hinüber nach Jalak in den obersten Abschnitt des Samri-Tales.
'Jalak' heißt 'Weg', assyrisch würde das 'Charran' lauten,
und so ist hier wohl das Bergland Charrana zu finden, das in
hethitischer Urkunde erwähnt wird,[17] jedenfalls der Weg der
assyrischen Kaufleute oder — richtiger — die Weggabelung.
Denn entweder konnte man von hier aus dem Laufe des
Samri entlangziehen, der mit starkem Gefälle hinunter nach
Kummanni und dann in die kilikische Ebene fließt, oder man
konnte dem Tal flußaufwärts nach Norden folgen, wo die
Berge bei Kemer und Serigg (lat. 'Sirica', heth. 'Serikka') etwas weniger steil sind und einen Ausweg bei ersterem nach
Westen, bei letzterem nach Osten gestatten. Das Wahrschein-
lichste scheint mir, daß die assyrischen Kaufleute bei Serigg
den Berg erstiegen,[18] um oberhalb der hier beginnenden
Klamm nach Pinarbaşi (das scheint türkische Übersetzung von
heth. 'Mursan Chila' zu sein) zu gelangen.

Von Pinarbaşi führt dann die Straße nach Westen durch
offenes Gelände, zunächst mit raschem, aber unbehindertem
Abstieg zum Zamanti Su, einem Nebenarm des Samri, einem
der wenigen Flüsse Kleinasiens, die sogar mit Kähnen befahr-
bar sind. Dann lädt eine breite Lücke in den von Süden nach
Norden streichenden Ketten des Antitaurus zum Weg nach
Westen ein. Nach Überquerung eines weiteren Flusses und
an den Höhlenwohnungen altchristlicher Mönche vorüber
kommt man nach Bünyan, der heutigen Zentrale der Teppich-
weberei, und von da geht es weiter, rasch hinab ins Halys-Tal.
Der Weg ist von der Natur vorgegeben, und in dem weichen
Lavagestein haben sich aus unbekannter Zeit die Wagen-
rinnen dezimetertief eingegraben (nicht von den assyrischen
Kaufleuten, die gewöhnlich Lastesel benützten). Und eben
an dieser Stelle herabsteigend trifft man auf die alte Stadt
Kanes, den Mittelpunkt, in dem alle assyrischen Handelswege aus Kleinasien zusammenliefen.

Kanes, das heutige 'Kültepe' (d. h. 'Aschenhügel') ist ein weitläufiges Trümmerfeld (Abb. 21) in einer ganz flach gewellten Gegend. Eine ummauerte Zitadelle ist umgeben von der eigentlichen Stadt, die wieder ein starker Mauerring eingefaßt hat, und an sie anschließend in einem dritten Mauerring lag die assyrische Siedlung,[19] der 'Karum' genannt. Die Kaufleute hier haben mit großer Emsigkeit nicht nur ihre Geschäfte betrieben, sondern alle Abmachungen schriftlich niedergelegt und in Tonkrügen als Archivbehältern aufbewahrt. So enthielten manche ausgegrabene Häuser in ihrem Kellerraum Tausende von Tontafeln. Längst noch nicht alle sind veröffentlicht. Einfache Quittungen und komplizierte Verträge, alles wurde gesammelt. Wir kennen kaum von einer anderen Stelle des Vorderen Orients das Geschäftsleben so genau. Geschichtlich aber sind diese Urkunden so unergiebig, daß sich die Zusammenhänge nur in ganz undeutlichen Umrissen abzeichnen.

Der Karum von Kanes[20] unterstand dem Fürsten von Kanes, dem die Kaufleute bestimmte Zölle abzuliefern hatten; aber er hatte unter Leitung eines 'Boten' von Assur, d. h. eines Beauftragten des eigenen Königs, Selbstverwaltung und eigene Gerichtsbarkeit, mindestens über die Streitfälle, die sich aus dem Handel ergaben.

Was waren nun die Waren Kleinasiens, die einen Transport auf Eselsrücken 800 Kilometer weit nach Assur gewinnbringend machten? Vor allem die Metalle: Und da ist es merkwürdig, daß die Bergwerke, die vor dreieinhalb Jahrtausenden den Assyrern die Rohstoffe lieferten, teilweise noch heute oder heute wieder in Betrieb sind. Schon die Assyrer holten sich Kupfer aus Tismurna (heth. 'Zisparna', lat. 'Sibora', heute 'Akdag Maden', d. h. 'Erz des weißen Berges'). Eine eigene Handelsburg mit assyrischem Namen war Durchamid (heth. 'Durmitta', heute 'Zile'),[21] in der Mitte einer weiten Ebene auf erhöhtem Platze angelegt, an dessen Fuß reichliche Quel-

len entspringen. Diese Burg lag am Rande des von den unheimlichen Gaschgasch besetzten Gebietes, nicht direkt in
den Bergwerksgebieten des Iris-Tales, aber so nahe an sie
herangeschoben, als es für den Handel nötig war. Nicht nur
Kupfer und Gold wurden hier eingehandelt, sondern vor
allem ein Metall, das in den Rechnungen vielfach höher be-
wertet wird als das Gold. Ich habe die Vermutung aufgestellt,
daß es sich dabei um das Antimon handelt, das in Ägypten
als antiseptisches Mittel seit etwa 3000 v. Chr. zu grüner
Schminke verarbeitet wurde und dessen einziger Fundort in
den Kulturbereichen des alten Orients eben hier in Gazziura
(Turhal), eine Tagereise nördlich von Durchamid, liegt. Ein anderer Handelsplatz war Darittara, nach hethitischer Angabe
am Marassanda in dichter Nachbarschaft zu den Gaschgasch
gelegen, also wahrscheinlich am Yildiz Irmak nördlich von
Siwas. Wieder haben sich die assyrischen Kaufleute bis an die
Grenze der Gaschgasch gewagt, aber nicht in deren Gebiet
hinein.[22] Hier ist es, wo heute nicht viel weiter nördlich, im
Quellgebiet des genannten Flusses, das reichste Chromvor-
kommen der Erde abgebaut wird. Doch scheint dies Metall
nicht genannt zu werden, oder haben es die damaligen Händler mit dem Antimongrün verwechselt und unter gleichem
Namen zusammengeworfen? Ein weiterer Kupferhandels-
platz der Assyrer von Kanes, Chaburatum, scheint in den
hethitischen Urkunden nicht mehr genannt zu sein und ist
uns darum nicht lokalisierbar.

Nach Westen gingen Handelswege von Kanes nach Was'-
chanija (heute 'Indiyesu'). Hier teilten sich die Wege. Die
Hauptstraße bog nach Süden ab und führte durch die breite
Senke westlich des Erciyas zum Ostrand der lykaonischen
Ebene. Hier lockten wieder die Bergwerke von Sinuchtum
und besonders die großen Silberfunde vom Bulgar Dag.

Ein anderer Saumpfad ging von Was'chanija nach Westen
über die Berge aus zusammengesintertem Lavastaub (durch

deren tief eingeschnittene Schluchten man eines ortskundigen Führers bedurfte) [23] nach Nenassa (griech. 'Nenoassos', heute wohl 'Newşehir'), nach Ulamma und der Hauptstadt von Lykaonien, Burus'chanda, ja bis nach Pitassa an der Grenze von Westkleinasien. Die Fürsten dieser beiden letztgenannten Gebiete mögen mit ihrem Reichtum gute Abnehmer von babylonischen Kunstwaren gewesen sein. Ebenso suchte der Weg, der kurz vor Was'chanija nach Norden über den Halys und dann am Delice Su entlang östlich des Steppengebietes nach Nesa (?) und Chattusa führte, die Reichtümer der dortigen Fürsten auszunützen. Auch dort bezeugen zahlreiche assyrische Wirtschaftsurkunden das Bestehen einer Niederlassung, die aber dem Karum von Kanes unterstellt war. Die paar Täfelchen gleicher Art in Alişar Hüyük scheinen die schriftliche Hinterlassenschaft eines vereinzelten Kaufmannes, der sich einmal hier aufgehalten hat.

Da überall die Fürsten durch Abgaben am Handelsgewinn teilzunehmen suchten, machten die Assyrer auch Pfade ausfindig, auf denen sie die Zollstätten umgehen konnten. So ist uns ein Weg bezeugt, der durch die Berge des Oberen Landes führte. Aber er hieß der 'gefährliche Weg'. Man mußte hier auf Überfälle durch die Gaschgasch gefaßt sein.

Außer dem Metallhandel hören wir aus Kanes besonders von der Wolle, die die Kaufleute hier und unterwegs einkauften, die in Assur verwoben und dann wieder in Gestalt von Tuchen und Teppichen ausgeführt wurde.

Über die einheimischen Zustände in Anatolien erfahren wir durch all diese Zeugnisse nur indirekt. Wir sehen, das Land war in eine Menge kleiner Fürstentümer aufgeteilt. Großkönig der südlichen (luwischen) Gebiete war der Herrscher von Burus'chanda. Eine emsige Tätigkeit der Einheimischen, besonders im Bergbau, war die Vorbedingung, daß der Handel so gut gedieh. Gelegentlich kommen Verträge mit Einheimischen vor. Deren Namen sind meist noch vor-

indogermanisch. Nur wenige Lehnwörter verraten, daß die
Vorfahren der Hethiter schon im Lande waren, so z. B. der
einheimische Gott 'Napis', d. h. 'Himmel'[24], die Göttin
Birga[25] sowie die Bezeichnung des Kriegswagens 'chulu-
gannum'.

Von den Beziehungen der Assyrer zum einheimischen Volk
erfahren wir nur wenig. So genau die Kaufleute untereinander abrechneten und alle Geschäfte notierten, sowenig
buchten sie den Handel mit den Eingeborenen. Dieser be-
schränkte sich vermutlich auf Barkäufe oder Tauschgeschäfte.
Nur Darlehensurkunden sind etwas häufiger — und da for-
derten die Assyrer 30 Prozent Zinsen und mehr.[26] So sehr
fühlten sie sich als die wirtschaftlich Überlegenen. Welchen
heimlichen Ingrimm das bei den Schuldnern hervorrufen
mußte, das bedachten sie sowenig wie die Kolonialherren
des 20. Jahrhunderts. Anders war es, wenn ein Assyrer eine
einheimische Frau zur Ehe 'kaufte'. Da mußte er der Frau
ein hohes Maß von Gleichberechtigung zubilligen. Z. B.
durfte er in Anatolien keine zweite Frau hinzuheiraten.[27]
(Wohl aber konnte er im fernen Assur noch eine Familie
haben: Dort war ja die Mehrehe üblich.) Aber die intimen
Bindungen zu den Einheimischen waren zu selten, als daß
sie die Gesamtstimmung und damit die Zukunft hätten be-
einflussen können.[28]

V. ERSTE REICHSBILDUNG

Das älteste uns erhaltene politische Dokument aus der Geschichte Kleinasiens ist ein Brief des Fürsten Anumchirbi von Ma'ama.[1] Darin wird über Grenzverletzungen Beschwerde geführt. Den Ort Sibucha, den der Fürst von Ma'ama beanspruchte, haben die Leute des Warsamas von Kanes angegriffen und geplündert. Nun ist uns Anumchirbi als großer Herrscher im Bereich des Taurus noch auf einer Tafel des Salmanassar III. genannt, die ca. 1000 Jahre später abgefaßt ist.[2] Er muß ein sehr bedeutender Fürst der Taurus-Länder gewesen sein. Ma'ama ist auch in assyrischen Urkunden als Zwischenstation auf dem Weg nach Kanes genannt, wenn die Karawane einen Umweg machte. Wir haben den Ort also wohl im Samri-Tal zu suchen; vielleicht ist es eine Bezeichnung von Kummanni selbst nach der Göttin Ma.[3] Andere suchen es in Göksün. Wir müssen dann die beiden strittigen Dörfer in einem der breiten Täler östlich des Erciyas suchen, vielleicht auch direkt am assyrischen Haupthandelsweg, westlich von Pinarbaşi. Zeitlich einzuordnen ist der Brief nicht. Es wäre vermessen, sich auszumalen, daß der Zwischenfall zum Kriege geführt habe und bei diesem der Karum (Schicht II) niedergebrannt sei. Einen solchen Krieg muß es allerdings um 1800 v. Chr. gegeben haben.

An irgendeiner Stelle des assyrischen Handelsweges, wo die Karawanen unbedingt vorüber mußten, lag der Ort Kussar.[4] Seine Fürsten erhoben Zölle von den Durchreisenden. Und war der Handel der Assyrer für diese selbst ergiebig, so na-

[1] Anmerkungen zum fünften Kapitel s. S. 302 ff.

türlich auch für den Fürsten, der sich durch Zölle an dem Gewinn Anteil verschaffte. So wurden die Fürsten von Kussar reich und mächtig. Sie konnten sich ein tüchtiges Heer besolden. Ein ungenannter Fürst von Kussar überschritt den Halys und begründete sich eine Residenz in Ankuwa, westlich von Ališar. Wir hören in den assyrischen Urkunden um 1750 von einem Fürsten Pitchanas in Ankuwa und von Anittas, seinem Sohn und Zeremonienmeister ('dem Großen der Treppe'), der — nach seinem Titel zu schließen — die Fremden beim König einzuführen hatte.[5] Ob Pitchanas selbst erst Ankuwa erobert oder begründet hat oder schon ein Vorgänger, das wissen wir noch nicht, auch nicht, ob er zugleich auch in Kussar regierte oder dort ein anderer Zweig der Familie saß. Letzteres ist wahrscheinlicher.

Denn ein Reich von Kussar bis Ankuwa wäre schon eine Machtstellung gewesen, die den assyrischen Handel nach Norden empfindlich hätte beeinträchtigen müssen.

Gegen Ende seiner Regierung zog Pitchanas gegen Nesa (vielleicht 'Nefsa' zu sprechen — die assyrische Keilschrift hatte kein f[6] — und dem heutigen 'Nefez' gleichzusetzen). Der König behandelte Nesa als 'heilige Stadt'. Er erstürmte sie zwar, ausdrücklich aber hebt sein Sohn in der Inschrift darüber hervor,[7] daß er die Stadt weder plünderte noch sonst ihr etwas zuleide tat. Im Gegenteil, er machte sie zu seinem Regierungssitz.

Nefez ist am Südabhang des Gebirgszuges erbaut, an dessen Nordseite Chattusa lag. Zwei große Trümmerhügel, der eine noch heute 'die Burg' genannt, ragen dicht nebeneinander auf. Oberhalb der Hügel erstreckt sich ein wohlbewässertes breites Gartenland. Westlich der beiden Hügel ist eine tiefe Klamm und auch hierin noch ein Wasserlauf, der einen wohlschmeckenden Brunnen speist. Steigt man die Schlucht hinauf, so findet man oberhalb des Gartenlandes eine ungewöhnlich reich strömende Quelle, schon im Altertum in eine kurze

Röhre aus Stein gefaßt. Sie entspringt ca. 50 Meter westlich der Schlucht an einem Abhang, der mit galatischen Scherben überdeckt ist, und ergießt sich in jene. Östlich der Schlucht (Abb. 23), die hier eine Felsenkluft ist, sieht man im Boden noch den Rest der Stadtmauer, mit der sich das galatische Tavium gegen die Höhe abschloß. Sie reicht im Bogen bis zur nächsten Schlucht im Osten, so daß die Stadt von drei Seiten bestens bewehrt war. Unterhalb der beiden Ruinenhügel verläuft der Abhang sehr abschüssig bis hinunter zum Talgrund, wo dann mehr flaches Land beginnt. Auch nach den Seiten, nach rechts und links gesehen, sind hier die Hügel nur so hoch, daß der Blick von den Burgen aus bis weit nach Süden reicht, bis zu den Bergen jenseits von Jerköi. Wie gesagt, der Ort heißt in der Römerzeit 'Tavium' nach einem galatischen Heerführer und Fürsten.[8] Vorher, von der Hethiterzeit bis in die helle- nistische Zeit, hieß er 'Arinna', d. h. 'Brunn'.[9] Der geschicht- liche Zusammenhang aber wird am klarsten, wenn wir unter- stellen, daß der Name 'Nesa', der nachher in den Urkunden verschwindet, eben denselben Ort meint und schließlich nach allen Umbenennungen wieder an ihm haften geblieben ist.

Die Festsetzung des Herrscherhauses von Kussar an dieser Stelle und die von ihm erzielte Vereinigung aller Länder am Südhang des Oberen Landes riefen die Feindseligkeit der chattischen Könige hervor, die sich dadurch von jedem direk- ten Handel mit Kanes abgeschnitten sahen. So verbündeten sich die Herrscher von Chattusa und von Zalpa (heute 'Alaca Hüyük'), um die neue Macht zu brechen. Aber der Nachfolger des Pitchanas, eben Anittas, besiegte die beiden Könige. Aus Zalpa führte er, wie er sich ausdrückt, das Bild 'unserer Gott- heit' nach Nesa zurück. Es war, meine ich, doch wohl die Göt- tin Wurunsemu, die wir später als höchste Reichsgöttin der Hethiter wiederfinden. Zwar war Anittas noch kein Hethiter — die hethitische Sprache entstand erst dadurch, daß er eine hethito-luwische Herrenschicht im chattischen Lande ansie-

delte. Aber das Fürstenhaus, das später in diesem Reich regierte, führte seinen Stammbaum auf die Könige von Kussar,
eben auf Anittas, zurück. So sind dessen Siege die erste Begründung dieses Reiches. Und folglich dürfen wir auch in
seiner Gottheit die Göttin erkennen, deren Priestertum die
religiöse Weihe des hethitischen Königtums ausmachte.

Der Sieg des Anittas wurde von Chattusa nicht als endgültig hingenommen. Dieses empörte sich wieder. Anittas
eroberte es zum zweiten Male, zerstörte die Stadt und streute
Unkrautsamen auf ihre Äcker. Zugleich richtete er seinen
Fluch gegen jeden, der sie wieder aufbauen würde. Schon einer
seiner Vorfahren muß die Gebiete südlich von Nesa um
Kirşehir und südlich davon erobert haben. Denn zum Abschluß dieses Abschnittes seiner Inschrift bemerkt Anittas, daß
ihm nun das Gebiet von Zalpa bis zum Salzsee gehöre. Das
bedeutet, er hatte den Großteil des Halys-Bogens und südlich
noch ein Stück darüber hinaus in Besitz. Jedoch konnte er sich
militärisch nur auf die kleine Schicht von Menschen verlassen,
die sein Vater aus Südanatolien mitgebracht hatte.

Da glaubte einer seiner südlichen Nachbarn, der König von
Sattiwara (verschrieben 'Salatiwara' [10], griech. 'Sadakora'),
der neuen Großmacht Widerstand leisten zu können. Ob
Anittas die Huldigung gefordert hatte oder wie sonst der
Streit entstanden war, ist nicht klar. Genug, jener König aus
dem Lande am Hassan Dag, der durch den Ertrag des dortigen Bergbaus, besonders des für Pfeilspitzen hochgeschätzten
Obsidians, reich und mächtig war, stellte sich dem Anittas am
Chulana-Fluß entgegen. Das muß wohl ein Arm des Flusses
sein, der bei Akserai (damals 'Charkiuna' genannt) in den
Salzsee mündet und bei den Griechen 'Hylas' hieß. Oder es
ist der Melas ('Schwarzfluß') bei Kayseri? Da wir uns damit
schon weit außerhalb des Reichsgebietes von Anittas befinden, muß ich schließen, daß der König von Sattiwar nicht der
Angreifer war, sondern eilig auf letzter Verteidigungslinie

seine Truppen zusammengerufen hatte. Anittas rühmt sich
auch hier des Sieges. Er wird ihn mit Übermacht erfochten
haben. Die Folgen waren beträchtlich. Nicht nur das Gebiet
bis zum Hassan Dag, der großen Gebirgskette, die vom Salzsee bis Nigde das spätere Innere Land nach Süden abschließt
und über 3000 Meter ansteigt, fiel ihm zu, sondern der
Großkönig von Burus'chanda, der Hauptstadt von Lykaonien,
huldigte ihm und lieferte ihm freiwillig Thron und Szepter
aus Eisen, die Abzeichen des Großkönigtums, aus.

Mit diesem Erwerb der Großkönigswürde schließt der kriegerische Abschnitt der Anittas-Inschrift. Sie fügt noch bei, daß
Anittas dem König von Burus'chanda, weil er sich freiwillig
unterworfen hatte, einen Ehrenplatz an seinem Thron anwies.
Außerdem legte er bei Nesa, 'hinter der Stadt', eine Art Tier-
park oder Weidegehege an, in das er allerlei wilde Tiere bringen ließ.

Aber seine Kriegstaten waren damit nicht erschöpft. Er
hatte nunmehr auch die Länder inne, die den Handel von
Kanes nach dem westlichen Kleinasien übermittelten. Nur
die Orte unmittelbar um Kanes waren noch außerhalb seiner
Sphäre. Das mußten die Assyrer als bedenklichen Druck empfinden. Nun war der Aufstieg des Anittas in die Zeit gefallen,
als der amoritische Fürst Samsiadad I. sich in Assur des Throns
bemächtigt hatte und Assur zu neuer Machtblüte emporführte.
Aber schon bevor Chattusa zerstört wurde, war Samsiadad
gestorben (1718 v. Chr.), und sein Nachfolger Ismedagan
verlor die westlichen Reichsteile an Zimrilim von Mari. Wie
sich das auf den assyrischen Handelsweg auswirkte, wissen wir
nicht. Wahrscheinlich nahmen die Karawanen nun eine nörd-
lichere Route. Aber Anittas benützte die Schwäche Assyriens.
Er bemächtigte sich der Stadt Kanes — ein Dolch mit seiner
Namensinschrift ist dort gefunden worden [11] — und zerstörte
die assyrische Siedlung (kurz vor 1700). Der blühende Handel
endete. Warum auch sollten sich die Anatolier von den Frem-

den weiter ausbeuten lassen? Sie konnten das Kupfer ebensogut selbst ausschmieden und zu Waffen verarbeiten. Daß sie
nicht warteten, bis die assyrische Siedlung durch den schrump-
fenden Handel zusammenschmolz, sondern sie gewaltsam zerstörten, lehrt uns wohl, daß sie sich bei diesem Handel (wahrscheinlich mit Recht) übervorteilt sahen und einen gehörigen
Haß gegen die Fremden angesammelt hatten. Das geht bis
in die Kleinigkeiten: Anittas hatte sich der assyrischen Schrift-
formen bedient (wenigstens auf seinem Dolch); die späteren
Hethiter kehrten zu den einfacheren akkadischen Zeichen-
formen zurück. Übrig blieb nur die ins Gaschgasch-Gebiet
vorgeschobene assyrische Gründung Durmitta, die noch außerhalb von Anittas' Machtbereich lag.

Damit enden aber zugleich die Zeugnisse über Anittas. Für
rund hundert Jahre fehlen uns die Nachrichten über das
hethitische Königshaus, und es sind nur zerstückelte andere
Nachrichten, zum Teil nur in Gedichtform, erhalten.

Immerhin erfahren wir durch diese Erzählungen, daß das
Reich des Anittas nicht mit seinem Tode wieder zerfallen ist,
sondern im Gegenteil einer seiner Nachfolger schon über
den Antitaurus hinaus ausgriff. Wir hören von einem hethitischen Heerführer Tutchalijas (er führt, wie es scheint, nicht
den Königstitel), der die Stadt Ursum belagerte.[12] Er hatte
sein Hauptquartier in Lawazantija. Dem Gegner sandte der
Herrscher von Chalab Hilfstruppen. Die Feindschaft griff
also nach Syrien über. Der hethitische Feldherr ergrimmte,
da seine Angriffe vergeblich waren. Er setzte die neuen 'churrischen' Belagerungsmaschinen ein. Es müssen das die Sturm-
böcke mit Mauerbrecher gewesen sein, die seit dieser Zeit in
ganz Syrien eine Umstellung des Befestigungswesens hervorgerufen haben. Was aber weiter geschah, läßt das Bruchstück
der Dichtung nicht mehr erkennen. Man sieht, es will den
Tutchalijas verherrlichen; nach Analogie anderer indogermanischer Heldenlieder wird es mit einer Klage über seinen

Tod geendet haben. Aber ob dieser Tod schon vor Ursum stattgefunden hat, wissen wir nicht.

Zwei andere Bruchstücke handeln von einem Kampf gegen den Heerführer Zukrasi von Aleppo,[13] der in das hethitische Gebiet eingedrungen war, aber dann im Kampfe überwunden und getötet wurde. Durch ein Zeugnis aus Syrien (Alalach) am Orontes können wir diesen Mann ungefähr in die Generation nach Hammurabi, also etwa um 1670, datieren.

Hier müssen wir noch einen Tutchalijas erwähnen, semitisch 'Tid'al' geschrieben, der in der Bibel bei einem gemeinsamen Zug von mesopotamischen Fürsten gegen Palästina als Fürst der Goim, d. h. der Fremden (das entspricht sachlich dem ägyptischen 'Hyksos'), genannt wird. Ob das aber ein Hethiter ist, womöglich derselbe, der bei der Belagerung von Ursum hervorgetreten ist, ist gänzlich unerweisbar.[14]

Das ist so ziemlich alles, was wir an geschichtlichen Nachrichten aus dem 17. Jahrhundert aus Anatolien haben. Und doch ist dies Jahrhundert geschichtlich hochbedeutsam. Denn in ihm sind die Nachkommen der Soldaten des Königs von Kussar und die unterworfenen Chattier zum Volk der Hethiter zusammengewachsen.

Die Ausgleichung zeigt sich zunächst in der Sprache. Das Hethitische hat zwar in der Grammatik sehr getreu den indogermanischen Typ bewahrt, vor allem in der Deklination und Konjugation. Nur ist, wie in allen hethito-luwischen Sprachen, die Sonderform für das weibliche Geschlecht des Nomens weggefallen, indem o und a mindestens in der Schrift zum gleichen Laut zusammenfielen und sich daraufhin der Nominativ der Feminina auf -a dem der Maskulina auf -os anglich.[15] Die übrigen Kasus wurden durch die Vokalvermengung ohnehin gleichlautend. Auch in der Konjugation sind einige Formen weggefallen; andere sind (so die Duale und das reduplizierte Perfekt und Plusquamperfekt) viel-

leicht Neuerungen der andern indogermanischen Sprachen.
Eine Eigentümlichkeit, daß nämlich die hethitischen Schreiber
b und p, g und k oft verwechseln, obwohl die Keilschrift
ihnen jeweils beide Laute zur Verfügung stellte, mögen die
Hethiter als mundartliche Eigentümlichkeit aus ihrem Heimatland mitgebracht haben, das ich im heutigen Sachsen
oder Sudetenland suche.[16]

Aber im Wortschatz sind chattische Wörter in ziemlicher
Zahl ins Hethitische eingedrungen; nicht nur die Bezeichnungen für Dinge wie das Eisen, das die Hethiter durch die
Chattier kennenlernten, sondern Worte wie 'Mensch', 'König', 'Königin', 'Thron' und eine Reihe von Berufsbezeich-
nungen sind nachweislich chattisch; und für wie viele Wörter,
deren Herkunft wir nicht kennen, dasselbe gilt, läßt sich nur
vermuten. Auch lautliche Eigentümlichkeiten des Hethitischen werden auf denselben Ursprung zurückgeführt — was
ich nicht weiter ausführen will, da ich nur fremde Forschung
nachsprechen könnte.[17]

Nach zweihundert Jahren war die chattische Sprache vergessen, mit Ausnahme von einigen Ritualen und Liedern, die
im Kult und in zauberartigen Praktiken weiter verwendet
wurden. Die Schreiber haben sie gelegentlich mit Übersetzungen versehen, die zeigen, daß sie den übersetzten Text
nur unvollkommen verstanden.

Wie es scheint, hat bei der Durchformung der hethitischen
Sprache die Stadt Kanes eine bedeutsame Rolle gespielt (Abb.
24). Immer wieder treten in den Kultanweisungen die Sänger
von Kanes auf, wenn ein Text in 'nesischer Sprache' vorzutra-
gen ist. Dieses ist die einheimische Bezeichnung der hethitischen
Sprache.[18] Vielleicht haben die Herrscher nach Anittas ihre
Residenz in Kanes aufgeschlagen: Nachdem sie mindestens
das östliche Lykaonien sich gefolgspflichtig gemacht hatten
und um die Taurus-Übergänge mit Aleppo im Streit lagen,
wäre dieser Ort wegen seiner zentralen Lage recht geeignet

gewesen. Allerdings ist außer dem Dolch des Anittas noch kein Fund mit Beschriftung aus diesem Jahrhundert zum Vorschein gekommen. Die Könige von Kussar scheinen sich eben ohne Schrift beholfen zu haben, wie später die thrakischen Könige auch. Wenn wir uns eine Verwaltung ohne schriftliche Vorgänge nicht mehr vorstellen können, so zeugt das gegen unsere Phantasie, nicht gegen die geschichtliche Möglichkeit.

Noch deutlicher wird die Verschmelzung der beiden Völker, wenn wir die hethitische Religion betrachten. Dem höchsten indogermanischen Gotte, dem Himmelsgott Zeus, der den Regen und das Gewitter sandte, der damit dem einheimischen chattischen Wettergott wesensgleich war, wurde die einheimische Göttin Wurunsemu als Gattin zugeordnet, im Rang übergeordnet. Sie heißt die 'Sonnengöttin von Arinna'. Aber 'Sonne' wurde bei den Hethitern unter dem Einfluß ägyptischer Lehren und Sinnbilder das Wort für 'Herrscher'. Und so ist die 'Sonne von Arinna' die Königin der Götter. Neben ihr wurde ein Sonnengott des Himmels verehrt, der sich in der Gestalt von dem indogermanischen Sol/Surias/Helios nicht zu unterscheiden scheint, aber wieder einen einheimischen Namen, 'Istanu', führte. Als Kinder jenes höchsten Götterpaares galten der Gewittergott von Nerik, der Gewittergott von Zippalanda und die Kriegsgöttin (?) Mezzulla, die in Arinna mit ihrer Mutter zusammen verehrt wurde.

Schon dabei tritt eine Eigentümlichkeit zutage, die wieder das Zusammenwachsen des Hethiterreichs aus vielen Kantonen widerspiegelt und schon bei den Chattiern begegnet. Jeder dieser Kantone hatte ursprünglich seinen eigenen Gewitter- oder Himmelsgott. Diese verschiedenen Gestalten, die doch das gleiche bedeuteten, wurden nun bei der Vereinigung des Reiches nicht als Offenbarungen desselben großen Gottes empfunden, sondern sie wurden als Sondergestalten im Götterkreis unterschieden, dem großen Wettergott als Kinder oder als Begleiter nachgeordnet. Es gab also nicht nur einen Wettergott, sondern etwa dreißig verschiedene; ebenso steht es mit den Sonnengöttern und den Schutzgöttinnen. Wieweit die lokalen Gottheiten auch verschiedene Namen führten, ist für uns durch eine Eigentümlichkeit der Schrift verhüllt, auf die wir später zu sprechen kommen werden.

Zu den einheimischen Göttern, die bei den Hethitern fortlebten, gehörte dann vor allem Telipinus. Der Name scheint mir eine Übersetzung von sumerisch 'Dumuzi' ('Tammuz') zu sein.[19] Aber aus dem sterbenden und auferstehenden Gott hatten die Chattier den aus Zorn verschwundenen Gott gemacht.[20] Bei seiner Abwesenheit versiegt alle Lebenskraft, wie bei Baal in der ugaritischen und bei Innin in der sumerischen Sage. Die Götter selbst suchen nach dem verschwundenen Gott. Sie senden den Adler aus, ihn zu finden; aber mit all seinem scharfen Blick erspäht er ihn nicht. Dagegen findet ihn die Biene schlafend auf einer Wiese(?) im äußersten Osten, nämlich bei Lichzina (Erzingjan) im Grenzgebiet von Armenien. Durch den Stich der Biene aufgeweckt, fährt Telipinus wütend empor und kehrt im Zorn zurück. Leider bricht an dieser Stelle unser Text ab, so daß wir nicht wissen, wie der Gott besänftigt wurde. (Sollte übrigens 'Wiese' nicht ein Fehler der Übersetzung oder der Überlieferung sein? Wenn der Adler ihn nicht findet, so muß der Gott in einer Höhle gelegen haben.)[21]

Zum Kult von Nerik gehörte die Sage von der Schlange Illujanka. Sie ist so gewaltig, daß die Götter sich vor ihr fürchten. Oder sie dürfen ihr nichts zuleide tun, weil sie durch Gastrecht mit ihnen verbunden ist. Da wendet sich die Schutzgöttin Inaras an einen Menschen, Chupasijas; dieser fesselt die Schlange, so daß der Gewittergott ihrer leicht Herr wird. Zum Dank dafür holt ihn Inaras auf einen Felsgipfel und beglückt ihn durch ihre Ehe. Aber dem Chupasijas verbietet sie, zum Fenster des Götterhauses hinauszuschauen. Wie immer im Märchen übertritt er das Gebot, als die Göttin abwesend ist. Da erblickt er sein Weib und seine Kinder unten auf der Erde, und das Heimweh erfaßt ihn. Er kann es vor der rückkehrenden Göttin nicht verbergen, und diese erzürnt und tötet ihn. — Diese schwermütige Mythe wurde beim Feste des Gottes von Nerik vorgetragen. „Diene den Göttern, aber mit Beben", scheint sie uns zuzurufen. So scheint sie mit der Tantalos-Sage der Griechen sinnverwandt.

Die wichtigste Wandlung, die der chattischen Religion bei der Übernahme durch die Hethiter (oder später) zuteil wurde, war die Verwandlung des Totengottes Lelwannis in eine Göttin. Damit konnte diese Gestalt mit den beiden Schicksalsgöttinnen Papaja und Isdustaja, den mächtigen Spinnerinnen (bzw. Weberinnen) zu einem heiligen Dreiverein zusammengefaßt werden, den 'Gulses', d. h. 'Ritzerinnen'. Die drei unheimlichen Spinnerinnen, die das Kind im Mutterleib schaffen, den Lebensfaden spinnen, die letzte mit der Schere, die ihn abschneidet,[22] scheinen von den Hethitern aus zu den verschiedenen westindogermanischen Völkern gedrungen zu sein, wo sie verschiedene Namen führen: 'Moiren' bei den Griechen, 'Parzen' (ein Wunschname: 'die Verschonenden') bei den Römern, die Runen ritzenden 'Nornen' bei den Germanen. Der letzte Nachklang (aus keltischer Sage?) sind die drei Hexen bei Shakespeare im ›Macbeth‹, mit dem hethitischen Urbild noch besonders dadurch verbunden, daß sie auch einen Spiegel haben, in dem sich die Zukunft zeigt. So haben wir hier eine Fortwirkung hethitischen Glaubens bis nahe an unsere Zeit.[23]

Eine andere Fortwirkung betrifft ein Symbol, das bei den Hethitern dem höchsten Götterpaar zugeordnet war: den doppelköpfigen Adler. Das Bild, aber nicht seine religiöse Bedeutung, scheint sich im byzantinischen Reich erhalten zu haben und kam dann vielleicht in der Zeit der Kreuzzüge nach

Österreich.[24] Es war bekanntlich bis 1918 das Abzeichen des Habsburger Kaiserhauses. Doch sind die Zusammenhänge meines Wissens bisher noch nicht untersucht.

Von den assyrischen Kolonien scheinen keine religiösen Auswirkungen auf die Hethiter bemerkbar zu sein:[25] die Berührung war zu ausschließlich geschäftlich. Wohl aber haben die Assyrer trotz der Vernichtung ihrer Kolonien einen nachhaltigen Einfluß auf die Hethiter, besonders auf ihr Recht geübt. Wir finden für den Diebstahl eines Hörigen, der in ein fremdes Haus einschleicht, die typisch assyrische Strafe gesetzt, dem Schuldigen Nase und Ohren abzuschneiden, zusätzlich zur verwirkten Buße. Wir finden auch die semitische Einrichtung der Levirats-Ehe: Die kinderlose Witwe geht in den Besitz des Bruders des Verstorbenen über, damit dieser einen Nachkommen für seinen Bruder zeuge, der dessen Familie fortsetzen kann.[26] So ist die semitische Regelung. Bei den Indogermanen kommt ähnliches nur bei den Völkern vor, die unter semitischer Einwirkung standen, bei den westlichen Iraniern und eben den Hethitern, nur daß deren Gesetz dabei nicht von den Nachkommen redet. Es war dies die für den Staat bequemste Art, für die Witwe Vorsorge zu treffen. Ob es der Frau recht oder nur erträglich war, als Erbstück in den Besitz eines andern Mannes überzugehen, nach solchen Gefühlen fragte das semitische Recht nicht, und auch den Hethitern war bei ihrer Auffassung des Mannes als des Herrn die Entwürdigung der Frau, die darin lag, nicht unbedingt fremd, so viel freier auch sonst die Frau in ihrem Recht behandelt wurde als bei den Semiten. Von einer anderen Rechtseinrichtung, die die Hethiter von allen andern frühen Indogermanen unterscheidet, kann ich semitische oder babylonische Herkunft nicht sicher nachweisen. Die Hethiter sind meines Wissens die ersten, die eine Gefängnisstrafe verhängt haben. Allerdings hören wir von ihr im Gesetzbuch nur indirekt, insofern jeder Handel mit Strafgefangenen verboten wird;[27] aber die Praxis der Gefängnisstrafe begegnet uns schon in den ältesten Aufzeichnungen, der Hofchronik des Alten Reichs.[28] Es handelt sich dabei um ein Vorkommnis außerhalb von Chattusa: Darf man schließen, daß, weil die Strafe im Gesetzbuch nicht verhängt wird, es sich um einen vorhethitischen, einheimischen Brauch handelt? Wird doch später in den Dienstanweisungen für die Beamten vorgeschrieben, daß sie den einheimischen Brauch einhalten sollten, auch wo die Strafe nach diesem härter war als nach dem hethitischen Gesetz.

Noch viel einschneidender als auf die Wandlung des hethitischen Gesetzes wirkte der assyrische Verwaltungsbrauch. Die assyrischen und — nach dem Namen zu schließen — schon die sumerischen Könige ließen die Distrikte ihres Landes durch Beamte verwalten, die den Titel 'Agrig', semitisch 'Abaraku', führten. Die Hethiterkönige ahmten sie nach. Und zwar ist bei den Hethitern der Agrig der Beamte, der die (meist Natural-) Steuern einzieht[29] und für die richtige Verwertung der so zusammenströmenden Vorräte zu sorgen hat. Wie die Beamten des Königs David in Israel und wie die Ministerialen des Mittelalters sind diese Agrig unfreie[30] Angehörige des königlichen Haushalts ('der großen Familie'). Sie sind damit dem König unmittelbar verantwortlich. Spätestens Labarnas I. (um 1600) hat dieses unfreie Beamtentum geschaffen.[31] Es ist seinem Wesen nach schon die Überwindung des Feudalstaates oder ein Versuch dazu: Dadurch, daß die Steuereingänge der Verfügung der Lehensfürsten entzogen und dem König unmittelbar unterstellt wurden, wurde die Bewegungsfreiheit der lokalen Gewalten so eingeengt, daß sie kaum fähig waren, einen Aufstand zu unternehmen. Aber das feudale Herkommen war so stark, jedenfalls den eigenen Geschwistern gegenüber, daß bisweilen der Großkönig einen Verwandten als König belehnte und ihm damit auch die Aufsicht über die Agrig seines Gebietes übertrug.[32] Die Zeit, den

Feudalstaat wirklich zu überwinden, war eben noch lange nicht gekommen.

Ohnehin scheint die Tätigkeit der Agrig sich der tatsächlichen Überwachung weitgehend entzogen zu haben. Die Hethiter übernahmen nicht die schriftliche Verwaltung und Rechenführung, oder sie benützten für sie vergängliches Material, so daß uns keine Zeugnisse übriggeblieben sind. Die Schrift selbst scheint mehrere Generationen später als die Agrig-Verwaltung den Hethitern bekanntgeworden zu sein. Mündliche Rechenlegung aber kann ihrer Natur nach nur summarisch sein. Erst in den letzten Zeiten des Hethiterreichs begegnen uns Zeugnisse für Bürokratismus, und diese beziehen sich nicht auf die Verwaltung, sondern auf den Kult. Nur den Göttern gegenüber verlangten die Hethiter die buchstäbliche Genauigkeit. Das ist ein kennzeichnender Zug ihres Volkstums.

Während dieses dunklen Jahrhunderts der hethitischen Geschichte vollzogen sich in der Umwelt große Veränderungen. Ich will nicht von dem Erdbeben reden, das um 1650 viele Städte zerstörte. (Vielleicht ist der biblische Bericht über den Untergang von Sodoma und Gomorrha eine legendäre Erinnerung daran.) [33] Die Hethiter und Griechen bewahren eine Sage, wonach in der Gegend von Kilikien ein Vulkan himmelhoch aus dem Meere aufgestiegen sei: ein feuerspeiendes Wesen aus Lava,[34] 'Ulikummi' (griech. 'Typhon') genannt, das den Himmel stürmen wollte und vor dem sich die Götter in den Höhlen des Taurus verbargen. Aber der Meeresgott sägte ihm die Wurzeln ab, so daß er wieder in den Fluten versank. Weil uns dieses Ereignis in churrischer Sage geschildert und mit churrischem Götterzwist verknüpft ist, darum halte ich es für wahrscheinlich, daß man es in die Zeit datieren muß, in der die Churriter nach Syrien vorgedrungen waren; und das führt eben in die Zeit jener Erdbebenkatastrophen.

Politisch löste nämlich um diese Zeit das Churriterreich die babylonische Herrschaft in Westmesopotamien ab. Ein arisches Geschlecht ergriff die Führung des churrischen Volkes, das um 1700 noch in den armenischen und den persischen Randgebieten gesessen hatte. Die Arier waren kurz zuvor aus den südrussischen Steppen über den Kaukasus nach Iran vorgedrungen. Um 1600 werden die Meder zum erstenmal erwähnt.[35] Bei ihnen findet sich der leichte, rossebespannte Rennwagen, der seit dieser Zeit die entscheidende Waffe wurde und die Kriegführung umgestaltet hat. Fachausdrücke des Pferderennens sind aus der arischen Sprache, von Churritern vermittelt, bis zu den Hethitern gedrungen.[36]

Auf welche Weise nun ein Königshaus, dessen Männer arische Namen führten und arische Götter verehrten, an die Spitze der churritischen Stämme geriet, ist nicht überliefert. Möglicherweise hat sein Stammvater eine churritische Erbprinzessin geheiratet und damit das Königtum gewonnen.[37] Denn ihrer Herkunft nach waren die Churriter ein einheimisches Gebirgsvolk in Armenien[38] mit einer Sprache, deren Reste sich vielleicht noch irgendwo im Kaukasus finden, und ihrer Kultur nach waren sie nicht von den Indogermanen, sondern von den Keilschriftvölkern abhängig, sofern man nicht sogar auf die vorgeschichtlichen Träger[39] der Halaf-Kultur, der Erfinder des Ackerbaus mit dem Pfluge, hinweisen muß. Sie verehrten den Himmelsgott (den sie mit dem sumerischen Decknamen 'Anu' schrieben). Den aber hat Kumarbi, der dem sumerischen Sturmgott Enlil gleichgesetzt wird, aber eher ein Berggott gewesen zu sein scheint, gestürzt und entmannt, und zwar auf die Weise, wie die sibirischen Rentierhirten ihre Tiere kastrieren, nämlich durch Abbeißen des Gliedes. Die Sage, die sich daran knüpft, klingt wie ein Angsttraum, der sich einem solchen Hirten aufdrängte: Kumarbi wird durch das Glied des Gottes schwanger, kommt in Wehen und kann nicht gebären. Schließlich speit er die drei Götter, die der Himmelsgott in ihm gezeugt hat, zum Munde aus, wie er vorher im Schrecken das Glied ausgespieen hatte. Anu hatte ihm geweissagt, der eine Gott, den er zeuge, werde Kumarbi stürzen und seinen Vater rächen. So sucht Kumarbi ihn sogleich wieder zu verschlingen. Aber ein wohlwollendes weibliches Wesen schiebt ihm statt des jungen Gottes einen Stein unter, an dem er sich die Zähne ausbeißt.[40]

Das letzte aber ist schon arische Weiterbildung. Denn jener junge Gott, der aus Kumarbi hervorkommt, ist kein anderer als der arische Gewittergott Djaus oder, wie die Churriter, ihn dem einheimischen Wettergott gleichsetzend, schrieben und sprachen, 'Teschup'.[41] Und er ist in der churritischen Sage der Herrscher des gegenwärtigen Zeitalters. Auch seine Gemahlin Chepat (griech. 'Hipta'), die Himmelskönigin, entspricht mindestens sehr genau einer indogermanischen Göttergestalt. Die einheimischen Namen ließen sich jedenfalls leicht mit arischem Gedankengehalt füllen. Außerdem behielt das Herrscherhaus die vornehmlichsten arischen Göttergestalten in verehrender Erinnerung.

Und überhaupt hat die arische Führung den Churritern erst den Schwung gegeben, der sie zu einer geschichtswirksamen Nation geformt hat. Der Kriegstechnik mit dem Streitwagen entsprechend bildeten sie sich einen Lehensstaat. Für den Krieg entscheidend waren die Männer, die sich Pferde halten und einen Streitwagen führen konnten. Sie heißen auf churrisch 'Marianni'.[42] Bei der Eroberung von Westmesopotamien und Syrien erhielten die Marianni den notwendigen Grundbesitz, um ihre Rosse weiden zu können. Sie widmeten sich der Pferdezucht und waren, weil sie den Schutz gewährten, jeweils die Herren über etwa zehn[43] hörige Bauernfamilien, die nur als Fußknechte im Heer zu verwenden waren und eben darum im Range tiefer standen. Die Marianni dagegen waren die unmittelbaren Untergebenen und Gefolgsmannen des örtlichen Herrschers, und dieser wieder unterstand

dem Großkönig des Churriterreiches, das bald als 'Mitanni'
oder ägyptisch 'Naharain', 'das Land am Flusse', bald nach
seiner Hauptstadt Wasuganni (am Chabur) oder 'Chanirabbat', 'Groß-Chani' (heute 'Samsat' [?], meist fälschlich 'Chani-
galbat' gelesen) [44] bezeichnet wird. Dies Reich war von den
Churritern im 17. Jahrhundert geschaffen worden. [45] Zu seinen Vasallen im Osten gehörten Assur und — noch östlich vom
Tigris — Nuzi; im Westen beanspruchte es mindestens die
Oberhoheit über Alalach und zeitweise über Amurru und
Qadesch am Orontes, wo die churritischen Herrschernamen
auf eine Eroberung durch die Churriter in der Zeit vor der
ägyptischen Reichsbildung schließen lassen. Als Churriter-
stadt war Qadesch, auch 'Kinza' genannt, der Mittelpunkt
des Widerstandes gegen die ägyptische Reichsgründung seit
dem späten 16. Jahrhundert.

Wahrscheinlich sind im 17. Jahrhundert die Churriter noch
weiter vorgedrungen. Auch im südlichen Palästina wird ein
Stamm der Churriter erwähnt; der Fürst von Jerusalem um
1380 trägt einen churritischen Namen, 'Ari-Chepa'; und wenn
um die gleiche Zeit Ägypten von einem Fremdvolk überwunden und hundert Jahre lang beherrscht wurde, dessen Gott
dem churritischen Teschup gleicht, und das Streitwagen und
Roß nach Ägypten brachte, so liegt der Schluß sehr nahe, daß
diese 'Hyksos' ebenfalls Churriter gewesen sind. [46]

Das also war das neue Staatsgebilde, mit dem sich die Hethiter auseinandersetzen mußten. Das Churriterreich unterbrach die Verbindung zu den beiden wirtschaftlichen Mittel-
punkten der damaligen Welt: zu Ägypten und Babylon. Die
Hethiter waren darauf angewiesen, ihre Produkte, besonders
die ihres Bergbaus, dorthin abzusetzen, wie sie andererseits
von den wichtigen Waren jener Hochkulturen gerne Gebrauch
machten, wie uns zahlreiche Lehnwörter dartun: Das ägyptische Natron war zum Waschen, das ägyptische Gold zum
Schmuck und zu Weihgaben für die Götter gesucht; aus dem

Gebiet des heutigen Irak müssen die Hethiter einen kostbaren
Stein bezogen haben, den sie Babylon-Stein nannten; das
mag Lasurstein gewesen sein,[47] wie mir am wahrscheinlichsten
dünkt, da Babylonien ja keine Steine besitzt, aber diesen im
Handel nach dem Westen brachte. Ferner trägt das Zinn einen
akkadischen Namen. Sonst sind aus dem babylonischen
Sprachbereich vor allem kultische Wörter im Hethitischen zu
finden: 'sankunnis', 'der Priester', 'antachsum', eine Pflanze
von kultischer Bedeutung (Safran?); die Tontafel und der
Schreiber und eine Art Flasche tragen babylonische Namen.[48]
Noch wichtiger sind die zahlreichen babylonischen Götter, die
ins hethitische Pantheon übernommen sind: Ea, Zababa und
vor allem Ischtar,[49] die Liebesgöttin. Doch sind vielleicht diese
Entlehnungen teilweise erst später geschehen, als sich wieder
eine direkte Berührung von Babel und Hethiterland ergab.
Das gleiche gilt von den Weissagekünsten der Leberschau und
der Sternbeobachtung:[50] Hier haben die Hethiter auch die
akkadische Sprache als die wissenschaftliche Literatursprache
beibehalten.

Jedenfalls war es also kein Zufall, daß die Hethiter nach
staatlicher Machtausdehnung in Richtung auf Syrien dräng-
ten und dabei mit dem Churriterreich in Streit kamen. Neben
der Auseinandersetzung mit den kleinasiatischen Nachbarn
wurde vor allem dieser Zwist mit den Churritern für das
Hethiterreich schicksalbestimmend.

VI. DAS ALTE REICH DER HETHITER

Etwa um 1600 v. Chr. kam der König aus dem Geschlecht von Kussar auf den Thron, der in der Folgezeit als der Begründer des hethitischen Reiches galt.[1] Gab es auch eine Überlieferung über die vorhergehende Zeit, so war sie doch nicht als Beispiel für friedliche, innere Verhältnisse zu gebrauchen. Obwohl von seinem Vorgänger zum Thronfolger bestimmt, mußte der neue König zunächst einen von den Großen aufgestellten Gegenkönig überwinden,[2] wie das in feudalen Wahlkönigreichen nicht selten nötig wird. Der neue König nannte sich 'Labarnas'. Dies war ein chattisches Wort mit der Bedeutung 'Herrscher'. Ebenso hieß seine Gattin einfach 'Tawanannas', 'die Herrscherin'.

Daß sie diese Namen der einheimischen Sprache annahmen, war ein Programm: Sie wollten nicht nur Herrscher der soldatischen Oberschicht sein, sondern des ganzen Volkes. Als Wahrzeichen der Aussöhnung zwischen Herrschenden und Unterworfenen setzte sich Labarnas über den Fluch hinweg, den Anittas über das Gebiet von Chattusa verhängt hatte. Wahrscheinlich nach entsprechenden Sühneriten baute er die alte Hauptstadt wieder auf,[3] die schon in ihrem Namen trug, daß sie der Mittelpunkt des chattischen Volkes gewesen war (Abb. 25). Es widersprach ja auch den natürlichen Bedürfnissen des Landes, ein so wohl mit trinkbaren Quellen versehenes, fruchtbares Gebiet dauernd öde liegen zu lassen.

Labarnas erweiterte das Reich bis zum Schwarzen Meer und nach Kilikien, so daß es von Meer zu Meer reichte, wie

[1] Anmerkungen zum sechsten Kapitel s. S. 306 ff.

sein Nachfahre Telipinus sich ausdrückte.[4] Er organisierte es
in den Formen des Lehensstaates, indem er in den südlichen
Gebieten — in Nenassa (Newşehir), Chupisna (griech.
'Kybistra', heute 'Eregli'),Lusna (Lystra), Tuwannuwa (griech.
'Tyana', heute 'Bor') seine Söhne und Seitenverwandten als
Regenten einsetzte. Der Sippenzusammenhang sollte den Zu-
sammenhalt des Reiches garantieren. Ob es nur Schönfärberei unseres Berichterstatters ist, wenn er behauptet, es
sei allgemeine Eintracht im Reiche gewesen? Wir hören auch,
daß das ferne Wilusa (Ilios) dem Labarnas gehuldigt habe und
andererseits Tiliura in Kleinarmenien, östlich von Erzingjan.[5]
Doch beziehen sich diese Nachrichten wahrscheinlicher nicht
auf Labarnas I., sondern auf seinen gleichnamigen Nachfolger.

Wie das Königspaar das Priestertum der Reichsgöttin von
Arinna innehatte, so waren auch die untergebenen Fürsten
die Priester der lokalen Gottheiten. Ob die Tempel schon
damals mit Landbesitz und Hörigen ausgestattet waren, wie
später belegt ist, stehe dahin. Wir haben einstweilen kein
Zeugnis dafür.

Labarnas I. bestimmte den Sohn seines Schwagers zum
Nachfolger, der sich in seinen Erlassen wieder 'Labarnas'
nannte, aber auch den Beinamen 'Chattusilis' führte und so
auch bei der Nachwelt hieß. Der Beiname setzt ihn in direkte
Beziehung zum neuerbauten Chattusa. Ob er dort geboren
war oder dort residierte und daher den Beinamen trägt,
wissen wir nicht. Jedenfalls zeigt der Name wieder ein Ent-
gegenkommen gegenüber der chattischen Bevölkerung an.
Das erste Erfordernis war, daß Chattusilis nach Sanachwitta
zog,[6] das wir in der Gegend des heutigen Siwas suchen müssen.
Hier war sein Vorgänger zum Thron berufen worden;[7] hier
scheint auch der neue König seine Weihe erhalten zu haben.

Dann wandte sich Chattusilis gegen Zalpa (Alaca Hüyük)
(Abb. 26). Dieser Ort an der Grenze des hethitischen Reiches
hatte bisher eine privilegierte Stellung innegehabt.[8] Es hatte

keine Abgaben zu leisten, und es war eine Königstochter, Dagazipassas, dahin verheiratet (oder gefangen entführt?) worden. Aber an dieser Königstochter geschah eine furchtbare Untat: Der Haremswächter tötete sie.[9] Wir können nicht sicher erkennen, ob dies der Anlaß war, weshalb Chattusilis jetzt vor Zalpa rückte oder ob es erst ein Racheakt war, als er Zalpa überwunden hatte. Jedenfalls, so nahe nördlich der neuen Residenz Chattusa konnte der Sitz eines Unterkönigs nicht bestehen, ohne daß es Reibungen gab. Die Chronik der Beziehungen zu Zalpa weiß denn auch eine Reihe von weiteren Kämpfen zu melden, wobei schließlich der größte Teil der Bevölkerung (60 Häuser) von Zalpa niedergemetzelt wurde. Wie gesagt, die zeitliche Einordnung dieser Ereignisse ist unklar. Chattusilis zählt nur auf, welche kostbaren Beutestücke er der Göttin von Arinna aus Zalpa gebracht und geweiht habe.

Nachdem Chattusilis Ruhe in der Umgebung der Hauptstadt geschaffen hatte, stieß er nach Syrien vor.

Schon in seinem zweiten Regierungsjahr eroberte er Alalach, nahe der Biegung des Orontes.[10] Daß er diese Stadt „vernichtet" habe, ist nur ein übertreibender Ausdruck. Es sind in der entsprechenden Fundschicht (Alalach VI)[11] zwar Zeichen dafür, daß sich die Bevölkerung bei einer Belagerung auf engem Raum zusammendrängte, aber nicht eigentlich Spuren einer gewaltsamen Zerstörung.[12] Jedenfalls brachte er damit das Bollwerk des Reiches von Aleppo in seine Hand, das die Syrischen Pforten bewachte.[13] Anschließend zog er gegen Ursum, das weiter nördlich am assyrischen Handelsweg lag[14] und das er also zuvor umgangen haben muß. Auch dieses und zwei weitere Orte plünderte er, diesmal, um seinen Palast mit der Beute zu füllen. Doch hat sein Angriff die Syrer mehr gereizt als in ihrer Macht getroffen.

Das zeigte sich im folgenden Jahre. Während Chattusilis sich gegen Westkleinasien wandte und die Arzawa-Staaten

dort zur Huldigung nötigte,[15] drangen aus Syrien und Mesopotamien die Churriter ins Hethiterland ein. Sie überrannten
das ganze Gebiet; allenthalben öffneten ihnen die Städte die
Tore. Nur Chattusa selbst hielt dem Hethiterkönig die
Treue. Bis westlich von Ankara sind damals die Churriter
vorgedrungen, wie ein dort ausgegrabener Churriter-Friedhof
anzeigt.[16]

Auf diese Kunde hin kehrte Chattusilis aus dem Arzawa-
Land zurück — vermutlich auf der Route, die die späteren
Könige benutzt haben und die noch in der Römerzeit üblich
war:[17] südlich am großen Salzsee entlang und über Akserai
nach Newşehir. Nenassa, sagt er, war die erste Stadt, die ihm
am Wege lag; das soll heißen, die erste befestigte Stadt. Offenbar war Nenassa zu den Churritern abgefallen. Chattusilis
aber eroberte es in raschem Angriff. Damit bedrohte er zugleich die Rückzugslinie derjenigen Churriter, die in die
Gegend von Ankara vorgedrungen waren. Sie zogen sich
schleunig zurück. Was Unterfeldherrn des Königs dazu beigetragen haben, übergeht die Inschrift. Jedenfalls spielten
sich die anschließenden Kämpfe gegen die Churriter schon
wieder in der Gegend der syrischen Grenze ab.[18] Von Ulma
brachte Chattusilis sieben Götterbilder nach Arinna. Dann
wandte er sich weiter nördlich wieder der alten assyrischen
Handelsroute zu. Diesmal griff er dort Salachsuwa an, einen
alten Handelsplatz irgendwo zwischen dem Euphrat-Übergang und Kataonien. Die Bewohner zündeten beim Kampf
ihre eigene Stadt an, mußten sich aber dann doch unterwerfen.

In seinem fünften Jahre[19] zog Chattusilis nochmals gegen
Sanachwitta. Diesmal mußte er den Ort fünf Monate lang
belagern, ehe er ihn einnehmen konnte. Die weiteren in diesem Feldzug genannten drei eroberten Orte kann ich nicht
geographisch einordnen. Vielleicht darf man sie im großen
Gebiet zwischen Siwas und Malatia suchen. Denn in den

folgenden Jahren trug Chattusilis den Kampf in die Gegend südlich von diesem Gebiet. Zuerst nahm er Alacha[20] (auch 'Alachcha'[21] geschrieben), das in der Gegend westlich von Malatia gelegen haben dürfte, und von da drang er im siebten Regierungsjahr weiter vor bis Chassuwa, das wir aus den Mari-Urkunden als einen Ort am Euphrat (zwischen Samsat und Kargamisch) kennen.[22] Aber dessen Fürst verbündete sich mit Aleppo und stellte sich mit dessen Truppen vereint am Fuß des Adalur-Gebirges zum Kampf. „Ich aber überschritt wie ein Löwe den Pyramos", sagt Chattusilis in seiner Inschrift, „und griff wie ein Löwe Chassuwa an." Der Pyramos ist der große Fluß, der von Kataonien entspringend den Amanos vom Taurus trennt und dann durch das ebene Kilikien an Misis vorbei ins Meer strömt, an Wasserreichtum dem Halys und Sangarios mindestens gleich. Der König betont, daß er dies zu Fuß getan habe; offenbar mußte er die Streitwagen hinter dem Fluß zurücklassen. Trotzdem erstürmte er Chassuwa und brachte viel Beute von dort heim. Aber auch dieser Sieg genügte ihm nicht. In seinem achten Jahr zog er wieder nach Syrien, überschritt den Euphrat, was kein Hethiterkönig vor ihm getan hatte, und griff Chachchum an. Dieser Ort war seit vielen Jahrhunderten der Mittelpunkt des Goldhandels. Unermeßliche Beute an Edelmetall fiel ihm dort in die Hände. Er zählt einzeln auf, was er der Göttin von Arinna weihte. Wichtiger ist die Aussage: „Die Sklaven habe ich von ihren Ketten, die Sklavinnen von ihren Mühlsteinen, die Männer von ihrem (Fron[?]-)Tagewerk befreit." Wie später bei den Griechen war dabei die Schenkung an die Göttin die feierliche Form der Freilassung. „Ich schenkte sie der Sonne von Arinna, frei von Fron und Zehnt. Die Stadt Chachchum aber", er wiederholt den Namen feierlich nochmals,[23] „die Stadt Chachchum brannte ich nieder, und ihren König spannte ich (beim Triumphzug) vor meinen Wagen."

Dieser große Erfolg war es, der den Chattusilis zu seiner Inschrift veranlaßte, wozu noch die Freude kam, daß überhaupt jetzt das Vergangene sich durch die Schrift dem Vergessen entziehen ließ. Nicht als ob sein Tatendrang damit gestillt gewesen wäre. Nur sind uns seine weiteren Taten nicht im Zusammenhang überliefert, soweit er sie nicht in seinem Testament erwähnte. Wichtiger als seine Siege sind die Kulturbeziehungen, die sie anbahnten.

Unter der Regierung des Chattusilis I. kam es, da der hethitische Herrscher bei seinen Eroberungen in Syrien nahe an die Grenzen des ägyptischen Einflußgebietes geriet, zu engeren Beziehungen zu Ägypten. Dafür ist nicht nur ein Gefäß ein Zeugnis, das in Bogazköi gefunden wurde und das den Namen des vorletzten Hyksoskönigs, Chian, trägt.[24] Auf hethitischen Königssiegeln begegnet die ägyptische Lebenshieroglyphe,[25] auf den Denkmälern von Alaca die Sphinx (Abb. 26). Wie der ägyptische König sich als 'Horus', d. h. 'Sonne', bezeichnete, so auch alle hethitischen Könige von Chattusilis an: Wenn sie auf den Tonurkunden von sich selbst reden, schreiben sie 'Gott Schamschi', d. h. 'Meine Sonne'.[26] Zwar weist die Schreibung durch die Endsilbe auf die akkadischen Laute.[27] Aber in Akkad war es nicht üblich, den König nach der Sonne zu nennen. Höchstens aufgrund der Tatsache, daß der babylonische Sonnengott in erster Linie Gott der Gerechtigkeit war, könnte der hethitische Königstitel auch auf ihn verweisen. Gerade Chattusilis I. wollte ein gerechter König sein.

Aber natürlich vermittelte Syrien den Hethitern auch eine Menge babylonischer Anregungen. In erster Linie gehört dazu die Schrift selbst. Man erschließt, daß sie zur Zeit des Chattusilis I. aus Syrien übernommen worden ist. Der Schluß gründet sich auf die Formen der Keilschriftzeichen, die bei den Hethitern in Übung blieben, während die Rechtschreibung der Hethiter wenigstens hinsichtlich der Zischlaute so-

gar an das Altakkadische anschließt.[28] Jedenfalls haben die
Hethiter in beidem den Gegensatz zu den Assyrern betont.
Zunächst wurde Akkadisch auch die Schriftsprache der königlichen Kanzlei. Die Erlasse des Chattusilis I. sind zweispra-
chig abgefaßt, akkadisch mit hethitischer Übersetzung (oder
nach anderen Forschern umgekehrt). Ebenso hält es ein
knappes Jahrhundert später noch Telipinus. Das Amt des
Tafelschreibers behielt immer seinen akkadischen Titel. Vielleicht waren die ersten hethitischen Schreiber sogar ihrer
Nationalität nach Semiten.[29] Eine der ersten Aufgaben der
neuen Schreibkunst war es, die fremdsprachigen Liturgien,
die in den Kulten der von den Chattiern und anderen Nachbarn übernommenen Götter zu beobachten waren, schriftlich festzulegen, um sie vor Entstellung zu bewahren. Die
akkadischen Schreiber hatten die Gewohnheit, häufig vor-
kommende Wörter und besonders die magisch wirksamen
oder empfindlichen Götter- und Städtenamen sumerisch zu
umschreiben. Diese Gewohnheit behielten die Hethiter bei;
nur, daß sie auch noch allerlei akkadische Ausdrücke statt
hethitischer Wörter setzten. Das war für die Entzifferung der
Urkunden und für die Erschließung der hethitischen Sprache
sehr förderlich. Nur verbirgt es uns den Lautwert der betreffenden hethitischen Wörter und Götternamen.

Deutlich ist ferner der religiöse Einfluß, der von Babylonien ausging, durch die Churriter vermittelt. Schon das
Wort 'sankunnis', 'Priester', ist eine Entlehnung aus dem
babylonischen 'sanga'. Von den babylonischen Gottheiten
begegnen uns fast alle Hauptgestalten auch in der hethitischen Götterwelt: Ea, der Gott der Weisheit, Nergal, der
Herr der Unterwelt, Ninurta, der Gott der friedlichen Urzeit, und Ischtar, die Liebesgöttin,[30] wobei wir heute allerdings
noch nicht feststellen können, zu welchem Zeitpunkt diese
Götter nach Kleinasien gelangt sind. Aber daß als Gott der
Weisheit immer Ea und nicht Marduk auftritt, deutet auf

das Alte Reich. Schon der Nachfolger des Chattusilis I. wollte
Marduk nach Chattusa bringen, aber es mißlang ihm. Unbekannt blieb der Gott später natürlich nicht. Wahrscheinlich
gab es auch mindestens seit Chattusilis I. im Hethiterreich
die babylonische Opferschau.[31] Wie sorgsam sie gepflegt
wurde, zeigen uns die Modelle von Opferlebern mit den
Aufschriften der Vorbedeutungen, die die einzelnen Teile
hatten. Dagegen wird die Übernahme der Sterndeutung erst
in jüngere Zeit fallen: Sie war in Babylon selbst erst das
Ergebnis der Entwicklung seit ca. 1600 v. Chr. Auch von
den unmittelbaren Gegnern, den Churritern, nahmen die
Hethiter mancherlei Anregungen an. Vor allem muß ich auf
sie den Glauben zurückführen, daß der König im Tode ein
'Gott' wird. Der Ritus, der dies vermitteln sollte, war die
Leichenverbrennung: das 'Bekleiden des Toten mit einem
Lichtleib', wie sich der indische Veda ausdrückt.[32] Der Brauch
ist schon für einen churritischen König aus dem arischen
Herrscherhause bezeugt;[33] so dürfen wir auch die indische
Deutung auf sie zurückdatieren. Im Hethiterreich scheinen
die ältesten Grabfunde mit Leichenbrand (in Omankayasa)
schon in das Alte Reich zurückzugehen.[34] Später ist ein um-
fangreiches Ritual der Verbrennung mit Feierlichkeiten von
mehreren Wochen niedergeschrieben worden. Ich führe daraus nur an, daß die übriggebliebenen Knochen aus dem
Leichenbrand mittels silberner Geräte in die Urnen gelegt
wurden.[35]

Hethitern und Churritern ist es gemeinsam, daß sie die
Götter gern auf den ihnen zugeordneten Tieren stehend ab-
gebildet haben (Abb. 41). Den Chattiern war mindestens
der Wettergott selbst noch ein Stier (wie schon den Leuten von
Çatal Hüyük). Deutlich ist auf einer der 'Standarten' aus
Alaca Hüyük in dem Gewölke der Stier dargestellt, der den
Donner brüllt (s. Vieyra, Hittite Art, Abb. 7). Bei den
Hethitern wird der Wettergott nur von zwei Stieren be-

gleitet, aber er ist nicht mehr selbst das Tier. Und diese Stiere haben die churritischen Namen 'Serris' und 'Churris', das ist 'Tag' und 'Nacht'. Die Namen deuten an, daß die Churriter bei dieser Umgestaltung mindestens mitgewirkt haben. Sie zeigen überdies, daß die ursprüngliche Vorstellung, die das Tierbild eingegeben hatte, die Verknüpfung mit dem Donner, vergessen war. Der Wettergott, den man um Regen für die Saaten anflehte (denn in den trockenen Gegenden Ostanatoliens und Syriens ist für den Bauern dauernder Sonnenschein kein 'schönes' Wetter), war nicht nur Gewittergott, wenngleich die Regenzeit im Herbst auch dort mit starken Gewittern einzusetzen pflegt.

Wie der Wettergott von Stieren, so war die Göttin von Arinna von Löwen begleitet, und es ist gewiß kein Zufall, daß das Tor von Chattusa, aus dem die Straße nach Arinna führte, von zwei steinernen Löwen flankiert ist (Abb. 27). Eine andere Göttin, Pirwas, wurde auf einem Pferde (stehend?) dargestellt [36] — davon sind uns nur Beschreibungen, keine Abbildungen erhalten. — Im übrigen ist es sehr schwer, die genauere Bedeutung oder Vorstellung der Hethiter von ihren Göttern nachzuerleben, da wir von den meisten nur die Namen kennen, gelegentlich eine Beschreibung des Götterbildes, die wir nur halb verstehen, aber ganz selten einen Text, der die innere Beziehung der Hethiter zu einem Gotte verrät — und dann sind es nur die obersten Götter: Sonne von Arinna, Wettergott und Sonnengott, an die sie sich wenden, und in der Spätzeit die ausländische Kriegs- und Liebesgöttin von Niniwe, Sauska,[37] die die Hethiter nach Samucha verpflanzt hatten.

Von des Chattusilis innerer Regierung ist das Wichtigste die Abfassung des Gesetzbuches, die wir ihm oder wahrscheinlich seinem Vater zuzuschreiben haben. Denn 'der Vater des Königs' tritt einmal darin als Rechtsweiser auf. Somit gehört das Gesetzbuch, dessen älteste erhaltene Abschriften (nach

Schrift und Rechtschreibung) nur unbedeutend später als
Chattusilis I. abgefaßt sein können,[38] einem Herrscher,
dessen Vater Machtbefugnisse hatte, aber nicht selbst den
Königstitel getragen zu haben scheint. Die wesentlichen Neuerungen gegenüber dem bestehenden Rechtszustand,[39] den diese
Niederschrift im allgemeinen getreulich wahren will, sind folgende: Die Privilegien, keinen Frondienst leisten zu müssen,
die einzelne Städte (Zalpa, Chullara, Tamalkija, Chemmuwa
und Tas'chinija) beim langsamen Zusammenwachsen des Reiches behalten hatten, offenbar weil sie sich freiwillig angeschlossen hatten, und ebenso die Privilegien bestimmter
Berufsstände, besonders der Manda-Krieger, der Wagenlen-
ker und Zimmerleute, wurden aufgehoben. Insofern wurde
der Grundsatz der Gleichheit vor dem Gesetz durchgeführt:
Der 'Vater des Königs', der dabei eingreift, wendet sich schon
gegen Auswüchse des Feudalstaates. Auch die letzten rituellen
Todesstrafen wurden abgeschafft und durch wesentlich mildere, stellvertretende Sühnopfer ersetzt. Die ungeheuren Strafen für Viehdiebstahl (dreißig Stück für ein gestohlenes Tier)
wurden auf die Hälfte herabgesetzt, wobei von den 15 für
ein Pferd, Rind oder Schaf zu stellenden Ersatztieren fünf
Füllen beziehungsweise Kälber und Lämmer sein durften.
Auch eine Reihe von anderen Bußen wurde herabgesetzt, und
zwar dadurch, daß der König auf den bisher ihm zustehenden
Zuschlag zur Buße verzichtete. Der Rechtsgedanke ist deutlich,
daß die Justiz keine Quelle der Bereicherung für den Fiskus
sein soll. Für neue Regelungen halte ich ferner die Gesetze
gegen Bodenwucher und Kettenhandel:[40] Wer ein Grundstück
erwirbt, um es mit Gewinn weiterzuverkaufen, geht nicht nur
des Gewinns verlustig, er muß den Boden dem nachfolgenden
Käufer zum ursprünglichen Preis lassen und hat überdies noch
eine schwere Geldbuße (ein Pfund Silber) aufzubringen; ebenso, wer Waren kauft, um sie unverändert zu höherem Preise
weiterzuverkaufen. Natürlich gilt das nicht für den Kauf-

mann, der Waren aus der Fremde herbeibringt. Dieser steht sogar unter erhöhtem Schutz seines Lebens. Um jenes Verbot gegen den Kettenhandel durchzuführen, wurde schließlich an das Gesetzbuch ein genauer Preistarif aller gängigen Waren angehängt, ebenso eine Regelung der Arbeitslöhne. Das Hethiterreich befindet sich damit schon auf dem Wege zum sozialen Polizeistaat.

Damit wir aber diese humanen und fast neuzeitlichen Züge des Rechtszustandes nicht überschätzen, gibt uns ein anderes Schriftstück, das man als Hofchronik zu bezeichnen pflegt,[41] einen Einblick in allerlei furchtbare Taten, die um diese Zeit geschehen sind. Sie beginnt mit einem (nicht ganz erhaltenen) Satz ungefähr dieses Sinnes: So aber spricht der Großkönig von Kussar: Dem Vater des Königs entflog ein kleiner Kiesel ins Holz. Dem Berge entfachte das ein großes Feuer. Der Bäcker häufte Getreide, machte einen großen Haufen, und er wurde zerblasen und ging in Rauch auf. Dann hebt die Erzählung an: Pappas war Uriannis (Marschall?); in Xx verzehrte er Kommißbrot und Marnu-Trank. Königsbrot (verlangte er?); den Prinzen Pappas erhoben sie (?) ... auf seinen Kopf wurde es (die Ölflasche?) zerbrochen.[42] Die Truppen griffen Chattusa an ... auf seinen Kopf wandte es sich. — Von diesem Aufstand des Thronfolgers hören wir nochmals in des Chattusilis Testament; doch bleibt auch da der Hergang unklar.

Weiter hören wir[43] von einem Manne Nunnus aus Churma, der nach Arzawa ging und Gold fand (entdeckte er die später so bedeutenden Goldseifen von Sardes?). Jedenfalls, er verheimlichte seinen Fund, statt ihn dem Könige zu bringen. Und der vom König gesandte Beamte, der ihn holen sollte, überschritt seine Vollmacht und spannte den Nunnus und seinen Schwager wie Rinder unters Joch. Ferner erzählt das Schriftstück unter anderm davon, wie der König seiner Frau vom besten Wein schickte.[44] Die Überbringer aber verfälschten ihn — ob sie den guten Wein selbst getrunken haben und

durch minderen ersetzt haben oder ob sie sogar Gift eingemischt haben, ist mir unklar. Jedenfalls, die Königin wies den
Wein zurück, und die ungetreuen Überbringer mußten
sterben.

Eine andere Episode erzählt davon, daß der König einen
jungen Mann seinen Hofbeamten zur Ausbildung übergab.
Zuletzt kam er zur Leibwache; dort aber wurde er, wenn ich
richtig übersetze, geschlechtlich mißbraucht,[45] so daß er dann
beim Probeschießen nicht bestand. Der König übergab ihn
dem Büttel (oder ist es ein Untersuchungsrichter?); er ent-
wischte aber, wie der Text sagt, mit entblößtem ... Ob noch
weiteres in diesem Fall geschah, verschweigt der lückenhafte
Text.

Historisch wichtig sind diese Skandalgeschichten nicht, aber
für die Atmosphäre kennzeichnend. Zu erwähnen ist höchstens noch, daß ein Befehlshaber, der gegen die Churriter die
Grenze bewachen sollte, aber zurückwich, wegen Feigheit mit
dem Tode bestraft wurde.

Politisch wichtigere Ereignisse erfahren wir aus dem Testament des Chattusilis.[46] Wir hören von einem Prinzen Chuzzijas, der in dem uns nicht näher bekannten Orte Tapasanda
als Fürst eingesetzt war. Er lehnte sich auf, indem er eigen-
mächtig Kulthandlungen ausübte, die nur dem Könige zustanden. Chattusilis setzte ihn ab. Dann wiegelte des Königs
Tochter die Hauptstadt auf. Es gab in der Stadt blutigen
Zwist; der König verstieß seine Tochter und wies sie mit ge-
ringem Einkommen aufs Land. Später ernannte er einen
Sohn seiner Schwester Papachtilmach zum Thronfolger, der
schon den Königsnamen 'Labarnas' erhielt. Aber unter dem
Einfluß seiner Mutter empörte sich auch dieser. Es mag dieselbe Episode sein, die in der Hofchronik vom Prinzen Pappas
erzählt ist:[47] Dies ist vielleicht sein Kurzname. Chattusilis
entsetzte ihn seiner Würden und verbannte die Mutter, 'die
Schlange', aufs Land. Trotz dieser Familienzwiste, die wohl

der starre Sinn des Königs hervorgerufen hat, sagt sein Nachkomme Telipinus von ihm mit nicht geringer Schönfärberei, daß unter ihm Einigkeit geherrscht habe.

Statt des Neffen adoptierte Chattusilis auf dem Totenbette seinen Enkel Mursilis.[48] Um eine Wiederholung der Vorgänge zu verhüten, verbot er diesem, mit den Ältesten von Chattusa, Tas'chinija, Chemmuwa und zwei anderen Städten zu verhandeln. Es sind wohl nicht zufällig dieselben Städte, denen bei der Neuordnung des Rechtes ihre Privilegien entzogen worden waren. Sie haben das offenbar nicht gutwillig hingenommen, und Chattusilis rechnete mit ihrer Aufsässigkeit gegen die neue Ordnung.

Kurz vor dieser Thronregelung hatte Chattusilis Aleppo angegriffen, das seit Jahrhunderten der Machtmittelpunkt von Nordsyrien, die Residenz des dortigen Großkönigtums war. Aber diesmal war ihm kein Erfolg beschieden. Er erhielt im Kampf eine tödliche Wunde. Man brachte ihn in die alte Residenzstadt Kussar, die Heimat des Königshauses. Dort rief er die Großen des Reiches zusammen, setzte, wie gesagt an Stelle des ungehorsamen Thronfolgers, von dem er nur Blutvergießen und tyrannische Regierung erwartete, den jungen Mursilis als Nachfolger ein und wies die Vormünder an, deren er noch bedurfte, ihn zu strenger Lebensweise zu erziehen: Solange er unmündig ist, soll er nur Brot essen und Wasser trinken.[49] Wenn er erwachsen ist, soll er zwei- bis dreimal täglich gut essen und in späterem Alter auch Wein trinken — ein merkwürdiges Bild, wenn man hiermit die Üppigkeit anderer orientalischer Höfe vergleicht. Aber Chattusilis wußte eben, auf welche Weise man Helden heranbildet.

Und Mursilis gedieh zu dem Manne, den Chattusilis sich als Nachfolger wünschte. Zuerst griff er Aleppo an,[50] um seinen (Adoptiv-)Vater zu rächen, eroberte und zerstörte es. Dann nahm er die irregulären Banden der Chabiru, die in

Syrien ihr Unwesen trieben, in seinen Dienst[51] und drängte
die Churriter zurück. Damit öffnete er sich den Weg zu einem
unglaublichen Kriegszug. Die Einzelheiten sind nicht überliefert; aber jedenfalls gewann er Einfluß in Assur, wo doch
wohl unter seiner Obhut damals ein Prinz aus einer Seitenlinie den regierenden Herrscher verdrängte,[52] und eroberte
schließlich Babel, das dreihundert Jahre lang die Residenz der
amoritischen Könige gewesen war.[53] Das Reich dieser Könige
war zwar allmählich zusammengeschrumpft — gleich nach
Hammurabi war das Meerland, das alte Sumer, abgefallen;
dann war durch das Vordringen der Churriter Westmesopotamien verlorengegangen — aber immer noch war Babel die
Hauptstadt des akkadischen Landesteils und vor allem eine
der reichsten Städte der Welt. Wie viele Werke von Erz,
Silber und Gold fielen dem Sieger in die Hände! Vor allem
die überlebensgroßen, aus purem Gold gegossenen Bilder des
Marduk und der Sarpanit, der Schutzgötter der Stadt. Was
für Beute die Hethiter sonst wegschleppten, ist nicht aufge-
zeichnet; aber sie werden nichts liegengelassen haben, bevor
sie die Stadt zerstörten.

Es war ein Brauch der Hethiter, die Gottheiten eroberter
Städte durch Gebete oder, wenn man lieber will, durch Zau-
berformeln dazu einzuladen, in die Hauptstadt des Siegers
überzusiedeln.[54] Wie dem japanischen Tenno wurden vor dem
Bilde auf dem Weg Tücher oder Teppiche gelegt, damit das
Götterbild den ungeweihten Erdboden nicht berühre und dadurch dem alltäglichen Gebrauch entziehe. So hatte Mursilis
schon die Götter von Chalab nach Anatolien geholt und teils
in Chattusa, teils in Samucha angesiedelt.[55] Und ebenso erging
nun das Gebet an Marduk und Sarpanit, unter deren Schutz
Babylonien gestanden hatte. Ihre Goldbilder wurden auf dem
vorbereiteten Wege den Euphrat entlang flußaufwärts gefahren. Das dauerte lange Zeit, weil die Teppiche immer wieder
neu gelegt werden mußten. War es doch schon bis Chani, der

ersten größeren Stadt am Flusse (da Mari schon in Trümmern lag) ein Weg von beinahe 500 Kilometern. Oder wurden die Bilder auf Flößen den Fluß hinauf getreidelt? Die ausgeplünderten Trümmer von Babel überließ Mursilis dem König des Meerlandes, der im alten Ur seine Residenz hatte.[56] Das Gebiet war zu weit entlegen, als daß es der hethitischen Herrschaft dauernd hätte unterworfen werden können. Mursilis selbst eilte auf einem rascheren Wege nach Hause. Wahrscheinlich zog er mit seinem Heere über Assur, das ihm verbündet war, und den Tigris aufwärts heim. Denn ausdrücklich wird uns berichtet, daß er nach der Überwindung von Babel noch mit den Churritern zu kämpfen hatte,[57] die um diese Zeit im nördlichen Mesopotamien seßhaft geworden waren. Auch sie überwand er und bahnte sich fechtend den Weg nach Hause.

Wie viele Jahre war er im Felde gestanden! Seine Gattin Charapsilis hatte die lange Abwesenheit des Gemahls nicht ertragen; sie hatte sich einem hohen Würdenträger, dem Mundschenken Chantilis, ergeben und ihm Kinder geboren.[58] Nun bereitete dieser Chantilis mit Hilfe seines Schwiegersohnes Zidantas dem Mursilis einen unerwarteten Empfang. Sie töteten den König, wahrscheinlich direkt bei der Heimkehr, vielleicht sogar, ihm entgegeneilend, auf syrischem Boden.

Durch die Heirat mit Charapsilis[59] erlangte Chantilis zudem die Königsmacht. Doch scheint er den Königstitel nicht geführt zu haben.[60] Die babylonischen Götterbilder blieben in Chani stehen.[61] Die Truppen zogen sich aus Syrien zurück. Astata, Churpana und Kargamisch begannen, die Heeresfolge zu verweigern.[62] Chantilis fürchtete einen Aufstand und ging den Truppen bis Tegarama, d. h. in die kataonische Ebene, entgegen. Er sammelte sie zur Ansprache: „Ich bin hierher gekommen, weil ich gehört habe, daß Zidantas böser Dinge beschuldigt wird." Offenbar leugnete er die Teilhaberschaft an der Tat. Aber unser Bericht fügt hinzu: „Die Götter

rächten das Blut des Mursilis." So glossiert der spätere König
Telipinus, der vermutlich bei diesem Appell anwesend war.
Das Wort erfüllte sich in furchtbarer Weise.

Chantilis hatte seine Königin mit herabgebracht. Er gab
den Auftrag, die Churriter zu vertreiben. Aber diese drangen
im Gegenangriff in das Land und besetzten die Taurus-
Ketten:[63] Dabei wurde die Königin mit ihren Kindern abgeschnitten und geriet in die Hände der Herrscherin von Sugzija[64] (sofern ich den verstümmelten Text richtig ergänze).
Es scheint, daß diese Herrscherin eine Hethiterin war, die
dem ermordeten König treu blieb. Sugzija liegt nämlich nördlich des Euphrat-Knies in einem schwer zugänglichen Tal
zwischen den Taurus-Ketten, das seine Selbständigkeit verhältnismäßig leicht wahren konnte. Jedenfalls, die Ehebrecherin kam dort langsam ums Leben — auf welche Weise, ist nicht
gesagt: Die Zeitgenossen wußten es. Zur Rache ließ Chantilis
die Herrscherin von Sugzija und ihre Kinder heimlich aus dem
Weg räumen.

Über die Ereignisse aus der Regierung des Chantilis haben
wir nur unzureichenden Bericht, doch lassen sich die Nachrichten einigermaßen zusammenordnen. Zunächst scheint sich das
Volk in Anatolien dem neuen Regenten gefügt zu haben. Die
verlorenen Gebiete in Syrien wurden von den Churritern bedroht. Seit Jahren gewohnt, einen fremden Herrn zu haben,
zogen sie es vor, sich den Ägyptern anzuschließen.[65] Thutmosis I. konnte sie im Lauf seines ersten Regierungsjahres
(1525/4) dem ägyptischen Reiche einfügen. Vielleicht hatte
schon sein Vorgänger Amenophis I. den Anschluß der syrischen Länder zustande gebracht, so daß der 'Kriegszug' des
Thutmosis I. nur eine Umfahrt war, um die Huldigung der
Fürsten entgegenzunehmen.

Aber diese ägyptische Reichsgründung dauerte nicht lange.
Die Churriter überschritten den Euphrat und nahmen Nordsyrien in Besitz. Ob sie sich dabei mit den Ägyptern über eine

Grenze der beiden Einflußgebiete verständigt haben, ist nicht ersichtlich. Jedenfalls, der Fürstensohn Idrimi, der in Streit mit seinen Brüdern lag,[66] wurde von Thutmosis I. nach Palästina mitgenommen, wohl nicht ganz freiwillig, und zwölf Jahre wartete er dort vergeblich, ob der Ägypter ihn nicht wieder einsetze. Da nahm er eine Bande von 'Chabiru', das heißt etwa 'Gangstern',[67] in Dienst, fuhr mit einem Schiffe heimlich an die syrische Küste, landete in der Gegend der Orontes-Mündung und bemächtigte sich der Stadt Alalach am Orontes, die er dann vom Churriter-König Baratarna zu Lehen nahm. Es war also um diese Zeit der Umschwung in Nordsyrien eingetreten. Wenn Idrimi den Baratarna bei dieser Gelegenheit als Haupt der Manda-Krieger, das heißt der reisigen Truppen, bezeichnet, so liegt vielleicht darin, daß das Churriterreich noch im Werden war und einstweilen nur aus einem Heer bestand, das Land in Besitz nahm, wo es dieses fand.

Jedenfalls, dieser Churriter griff dann das Hethiterreich an. Und dabei führte Idrimi den linken Flügel, der zuerst in Kilikien eindrang. Von den eroberten Städten, die Idrimi nennt, hat Sis seinen Namen bis in unser Jahrhundert hinein behalten und ist erst vor wenigen Jahrzehnten umbenannt worden. Unfern von da tritt der Saros (heth. 'Samri') aus dem Taurus in die kilikische Ebene ein. Idrimi zog dann diesem Flusse entlang aufwärts, wo zwar nicht die heilige Stadt Kummanni, aber die ehemalige Hauptstadt der ganzen Gegend, Ursum, erobert zu haben er sich rühmt. Dann zog er auf anderem Wege nach Syrien zurück. Baratarna selbst wird gleichzeitig gegen Kataonien vorgegangen sein; vielleicht ist er auf dem alten assyrischen Handelsweg noch tiefer ins Hethiterland eingedrungen. Davon erzählen die Hethiter nichts, sie sagen uns nur, daß Chantilis zum Schutz gegen die Churriter Chattusa und andere Orte des Landes befestigt habe.[68] Er mußte sich also auf Abwehr beschränken. Einen Gegen-

angriff zu führen, wie Chattusilis I. und Mursilis I. es so
erfolgreich getan hatten, dazu war er sich der Treue des
Heeres nicht sicher genug.

Und auch die Abwehr funktionierte nicht hinreichend,
wenn Idrimi so tief ins Hethiterland eindringen konnte.
Jedenfalls scheint sich eben darum in dem zunächst bedrohten Gebiet bei Kummanni der dortige Lokalfürst Palijas
selbständig gemacht zu haben.[69] Er nannte sich König von
Kizzuwadna. Chantilis scheint nichts gegen ihn unternommen zu haben. Es war den Hethitern ganz recht, wenn ein
Pufferstaat im Taurus den Churritern den Zugang zu ihrem
Lande sperrte. Unbequem daran war nur, daß dieser Staat
am Handelsweg nach Mesopotamien Zölle erheben konnte,
wie ehemals die Fürsten von Kussar. Aber der politische und
damit auch wirtschaftliche Niedergang der mesopotamischen
Staaten verringerte die Bedeutung dieser Machtverschiebung.
Assur geriet unter die Lehensherrschaft der Churriter;[70]
Babylon fiel eben zur Zeit des Idrimi dem Stamm der Kassiten in die Hände, dessen Herkunft ungewiß ist,[71] dessen
Reste später als Räubervolk im Zagros hausten, bis Alexander
der Große sie niederzwang. Unter ihnen erlebte Babylonien
zunächst einen religiösen Aufschwung: Die Bilder des Marduk
und der Sarpanit, die beim Tode des Mursilis in Chana stehen-
geblieben waren, wurden im Triumph heimgeholt:[72] Durch
den Tod des siegreichen Königs hatte Marduk seine Macht
erwiesen. Er wurde nun nicht mehr nur als Stadtgott von
Babel verehrt, er wurde zum höchsten Gott Babyloniens
erhoben, und beim Neujahrsfest versicherte sich nunmehr
der König des göttlichen Segens für das ganze Jahr, indem
er beim Fest demütig die Hände des Mardukbildes ergriff.
Aber wirtschaftlich sank Babylonien unter der Herrschaft
der Kassiten zunächst tief herab. Und darum war auch sein
Außenhandel einstweilen mindestens für die Hethiter ohne
Bedeutung.

Außer mit den Churritern hatte Chantilis auch mit den Gaschgasch zu kämpfen. Vielleicht sind diese erst um diese Zeit in die chattischen Gebiete um die Quellen des Iris und Skylax vorgedrungen. Denn überall sind hier die Kultorte chattischer Gottheiten; der vornehmste davon war Nerik an der Skylax-Quelle östlich von Artova. Dieses Nerik wurde zur Zeit des Chantilis von den Gaschgasch erobert und zerstört. Mehrere hundert Jahre blieb der Ort verlassen.[73] Der Kult des Gewittergottes von Nerik wurde nach einem Nachbarorte Kastama verlegt,[74] der den Plünderungen der Gaschgasch für diesmal entgangen zu sein scheint.

Vielleicht war Chantilis von Anfang an nur für die Zeit zum Regenten gewählt, bis Pisennis, der Sohn der Tawanannas Charapsilis und damit nominell des Mursilis, herangewachsen war. Vielleicht konnte Chantilis auch aus anderen Gründen seine Regierung nicht bis zum Tod weiterführen. Jedenfalls „als Chantilis alt wurde und dem Tode entgegenging",[75] sagt unser Bericht, „da erschlug Zidantas den Pisennis und seine Kinder" (also seinen Schwager). Damit wurde er als Schwiegersohn des Chantilis (oder aktenmäßig des Mursilis) der Erbe und bestieg den Thron.

Von seinen Regierungstaten wissen wir nur, daß er mit Palijas von Kizzuwadna einen Vertrag geschlossen hat[76] — von dem uns aber fast nur die Adresse erhalten ist. Offenbar hat er Kizzuwadna als unabhängig anerkennen müssen, um sich gegen die inneren Feinde, mit denen er nach dem blutigen Regierungsbeginn rechnen mußte, eine Rückendeckung zu schaffen. Aber vielleicht schon nach wenigen Monaten brach die Rache über ihn herein. Er hatte einen Sohn Amunas. Ob der Name vom ägyptischen 'Amun' abgeleitet ist, oder von einem Berge dieses Namens, jedenfalls beginnt mit ihm der Brauch der hethitischen Könige, sich nach Gottheiten zu nennen, der die Folgezeit beherrscht. Amunas nahm Partei

in der Blutfehde; aber umgekehrt wie Orestes, für die Sippe
der Mutter. Er tötete den eigenen Vater.[77]

Wie nach dem griechischen Glauben die Erinnyen, so
rächten auch nach dem hethitischen die Götter diesen ungeheuren Frevel. Und zwar durch Mißwachs und Seuche bei
Tier und Mensch. Geschichtlich wichtiger ist es, daß die neue
Zwistigkeit im Königshaus und die Schwäche des Reiches
einen weiteren Abfall verursachten.[78] Die Länder Chalaka
(später 'Chilaku', d. h. 'Kilikien') und speziell Adania werden genannt: Sie fielen zu Kizzuwadna ab. Das andere große
Land, das in der Aufzählung steht, Arzawija, ist wahrscheinlich gleich späterem 'Arzawa'. Es kann ganz Westkleinasien damit gemeint sein, das ja zur Zeit des Chattusilis in Abhängigkeit vom Hethiterreich gewesen war, später aber der stärkste
Nebenbuhler des Reiches wurde. (Doch muß die andere Möglichkeit eines zufälligen Gleichklangs offenbleiben.) Aber sogar
Sallapa östlich des großen Salzsees empörte sich. Von den
andern Orten, die als feindlich gemeldet werden, war Pardu-
watta, später 'Paduwanda' und in römischer Zeit 'Podoan-
dus' geschrieben (etwa heute Ulukisla oder östlich davon)
besonders wichtig, weil es den Eingang zu den Kilikischen
Pforten durch den Taurus auf der Nordseite bewachte.
Gegen all diese Länder, sagt unser Bericht, zog das Heer des
Amunas erfolglos zu Felde. Einen Erfolg meldet er selbst[79]
(?) gegen die Gaschgasch von Tipija im Norden. Aber auch da
wurde das erbeutete Vieh im folgenden Jahre, als die Truppen im Süden gebraucht wurden, von den schlauen Gaschgasch wieder heimgetrieben.

Und beim Tode des Amunas bereiteten ihm die Großen
eine furchtbare Totenfeier. Zurus, der Befehlshaber der
Leibwache, übergab den Sohn und Erben des Amunas heimlich einem 'Silberspeer'-Manne, der ihn und seine Nachkommen tötete. So erlebte Chantilis auf dem Altenteil noch
den gewaltsamen Untergang seiner Nachkommenschaft.

Dann sandte der gleiche Befehlshaber der Leibwache einen anderen Schergen, der auch den Chantilis selber mit seinen übrigen Kindern tötete. Damit kam das Königtum an Chuzzijas, dessen genaues Verwandtschaftsverhältnis zur Dynastie wir nicht kennen.

Zwei Urkunden, mit denen er konfisziertes Land mit Zubehör wieder vergab, sind uns erhalten. (Andere Forscher weisen sie einem gleichnamigen späteren Herrscher zu.) Er hat sie mit einem Siegel beglaubigt, das künstlerisch die Siegel seiner Vorgänger und Nachfolger weit überragt.[80] Vielleicht war es von einem verschleppten Akkader, einem berufsmäßigen Siegelschneider hergestellt.

Eine dauerhafte Regierung zu begründen, gelang auch dem Chuzzijas nicht. Als die Mordtaten kund wurden, da griff der Schwiegervater des Chuzzijas ein, verbannte das mit Blutschuld besudelte Königspaar und ergriff selbst die Krone.

VII. TELIPINUS UND SEINE NACHFOLGER

Der neue König nannte sich nach dem Gotte Telipinus.[1] Darin lag ein Programm. An den Gott, bei dessen fernem Schlummer alle Lebenstätigkeit aufgehört hatte und der bei seinem Erscheinen Fruchtbarkeit der Felder, der Herden und der Frauen wiederbrachte, gemahnte der Name: Er sollte eine Zeit der Fruchtbarkeit und der Freude versprechen. Aber andererseits zeigt uns diese Namengebung, daß den Hethitern zu dieser Zeit oder wenigstens dem Herrscher selbst die Götter nicht unnahbar hoch erhaben schienen: Er stellt sich mit einem der mächtigsten Götter auf gleiche Stufe, indem er seinen Namen annimmt. Das ist mehr als die bei den Indogermanen allgemein übliche Vertraulichkeit zu den sippenverwandten Göttern, die sie als ihre Busenfreunde fühlten; es ist eine Selbstbezeichnung, die den Griechen als Hybris gegolten hätte und in griechischen Sagen schwersten Götterzorn hervorruft. Wir sehen darin, daß die Haltung der Hethiter zu ihren Göttern mindestens zu dieser Zeit sehr viel weniger ehrfürchtig war. Doch darf man keine Vergötterung des Königs in den Namen hineindeuten, wie sie die ägyptischen Pharaonen und die Könige von Akkad beansprucht haben. Der hethitische König wurde erst im Tode 'zum Gotte', wie die regelmäßige Umschreibung seines Abscheidens lautet. Da in der Folgezeit auch private Personen öfters nach Göttern benannt wurden, so mag man sich eher an das Verhältnis des christlichen Gläubigen zu seinem Namenspatron und Schutzheiligen erinnert fühlen.

[1] Anmerkungen zum siebten Kapitel s. S. 313 ff.

Dem Namen entsprachen des Königs erste Taten. Den fünf Brüdern des Chuzzijas wies Telipinus zwar Häuser zu und die Möglichkeiten, sich zu ernähren, ließ sie jedoch überwachen. Und die Schergen der vergangenen Mordtaten beraubte er ihrer Stellungen, ließ ihnen die Haare scheren, um sie als Menschen niederen Standes zu kennzeichnen. Aber er verhinderte Racheakte gegen sie. Er wies den Übeltätern bäuerliche Arbeit zu. So hoffte er den inneren Frieden wiederherzustellen.

Er blieb auch weiter dieser Politik der Milde treu.[2] Er erließ das erste Verfassungsgesetz der Weltgeschichte. Darin erzählte er zunächst die Ereignisse seit Labarnas I., um das Unheil klarzulegen, das der Zwietracht im Königshause entsprang. Dann regelte er die Thronfolge: Es sollte dem Könige immer der älteste Sohn der Hauptfrau folgen. Sonst sollte der älteste Sohn einer Nebenfrau das Recht auf den Thron haben. Fehlte auch ein solcher, so kam der Gatte der Erbtochter an die Reihe. Bei dieser Erbregelung hat offenbar das Recht von Sumer und Assur als Vorbild gedient. Ob allerdings dem Reiche damit gedient sein würde, wenn man nicht mehr den Tüchtigsten berief (oder den, der als solcher galt), das mußte die Zukunft lehren. Streit um die Erbfolge schien jedenfalls auf diese Weise ausgeschlossen.

Weiter verordnete Telipinus — und das ist vielleicht ein noch größerer Eingriff in das bestehende Recht gewesen —: Wenn ein König einem Prinzen seines Hauses das Leben nimmt, so soll er selbst vor dem Pankus — das war wahrscheinlich die Vollversammlung der Edeln[3] — zur Rechenschaft gezogen werden und, wenn dies Gericht ihn schuldig sprach, mit dem Leben büßen. Damit war das Königtum einem mehr oder minder demokratischen Organ unterstellt, es hörte auf, eine sakrale, über allen Menschen stehende Einrichtung zu sein. Es wurde zum verantwortlichen Amt herabgemindert.

Und endlich verordnete Telipinus auch für die Bluttat
der Untertanen: Wer eine solche begangen hat, soll vom
Blutherrn — das ist der zur Rache berufene Sohn oder
Nächstverwandte — vor Gericht gezogen werden. Wurde
er des Mordes schuldig befunden, so konnte der 'Blutherr'
seinen Tod fordern oder konnte mildere Buße gewähren,
aber Selbsthilfe, wie sie bisher geübt worden war, war künftig verboten; und ebenso wurde die Haftung der übrigen
Familie abgeschafft:[4] Niemand sollte die Rache auf den
Sohn oder das Haus des Übeltäters ausdehnen, wie das bisher
das Gesetzbuch ausdrücklich vorsah.

Man kann die Tragweite dieser Neuerungen kaum richtig
abschätzen. Es war für die damaligen Verhältnisse eine Revolution. Und die Großen um Telipinus verstanden den König
nicht. Telipinus zog zunächst gegen die Stadt Chassuwa am
Euphrat und 'vernichtete', das heißt eroberte und plünderte
sie; dann war während des Rückmarsches Lawazantija (in
Kilikien) abspenstig geworden. Während er sich damit auf-
hielt, diesen Ort zu unterwerfen, schickten die Offiziere
heimlich einen Soldaten, um den einen der Mörder aus der
Zeit des Chuzzijas zu beseitigen. Telipinus erfuhr es rechtzeitig, um die Tat zu verhindern, und da erst rief er das
Thing zusammen und ließ es das Todesurteil sprechen, mil-
derte es aber und verwies die Schuldigen an den Pflug und
unter die Musikanten, das heißt in Berufe, die keine Waffen
führten. Es müsse genügen, jene unschädlich zu machen.

Der beschriebene Kriegszug zeigt, daß Kataonien noch
zum Bereich des Hethiterreichs gehörte, also auch noch eine
Verbindung nach Syrien vorhanden war, die Telipinus nicht
verlorengehen ließ. Aber die zu Kizzuwadna abgefallenen
Gebiete suchte er nicht heimzuholen. Vielmehr schloß er
mit Isputachsus von Kizzuwadna einen Vertrag,[5] von dessen
Inhalt wir nichts wissen, nur daß er ihn als Großkönig anerkannte — gewiß nicht als seinen Oberherrn, nur als unab-

hängige, gleichrangige Großmacht. Im übrigen suchte Telipinus sein Reich und seine militärische Schlagkraft dadurch zu sichern, daß er in allen Teilen des Landes Orte befestigte und als Magazinstädte ausstattete, in denen also die Abgaben an Getreide und anderen haltbaren Nahrungsmitteln gespeichert wurden. Seine Aufzählung dieser Orte läßt uns den Machtbereich der Hethiter zu dieser Zeit gut erkennen,[6] so viele Ortsnamen auch verloren oder für uns nicht lokalisierbar sind. Die Liste beginnt im Innern des Landes, springt dann über nach Churma in Kataonien und anderen Orten des Südostens, dann folgen Orte der Gaschgasch-Grenze und besonders zahlreiche Städte in Lykaonien, darunter Ikonium (Ikkuwanija) und Burus'chanda, zum Schluß noch das Chulaja-Fluß-Gebiet, oder vielmehr dessen Hauptstadt.

Ungenannt bleiben also die Gebiete Kilikiens und die Ebene um Tyana und Nigde nebst den zwischen beiden liegenden Taurus-Tälern. Das waren eben die zu Kizzuwadna abgefallenen Gebiete.

Später hat Telipinus noch weitere 34 Orte zu Magazinstädten erklärt und befestigt, doch sind von der Aufzählung nur wenige und bisher nicht zu lokalisierende Namen erhalten.

Durch zufällige Erwähnung[7] wissen wir, daß Telipinus auch gegen die Gaschgasch gekämpft und sie weit zurückgeworfen bzw. zur Unterwerfung genötigt hat. Er drang bis Chattenzuwa am oberen Iris vor, weiter als alle Nachfolger mehr als hundert Jahre lang.

Nur in seiner Familie hatte er Unglück. Die Königin Istaparijas starb eines vorzeitigen Todes, und später auch ein Königssohn, Amunas. Wenn ich einen lückenhaften Chroniktext richtig ergänze, so meldet er: Es blieben ihm vier Töchter und ein Sohn Alluwamnas. Dieser wurde der Nachfolger des Telipinus. Aber wir haben von ihm kaum Nachrichten, nur einige gesiegelte Urkunden über Landverleihungen. Und

diese waren nicht in Chattusa, sondern in Chanchana ausgestellt; ebenso die meisten Dokumente seiner Nachfolger.
Vermutlich hat er die Hauptstadt zeitweise verlegt und
sind darum die Nachrichten über ihn noch in der Erde ver-
borgen. Leider wissen wir noch nicht, wo wir suchen müßten.

Die Landverleihungsurkunden [8] geben uns einen der selte-
nen Einblicke in die hethitische Wirtschaft.[9] Es handelt sich
regelmäßig um große Gehöfte, die wohl durch Konfiskation
ihren bisherigen Besitzer verloren haben und neu vergeben
wurden. Solche gewaltsame Vermögensumschichtung ist in
revolutionären Zeiten ja nichts Seltenes. Anfechtung oder
Verfälschung der Urkunde wird mit Todesstrafe durch Ent-
hauptung bedroht. Denn „des Königs Wille ist fest wie
Eisen, er gilt für alle Zeiten". (Man meint wieder, sich im
Mittelalter zu befinden.) Merkwürdiger noch ist, daß die
Empfänger nicht nur Großwürdenträger sind. Unter anderm wurde einmal das Haus der Stadt Chattusa mit
einem Grundstück belehnt, das weit ab von ihrer Gemar-
kung in einem anderen Orte lag. Die Hethiter waren also in
ihrem Rechtsdenken so weit voran, daß sie schon die Stadt
als juristische Person betrachten konnten — wofür der Alte
Orient meines Wissens kein Gegenstück hat: Dort wurde
nur oft ein Tempel beschenkt, aber das Eigentum des Tempels galt eben als Eigentum des in ihm verehrten persönlichen Gottes. Dergleichen gab es natürlich auch bei den
Hethitern.

Die Errichtung des Staates Kizzuwadna belebte offenbar
das Selbstgefühl der Luwier, die durch die bisherige politische Entwicklung zurückgedrängt worden waren. Jedenfalls finden wir spätestens unter den ersten Königen von
Kizzuwadna die ältesten bisher gesicherten Zeugnisse einer
eigenen luwischen Schrift.[10] Sie schließt sich eng an das
System der Keilschrift an: Sie ist eine Silbenschrift mit etli-
chen Wortzeichen und Wortklassenzeichen. Nur der Strich

für den Konsonanten r ist schon ein Schritt zur reinen Buch-
stabenschrift. Aber im Gegensatz zu der damals üblichen
Form der Keilschrift waren die Zeichen Bilder, und ihren
Sinn konnte der Ungelehrte leicht erraten, wenn zum
Beispiel der Rinderkopf 'mu' zu lesen war, oder ein Turm
den Namen einer 'Stadt' ankündete. Die luwische Schrift
war also mindestens zum Lesen leichter zu erlernen als die
ganz abstrakte Keilschrift; sie deutlich zu schreiben, war
dafür desto mühsamer. Auf uns gekommen sind allerdings
fast ausschließlich Felsinschriften in diesen Zeichen, dazu
einige Siegelbeischriften. Die meisten dieser Inschriften auch
aus späterer Zeit sind luwisch; aber an sich war es ebensogut
wie mit der Keilschrift möglich, mit dieser Schrift auch andere Sprachen, z. B. Hethitisch oder Churrisch zu schreiben.

Auf Alluwamnas folgt eine Zeit mit ganz dürftiger Überlieferung. Nach jüngster Entdeckung[11] hat ein Sohn des
Chuzzijas namens Tachurwailis die Macht an sich gerissen. Er bezeichnete sich als Großkönig und schloß wieder
einen Vertrag mit Kizzuwadna. Aber den Nachfolgern galt
er nicht als ebenbürtig. Er wird in den Opferlisten übergangen. Selbst seine zeitliche Einordnung ist unsicher. Nach
Meinung vieler Forscher schließen sich darauf drei Zwischenregierungen an, bei denen sich die Namen der Gewaltherr-
scher vor Telipinus wiederholen.[12] Wenn das richtig wäre,
so müßte man schließen, daß die Darstellung der Ereignisse
durch Telipinus ganz einseitig zuungunsten dieser Vorgänger verzerrt sei und keineswegs die Meinung der unmittelbaren Nachwelt wiedergibt. Aber bisher liegen von
diesen drei Regierungen keinerlei Urkunden vor. Nur zwei
Landschenkungen eines Königs Chuzzijas, die in Chanchana
ausgestellt sind, werden in diese Zeit eingeordnet. Und auch
deren Zuweisung ist anfechtbar: Ich halte den gleichnamigen
Vorgänger des Telipinus für ihren Urheber. In seine blutige
Regierungszeit passen Landkonfiskationen und Neuver-

gebungen am besten. Irgendwelche politische Veränderungen oder Vorgänge aus der Zeit dieser Zwischenregierungen kann niemand berichten.

Da, wo die Nachrichten wieder einsetzen, finden wir ein churrisches Geschlecht auf dem hethitischen Königsthron.[13] Der erste Herrscher des neuen Königshauses wird herkömmlicherweise als Tutchalijas II. bezeichnet. Vielleicht ist er der erste des Namens; denn von dem früheren Tutchalijas, dem Belagerer von Ursum, steht nicht fest, ob er jemals König war. Tutchalijas wurde von seinem Vater, der nach dem Text[14] zwar zu regieren scheint, aber nicht den Königstitel trug, zugleich mit einem Heerführer Kantuzzilis in den Kampf gegen die Churriter geschickt. Er war also noch jung und unselbständig, so daß er nicht selbst kommandieren konnte; aber er führte schon den Titel 'Großkönig'. Diese Daten lassen sich am besten durch die Annahme erklären, daß Tutchalijas durch seine Gattin Nikkalmati auf den Thron kam und sein Vater vormundschaftlich für ihn regierte. Nikkalmati müßte dann irgendwie dem alten, mit Alluwamnas ausgestorbenen Königshause entstammen. Aber sie trug selbst schon einen Namen, der von der mesopotamischen, in Charran und Kargamisch verehrten Göttin Nikkal, der Gattin des Mondgottes, abgeleitet ist. Es ist die sumerische Nin-Gal, die 'große Herrin'. Das würde auch für Nikkalmati auf churritische Herkunft schließen lassen — wenn sie den Namen nicht erst bei der Heirat mit dem churritischen Prinzen angenommen hat. Der Name 'Tutchalijas' dagegen stammt von einem Berge, dessen Lage wir leider nicht kennen. Und da die Berge seit alters göttliche Verehrung genossen, so trug der König also einen Gottesnamen.

Den Sieg, den der junge Tutchalijas oder sein Feldherr Kantuzzilis erfocht, errang er über ein starkes churritisches Heer, an dessen Spitze Muwas und Kartasuras genannt werden. Der letztere Name klingt verwandt mit dem des späteren Herrschers von Kizzuwadna, Sunassuras. Und es ist aus dessen Vertrag mit den Hethitern bekannt, daß Kizzuwadna von den Churritern abhängig geworden war.[15] So möchte ich vermuten, daß sich der Kampf des Tutchalijas zugleich gegen Kizzuwadna richtete. 7000 Gefangene rühmt er sich nach Chattusa gebracht zu haben. Man sieht, es war für damalige Zeit ein gewaltiges Heer im Einsatz. Als Ergebnis des Kampfes möchte ich einordnen, was nirgends überliefert ist, uns aber um 1380 als bestehender Zustand entgegentritt: Sallapa und das niedere Land um Tuwannuwa (Tyana) wurden wieder hethitischer Besitz, Kizzuwadna war auf die Taurus-Grenze zurückgedrängt.

Anschließend griff Tutchalijas in Nordsyrien ein. Dort hatte ungefähr zur Zeit des Telipinus der ägyptische König Thutmosis III. (1504—1450 v. Chr.) die ägyptische Herrschaft nochmals bis zum Euphrat-Knie ausgedehnt. Er war dabei nicht auf die Hethiter getroffen, sondern sein Hauptgegner war das churritische 'Reich am Flusse', 'Naharain', wie die Ägypter es nannten. Die Einheimischen sagten dafür 'Maitani', oder nannten es nach der Hauptstadt 'Chanirabbat' (von einem Herrscher im 1. Jahrhundert v. Chr. in 'Samosata' umbenannt, heute 'Samsat'). Die Nachfolger des Thutmosis hielten die Herrschaft über Nordsyrien nicht fest. So konnten die Churriter diese Gegend wieder in Besitz nehmen. Wir hören nichts davon, daß Ägypten sich eingemischt hätte, als nun Aleppo sich dem Churriter, als dem derzeit Mächtigsten, anschloß. Wohl aber stritt Tutchalijas mit diesem und zwang Aleppo wieder auf die hethitische Seite zurück.

Der Bericht über diese Vorgänge ist als geschichtlicher Rückblick einem späteren Vertrag zwischen dem Großkönig der Hethiter (Mursilis II.) und einem König von Chalab (Aleppo) eingefügt. Er behauptet, daß Tutchalijas Aleppo zerstört habe. Das darf man aber nicht buchstäblich nehmen. Denn der Vertrag fährt fort, die anschließenden Schicksale der Stadt und des zugehörigen Landes zu beschreiben. Sie habe sich durch ihren Bund mit Mitanni besonders gegen Chattusilis, den König des Chatti-Landes, vergangen. Dann aber griff Astata, der bedeutendste Ort am Euphrat-Knie südlich von Kargamisch, die Gebiete von Aleppo und von Nuchasse an, eignete sich Ortschaften an, die diesen beiden Ländern gehörten, und der König von Mitanni, den sie offenbar als Schiedsrichter anriefen, bestätigte die Eroberungen von Astata. Darauf wandte sich Aleppo wieder an Chattusilis, und dieser stellte die alten Grenzen wieder her — ob durch bewaffnetes Eingreifen oder durch diplomatischen Druck, wird nicht gesagt.

Von diesem Chattusilis (II.) weiß die hethitische Königsliste nichts. Wir erfahren von ihm nur durch den Vertragstext. Da er nur 'König von Chatti', nicht 'Großkönig' heißt, so mag er ein Vasall des Tutchalijas gewesen sein, der in dessen Auftrag die syrischen Angelegenheiten zu überwachen hatte und sie auf die angegebene Weise ordnete.[16]

Tutchalijas scheint auch in Westkleinasien durchgegriffen zu haben. Wir hören von einem Lager des Tutchalijas am Wege von Miraa nach Madunassa;[17] wir würden beschreiben: vom Mäander-Tal nach Manissa. Vermutlich lag dies befestigte Lager auf der Höhe, von der die Straße vom Mäander steil gegen das Hermos-Tal hinabsteigt. Wenigstens ist hier der geeignete Platz, durch eine Befestigung den Weg gegen die Küstenländer Westkleinasiens abzuschirmen. Reste der Befestigung habe ich allerdings nicht entdecken können; vielleicht hat ein anderer Forscher damit mehr Glück. — Aber auch dies Lager wird nur ganz zufällig später erwähnt. Es ist noch nicht einmal gewiß, ob es nicht einem gleichnamigen späteren König zuzuweisen ist. Sonst haben wir über die Regierung dieses Herrschers nur später einen religiösen Text, der sich mit kultischen Verfehlungen seiner Frau befaßt. Geschichtlich ist kaum etwas aus ihm zu lernen.[18]

Ohne Zeitangabe wird uns noch berichtet: Ein Mann aus Kurustama sei — vom Wettergott erfaßt — nach Ägypten gewandert. Ist damit ein Wirken als Missionar oder eine epileptische Dämmerwanderung gemeint? Jedenfalls wurde dies Geschehen der Anlaß zu einem Freundschaftsvertrag der Hethiter mit Ägypten.[19]

Tutchalijas hatte, wie es scheint, keinen ebenbürtigen Sohn. Denn Arnuwandas bezeichnet sich ausdrücklich zwar als Sohn des Tutchalijas, aber er nennt dessen Gemahlin Nikkalmati nur als Mutter seiner Gattin Asmunikal. Wir dürfen unterstellen, daß Tutchalijas selbst erst in das Königshaus eingeheiratet hatte, so daß das Thronrecht eben dieser Tochter der Nikkalmati zustand. Zwar sollte nach dem Thronfolgegesetz des Telipinus der unebenbürtige Sohn zum Thron berufen sein, wenn kein ebenbürtiger Sohn vorhanden war, und der Gatte der Tochter erst dann berufen werden, wenn auch kein unebenbürtiger Sohn vorhanden war. Aber um Streitigkeiten auszuschließen, heiratete Arnuwandas seine Halbschwester Asmunikal und stellte seine Urkunden mit ihr gemeinsam aus, eine dem bisherigen Recht unbekannte Erhöhung der Ehefrau.

Die Geschwisterehe war nun freilich gegen alle hethitische Sitte. Noch drei Generationen später fragte ein König das Orakel, ob ein Unglück, das das Hethiterland betraf, vom Zorn des Wettergottes gegen Asmunikal verursacht sei.[20] Andererseits gab es für Geschwisterheirat nicht nur das Vorbild des mächtigen Ägypten, sondern auch im nächsten Nachbarland der Hethiter, bei den Azzi, und in späterer Zeit jedenfalls in Westkleinasien, in Karien, war die Geschwisterheirat im Königshaus verpflichtendes Herkommen. Arnuwandas hatte also naheliegende Vorbilder, auf die er sich bei seinem ungewöhnlichen Schritt berufen konnte.

Von den Ereignissen seiner Regierung ist nur der Aufstand der Gaschgasch genauer überliefert. Alle Stämme des

Iris-Tals gerieten in Bewegung, aber weit darüber hinaus,
bis nach Zalpa (Alaca Hüyük) in der unmittelbaren Nachbarschaft von Chattusa wirkte sich die Erhebung aus. Und zwar
scheint sich die Bewegung nicht nur gegen die hethitische
Herrschaft, sondern besonders auch gegen ihre Art der Got-
tesverehrung gerichtet zu haben. Die Götterbilder wurden
umgestürzt und ihres Schmuckes beraubt. Die Viehherden,
aus denen die Opfer bestritten wurden, wurden weggetrieben,
die Priester selbst in Gefangenschaft verschleppt. Besonders
Nerik, das als einer der Hauptkultorte weit in das Gebiet
der Gaschgasch vorgeschoben war, bis ins Quellgebiet des
Skylax, wurde wiederum zerstört, niedergebrannt. Wir
glauben die Brandreste und die Skelette der Toten dieser
Katastrophe im angegrabenen Trümmerhügel noch gesehen
zu haben. Der Ort wurde ein Jahrhundert lang nicht wieder
aufgebaut.[21]

Der König Arnuwandas, dem daran lag, den Kult für den
Sohn der Reichsgöttin, den Gewittergott von Nerik, aufrechtzuerhalten, schloß mit den Aufständischen einen Waf-
fenstillstandsvertrag und schickte Opfertiere nach Chagmis, wohin der Kult aus dem zerstörten Nerik übertragen
worden war, da jetzt auch Kastama in der Hand der Feinde
war. Aber die räuberischen Stämme hielten sich nicht an
den Eid, sondern holten sich auch diese Opfertiere. Schon
vorher waren sie über die Grenzen des Oberen Landes hinaus bis in die inneren Gebiete des Reiches vorgedrungen. Der
lückenhafte Text läßt uns leider nicht genauer erkennen,
wie weit.

Aber jener Vertragsbruch gab nun einen Anlaß, die Götter
um Rache anzurufen. Arnuwandas, Asmunikal und ihr
Thronfolger Tutchalijas beschworen vereint die geschädigten
Götter. Sie betonten ausdrücklich, wie sie selbst im Gegensatz zu den Gaschgasch die schadhaft gewordenen Götterbilder wieder ausgebessert, mit Schmuck und Stiftungen aus-

gestattet und die besten Opfertiere sowie den besten Wein regelmäßig dargebracht hätten: Es habe noch nie so treue Diener der Götter gegeben. Ob sie mit dem feierlichen Gebet Erfolg gehabt haben, ob es ihnen vergönnt war, die Gaschgasch wieder zurückzuschlagen, davon wird uns nichts berichtet. Erst ihr Enkel scheint bis in die Gebiete vorgedrungen zu sein, die damals aufständisch geworden waren.

Aus der inneren Regierung desselben Königspaares haben wir eine Urkunde, in der es den Besitz mehrerer Männer, deren Lehen aus nicht bezeichnetem Anlaß heimgefallen waren, neu vergab. Die Aufzählung des Viehbestandes der einzelnen verliehenen Höfe macht die Urkunde wirtschaftsstatistisch interessant.

Der Hauptteil der Schenkung hatte vorher einem Suppiluliumas[22] gehört, der als 'Tafelschreiber der Küche' bezeichnet wird. Er hatte also wohl über die Lebensmittelversorgung des königlichen Haushalts Buch zu führen. (Wir kennen aus Mari eine solche Buchführung des dortigen Palastes sehr genau; die Hethiter scheinen die entsprechenden Schriftstücke nicht aufbewahrt zu haben.) Diesem Suppiluliumas, dem man wegen seines Namens Verwandtschaft zum Königshause zuschreiben möchte,[23] hatten elf Höfe gehört, auf denen insgesamt 91 Personen lebten (darunter mehr als ein Drittel Kinder): schollengebundene Hörige, die mit dem Boden vergeben wurden. Genauer noch sehen wir bei dem zweiten landwirtschaftlichen Besitz, der in der gleichen Urkunde verliehen wurde: Er besteht aus zwei Gehöften, in dem einen wohnt offenbar nur eine Kleinfamilie, ein Ehepaar mit drei Kindern, auf dem andern sind es zwei Männer und vier Frauen mit zusammen sechs Kindern und zwei Greisinnen. Das sieht nach einer Familie aus, in der die Geschwister, vor allem die weiblichen, noch nicht abgeschichtet waren. Der dritte Grundbesitz aber scheint ver-

lassen gewesen zu sein; es sind Baumpflanzungen, aber weder
Menschen noch Vieh sind dabei erwähnt.

Durchschnittlich hatte jeder Hof zwei Rinder; es ist offensichtlich kleinbäuerliche Wirtschaft. Dagegen gehören dem
Pirsachchanijas, das ist — buchstäblich übersetzt — 'der Fronhof', bei Suppiluliumas weitere zehn Rinder, bei dem Besitz
des Chantapis sogar jedem Hof sechs Rinder, die offenbar
den Bauern zur Verfügung gestellt waren. Ein Bauer hatte
auch noch zwei Esel, ein anderer 22 Schafe. Aber auf den
Fronhöfen befanden sich im ganzen 158 Schafe und Ziegen;
nur auf dem Fronhof des Suppiluliumas waren außerdem
zwei Pferde und drei Maultiere: Diese sind also noch ganz
seltener Besitz.

All dies wurde an eine Frau Kuwatallas verliehen, die als
'Hierodule' bezeichnet wird, „für sie und ihre Kinder und
Enkel ewiglich".[24] Sie ist uns bekannt als Verfasserin einer
Zauberanweisung, die sie den 'Großen Ritus' nennt; und
vielleicht erhielt sie als Belohnung für diese die große Schen-
kung.

Nachfolger des Arnuwandas wurde sein Sohn Tutchalijas
(III.). Obwohl wir eine ausdrückliche Urkunde über seine
Thronbesteigung haben,[25] wird seine Existenz in letzter Zeit
angezweifelt. Über die ersten Jahre seiner Regierung sind
wir nicht unterrichtet. Wenn das Lager des Tutchalijas, das
weit im Innern der Arzawa-Länder erwähnt wird, nicht
seinem gleichnamigen Großvater zugehört, so dürfen wir
schließen, daß er bis an die Grenze Lydiens vorgedrungen
ist. Dann aber muß das Heer der Hethiter eine vernichtende
Niederlage erlitten haben. Und das war nun das Signal, auf
das hin sich vor allem die Völker an der Nordgrenze erhoben.[26] Die Azzi und die Gaschgasch überfluteten das Obere
Land. Letztere setzten sich in den Bergen dicht bei Chattusa
fest. Es heißt, die Azzi machten Samucha (Kirşehir) zur
Grenze, die Gaschgasch Nenassa (Newşehir). Auf der an-

deren Seite drangen die Heere von Arzawa durch die lykaonische Ebene bis Tuwannuwa (Tyana) vor, das heißt, sie
besetzten das ganze ihnen sprachverwandte luwische Gebiet.
Die Churriter von Isuwa überschritten den Euphrat; die
Hälfte von Kataonien und noch das Gebirgsland am alten
assyrischen Handelsweg fiel zu ihnen ab. So blieb den Hethitern nur das kleine, allerdings wohl schon damals dicht
bevölkerte Gebiet zwischen dem Salzsee und Kirşehir, beiderseits des Halys. Schon schrieb der König von Ägypten:[27]
„Das Hethiterreich hat aufgehört zu existieren" und knüpfte
Beziehungen zu Arzawa an, indem er um eine Königstochter
freite. So weit lag dieses Land außerhalb des vorderasiati-
schen Gesichtskreises, daß er sich dabei der hethitischen
Sprache bediente.

Und das schlimmste für die Hethiter war, daß ihr König
versagte. Die Annalen seines Enkels melden immer wieder,
daß er krank darniederlag. Noch schärfer scheint sich sein
Urenkel ausgedrückt zu haben:[28] „Er war kein Held",scheint
der Text der zerbrochenen Tafel zu lauten. Wohl gelang es
einem Feldherrn Kantuzzilis[29], die Gaschgasch bis Arzija zu
werfen. Er säuberte also zunächst die Gebiete südlich des
Halys-Bogens vom Feinde.

Auf diese Zeit bezieht sich vermutlich eine Notiz in
einem Vertrage des Suppiluliumas[30]. Bei diesem heißt es:
„Zur Zeit meines Vaters hatte sich Isuwa empört, und 15
namentlich aufgeführte Gaue des Hethiterreiches hatten sich
ihm angeschlossen." Dabei sind nur solche 'Länder' genannt,
die zur Zeit des Vertrages den Hethitern untertan waren,
oder, wie der König sich ausdrückt, ihm „wieder" gehorsam
seien. Es sind geographisch drei Gruppen: Die eine lag im
Norden, von westlich des Halys bis nach Kerasus — genannt
sind Arawanna als Sammelbezeichnung für das östliche Phrygien, Zazzisa, ein Grenzgebiet, das zwischen Azzi und Hethitern strittig war, vermutlich am Iris südlich von Amasia,

dann Kalasma (Kerasus) und Durmitta (Zela), die beide zu
den Gaschgasch gerechnet zu werden pflegen, und vor und
zwischen diesen die Orte Gurtalissa und Timna,[31] die Berge
Chaliwa und Karna, deren Lage und Volkstum wir nicht
kennen. Die zweite Gruppe umfaßt die an Isuwa anschließenden Länder Alcha, das schon Chattusilis I. erobert hatte,
(lat. 'Arcas', am westlichen Ende der Ebene von Malatia [?]),
Churma, am Handelswege der assyrischen Kaufleute, den
Berg Charana (d. h. 'Weg'; gemeint ist der Weg dieser Kaufleute durchs Gebirge des Antitaurus), die Hälfte des Landes
Tegarama, d. h. Kataoniens, weiter die Truppen von Tepur-
zija, das nahe Tuwannuwa (Tyana) lag. Eine dritte Gruppe
bilden die syrischen Gebiete von Chazga (Kasios) und
Armatena, die in den Annalen erst einige Jahre später erwähnt werden und im Vertrag wohl anachronistisch hinzu-
gefügt sind. Arzawa und Azzi sind nicht mitgenannt, vermutlich weil sie zur Zeit des Vertrages nicht oder nicht mehr
dem Hethiterreich untertan gewesen sind.

Wir werden also in den Gaschgasch, die bis Arzija und
Nenassa vorgedrungen sind, diejenigen von Durmitta und
den damit zusammen genannten, unbekannten Orten zu
sehen haben, nicht diejenigen des oberen Halys-Tals, die den
Hethitern später soviel zu schaffen gemacht haben. Es war
somit nur ein verhältnismäßig geringer Teil der Gaschgasch,
der so weit vorgestoßen war. Die Natur zeichnet dabei den
Weg vor: Durch die Niederung östlich vom Kerkennes und
weiter über Bogazlayan Erkelet. Da diese Gaschgasch im
Hinterland keinen Rückhalt hatten, war es das Gegebene,
zuerst zu versuchen, diesen Feind zu überwältigen und die
Einwohner wieder in den Dienst der Hethiter-Könige zu
stellen.[32] Das war noch nicht vollendet, da bedrängten von
Westen her die Arzawa das Reich.[33] Wahrscheinlich ist auf
diese Zeit die Notiz zu beziehen, daß sie Uda zur Grenze
machten.[34] Beim Gegenangriff der Hethiter zog sich ein An-

führer von jenen, namens Tuttu, bis Sallapa (Selme) zurück.
Dieser Ort (Abb. 30) ist am Fuß des Hassan-Gebirges an
einem höhlenreichen Kalkhügel gelegen; ein kleiner Fluß
trennt ihn vom Gebirge, während nördlich davon eine breite
Ebene den Aufmarsch eines Heeres begünstigt.[35] Auf dieser
Ebene trat der Hethiter dem Feind entgegen. Dabei ging
Sallapa in Flammen auf. Ob Tutchalijas selbst das Feuer gelegt hat, zur Strafe etwa für die Unterstützung des Feindes,
läßt der zertrümmerte Text nicht mehr sicher erkennen.
Jedenfalls löschte der König dann das Feuer. Hier scheint er
seinen Sohn Suppiluliumas herbeigerufen zu haben. (Sonst
wäre kein Grund ersichtlich, warum diese Ereignisse in dessen
Ruhmesblättern verzeichnet wären.) Und der Sohn hat offenbar durch sein Eingreifen wesentlich dazu beigetragen,
die Feinde zurückzudrängen. Von dieser Zeit an wurde Suppiluliumas von seinem Vater immer wieder mit militärischen
Aufgaben betraut, die er selbst nicht bewältigte.

VIII. SUPPILULIUMAS I.

Suppiluliumas war nicht der Kronprinz, ja vielleicht überhaupt nur eines von vielen 'Palastkindern', d. h. Sohn einer Haremsfrau. Denn er nennt in seinen Inschriften seine Eltern niemals, und seine Mutter fehlt sogar in den Opferlisten für die verstorbenen Königinnen. Über seine Persönlichkeit wissen wir wenig. Zwar hat sein Sohn Mursilis einen ausführlichen Bericht über seine 'Mannestaten' gegeben,[1] der aber leider sehr bruchstückweise erhalten ist, so daß man oft die Zusammenhänge erraten muß. Aber es wird kein Zufall sein, daß aus seiner Regierung kein Text religiöser Natur zu datieren ist. Er nennt sich in seinen Verträgen 'Liebling des Wettergottes'[2] und fügt lange Listen von Göttern an deren Ende, auf die der Vertragspartner vereidigt wird. Aber ausdrücklich hören wir, daß er in seinen letzten Lebensjahren über den militärischen Aufgaben seine Pflichten als Priester vernachlässigt hat.[3] Er war Soldat, rasch zugreifend und rücksichtslos gegen seine Feinde, unaufhörlich bald da, bald dort im Felde, so daß der Bericht über seine Regierung sehr unübersichtlich wird; er war Staatsmann, der besonders durch seine Heiratspolitik seine Vasallen auch menschlich an sein Reich zu binden suchte,[4] ganz wie die Fürsten der Neuzeit, und wenn die Verwaltungsanweisung, die ich ihm zuweisen möchte,[5] wirklich ihm zugehört, auch ein Herrscher von starkem sozialem Gerechtigkeitssinn. Dadurch eben ist er der Schöpfer des hethitischen Großreichs geworden, das fast 200 Jahre hindurch die Geschichte von Kleinasien und Syrien bestimmt hat.

[1] Anmerkungen zum achten Kapitel s. S. 317 ff.

Die Arzawa waren für diesmal zurückgeschlagen. Das nächste Fragment, das uns erhalten ist,[6] zeigt uns Tutchalijas im Kampfe an einem Berge Nanna, dessen Lage leider unbekannt ist; möglicherweise ist es eben der Hassan Dag ('Schönberg') südlich von Selme, so daß der Bericht unmittelbar an den vorigen anknüpfen würde. Der König schickte seinen Sohn Suppiluliumas aus, das Gebirge von den 'Suti', also den irregulären Kämpfern, zu säubern, während er selbst vor dem Gebirge stehenblieb. Offenbar wurde also der junge Prinz zunächst als Befehlshaber von leichten Truppen eingesetzt.

Da traf eine neue Unglückskunde ein. Der Sohn des Zitaras (sein Name stand in einer Textlücke) berichtete über Chalpamuwas (war das der Kommandant von Chattusa?) — was, das müssen wir erraten. Ich kombiniere, die Azzi haben ihn geschlagen und sind bis vor die Tore von Samucha, der derzeitigen Residenz, vorgedrungen. Da, wo der Text wieder einsetzt, ist dieser Feind allerdings schon wieder zurückgeschlagen und hat sich hinter seine schwer bezwinglichen Grenzgebirge zurückgezogen. Suppiluliumas wurde ausgeschickt, ihn zu verfolgen, traf ihn aber nicht mehr im Inneren Lande an. Statt dessen stieß er auf Gaschgasch — die Nachbarschaft zu Azzi läßt vermuten, daß es sich um den Stamm von Tipija handelt. Es war zunächst nur ein Gefecht mit Freibeutern ('Suti'), in dem Suppiluliumas die Oberhand behielt und von denen er Beute nach Samucha heimbrachte. Bei einem zweiten Vorstoß in dasselbe Gebiet sammelte sich die Masse der dortigen Gaschgasch, um den Überfall zu rächen, und zog dem Suppiluliumas nach. Dieser aber bewaffnete die Schafhirten, und als es zum Zusammenstoß kam, richtete er unter den Verfolgern ein großes Blutbad an.

Eine unbestimmte Zeit später,[7] als sich Suppiluliumas wieder bei seinem Vater in Samucha befand, kam die Kunde, ein Feind (die Azzi oder die Gaschgasch?) habe Chattusa

selbst angegriffen, niedergebrannt und den Kommandanten (?)
getötet. Der Text übergeht, wer dieses Mal den Feind bezwang. Suppiluliumas wurde dann dorthin geschickt, die
Trümmer wegzuräumen und die Stadt wiederaufzubauen.
Wir sehen aus den spärlichen Angaben, daß es gelungen war,
den westlichen Teil des Halys-Bogens vom Feind zu befreien
und dem Reich wieder einzufügen. Der Tiefpunkt der Entwicklung war also überwunden.

Da holte ein Machthaber in Was'chanija (westlich Kayseri)
noch einmal eine Gruppe Gaschgasch über den Halys herüber.[8] Wieder wurde Suppiluliumas beordert, dort einzugreifen. Der eigentliche Hergang ist durch Textlücke unserer
Kenntnis entzogen. Da gleich darauf der Berg der Schnee-
göttin Pirwas genannt ist, ist anzunehmen, daß sich die
Gaschgasch geschlagen auf den Schneeberg Erciyas zurückgezogen haben.

Eine große Lücke im Text versagt uns die Kenntnis der
nachfolgenden Ereignisse. Wo der Bericht wieder einsetzt,
ist Tutchalijas wieder in Chattusa und hat dort seine Residenz aufgeschlagen. Die Kämpfe mit den Gaschgasch im
Inneren Land aber dauerten an. Nur ist jetzt Nenissankuwa[9]
umkämpft. Für dessen Lage haben wir nur ganz undeutliche
Anhaltspunkte. Die Vermutung spricht für einen der vielen
Hüyüks in der Gegend zwischen Halys und Bogazlayan.
Kaum daß Tutchalijas und sein Sohn vom siegreichen Kampf
um diesen Ort nach Chattusa zurückgekehrt waren, kam
wieder die Botschaft: Die Gaschgasch sind ausgerückt. Nochmals unterbricht eine Lücke des Textes von unbestimmbarer
Länge die Kunde. Wo er wieder einsetzt, erfahren wir, daß
Tutchalijas krank darniederlag,[10] Suppiluliumas aber jetzt
mit dem Gesamtaufgebot der Hethiter gegen die Gaschgasch
ausrückte, und sie so in Furcht setzte, daß sie die Waffen
niederlegten. Er war also zum stellvertretenden obersten
Führer aufgerückt.

Schon konnte er an die Friedensarbeit gehen. Er ließ die Mauern der zerstörten Städte wieder aufbauen und rief die geflüchteten Einwohner zurück. Sie nahmen ihre alten Wohnstätten wieder in Besitz. Dürfen wir uns die Häuser von damals nach heutigem Muster vorstellen, so machte es nicht viel Mühe, die Lehmhütten wiederaufzubauen, zu tünchen und mit Reisig zu decken (Abb. 17). Das genügte in dem regenarmen Lande.

Aber ein neuer Angriff kam jetzt von Westen. Die Arawanna [11] — genannt werden uns die Masa und die Bewohner von Kammala (heute 'Çenkiri') — griffen den hethitischen Ort Kassija am Halys an und drangen bis ins Land am Yeşil-Irmak vor, offenbar um sich seiner Bergwerke oder wenigstens des geförderten Erzes zu bemächtigen. Ein Verwaltungsbericht [12] weiß von Gefangenen aus Gazziura und Durmitta (Zela), die die Arawanna fortgeführt hätten. Gazziura (heute 'Turhal') ist aber bis in die Gegenwart einer der wichtigsten Bergbaudistrikte. Da von Suppiluliumas zweitem Nachfolger, Mursilis, an bis zum Zusammenbruch des Reiches die Arawanna dem Reich eingefügt waren und auch Suppiluliumas nicht wieder mit ihnen zu kämpfen hatte, möchte ich den Bericht zeitlich hier einordnen.

Inzwischen war Tutchalijas wieder gesund geworden, und in Begleitung seines Sohnes trat er gegen die Arawanna von Masa und Kammala zum Gegenangriff an. Das war insofern nicht schwer, als sie sich durch das Vordringen an den Gelben Fluß dem Flankenangriff von Chattusa aus dargeboten hatten. Die Einzelheiten übergeht unser Bericht, der nur die Taten des Suppiluliumas erzählen will. Jedenfalls drang Tutchalijas beim Gegenangriff über den Halys ins Land von Kammala (Çenkiri) vor. Sein Sohn wurde inzwischen beordert, die verwüsteten Städte wiederaufzubauen. Wir haben dabei wohl an Kassija am Halys-Übergang und vermutlich auch an das heutige Çorum zu denken.

Unterdessen hatten die Gaschgasch von Kazzapa und Katchaiduwa,[13] die wir im Iris-Tal suchen dürfen, die Gelegenheit benützt, während das Heer der Hethiter anders beschäftigt war, hatten die benachbarten Hethiterstädte ausgeplündert, ihr Edelmetall und Kupfergerät davongeschleppt. Die Hethiter unter Tutchalijas machten also kehrt, überfielen jene Gaschgasch-Orte und brannten sie nieder. Anschließend zog der König gegen Azzi oder, wie unser Bericht es nach seiner Hauptstadt nennt, gegen Chajasa. Dessen König stellte sich zum Kampf — unser Bericht sagt, unterhalb von Kummacha.[14] Leider läßt sich damit nichts anfangen, denn wir kennen Orte dieses Namens nur in ganz anderen Gegenden, zwei davon am Euphrat, wohin Tutchalijas nicht so schnell gelangen konnte, erst recht nicht Truppen von dem am Meere gelegenen Azzi-Lande. Den Ausgang des Kampfes, der auf der nachfolgenden Tafel stand, kennen wir nicht, doch pflegen diese Annalen nur Siege zu berichten.

Noch immer hielt sich eine Gruppe der Gaschgasch, die in das Innere Land vorgedrungen war und einen Hinterhalt gelegt hatte; die hethitischen Truppen, die gegen sie standen, konnten nichts gegen sie ausrichten (ob der im Bericht genannte Pijapilis ein hethitischer oder gaschgäischer Anführer war, läßt sich nicht entscheiden)[15]. Jedenfalls, Tutchalijas war erneut erkrankt und sandte seinen Sohn Suppiluliumas, der sich freiwillig meldete, gegen die Gaschgasch. Dieser schuf sich einige Abteilungen Suti-Truppen. Mit diesen überfiel er die plündernden Gaschgasch, nahm ihnen ihren Raub ab und stellte ihn den Eigentümern wieder zu. Dann erhob sich Tutchalijas von seinem Krankenlager und führte das Aufgebot der Hethiter gegen diese Feinde. Sie hatten die hethitische Stadt Zitchara im Inneren Lande besetzt und verteidigten sich in ihr, wurden aber überwältigt.

Als aber Tutchalijas von neuem erkrankte, erhoben sich die Feinde ringsum. Arzawa, Gaschgasch und ein dritter

Gegner, wahrscheinlich das Mitannireich, standen vereint gegen das Hethiterreich. Wie sollte Tutchalijas so viele Feinde zugleich abwehren?

Unsere Berichte, die nur Suppiluliumas' Taten erzählen wollen, sind natürlich lückenhaft. Dieser erhielt den Auftrag, gegen die Arzawa vorzugehen,[16] die, wie wir später hören, sich des lykaonischen Landes bemächtigt und sogar Tyana besetzt hatten. Wo der erste Zusammenstoß stattfand, hören wir nicht. Aber während sich Suppiluliumas auf diesem Feldzug befand, starb sein Vater,[17] und die Frage der Thronfolge überschattete alles andere.

Tutchalijas hatte drei Söhne, von denen der älteste wieder Tutchalijas hieß; der dritte, Zidas, wird uns später begegnen. Der junge Tutchalijas starb eines nicht geklärten Todes. Der spätere König Mursilis beschwört den Göttern gegenüber, daß Suppiluliumas an diesem Tode unschuldig war;[18] aber es scheint, daß er die Mörder nicht bestraft hat. Jedenfalls hob ihn eine Partei auf den Thron, die in ihm den Mann sah, der allein das Reich aus der schwierigen Lage retten könne. Bei dieser Sicht der Situation mußte der legitime Thronerbe zuerst sterben. Suppiluliumas unterbrach den Feldzug gegen die Arzawa nicht.[19] Wieder sind wir über den Beginn des Kampfes nur ungenügend unterrichtet, weil die Urkunden allzusehr zerbröckelt sind und die darin genannten Orte und Berge sich nicht lokalisieren lassen. Während der junge König damit beschäftigt war, einen uns nicht mehr benennbaren Ort aufzubauen, kam die Botschaft, der Feind sei bis Anisa vorgegangen. Wir wissen nicht, wo dieser Ort lag; nur daß es nicht Kanis sein kann, wie ein Forscher vermutet hat,[20] geht aus dem Zusammenhang hervor. Wir befinden uns im Text viel weiter im Süden. Die Feinde werden als 'Suti' bezeichnet. Beim ersten Zusammenstoß konnte Suppiluliumas sie auseinanderjagen, dann traf er versprengte Suti in den Orten Chuwanna-x, Nichchurija (?) und Sapparanda und tötete sie. Damit war das Vorfeld frei, um die Arzawa selbst anzugreifen. Der König schickte einen Vortrupp unter einem Befehlshaber aus, der Annas — oder so ähnlich — geheißen hat. Dieser vertrieb die Feinde aus Tuppazija und dem Gebirge Amuna, um alsdann Tuwannuwa (Tyana) anzugreifen. Nun liegt Tyana in einer weiten Ebene. Da Suppiluliumas wohl nicht von einer andern Richtung als von Norden her gekommen sein kann, so muß der Berg Amuna entweder die Höhe sein, die bei Nigde von Osten her die Ebene abschließt, also ein niedriger Ausläufer des Taurus, oder der südöstliche Endgipfel des Hassan Dag. Ob aber Tuppazija oder das gleich darauf genannte Tiwanzana als Nigde zu deuten ist, läßt sich noch nicht entscheiden. (Am ehesten möchte ich die damit zugleich genannte Quelle 'Xx-ta' zu 'Nachita'/'Nigde' ergänzen.)[21] Der König selbst blieb über Nacht weiter rückwärts in Tiwanzana — vielleicht in dem Orte Hüyük, 35 Kilometer nordöstlich von Nigde, der ganz einsam aus weiter Ebene aufragt.

Hier fügt der Bericht eine Episode ein, die uns die persönliche Tapferkeit des Königs vorführen soll.[22] Als Suppiluliumas am nächsten Tage, nur begleitet von seinem Stallmeister und sechs Gespannen, ins Land hineinfuhr, sah er sich plötzlich von Feinden umringt. Er nahm den ungleichen Kampf auf, und wirklich, es gelang ihm, sich durchzuschlagen. Dabei half ihm, daß er es mit einem Haufen zu tun hatte, der offenbar nur zufällig beisammen war, um Beute zu machen, und keinen Befehlshaber hatte. Als diese ungeordneten Truppen merkten, daß sie Widerstand fanden, warfen sie sich lieber auf die Herden, die in der Nähe weideten; und Suppiluliumas überließ diese dem Feind und trabte eiligst weiter nach Tuwannuwa. Dort wartete er, bis aus dem Chatti-Lande Verstärkungen an Fußsoldaten und Wagenkämpfern eingetroffen waren. Aber den weiteren Verlauf des Feldzugs verbirgt uns wieder eine Lücke auf unserer Tafel.

Jedenfalls hat er die Arzawa so weit zurückgedrängt, daß er nun freie Hand hatte, gegen die Gaschgasch vorzugehen. Die Krise des Reichs war überstanden.

Vermutlich nicht mehr im selben Jahre spielten sich die Ereignisse ab, die in den nächsten Fragmenten geschildert sind. Wir finden den König auf der Hochebene südöstlich von Siwas.[23] Ein unbenennbarer Feind, sicher ein Stamm der Gaschgasch, trat ihm entgegen. Während er selbst diesen Feind schlug, scheint er seine Unterfeldherrn Takkuris und Chimuilis, den Großmundschenken, an anderer Stelle eingesetzt zu haben. Der geschlagene Feind suchte sich nach Anzilija zurückzuziehen, aber Suppiluliumas beschützte den Ort.

Da kam eine neue Kriegsbotschaft. Zwar ist wieder der Name des neuen Feindes verloren — nach der geographischen Lage kann es nur Isuwa, d. h. ein Teil des Mitanni-Reiches gewesen sein, zu dem damals Malatia wohl noch gehörte. Auf diese Zeit beziehe ich die zweite Hälfte der Angabe im späteren Vertrag mit Kurtiwaza von Mitanni.[24] Sie überliefert, daß sich Alcha und Teile von Kataonien, die der Hethiter als seine Untertanen beanspruchte, an Isuwa anschlossen. Als erste Ziele ihres Angriffes werden uns Pargala (oder hieß es 'Pargalanna'?), das wir nicht weiter kennen, und (seitwärts der Hauptstoßrichtung) Chattena genannt, das mindestens nicht sehr fern von Malatia gelegen war,[25] vielleicht das heutige Derende. Mursilis rühmt, daß Suppiluliumas auch diesen Feind besiegt und das geraubte Vieh den Eigentümern wieder zugestellt habe. Es waren aber offenbar nur Scharmützel. Die eigentliche Auseinandersetzung mit Isuwa verschob Suppiluliumas noch.

Dringender schien ihm die Befriedung der Gaschgasch im Hochlande. Wenn ich den arg zerbröckelten Text[26] richtig verstehe, hatten sich diese im Gebirgsland südlich von Siwas in Zimis'chuna (heute 'Tonus') festgesetzt und rühmten sich dort ihrer unangreifbaren Stellung. Aber wieder heißt es:

Die Götter kamen dem Suppiluliumas zu Hilfe, und so schlug er die Feinde.

Oder vielmehr einen Teil von ihnen. Gegen andere Gasch-gasch weiter nordwestlich schickte der König seinen 'Mund-schenken' Chimuilis. Die Kämpfe scheinen sich um den Ort Tumma konzentriert zu haben, der im Skylax-Tal südlich oder südöstlich von Zela gelegen haben muß. Immer wieder wird dieser Ort auf der zerbröckelten Tafel erwähnt. Aber ein gram-matischer Zusammenhang läßt sich nicht herstellen, so muß erst recht der Historiker sich bescheiden. Was die Hethiter hier im Abschnitt von Durmitta (Zela) ausgerichtet haben, können wir bis zur Entdeckung neuer Texte nicht ermitteln.[27]

Suppiluliumas seinerseits war von der Gegend um Tonus weiter gegen Is'chupitta (wenn der Ortsname richtig ergänzt ist)[28], vorgegangen, das etwa südlich des obersten Halys-Laufes lag. Die Gegend ist strategisch wichtig: Von hier aus öffnen die Flußtäler mehrere Wege nach Syrien, leichter gangbar, als der assyrische Handelsweg gewesen war. Die moderne Straße allerdings folgt dem Lauf einer Straße, die erst die Römer nach ihrer Gewohnheit geradlinig über Berg und Tal ange-legt haben: Zwischen Kangal und dem großen Hüyük beim Austritt der Straße in die Ebene von Malatia finden sich an ihr keine hethitischen Reste. Die alten Wegerouten liefen weiter östlich (über Arabkir) und weiter westlich (über Gürün). Jedenfalls konnte Suppiluliumas sofort gegen Syrien abmarschieren, als ihm gemeldet wurde, die Armatena hätten sich gegen ihn erhoben. Früher, sagt ein anderer Bericht, hatten sie Kizzuwadna angegriffen.[29] Das hätte das Hethiter-reich nicht betroffen, da Kizzuwadna um diese Zeit in Ab-hängigkeit von Mitanni war. Aber vielleicht hat sich sein Herrscher gerade beim Angriff der Armatena direkt an den Hethiter gewendet. Armatena wird uns im früheren Zu-sammenhang in einem Zuge mit dem Berg Chazga, dem Kasios, genannt.[30] Es ist ein Ort der syrischen Region. Wenn

wir den Namen in 'Rimaitha' an der syrischen Küste wiedererkennen dürfen, so ist 'Armatena' der Name des Landes,
das sonst — nach seiner Hauptstadt — 'Ugarit' heißt. Das
würde den Zusammenhang am besten erhellen.

Suppululiumas marschierte durch die Senke von Kataonien
und die Öffnung, die der Taurus hier bietet, nach Syrien.[31]
Er kämpfte mit Aleppo und Kargamisch.[32] Ein Vasall des
Mitanni-Reiches, Artatamas, schloß einen Vertrag mit ihm —
es scheint, er war ein Sproß aus der churritischen Königsfamilie,[33] der aus der Residenz verdrängt war. Vielleicht hat
Suppululiumas damals den churritischen Pferdetrainer Kik-
kulis in seine Dienste genommen,[34] der den Hethitern ausführliche und umständliche Anweisungen zur Ausbildung
von Rennpferden geschrieben hat, nach churritischem und —
wie einige Ausdrücke verraten — nach ursprünglich arischem
Muster. Der eigentliche Erfolg des Feldzuges war, daß Armatena und Ugarit tributpflichtig wurden.[35] Während nämlich die Hethiterkönige den Gaschgasch, wenn sie sich unter-
warfen, Heeresfolge auferlegten, verlangten sie von den
reichen Syrern nicht Soldaten, sondern Geld.[36]

Wie Artatamas und wie der König Niqmepa von Ugarit,
so leistete auch Scharrupschi von Nuchasse den Untertaneneid.
Die beiden Fürsten von Kinza, Sutatarra und sein Sohn Aitaqama, die eben in Nuchasse weilten, nahmen Verbindung
mit dem Hethiter auf,[37] offenbar weil sie Rückhalt gegen
Ägypten suchten.

Aber Suppululiumas dachte vorerst nicht daran, sich in
Syrien festzulegen und sich damit die beiden Großmächte
im dortigen Raum, Mitanni und Ägypten, zu Feinden zu
machen. Vielmehr begnügte er sich mit der formellen Anerkennung durch die Kleinfürsten und ihren Tributverspre-
chen. Anstatt eine Regierung über Syrien zu organisieren,
schloß er mit Sunassuras von Kizzuwadna einen Vertrag,[38]
der ihm die Flanke gegen Syrien sichern sollte. Das ist nicht

ausdrücklich gesagt, ergibt sich aber aus der geographischen
Lage. Kizzuwadna war zuletzt von Mitanni abhängig gewesen; Suppiluliumas sicherte ihm die volle Unabhängigkeit,
ja Gleichberechtigung zu. Waren doch seine früheren Herrscher Großkönige wie die der Hethiter gewesen. Jeder Verpflichtung, die Sunassuras gegen den Hethiterkönig eingeht,
folgt im Vertragstext eine gleichlautende Verpflichtung des
Suppiluliumas gegen Sunassuras. Das bedeutete: Das Ebene
Kilikien und die Taurus-Täler einschließlich der alten assyrischen Handelsstraßen wurden dem selbständigen Staat Kizzuwadna unterstellt: einem Pufferstaat zwischen Mitanni und
dem Hethiterreich.

Der Vertrag legte nur die Grenze gegen die Hethiter fest:
am Mittelmeer genau da, wo sie später lange Zeit beim Vordringen des Islam verlaufen ist. Das ganze fruchtbare Kilikien
bis Lamos im Westen sollte Sunassuras gehören. Dann im
Taurus war der Samri (griech. 'Saros', der heutige 'Seyhan')
die Grenze — bis zum Oberlauf bei Serigga [39]. Damit blieb die
heilige Stadt Komana allerdings hethitisch. Aber sogar die
Handelsverbindung mit Syrien überließ Suppiluliumas dem
Verbündeten. Der einzige Gegendienst, den er forderte, war,
daß Kizzuwadna Waffenhilfe gegen Arzawa leiste (ebenso
gegen Mitanni), 100 Streitwagen und 1000 Mann; und auch
da verpflichtete sich der Hethiter, diese Truppen zu verkösti-
gen. Der Hintergedanke des Vertrages, daß der Staat Kizzuwadna den ersten Stoß abfangen müßte, wenn Mitanni wieder Anatolien anzugreifen beabsichtigte, wird im Texte des
Vertrags verschwiegen, ergibt sich aber aus der geographischen
Lage. Merkwürdigerweise fehlte bei diesem Vertrage die Aufzählung der Eidgötter: Der beiderseitige Vorteil war so offensichtlich, daß auf einen Schwur verzichtet werden konnte.[40]

Das Vordringlichste war dem Hethiterkönig offenbar
die Abrechnung mit Arzawa. Die Vorbereitung bestand
darin, daß Suppiluliumas die Orte Sallapa (Selme) und Wali-

wanda (das ich schon in Phrygien suche) wiederaufbaute, das heißt ihre Mauern wieder in verteidigungsfähigen Zustand setzte.[41] Dann begannen die Verwicklungen damit, daß Kundschafter von dem zu den Hethitern haltenden Orte Pedassa (er hat Pisidien den Namen gegeben) in die Arzawa-Länder eindrangen.[42] Wohl dadurch aufgestöbert, wandte sich der Ort Machuirassa gegen Pedassa. Der Hauptkampf spielte sich an einem Berge Tiwatassa ab,[43] dessen Lage uns nicht bekannt ist. Drei Heerführer von Arzawa schlugen ihr Lager auf diesem Berge auf. Suppiluliumas schickte zunächst den Chimuilis gegen den Ort Machuirassa. Jener eroberte ihn,[44] geriet aber gleich darauf in einen Hinterhalt und wurde geschlagen. Da mußte der König selbst eingreifen. Er nahte mit Truppen und Wagen des Chatti-Landes und schlug drei befestigte Lager um den Berg Tiwatassa.[45] Aber ein Unterführer Mammalis wurde auf dem Marsch von den Feinden angegriffen und fiel. Da sah sich Suppiluliumas genötigt, die Zernierung aufzugeben.[46] Die Arzawa wandten sich darauf nach der Kabalia. So unklar das alles ist, eines geht doch aus den Namen hervor: Mit Pitassa (Pisidien) und Chapalla (Kabalia, der Gegend westlich von Isparta) befinden wir uns bereits jenseits der großen Querscheide zwischen Ost- und Westanatolien. Auch Miraa, also das Land am Maiandros, wird dabei in undurchsichtigem Zusammenhang erwähnt. Hier, im Gebiet um die Zuflüsse des Maiandros, schuf sich Suppiluliumas eine Art Stützpunkt, um tiefer nach Westkleinasien vordringen zu können.

Wir erfahren später, daß er zwar Arzawa offenbar nicht unterworfen hat. Aber es gelang ihm, das Land aufzuspalten. Im Secha-Fluß-Land (später Teuthranien genannt) [47] brachte er es dahin, daß der jüngste Sohn des Königs mit Übergehung der älteren Brüder zum Thronfolger berufen wurde. Auch der Fürst von Miraa neigte ihm zu.[48] Er führte den seltsamen Namen 'Mas'chuiluwas' d. h. 'Mäuschen'.

Wir lernen aus diesen Verhältnissen, daß Arzawa ebenso
wie das Hethiterreich als ein Feudalstaat aufgebaut war und
seine angestammten Unterfürstentümer hatte. Indem Suppiluliumas sich die Unterfürsten verpflichtete, konnte er den
Staat von Großarzawa zerstückeln. Freilich, wie wir sehen
werden, zunächst noch ohne dauernden Erfolg.

Wie viele Jahre sich der Krieg mit Arzawa hingezogen hat,
wissen wir nicht. Die Annalen des Suppiluliumas haben für
uns einstweilen eine große Lücke, die den Hauptteil seiner
Regierungstätigkeit verdunkelt.

Hier möchte ich mit allem Vorbehalt vermutungsweise
eine Episode einschalten, von der uns ein neugefundener
Vertragstext mehr Andeutungen als wirklich Greifbares
erzählt.[49] In der Grenzgegend gegen die Arzawa schaltete an
irgendeiner Stelle ein Hethiter namens Chuchazalmas. Der
Name ist sehr selten; so wird es derselbe Mann sein, der
schon unter Arnuwandas damit ausgezeichnet worden war,
daß ein Jahr nach ihm benannt wurde. Man muß vermuten,
daß er als Lehensfürst eingesetzt wurde. Über seinen Sprengel
ausgreifend, bemächtigte er sich der beiden benachbarten
Städte Uraa und Mutamutassi, die der Hethiterkönig für
sich selbst beanspruchte. Der König scheute sich, wie es scheint,
gegen den Vasallen Gewalt anzuwenden: Beide Teile einigten
sich, ein Gottesurteil anzurufen, und dies gab dem Hethiterkönig recht. So sind die beiden Städte zur Zeit des Vertragsabschlusses wieder in dessen Hand und leisten ihm Heeresfolge.

Aber Vertrauen zu dem bestehenden Friedenszustand
hegte der König nicht. So schloß er mit dem (für uns unge-
nannten) Nachbarn des Chuchazalmas, der das Gebiet jenseits von dessen Lehen innehatte, einen Vertrag: Im Falle
Chattusa gegen die beiden unzuverlässigen Vasallen zu den
Waffen greifen müsse, so solle der Vertragspartner eingreifen
und jedenfalls jeden festnehmen, der in sein Gebiet fliehe.

Es wird dabei noch auf einen früheren Vertragsschluß Bezug genommen, und es werden die Grenzen beschrieben, die (durch das Gottesurteil?) zwischen den Hethitern und dem Chuchazalmas festgelegt worden sind. Der Rest der Tafel ist zu bruchstückhaft, um ihr weitere geschichtliche Daten entnehmen zu können.

Wenn der Vorfall sich wirklich unter Suppiluliumas ereignet hat, so kann er gerade ein Mitanlaß dazu gewesen sein, daß Suppiluliumas die innere Organisation des Reiches in festere staatliche Form brachte, wie wir gleich hören werden. Aus einem anderen Vertrag wissen wir, daß Suppiluliumas vor oder nach dem Arzawakrieg auch noch einmal mit dem nördlichen Nachbarn Azzi/Chajasa gekämpft hat. Hier konnte Suppiluliumas sogar über den Thron entscheiden. Er erhob einen tüchtigen Kämpfer des Landes zum König.[50] Er muß also mindestens die Hauptstadt Chajasa erobert haben, die durch den Königsfriedhof von Horoztepe wahrscheinlich bei Erbaa festgelegt ist. Wie er dahin gelangt ist, läßt sich beim Fehlen von Nachrichten nicht einmal begründet vermuten; denn die Straße über Amasia ist durch die kaum einnehmbare Burg daselbst, der Weg über die Berge durch die noch heute unwegsamen Wälder und der am Kelkit entlang durch eine Reihe tief eingeschnittener Schluchten gesperrt. Aber wie dem auch sei, Suppiluliumas setzte einen Mann namens Chukkanas, der sich im Kriege ausgezeichnet hatte — offenbar doch auf hethitischer Seite — zum Herrscher ein. Um seiner sicher zu sein, gab er ihm seine Schwester zur Ehe und verbot ihm im Einsetzungsvertrag ausdrücklich, daneben eine leibliche Schwester zur Ehe zu nehmen, wie es sonst in Azzi Brauch war (ob nur Brauch im Herrscherhause oder allgemein im Volke, läßt sich nicht erkennen). Auf diese Weise suchte er die Stellung seiner Schwester als der rechtmäßigen Königin zu sichern. Nichtverwandte Nebenfrauen zu haben, wurde dem Chukkanas ausdrücklich gestattet.

Ob es dem Emporkömmling gelang, in Azzi dauernd den
Thron zu behaupten, müssen wir bezweifeln. Eine Generation später jedenfalls schaltete ein anderer Herrscher dort,
von dessen Verwandtschaft mit dem Hethiterkönig nichts
verlautet.[51]

Ich möchte erschließen, daß sich Suppiluliumas auch einen
Grenzbezirk von Azzi hat abtreten lassen: das Land von
Zazzisa, das unter den gegen seinen Vater Aufständischen
genannt wird und unter seinem Sohn das Angriffsziel von
Azzi ist. Aber wo dies gelegen hat, ist nicht genauer zu bestimmen; es ist nur überliefert, daß es zum Oberen Lande
gehörte.[52]

Alle geschilderten Kämpfe, vielleicht mit Ausnahme des
letzten Krieges gegen Chajasa, gehören in das erste Jahrzehnt der Regierung des Suppiluliumas (ca. 1380—1370).[53]
Das Reich erstreckte sich jetzt vom südwestlichen Kleinasien,
wo mindestens Pisidien abhängig war, bis etwa zur Halys-
Quelle und vom Iris-Lauf südlich Amasia bis zum Taurus-
Gebirge im Süden, mit dem Rauhen Kilikien darüber hinaus
bis ans Mittelmeer. Mit welchen Mitteln der Verwaltung
Suppiluliumas diese weiten Länder zusammenhielt, ist schwer
zu sagen. Doch möchte ich hier ein Dokument einreihen,
dessen Zeitstellung bisher ungeklärt war,[54] das aber nach den
geschilderten Zeitumständen spätestens um diese Zeit abgefaßt sein kann und schwerlich früher.

Es ist dies die Anweisung an den 'Herrn der Warte', dem
sowohl der militärische Befehl als auch die Verwaltung und
Rechtsprechung eines Grenzgebietes übertragen wurde, der
also in seiner Stellung einem Markgrafen des Mittelalters
entspricht. Wo unser Text einsetzt, schärft ihm der König
zunächst ein, Spähtruppen nach allen Seiten auszuschicken.
Das wird an späterer Stelle dadurch verdeutlicht, daß er auf
die Truppen von Kassija, Chemmuwa, Tegarama und Isuwa
achten solle. Die 'Warte' (Mark) des Schriftstücks muß also

zwischen den beiden letztgenannten Orten liegen, d. h. Malatia und Umgebung umfassen.

Der Herr der Warte soll jeden Großen, der es mit dem Feind hält, festnehmen und zum König schicken; ist dieser in der Nähe, den Gefangenen selbst überbringen. Er soll die Befestigungen der Städte nachprüfen. Das wird genau geregelt: Die Mauer (?) soll sechs Ellen breit sein, eine Regenrinne aus Kupfer und einen hölzernen Aufbau haben,[55] der vorkragt. Der Markgraf soll die Tore, Treppen, Riegel, Reisigdächer nachprüfen, damit nirgends etwas undicht sei. Mit Pferd oder Esel darf niemand in die Festung hinein. Die Kanäle müssen jährlich gesäubert werden, sie sollen in Bewegung bleiben und, wenn schmutziges Wasser hineinkommt, gereinigt werden. Auch die Sorge für die Wasservögel wird dem Herrn der Warte anbefohlen, ferner der Verputz der öffentlichen Gebäude.

Dann folgt ein Abschnitt über die religiösen Einrichtungen. Verfallene Tempel hat der Herr der Warte wieder aufzubauen, Kultgerät, das abhanden gekommen ist, sollen die Priester wieder herbeischaffen. Der Herr der Warte aber soll es zählen lassen und die Liste dem König schicken.[56]

Er soll dafür sorgen, daß die Feste zur festgesetzten Zeit gefeiert werden, daß vakante Priesterstellen wieder besetzt werden. Für jede Quelle sollen die üblichen Opfer dargebracht werden, auch für die, die bisher keine erhalten haben. Beim Fest eines Gottes soll sich niemand betrinken.[57] Prozesse über (sexuelle) Schandtaten hat der Herr der Warte durchzuführen und je nach dem Ortsgebrauch mit dem Tod oder mit Verbannung zu bestrafen.[58] Es ging also Ortsrecht noch vor Reichsrecht.

Eine Klage ist vor dem Herrn der Warte schriftlich einzureichen. Er soll sorgfältig richten, geht der Fall aber über seine Kompetenz hinaus,[59] so ist er an den König weiterzuleiten. Der Herr der Warte soll dabei keine Partei begünstigen, auch seine Verwandten nicht. Bestechung darf niemand annehmen. Wenn ein Höriger oder eine alleinstehende Frau eine Klage vorbringt, soll er sie besonders sorgfältig behandeln, daß ihnen kein Unrecht geschehe.[60]

Neuangesiedelte auf dem Lande soll der Herr der Warte mit Saatgut, Vieh, Käse und Wolle versorgen, ebenso den, der an Stelle eines Wegziehenden dessen Gut übernimmt. Auch auf die Ernte solcher Neusiedler soll er achthaben, und darauf, daß ihre Häuser gut gebaut werden.

Es folgen Anweisungen über die Waffenvorräte, über Häuser der öffentlichen Hand. Der Markgraf soll nachprüfen, ob da jemand etwas entwendet oder beschädigt oder einem Beamten[61] weggenommen hat. Der letzte erhaltene Abschnitt handelt von den Zäunen um die Gemüsegärten und von der Winterversorgung der Rinder (auf den Domänen).

Man sieht, der Herr der Warte ist zugleich Leiter der Militärverwaltung, des Kultus, der Rechtsprechung und der Domänen, und er hat für das Größte und das Kleinste zu sorgen. Ähnlich müssen wir uns wohl auch die Verwaltung im Innern des Reiches vorstellen. So sind die hethitischen Länder seit Suppiluliumas eine wohlverwaltete Einheit, ein zusammenhängendes Ganzes, dessen innerer Friede ein Jahrhundert lang nicht gestört worden ist.[62]

Nun konnte Suppiluliumas daran denken, das Reich nach Süden auszuweiten. Ob der Herrscher von Kizzuwadna vertragsbrüchig wurde oder ob er kinderlos starb und sein Gebiet dem Hethiter als Erbe hinterließ, wissen wir nicht. Jedenfalls, zu einem Zeitpunkt in der zweiten Hälfte seiner Regierung zog Suppiluliumas das bisher unabhängige Kizzuwadna zum Reiche. Er betraute seinen zweiten Sohn Telipinus mit der geistlichen Herrschaft über dies Land,[63] das heißt, er setzte ihn als den Priester der Chepat von Kummanni (Komana im Taurus) ein. Die außenpolitische und

militärische Leitung aber behielt er selbst in Händen. Daher
wird von nun an sein dort amtierender Sohn immer als
'der Priester' bezeichnet.

Damit war das Hethiterreich von Malatia bis zum Amanos
unmittelbarer Nachbar des Mitanni-Königs und der ihm
unterstellten Gebiete von Syrien. Und es dauerte nicht lange,
so ergab sich ein Grund zum Eingreifen. Tuschratta, der
König von Mitanni, hatte die Zeit benützt, in der sich Suppiluliumas im inneren Kleinasien Ordnung zu schaffen be-
mühte, um seine Oberhoheit in Syrien wiederaufzurichten.
Aleppo, Kargamisch am Euphrat, Mukisch am Orontes und
Nuchasse östlich von diesem scheinen ihm gehuldigt zu
haben. Amurru dagegen, das sich südlich anschloß, Kinza am
oberen Orontes und Amka um Damaskus gehörten zum
Einflußgebiet des ägyptischen Königs. Das war 1380—63 der
berühmte Reformer Echnaton. Er war nicht der phanta-
stische Träumer, als den man ihn gewöhnlich hinstellt.[64]
Nach der Anarchie, die unter seinem Vater eingerissen war,
hatte er in Palästina wieder kräftig durchgegriffen, hatte er
auch den Unruhestifter Aziru von Amurru nach Ägypten
beordert und dort in Haft behalten.[65] Daraufhin scheint sich
auch Aitakama von Kinza, seinem Namen nach ein Churriter, gefügt zu haben. Bezeichnete ihn Echnaton in der
Anfangszeit seiner Regierung auch offen als seinen Feind, so
beließ er ihm doch die Herrschaft über sein angestammtes
kleines Gebiet.

Nun aber war Echnaton gestorben, der Thron an den
vierzehnjährigen Knaben gefallen, der widerwillig den Namen Tutanchamun annehmen und damit seine Rückkehr zur
alten Religion bekunden mußte. Der innere Kampf um die
Religion lähmte Ägyptens Schlagkraft. Diesen Augenblick
benützte Suppiluliumas, um mit dem Mitanni-König abzurechnen. Er deutete es diesem als Überhebung aus, daß er
den Euphrat überschritten und die Länder, die ehemals dem

Hethiter gehuldigt hatten, wieder in seine Eidespflicht genommen hatte.[66] Den Vorwand zum Krieg gab ein Hilfsgesuch des Scharrupschi von Nuchasse. Tuschratta war über den Euphrat gegangen und bedrohte Scharrupschi; dieser wandte sich an Suppiluliumas und berief sich auf seinen früheren Vasalleneid.[67] Dazu kamen Grenzzwischenfälle zwischen der Stadt Chullara und ihrer hethitischen Nachbarschaft.[68] Diese Stadt, die ausdrücklich als sehr wohlhabend bezeichnet wird, lag in der Gegend von Samosata (wohl westlich von diesem) auf der Nordseite des Euphrat, gehörte aber zu Mitanni. Wenn wir den Text richtig ergänzen, so nahm ein hethitischer Unterfeldherr diese Stadt und führte den dortigen Regenten samt seiner Familie (genannt werden seine Eltern und Brüder[69]) und die Einwohner mit ihrem Vieh nach Chattusa. Oder vielmehr, er schickte sie auf den Weg dorthin; denn unterwegs entkamen die Gefangenen 'aus Isuwa', wie es scheint, in einem Orte Zuchpa. Daraufhin griff der König selbst ein und zerstörte zunächst einmal Zuchpa, brannte zuerst alle Dörfer der Nachbarschaft und dann auch die Stadt selbst nieder. Die Gefangenen sandte er nicht nach Chattusa, sondern noch weiter bis nach Chajasa, das demnach offenbar noch ihm verbündet war.

Das nächste, was wir erfahren, ist, daß der König sich nicht scheute, auch im Winter loszumarschieren. In den syrischen Ländern war dieser ja nicht streng. Von seinem 21. Regierungsjahr an, sagt uns sein Enkel Chattusilis, blieb er im Churri-Lande. Das ist nicht ganz wörtlich zu nehmen; aber nur vorübergehend kehrte er nach Anatolien zurück. Suppiluliumas benützte die Gelegenheit, um mit Mitanni abzurechnen. Und zwar richtete sich sein Stoß gegen Isuwa. Man sucht dieses im Gebiet von Charput.[70] Suppiluliumas muß also den Euphrat etwa bei Malatia überquert haben. Hier verläuft ja eine Straße nach Assyrien, wo im 1. Jahrtausend einmal ein Heer von Urartu und nachher die Heere

der Assyrer unter Sargon und Senacherib den Fluß überschritten haben; und später, mindestens seit der Römerzeit,
war hier nicht nur eine Furt, sondern eine dauernde Brücke.
Suppiluliumas überwältigte Isuwa,[71] verbündete sich mit
Alsche an der Tigris-Quelle und eroberte das Gebiet um
das Kasiari-Gebirge. Auch mit Babylon scheint er in Beziehung getreten zu sein: Vielleicht hat er, der zum zweiten
Mal verwitwet war, damals die babylonische Prinzessin geheiratet, die nachher unter dem Namen Tawanannas bedeutsam wurde.[72] Der Mitanni-König wird bei dieser Bedrohung seines Reiches von Norden her eiligst über den
Euphrat zurückgegangen sein.

Suppiluliumas griff deswegen auf dem Wege über Isuwa,
also an der Nordflanke, an, weil Mitanni hier nicht durch
den Euphrat geschützt war. Unvermutet rasch gelangte er
vor die Hauptstadt Wassugana, die am oberen Chabur lag,
wahrscheinlich auf dem berühmten Tell Halaf. „Weil die
Ernte zurück war", sagt unser Text; ich verstehe: Weil die
Ernte noch nicht eingebracht worden war und weil es in
Wassugana gar kein Wasser gab, mußte sich die Stadt rasch
ergeben.[73] Ob die Wasserarmut daher kam, daß das Jahr
besonders trocken war, oder weil der Fluß, der das Wasser
gewöhnlich gab, so weit vor der Stadt lief, daß Suppiluliumas
den Einwohnern die Wege zu ihm versperren konnte, stehe
dahin. Man hat auch daran gedacht (was aber in dieser Zeit
eine Ausnahme wäre), daß Wassugana eine regelrechte Wasserleitung gehabt haben könnte, die Suppiluliumas unterbrach. Jedenfalls scheint Suppiluliumas damals Wassugana
zerstört zu haben. Ich beziehe auf diese Stadt die Wendung
'die Götter des zerstörten Ortes', die uns in der Folgezeit
mehrfach begegnet.[74]

Aber noch dachte Suppiluliumas nicht daran, in diesem
entfernten Lande selbst Fuß zu fassen. Er setzte den Rivalen
des Tuschratta, den Artatama, als Herrscher über Isuwa ein,[75]

das er vom Mitanni-Reich abtrennte; er überließ die Eroberungen am Kasiari-Gebirge seinem Verbündeten, dem König
von Alsche, und kehrte über den Euphrat zurück,[76] nicht ins
Chatti-Land, sondern vermutlich durch das breite Tal, das
von der Ebene von Malatia nach Südwesten führt, nach
Syrien. Die Gebiete von Doliche und Kargamisch allerdings
berührte er bei diesem ersten syrischen Feldzuge nicht. Sondern zunächst gewann er Aleppo. Wahrscheinlich setzte er
damals seinen Sohn, den Priester Telipinus, dort zum Könige
ein. Auch rief er den König Niqmadu von Ugarit zur Teilnahme am Kampfe auf und versprach ihm Gebietserweiterung.[77] Der aber blieb neutral. Das südlich an Aleppo anschließende Land von Mukisch war in sich gespalten. Zwar
kam der König Takuwas von Nija am Orontes, das wohl
damals die Hauptstadt war, dem Suppiluliumas friedlich
entgegen und war bereit, sich zu unterwerfen. Aber der
Bruder des Takuwas, Akit-Teschup, rief die Marianni des
Landes zum Widerstand auf. Der Kampf zog sich um die
Stadt Arachti zusammen, die Akit-Teschup zunächst besetzte,
vielleicht gerade weil der dortige Unterfürst sich ihm nicht
angeschlossen hatte. Eben darum zog Suppiluliumas vor
diese Stadt Arachti und nahm sie ein.[78] Anschließend erlag
auch Katna den hethitischen Waffen. Die Aufständischen
von Mukisch und die Einwohner von Katna mit ihrem
Vieh und ihrer Habe wurden gefangen ins Chatti-Land abgeführt.

Der König von Ugarit kam persönlich vor Suppiluliumas
und warf sich ihm zu Füßen. Er erhielt Verzeihung, aber von
Gebietserweiterung war im neuen Vertrag nicht die Rede,
sondern Niqmadu mußte sich einen Jahrestribut von zwölf
Minen (Pfund) auferlegen lassen,[79] wozu Suppiluliumas nach
indogermanischer Weise sich noch eine Zuwaage von 20 Sekel
(als Ausgleich für schadhafte Münze) und jährliche Geschenke an seine Hofbeamten ausbedang.

Dann wandte sich Suppiluliumas nach Nuchasse, also nördlich des Sirion nach Osten abbiegend.[80] Scharrupschi hatte den Hilferuf nicht so gemeint, daß er anstelle des Joches von Mitanni das der Hethiter hätte übernehmen wollen. Nein, er setzte sich gegen die Hethiter zur Wehr. Aber es gelang ihm nicht. Zwar scheint er selbst entkommen zu sein, aber seine Familie (Mutter, Brüder und Kinder) gerieten in hethitische Gefangenschaft, und Suppiluliumas setzte einen Mann nichtköniglicher Herkunft, den Takibscharri, in Ugulzat, der Hauptstadt von Nuchasse, als König ein.

Weiter zog Suppiluliumas in Richtung auf Damaskus. Er hatte nicht vor, so sagte er später, mit Kinza zu kämpfen. Aber Sutatarra von Kinza mit seinem Sohn Aitakama zusammen traten ihm entgegen.[81] Suppiluliumas besiegte auch sie, nahm sie gefangen und führte sie nach dem Chatti-Lande; doch hat er den Aitakama alsbald wieder freigegeben und in Kinza zum König eingesetzt. Der tatkräftige junge Mann kam nach kurzem mit den Ägyptern in Streit, ja vielleicht wollte Suppiluliumas diesen Außenposten eben darum selbständig lassen, weil er sonst mit den Ansprüchen Ägyptens in Konflikt gekommen wäre. Dagegen wandte er sich noch gegen Abina, das Land um Damaskus, und nahm auch dort den König, der sich widersetzte, mit einigen seiner Unterfürsten oder Gefolgsleuten gefangen. „All das habe ich in einem Jahr vollbracht", rühmte er sich später. Die Aufsicht über Syrien scheint er dem Priester Telipinus übertragen zu haben. Noch riefen ihn andere Aufgaben.

Da, wo der Annalentext wieder einsetzt, finden wir den König an der Nordostgrenze.[82] Das Land gegen die ewig unruhigen Gaschgasch zu sichern, befestigte er mehrere Orte: Atchulissa am Kelkit und Tuchupurpuna, das ich sonst nicht erwähnt gefunden habe. Das Gebirge Zukkukis, an dem sie lagen, muß wohl der Karaçam Dag gewesen sein, der sich südlich dem Kelkit entlangzieht. Der Abstieg von diesem

nach Norden ist schwierig, ebenso wie das Vordringen in
der Kelkit-Schlucht. So glaubten die Feinde, die sich am Fuß
des Berges bei Almina (Lage unbekannt) sammelten, jedenfalls imstande zu sein, seinen Abstieg verhindern zu können.
Als aber die Bauarbeiten fertig waren, rückte Suppiluliumas
nach Almina vor, und die versammelten Feinde wagten nicht,
ihm entgegenzutreten.

Auch Almina ersah er als Ort, eine Burg daraus zu bauen.
Er legte drei befestigte Lager an. Das eine übergab er dem
Großkellermeister Chimuilis [83] — es lag geschützt an einem
Flusse Sarija, wohl dem Nebenfluß des Kelkit Su, der nordöstlich von Suşechri von Süden her einmündet. Das andere
erhielt Channutis, der als Großmarschall bezeichnet wird,
bei einem Orte Barbara. Das Hauptlager des Königs aber
lag vorgeschoben auf einem Berge Kuntija. So gesichert
konnten die Arbeitstruppen die Befestigung von Almina
beginnen. Die Einwohner wagten nicht, sich zu rühren.
Schon kamen die hethitischen Kaufleute in das neugewon-
nene Land, das dem uralten Bergwerksbezirk südlich von
Kerasus jedenfalls ziemlich nahe lag, also einen gewinn-
bringenden Metallhandel versprach.

Da brach im Heere des Suppiluliumas eine Seuche aus.
Das war wie ein Zeichen für die Unterworfenen. Augen-
blicks erhoben sie sich, nahmen die Hethiter in ihren Häu-
sern fest oder töteten sie und rückten mit gesammelter
Macht vor die Lager. Aber an der besseren Kriegszucht und
Bewaffnung der Hethiter prallte ihr Angriff ab. An das
Lager des Königs selbst wagte sich kein Feind heran.

So sandte der König nun umgekehrt Abteilungen unter
dem Uriannis (wahrscheinlich dem 'Marschall') und unter
einem General Kuwatnazitis, der als 'Oberhirte' bezeichnet
wird, also die Aufsicht über diese in Anatolien so wichtige
und mächtige Menschengruppe hatte, gegen Kasula aus, während er selbst in das Land um Tummanna vorrückte, das

27 Kilometer nördlich von Satala (Sadag am Kelkit), an der Straße von Erzingjan nach Trapezunt, gelegen war. Es war das äußerste Gebiet, das die Hethiter in dieser Richtung erreicht haben. Die Landschaft hier ist ein freundliches Mittelgebirge — nur daß auch die Talsohlen schon auf über 1000 Meter Höhe liegen. Noch heute ist es nicht ganz entwaldet.

Nach diesen Taten und nachdem er die Verwaltung der neueroberten Länder geordnet hatte, kehrte der König nach Chattusa heim, um seinen religiösen Verpflichtungen zu genügen.[84] Im Herbst des gleichen Jahres, wie es scheint, rief ihn die Botschaft, daß Gaschgasch in das Land von Istachara (Arabkir) eingedrungen seien,[85] noch einmal ins Feld.

Arabkir liegt am Hang einer Schlucht, die ein kleiner Seitenquell des Euphrat in ein flachgewelltes Hochland eingeschnitten hat. Wieder scheint Suppiluliumas die beste Vorkehr gegen das Vordringen der hartnäckigen, unbotmäßigen Stämme darin gesucht zu haben, eine Sperrkette von Festungen gegen sie anzulegen. Erhalten sind die Namen Manazia und Kalimuna; letzteres muß etwa in der Gegend von Gürün gelegen haben,[86] das aber in seiner jetzigen Lage in tief eingeschnittener Schlucht selbst des Schutzes einer Festung bedürfte. — Den Winter verbrachte der König in Chattusa.

Was die Annalen zu Anfang des nächsten Jahres berichtet hatten, war schon dem Schreiber unserer Quelle unlesbar geworden. Es müssen neue Verwicklungen in Syrien gewesen sein. Vielleicht war es damals, daß Aziru von Amurru aus dem ägyptischen Gewahrsam in der Sonnenstadt freikam und sich dem Hethiter anschloß, um Schutz gegen Ägypten zu finden. Jedenfalls, Telipinus, der Priester von Kizzuwadna und König von Aleppo, sah sich bei einem Nachtlager in Syrien von einer großen Zahl Suti angegriffen. Es gelang ihm, den Angriff abzuschlagen: „Die Götter seines Vaters kamen ihm zu Hilfe", sagt Mursilis.[87] Und daraufhin schlossen die Städte Syriens um Kargamisch herum Frieden mit ihm, d. h.

Unterwerfungsverträge. Nur Kargamisch selbst verharrte in
Feindschaft. Telipinus legte eine Besatzung von 600 Mann
unter Lupakis nach Murmuriga und eilte zu seinem Vater,
um ihm Bericht zu erstatten und Hilfe zu erbitten.

Kaum war er nach Kleinasien abgegangen, da kamen
Truppen des Reiches Mitanni (der Churriter), unter einem
Führer Takuchlis, der den uns unverständlichen Amtstitel
'Amumikunis' führte. Sie schlossen mit überlegenen Kräften
die hethitische Besatzung in Murmuriga ein. Die Ägypter
aber benützten den Streit der anderen Mächte, um Aitakama
von Kinza anzugreifen.

Telipinus traf seinen Vater südlich des Halys-Bogens in
Uda bei religiösen Feiern. Sofort bot dieser die hethitischen
Truppen auf und setzte sich gegen Syrien in Marsch. Er
wird den alten assyrischen Handelsweg benützt haben. In
Katáonien in der weiten Ebene bei Tegarama hielt er eine
Truppenschau ab (Abb. 28). Dann schickte er seinen Sohn
und Kronprinzen Arnuwandas und den Befehlshaber der
Leibwache (der 'Mesedi'), seinen Bruder Zidas, voraus nach
Syrien. Die Churriter, die sich ihnen zur Schlacht stellten,
wurden geworfen, lösten eilig die Belagerung von Murmuriga auf und zogen ab. Auf diese Nachrichten hin setzte
sich auch Suppiluliumas in Bewegung. Er traf nicht mehr
auf die Feinde, so konnte er ungehindert bis vor Kargamisch
am Euphrat rücken. Seine Unterführer sandte er noch weiter
nach Süden. Sie griffen das Land Amka, das ist die Landschaft um Damaskus, an, so daß sie in den Rücken der
Ägypter vor Kinza zu gelangen drohten. Das genügte, die
Ägypter zum Abzug zu bewegen.

Suppiluliumas selbst schloß die Stadt Kargamisch von beiden Seiten her ein und begann die Belagerung damit, daß
er die Schiffe kaperte, die auf dem Euphrat die Stadt mit
Lebensmitteln und anderen Waren versorgten. In diesem
Augenblick traf ihn eine ungewöhnliche Nachricht. Es kam

ein Bote der ägyptischen Königin, die ihm melden ließ, daß Tutanchamun gestorben sei und sie als Königinwitwe ihn bitte, ihr einen seiner Söhne als Gemahl zu senden, damit sie nicht gezwungen werde, einen Untertan zu heiraten.[88]

Es war die Tochter des ägyptischen Reformators Echnaton, Anches-pa-Aton, die dies Ansinnen an ihn richtete, und sicher spielten auch religiöse Motive mit. General Harmais war nicht nach Recht, sondern kraft seiner militärischen Macht der nächste Anwärter darauf, den Thron von Ägypten einzunehmen. Die Königin aber mußte gerade gegen diesen Mann, der schon das religiöse Werk ihres Vaters vernichtet, die Rückkehr zur alten Religion erzwungen hatte, eine unüberwindliche Abneigung empfinden und wahrscheinlich auch eine menschliche Abneigung gegen den Mann, der nachher in seinen Gesetzen die assyrischen Verstümmelungsstrafen — Nasen- und Ohrenabschneiden — in Ägypten einführte.[89] Andererseits pflegten die Ägypter mit solchem Hochmut auf die anderen Völker, auf die 'elenden Hethiter' und andere, herabzusehen, daß es fast unmöglich schien, daß sie sich einem ausländischen Prinzen als König unterorden sollten. Suppiluliumas fürchtete denn auch, das Anerbieten sei nur eine Finte, um sich eines hethitischen Prinzen zu bemächtigen. Er sandte seinerseits Späher nach Ägypten, die erkunden sollten, ob der Antrag der Königin ernst gemeint sei.

Inzwischen griff Suppiluliumas die Stadt Kargamisch energisch an. Sieben Tage dauerte der Kampf, am achten gelang es ihm, in die Stadt einzudringen und sie zu nehmen. Vorsorglich ließ er seine Truppen die eigentliche Burg nicht betreten, damit die Tempel nicht entweiht würden. Es war besonders die Göttin Kubaba, die von dort ihren Siegeszug als Göttermutter in die Alte Welt angetreten hat.[90] Sie stammte aus Sumer, wo sie als die sagenhafte Königin von Kisch in der Herrscherliste steht.[91] Aber vielleicht hieß diese

von der Schankwirtin zur Königin aufgestiegene Frau eben
nach der Göttin. Der Kult der Göttin ist in nachhethitischer
Zeit der Hauptkult Anatoliens geworden und bis nach Rom
gekommen. Damals war sie nur im örtlichen Umkreis von
Kargamisch hochverehrt, und Suppiluliumas erwies ihr seine
Huldigung und gab dem Tempel ein Geschenk, dessen Natur
uns leider eine Lücke im Bericht vorenthält. Darauf ließ er
seinen dritten Sohn, Scharri-Kuschuch genannt ('Mein König
ist Kuschuch', der Mondgott), herbeiholen und übertrug
ihm die Regierung von Kargamisch und Umgebung. Ein
Bruchstück des Einsetzungsvertrages ist erhalten;[92] wir sehen,
daß darin die Grenze des ihm zugeteilten Gebietes genau
festgelegt war, auf der einen Seite gegen das Land Mukisch
(um Alalach), auf der andern Seite gegen Talkana (Dolichene)
und wahrscheinlich auf der dazwischenliegenden Strecke auch
gegen Aleppo. Aber die Namen der Grenzorte sind für uns
verloren. Scharri-Kuschuch sollte das Land Kargamisch als
selbständiger Herrscher regieren. Weiter nördlich bei Urikina erhielt Zidas, der Bruder des Königs, der ja auch beim
Feldzug mitgewirkt hatte, einen ansehnlichen Besitz.[93] Darauf kehrte Suppiluliumas ins Chatti-Land zurück und überwinterte dort. Das Ansehen seines Reiches war nun so stark,
daß an allen Grenzen Ruhe blieb.

   Im Frühling kehrte sein Kundschafter aus Ägypten zurück
und mit ihm zusammen als Vertrauensmann der ägyptischen
Königin der Ägypter Chanis, den wir in der Amarnazeit
(so nennt man die Jahre der Religionsreform in Ägypten)
als Kommandanten in Syrien kennen[94] und der auf Grund
dieser alten Würdenstellung unter Echnaton auch seiner
Tochter die Anhänglichkeit bewahrt hatte. Anches-pa-Aton
schrieb einigermaßen beleidigt, daß Suppiluliumas ihr Angebot als eine Falle verdächtigt hatte. Sie versicherte erneut,
daß es keinen Überlebenden aus dem Königshause gebe, den
sie heiraten könne. Sie habe auch an kein anderes Land ge-

schickt, nur an den Hethiterkönig, von dessen vielen Söhnen sie gehört habe. Suppiluliumas wies darauf hin, daß Ägypten durch seinen Überfall auf Kinza den Frieden gebrochen habe, nun aber, wo die hethitischen Truppen bei Damaskus standen, plötzlich Heiratsverbindung und Frieden begehre. Aber auf die wiederholte Versicherung des ägyptischen Boten ließ er zunächst den alten Vertrag erneuern, der zwischen Ägypten und Hethitern dauernden Frieden festgesetzt hatte. Und nachdem er den ägyptischen Gesandten demgemäß verpflichtet hatte, sandte er seinen vierten Sohn Zannanzas (?) [95] mit Chanis nach Ägypten, damit er dort die Herrschaft antrete.

In dasselbe Jahr muß noch ein anderes großes Ereignis fallen. Als Suppiluliumas gerade in Marassantija weilte, kam Kurtiwaza, der flüchtige Thronfolger des Mitanni-Reiches, dahin [96] und warf sich ihm hilfeflehend zu Füßen. In Mitanni hatte eine Revolution stattgefunden. König Tuschratta war ermordet worden,[97] und zwar von einer Verschwörergruppe, an deren Spitze sein eigener Sohn stand. Den Mörder stürzte Schutatarna (oder Schutarna), ein Sohn des hethitischen Vasallen Artatama, dem Suppiluliumas wahrscheinlich das Land von Isuwa zugewiesen hatte. Kurtiwaza fürchtete wohl nicht ohne Grund für sein Leben. Er war nach Babylon geflüchtet. Aber der dortige Kassiten-König dachte nicht daran, den legitimen Erben von Mitanni gegen den tatsächlichen Machthaber auszuspielen. Er scheint im Gegenteil gedacht zu haben, er könne sich bei Schutarna gut anschreiben, wenn er den Prinzen beseitige. Jedenfalls hatte er den Akit-Teschup (war das der von Suppiluliumas gestürzte Fürst von Nuchasse?), der mit 200 Wagen nach Babylonien geflüchtet war, dieser seiner Habe beraubt und ihm und seinen Gefolgsleuten nach dem Leben getrachtet. Da flüchtete Kurtiwaza von neuem und kam über unwegsame Bergpfade am assyrischen Gebiet entlang ins Hethiterreich. Suppiluliumas gab ihm eine seiner Töchter zur Ehe und wies seinen Sohn

Pijassilis (den König von Kargamisch, der dort den Namen Scharri-Kuschuch trug)[98] an, Kurtiwaza wieder in die Regierung einzusetzen. Allerdings wurde dieser zugleich als Tartenu (das heißt ungefähr Generalfeldmarschall)[99] in Lehenspflicht des Hethiterkönigs genommen. Zudem mußte er für die Hilfe dem König von Kargamisch den Uferstreifen beiderseits des Euphrat von Astata am Euphrat-Knie bis Tirka an der Mündung des Balich in den Euphrat abtreten.[100]

Es war der stolzeste Augenblick des Hethiterreichs: Ägypten in der Hand eines hethitischen Prinzen, Mitanni lehenspflichtig — wo wäre da noch seinesgleichen auf der Erde gewesen. Aber beide Unternehmen scheiterten.

Zu lange hatte Suppiluliumas mit der Sendung seines Sohnes gezögert. Offenbar hatte die Gegenpartei in Ägypten Kunde erhalten und erschlug den hethitischen Prinzen,[101] ehe er noch seine Braut erreicht hatte, wahrscheinlich auch diese. Die Vasallenkönige von Barga und Amurru scheinen die Nachricht schriftlich übermittelt zu haben. Das Weitere ist uns nicht in den Annalen erhalten, sondern nur durch spätere Hinweise bekannt. Suppiluliumas rüstete einen Rachezug gegen Ägypten. Er verlegte dafür seinen Regierungssitz nach Syrien.[102] Wie weit Suppiluliumas dann in Südpalästina auf dem Gebiet, das unbestritten der ägyptischen Herrschaft unterstand, vorgedrungen ist, läßt sich nur mutmaßen. Die an das anatolische Hochlandklima gewöhnten Hethiter bekamen es mit einem andern Feind zu tun, der ihnen mehr zusetzte als die Ägypter. Eine Seuche brach im Heere aus und lähmte dessen Kampfkraft. Zuletzt mußte sich Suppiluliumas zurückziehen und den Krieg aufgeben. Aber zu einem Friedensschluß kam es nicht.

Die Seuche griff auch nach Kleinasien über, offenbar von den rückkehrenden Soldaten mitgeschleppt. Näher beschrieben wird sie uns nicht. Doch muß sie furchtbar gewütet haben.

Die Schlappe, die sich nicht verheimlichen ließ, wirkte sich sogleich auch hier aus. Die immer unruhigen Gaschgasch-Stämme griffen wieder zu den Waffen, so besonders Pichchunijas, der sich in Tipija eine monarchische[103] Stellung schuf, aber ebenso die Stämme des Lykos-Tals. Wo die Annalenbruchstücke wieder einsetzen, finden wir Suppiluliumas im Gebiet nördlich der Halys-Quelle. Natürlich war es den geschlossenen Abteilungen der Hethiter leicht, die vereinzelten Bergdörfer zu bezwingen und niederzubrennen. So brauchen wir an den immer wiederholten Siegesmeldungen nicht zu zweifeln. Nachdem er dies Gebiet verheert hatte, zog Suppiluliumas südwärts nach Istachara (Arabkir) und weiter nach Chattena (Derende?).[104] Von Kriegshandlungen wird hier nicht berichtet: Es galt nur, die Verbindung mit Kataonien und damit mit Syrien aufrechtzuerhalten. Daher verzeichnet der Bericht die Zwischenstationen nicht. Von Chattena aus ging es wieder in das Gebirge hinauf (Derende liegt in einer tiefen Schlucht), und hier züchtigte der König zwei aufständische Orte und erbaute (d. h. ummauerte) einen dritten, Tuchpilissa mit Namen, vermutlich in dem unübersichtlichen Bergland zwischen Kangal und Malatia. Dorthin kamen Boten aus der Gegend von Durmitta (Zela), die ihn um Hilfe anriefen. Sie könnten sonst den Feinden nicht standhalten. Suppiluliumas erwiderte, das sei ein zu großer Umweg für ihn und zog statt dessen nochmals in das Gebiet nördlich der Halys-Quelle und am obersten Iris, das Kerngebiet der Gaschgasch-Aufstände. Über den Berg Techsina (den großen alten Vulkankegel, der heute 'Yildiz Dag' heißt?) gelangte er an den Marassanda, der in dieser Gegend heute 'Yildiz Irmak', 'Sternenfluß', heißt, und ins Gebiet von Darittara, das dem Reich treu geblieben war.[105] Aber da hörte er, daß weiter im Osten ein Gaschgasch-Häuptling (wie wir unterstellen dürfen) Pitaggallis die Einwohner zum Kampf aufgeboten habe. Rasch, um ihm zuvor-

zukommen, überstieg Suppiluliumas den Berg Illurija, vermutlich den hohen Paß zwischen Zara und Suşehri, über
den auch heute die große Straßenverbindung nach Osten
führt. Er verheerte hier etliche Orte, die teilweise schon
beim Aufstande der Gaschgasch gegen Arnuwandas genannt
sind und vielleicht nie mehr seitdem unterworfen worden
waren. Der Zug ging ostwärts bis Tummanna. Dort, in der
Gegend von Erzingjan (Palaa), setzte er seinen Neffen Chudupijanzas als Befehlshaber ein.[106] Unterdessen erhob sich in
seinem Rücken das Gebiet am Kelkit-Fluß. Er brannte alle
aufständischen Orte nieder, bis er sich dem Orte Timuchala
näherte, der wohl auf dem Bergrücken nördlich von Tokat
zu suchen ist und den die Gaschgasch irgendwie als Hauptstadt oder heilige Stadt hochhielten. Dort zogen ihm die
Feinde um Frieden flehend entgegen und baten um Gnade.
Suppiluliumas nahm die Unterwerfung an: er wollte die
Gaschgasch nicht ausrotten, sondern als tüchtige Soldaten in
seinem Heer verwenden. Welchen Weg er weiter genommen
hat, wissen wir nicht. Das Natürlichste wäre, daß er den
Gelben Fluß abwärts zog und auf diese Weise doch in die
Gegend von Durmitta (Zile) kam, wohin er vor Beginn dieses
Feldzuges so dringend gerufen worden war.

Nach Chattusa aber scheint er nicht zurückgekehrt zu
sein. Er hätte dort eine Reihe von Festen feiern müssen, und
dazu nahm er sich nicht die Zeit. Er war eine Kämpfernatur,
die Religion interessierte ihn in zweiter Linie.

Auch im Westen des Reichs machte sich der Rückschlag
bemerkbar.[107] Im Lande des Secha-Flusses (Teuthranien) hatte
Suppiluliumas, wie erwähnt, mit Einverständnis des dortigen Königs dessen jüngsten Sohn Manapa-Dattas als Nachfolger eingesetzt. Als sich nun der Thronwechsel vollzogen
hatte, lehnten sich die übergangenen Prinzen gegen diesen
Herrscher auf und vertrieben ihn. Ebenso wurde Mas'chuiluwas (Mausolos), der Fürst von Miraa,[108] von einer Volks-

bewegung vertrieben. Dieser flüchtete an den Hof des Hethiterkönigs. Suppiluliumas nahm ihn aufs freundlichste auf und gab ihm seine Tochter zur Ehe. Aber ihn wieder einzusetzen nahm er sich nicht die Zeit. In beiden Fällen sind es Herrscher, die sich den Hethitern verpflichtet hatten. Es sieht aus, als hätte sich eine nationale Einheitsbewegung der Arzawa-Völker gegen die fremdhörigen Fürsten gewendet.

Den schwersten Rückschlag aber erlitt die hethitische Politik in Mitanni. Suppiluliumas hatte seinen Sohn, den König von Kargamisch, beauftragt, den Kurtiwaza auf den Thron zurückzuführen.[109] Sie zogen von Kargamisch aus über den Euphrat zuerst gegen Irrite. Dort hatte sich die Bevölkerung der Umgegend zum Kampf versammelt; aber die Hethiter zersprengten sie, und daraufhin „hatten die Einwohner Mitleid mit sich selbst" und huldigten dem Kurtiwaza. Pijassilis mit Kurtiwaza (in den Annalen 'Kili-Teschup' genannt) zog durch die unermeßliche mesopotamische Ebene weiter nach Charran. Auch dieses huldigte ihm. Dagegen hielten die Bewohner von Wassugana an Schutatarna fest. Ihnen war noch in Erinnerung, wie die Hethiter früher bei ihnen gehaust hatten. Kämpfend erfochten sich Pijassilis und Kurtiwaza den Eintritt in die Stadt. Niedergebrannt (wie der moderne Herausgeber meinte) wird er seine Hauptstadt sicher nicht haben. Aber inzwischen kamen die Assyrer dem Schutatarna zu Hilfe. Die Hethiter zogen sich nach einem Orte Pakarripa zurück, der abtrünnig geworden war, das heißt an Schutatarna festhielt. Aber die Lebensmittel wurden knapp. Schutatarna hatte die Lebensmittelvorräte in die befestigten Städte schaffen lassen, und die mesopotamische Steppe gab nichts her. Genau wie später den Römern, wurde den Hethitern die Steppe zum Verhängnis. Vom weiteren Verlauf des Feldzugs hören wir nichts mehr; aber aus dem zerstörten Text scheint hervorzugehen, daß Kurtiwaza umgekommen ist.[110] Nur dazu hatte er noch Zeit gefunden, in

einem neuen Vertrag seine Vasallenpflicht zu bestätigen und
dabei seine ganzen Schicksale zu erzählen.[111]

Noch hatte Suppululiumas den Kampf gegen Ägypten nicht
aufgegeben.[112] Während Pijassilis gegen Mitanni kämpfte,
schickte er den Arnuwandas, den Kronprinzen, gegen Ägypten voraus, um selbst mit der Hauptmacht nachzufolgen.
Auch mit Azzi gab es neue Verwicklungen,[113] die zu einer
Schlacht führten. Ist Chukkanas damals gestürzt worden?
Dann brechen unsere Nachrichten ab. Wir hören nur noch
von einer Schlacht,[114] die der König gegen einen Gegner mit
Namen Arsasuras bei schwerem Regenguß und Gewitter
siegreich geschlagen hat — was ausdrücklich in Gegensatz zum
anatolischen Klima gesetzt wird, also an den Südhang des
Taurus führt, wo solche Gewitter sehr häufig sind. Handelt
es sich um einen Aufstand und einen Prätendenten in Kizzuwadna? Drei Tage dauerte es, bis die hethitischen Soldaten
alle Gefangenen und Beutestücke eingebracht hatten: So vollständig war der Feind geschlagen und zerstreut.

Jedenfalls blieb auch dieser Feldzug ohne endgültigen Erfolg stecken. Die nächste sicher einzuordnende Nachricht spricht
vom Tode des Suppululiumas.

Nachfolger wurde sein ältester Sohn Arnuwandas, den er
zuletzt mit der Regierung in Anatolien betraut hatte.[115] Von
ihm wissen wir vor allem, daß er mit Ismerika einen Vertrag
schloß.[116]

Ismerika war offenbar die Residenz des Teilstaates des
Mitanni-Reiches, den Kurtiwaza zurückgewonnen hatte. Aber
er selbst war beim Abschluß des Vertrages tot und hatte
keinen oder nur einen minderjährigen Erben. Statt eines
Königs wurden 15 Männer von Ismerika vereidigt, dazu je
einer von Zazlippa und Irrite. Und zwar wurden diese Männer zur Eidesleistung in bestimmte Orte von Kizzuwadna
beordert, das also fest in der Hand des hethitischen Königs
war.[117] Danach wurden sie in bestimmten Orten von Wassu-

gana eingesetzt,[118] vermutlich, um die Verteidigung zu leiten. Die einzelnen Orte sind nicht zu lokalisieren; nur für Ismerika selbst ist die Gleichung mit dem heutigen Siwerek recht wahrscheinlich.[119] Chanirabbat ist nicht unter den genannten Orten; es scheint noch der Gegenpartei in Mitanni angehangen zu haben. Die Männer wurden darauf vereidigt, den König, die Königin, deren Kinder und das Hethiterland zu schützen. Der militärische Zuzug von Ismerika wird dabei wegen der Unfälle, die das Land betroffen haben, auf zwei Fünftel der bisherigen Stärke festgesetzt — auf 60 statt 150 auserlesene Männer.[120] Nur dürfen es keine Sklaven oder Söldner sein — bei denen Arnuwandas wohl keine Fahnentreue erwartete. Flüchtlinge sollen die Leute von Ismerika nicht vergrämen, sondern in ihr Heer einreihen. Wenn eine Stadt, ein Haus oder auch nur ein einzelner Mann abtrünnig wird, so soll der Frevler getötet, die Stadt zerstört, die Angehörigen und Sklaven dem Hethiterkönig ausgeliefert werden, das Vieh aber sollen die Leute von Ismerika behalten. Dies sind die wichtigsten Bestimmungen des Vertrags, soweit er uns erhalten ist. Darf man aus der Art, wie Kizzuwadna als selbständig genannt ist, schließen, daß Arnuwandas seinem Bruder Telipinus, dem Priester von Kummanni, auch die weltliche Regierung dieses Landes überließ? Denn offenbar ist es dem Hethiterreich nicht direkt einverleibt, aber doch zugehörig.

Ein anderer Vertrag, der nach der geschichtlichen Lage nur Arnuwandas II. zugehören kann,[121] regelt die Beziehungen zu einigen jener Gaschgasch-Kantone, die Suppiluliumas bei seinen letzten Feldzügen zur Unterwerfung gezwungen hatte. Erhalten sind die Namen 'Kammamma' und 'Is'chupitta'; ferner das später beim großen Gaschgasch-Aufstand hervorgehobene Sadduppa und etliche andere sonst nicht oder fast nicht genannte Orte. Deren maßgebende Männer wurden auf den König der Hethiter vereidigt — was nicht hinderte, daß sie nach dem Tode des Arnuwandas wieder abfielen und wieder von neuem unterworfen werden mußten.

In Westkleinasien bewirkte Arnuwandas durch diplomatischen Druck, daß die Großen des Secha-Fluß-Landes den von ihnen vertriebenen, aber von den Hethitern anerkannten Thronfolger Manapa-Dattas wieder einsetzten. So war die außenpolitische Tätigkeit des Arnuwandas in seiner kurzen Regierung nach allen Seiten erfolgreich.

Unklar ist es, ob die uns (teilweise) überlieferte Polizeiordnung von Chattusa [122] diesem Arnuwandas oder einem der andern gleichnamigen Könige zugehört. Sie ordnete vor allem Sicherheitsvorkehrungen für die Nacht an. Die Tore (Abb. 39) müssen alle Abende mit ehernen Bolzen verriegelt und versiegelt werden. Morgens wurden die Siegel geprüft, und erst wenn sie unverletzt gefunden wurden, durften die Tore wieder geöffnet werden. Fürchtete der König ein nächtliches Entweichen der Fronpflichtigen oder Verabredungen mit einem nahen Feinde? Weiter müssen abends alle Feuer gelöscht werden. Die Dächer aus Reisig und Stroh konnten allzuleicht Feuer fangen. Hören wir doch in einem anderen (nicht datierbaren) Text,[123] daß die Stadt Ankuwa in Flammen stehe und König und Königin geloben, der Gottheit Kadachcha eine silberne Nachbildung der Stadt zu weihen, wenn das Feuer endlich gelöscht werde. — Die Polizeiordnung des Arnuwandas schreibt weiter vor, der Bürgermeister solle über die Reinhaltung des 'Götterbrunnens' wachen, in dem sich keine Gewächse ansetzen dürfen und niemand sein Getreide waschen darf.

Aber ehe er weitere Taten verrichten konnte, erkrankte Arnuwandas und starb in Ankuwa (wenn sich diese Ortsangabe nicht auf den Tod des Suppiluliumas bezieht). Wer sollte der Erbe sein? Von den fünf Söhnen des Suppiluliumas waren zwei schon tot, die zwei anderen, Telipinus und Scharri-Kuschuch, waren durch selbständige Reiche in Syrien abgefunden. Nur der Jüngste, Mursilis, war übrig, aber er war noch nicht erwachsen.

Zunächst ergriff die Witwe des Suppiluliumas die Zügel. Es war seine dritte Frau gewesen, eine babylonische Prinzessin, die einfach den Namen 'Tawanannas', 'Königin', führte. Das Reich krachte in allen Fugen. Wir haben einen Bericht eines Tutchalijas an sie,[124] der sich zunächst selbst beschuldigt, er habe die Truppenausbildung, die ihm vom verstorbenen König übertragen war, saumselig betrieben. Dann aber berichtet er über die Zustände. Im Oberen Land hätten Untertanen alles in Brand gesteckt; bei Samucha sei in drei Orten ein Unheil geschehen (die genauere Angabe ist auf der Tafel abgebrochen). In Lykaonien sei die Stimmung der Bevölkerung „wie Stroh, das jeden Augenblick Feuer fangen könne". Channuttis, der uns schon als General des Suppiluliumas begegnet ist, habe zunächst durch sein Einrücken die Unruhe gedämpft. (Aber er war weitergezogen, um gegen Chapalla in Westkleinasien Ordnung zu schaffen, dem südlichsten der Arzawa-Länder.) Und nun herrsche die geladene Stimmung der Ungewißheit.

Er hat wohl etwas zu schwarz gesehen, denn von irgendwelchen weiteren Unruhen in Lykaonien hören wir nichts. Dagegen berief die Königin den Channuttis zurück, um den Kampf gegen die Gaschgasch aufzunehmen, die durch ihre Nähe zur Hauptstadt und durch ihre Kriegstüchtigkeit viel bedrohlicher schienen. Channuttis setzte sich gegen sie in Marsch. Aber bei der Belagerung von Is'chupitta empfing er eine tödliche Wunde. Auch die inneren Zustände unter dieser Tawanannas verlangten nach Abhilfe: Die babylonische Prinzessin hatte aus ihrer Heimat Bräuche mitgebracht — die unser Zeuge (Mursilis) nur andeutet — und dem ganzen Volke Teilnahme gestattet. Worum es sich handelt, erraten wir: Sogar aus dem Palaste mußte Mursilis eine öffentliche Dirne ausweisen.[125]

Da kam Scharri-Kuschuch, der König von Kargamisch,
nach Chattusa. Er rief die Wahlversammlung zusammen, die
den neuen König zu wählen hatte, und übergab das Reich in die
Hände des jungen Mursilis.[126] Die Königinwitwe zog sich
grollend zurück. Scharri-Kuschuch handelte dabei nach dem
hergebrachten Recht, nach welchem ein abgeschichteter Sohn
keinen Erbanspruch hatte. Vielleicht graute ihm selbst vor
der Aufgabe, das gewaltige Reich zu verteidigen, an dessen
Grenzen ringsum die von Suppiluliumas besiegten Feinde
wieder aufstanden. Ihm genügte das Teilproblem, Syrien
gegen Mitanni und Assur zu verteidigen — Ägypten war
durch seine inneren Zustände beschäftigt: Der neue Usurpator Harmais, der die alte Religion wiederherstellte, war
zufrieden, wenn er in Ruhe seine Herrschaft aufbauen konnte.
Jedenfalls sticht die Einigkeit der Brüder angenehm ab gegen
das, was bei orientalischen Thronwechseln sonst üblich ist
(1349 v. Chr.).[127]

IX. MURSILIS II. DIE ERSTEN ZEHN JAHRE

Der junge König begegnete bei den Nachbarvölkern offener Mißachtung.[1] Man hatte sich dem Vater gebeugt, der sich in verzweifelter Lage allen Feinden zum Trotz durchgesetzt hatte; auch Arnuwandas hatte schon unter seinem Vater Proben seiner Tapferkeit abgelegt. Aber was hatte dieser junge Bursche geleistet, was ihnen hätte Respekt abnötigen können? Vor allem Arzawa lehnte sich auf, und selbst der eben wieder eingesetzte Manapa-Dattas im Secha-Fluß-Lande hielt es für geraten,[2] sich lieber an den alten Lehnsherrn seines Landes, den Nachbarn in Ephesos, als an den fernen Hethiterkönig anzulehnen. Die Gaschgasch waren schon vor dem Thronwechsel in Aufstand, die Azzi hatten sich stillschweigend abgesondert, und die Arawanna, jenseits des Halys, hielten sich für das, was ihr Name sagt, für Freie. Am gefährlichsten aber war das Vordringen der Assyrer, die schon am Euphrat-Knie erschienen, sei es im Bunde mit dem Rest des Mitanni-Reiches, sei es diesen überrennend.

Demgegenüber waren die Machtmittel des Hethiterreiches durch die Seuche zusammengeschrumpft. Ein Teil des Heeres stand unter dem Kommando des Scharri-Kuschuch in Syrien. Ein anderer Teil war gegen die Gaschgasch eingesetzt. Man wird ihn sich nicht stark vorstellen dürfen. Immerhin war die Lage lange nicht so verzweifelt, wie sie bei Beginn von Suppululiumas' Laufbahn um 1380 gewesen war.

Mursilis war von kindlicher Frömmigkeit beseelt.[3] Als erste Pflicht sah er die Feier der Götterfeste an, die sein Vater

---

[1] Anmerkungen zum neunten Kapitel s. S. 327 ff.

sechs Jahre lang vernachlässigt hatte.[4] Es ist die Auffassung,
die wir später von den Römern her kennen. Die Götter haben den Rechtsanspruch auf die Feiern, der auch in schwierigen Lagen des Reichs nicht vernachlässigt werden darf. Dabei betete Mursilis dann zur Sonne von Arinna, wie er selbst
erzählt, sie möge ihm im Kampf gegen die vielen Feinde
beistehen. Entsprechende Erfolge glaubte er ihr zu verdanken.

Denn nach diesen Feiern, die zugleich die Zuversicht des
durch die Seuche und die letzten Unglücksfälle moralisch
geschwächten Heeres wiederzubeleben geeignet waren, wandte
Mursilis sich gleich gegen den Feind, der am nächsten war. Im
Lande von Durmitta (Zile) (Abb. 29), der breiten Mulde südlich des Iris, nur ca. drei Tagesmärsche nordöstlich von Chattusa, gab es zwei Orte, in denen die Gaschgasch sich angesiedelt
hatten, Chalila und Duduska (wohl der griechisch 'Dadasa'[5]
umschriebene Ort, bei dem Mithridates später den römischen
Quaestor Triarius überfallen und seine Kohorten aufgerieben
hat). Mursilis überraschte unvermutet die beiden Orte und
brannte sie nieder. Daraufhin sammelten sich die Gaschgasch
der Umgebung, um ihre Landsleute zu rächen. Aber auch in
der offenen Schlacht auf dem ebenen Gelände um Zile waren
die Hethiter mit ihren Streitwagen überlegen. Mursilis siegte
und zwang die besiegten Orte, ihm wieder Heeresfolge zu
leisten.

Nachdem er so in der unmittelbaren Nachbarschaft der
Hauptstadt Frieden geschaffen hatte, galt es, vor allem die
Scharte auszuwetzen, die durch den Tod des Channuttis entstanden war.[6] Die Gaschgasch des Landes um Is'chupitta hatten die Heeresfolge verweigert. Das genügte als Grund, um
sie zu züchtigen. Wir wissen nicht genau, wo Is'chupitta gelegen hat, nur daß es sich im Osten, im Gebiet, das sich
zwischen den heutigen Städten Siwas und Malatia dehnt,
befunden hat, läßt die Einordnung in religiöse Listen erkennen. Den Ort Is'chupitta griff Mursilis aber noch nicht an,

sondern er zeigte sich nur und holte Menschen und Vieh aus
den abtrünnigen kleineren Orten, „packte sie auf" und führte
sie nach Chattusa. Die Jahreszeit war schon so weit vorgerückt, daß Mursilis den Angriff auf Is'chupitta selbst auf das
folgende Jahr verschob.

Noch immer war der Großteil der hethitischen Truppen
teils am Euphrat-Ufer gebunden, um einen etwaigen Angriff
der Assyrer auf Kargamisch abzuwehren, teils in Lykaonien,
um es gegen Einfall von Arzawa zu decken, beide unter er-
fahrenen Generalen. Mit dem kleinen Rest des Heeres operierte Mursilis selbst gegen die Gaschgasch. Gefährlich schien
ihm hier besonders der Mann,[7] der sich, wie wir später erfahren, zum monarchischen Häuptling von Tipija aufge-
schwungen hatte. Tipija hatte einen Grenzabschnitt am
Hethiterreich dicht bei Azzi. Wir haben es in den Tälern
zwischen Amasia und Gazziura zu suchen. Mursilis begnügte
sich einstweilen damit, einen offenbar ungeschützten Ort,
Katchaiduwas, im Gebiet von Tipija anzugreifen, auszuplün-
dern, niederzubrennen und die Bewohner nach Chattusa zu
verschleppen. Das sollte den Feind vor weiteren Übergriffen
auf hethitisches Gebiet warnen. Dann aber wandte Mursilis
sich wieder in das Gebiet am oberen Halys. Die Tafeln, auf
denen der Bericht steht, sind leider sehr zerbröckelt, so daß
sich ein genaues Bild nicht gewinnen läßt. Die beiden haupt-
sächlichen Zentren des Aufstandes, Is'chupitta und Palchuissa,
scheint er nicht eingenommen zu haben; er mähte nur deren
Ernte ab und brachte sie nach Istachara (Arabkir?). Doch
lieferte er ihnen eine Feldschlacht, in der er Sieger blieb, so
daß die beiden Häupter des Aufstandes, Nunnutas und Pan-
zanas, nordwärts nach Kammama (am Chacharwa-Gebirge)
entwichen.[8] Ein Drohbrief des Mursilis genügte, so stark war
der Eindruck des Sieges, um Kammama und einen zweiten
Ort (wahrscheinlich das regelmäßig mit ihm zusammen genannte Skamacha)[9] dem König wieder zu unterwerfen. Sie

stellten ihm wieder pflichtgemäß ihre Heereskontingente und töteten die beiden Flüchtlinge, deren Auslieferung Mursilis gefordert hatte. Sonst hatte der König aus diesem Jahre nichts zu melden. Durchschlagendes hat er offenbar nicht erreicht.

Erst im dritten Jahr hatte der Feldzug gegen die Gaschgasch Erfolg.[10] Mursilis griff diesmal zunächst Tikukuwa an, das wahrscheinlich im obersten Halys-Tal, ein Stück westlich von Zara, gelegen war. Dadurch trennte er die beiden Aufstandsherde nördlich und südlich dieser Senke. Er stieß von da aus nordwärts ins Iris-Tal vor. Tasmacha und einen Ort in dessen Nachbarschaft, von dessen Namen nur die Endsilbe -sas erhalten ist, zerstörte er.

Dann wandte er sich wieder südwärts und näherte sich Palchuissa, das ich in der Gegend zwischen Zara und Divrigi suchen muß. Die beiden Berichte sind hier nicht genau in Übereinstimmung. Während Mursilis in der älteren Fassung erzählt, er habe den Feind aus Pis'churus (Bosgur im wilden Gebirge an der Straße von Zara ins Kelkit-Tal hinüber?) in Palchuissa angetroffen und besiegt, stellt es der ausführliche Annalenbericht anders dar. Mursilis sei bis Palchuissa gelangt, habe dort den Ort eingenommen und die Ernte vernichtet, die offenbar noch auf den Feldern stand. Unterdessen aber erschien der Feind und besetzte den Ort Kuzastarina, der Mursilis in der Flanke und, wenn er weiter marschiert wäre, im Rücken bedrohte. Aber Mursilis wurde des neuen Feindes rechtzeitig gewahr, stürzte sich auf ihn und trieb ihn bis Anzilija. Das alles läßt sich am besten geographisch einordnen, wenn Palchuissa in der Gegend von Divrigi gelegen hat oder mit diesem identisch ist, Anzilija aber mit Kangal. Divrigi liegt in seiner Schlucht so versteckt, daß es sich wohl getrauen konnte, dem Hethiterkönig die Gefolgschaft aufzusagen, und war er einmal in die Schlucht hinabgestiegen, so konnte ein Feind, der die Höhen im Westen besetzte, ihn leicht in der Flanke oder im Rücken fassen.

Obwohl Mursilis zuerst Palchuissa einen Ort im Lande Is'chupitta nennt, schweigt der weitere Feldzugbericht von diesem Ort. Is'chupitta, das doch seit den letzten Jahren des Suppiluliumas der Mittelpunkt des Widerstandes war, ist offenbar zu diesem Zeitpunkt nicht überwunden worden. Immerhin scheint der Sieg so bedeutend gewesen zu sein, daß Mursilis für die nächsten Jahre von den Gaschgasch der Gegend östlich Siwas nichts zu fürchten hatte. Und er hielt sich nicht damit auf, alle Widerstandsnester einzeln auszuheben. Denn er hatte für dieses Jahr noch einen größeren Plan.

Er hatte mit seinem Bruder Scharri-Kuschuch in Kargamisch verabredet, gemeinsam mit ihm den stärksten Feind in Kleinasien anzugreifen, das Reich von Arzawa. Dieses hatte sich in den letzten Jahren des Suppiluliumas nicht nur wieder selbständig gemacht,[11] sondern auch die Vasallen der Hethiter aus den umliegenden Ländern vertrieben. Zwar hatten Arnuwandas und Mursilis diesen zur Rückkehr verholfen; aber Manapa-Dattas vom Secha-Fluß-Land (Teuthranien) hatte sich nach seiner Rückkehr dem stärkeren, näheren Nachbarn Arzawa angeschlossen. Uchchazitis von Arzawa beherrschte also von seiner Hauptstadt Apasa (Ephesos) aus das westliche Kleinasien nördlich bis Pergamon, südlich mindestens bis zum Mäander hin. Die Stadt Milet überließ er dem König von Achchijawa, d. h. Argos.[12] Sie lag abseits genug, um die Griechen vom eigentlichen Arzawa abzulenken, und wahrscheinlich erhob Mas'chuiluwas von Miraa begründeteren Anspruch auf diesen Ort, den gegebenen Hafenplatz für ein Reich im Mäander-Tal.

Mursilis sandte an Uchchazitis eine ausdrückliche Kriegserklärung. Als Vorwand diente, daß Arzawa die Einwohner von Attarimma und zwei anderen Orten nicht herausgegeben hatte, wie der Hethiter gefordert hatte. Aber ebensosehr scheint Mursilis darüber erbittert gewesen zu sein, daß der Arzawakönig ihn hochmütig als Kind verspottet hatte. Er wollte ihm zeigen, daß er kein Kind mehr sei.[13]

Bei Salapa (Selme) am nördlichen Fuß des Hassan Dag sammelte Mursilis sein Heer (Abb. 30). Hier waren reichliche Quellen und eine weite Ebene, zur Versorgung des Heeres ebensowohl geeignet wie zum Tummeln der Rosse. Dort erwartete er auch seinen Bruder, der heranzog und seine Truppen aus Syrien mitbrachte. Offenbar war es schon die absteigende Hälfte des Jahres und der Assyrer anderweitig beschäftigt, so daß von da keine Überfälle drohten, wenn dies Jahr die Truppen der Hethiter, die sonst den Euphrat schützten, abgezogen waren. Um diese Zeit waren auch die Taurus-Pässe schneefrei, so daß wir den Anmarsch über Kilikien und die Kilikische Pforte, Tyana und am Fuß des Hassan Dag ansetzen dürfen, der den geringsten Umweg erforderte. Als sich nun das vereinte Heer in Marsch setzte und den Sechirija-Fluß beziehungsweise das Luwasa-Gebirge überschritt (es wird der sehr bedeutende Fluß bei Selme und der anschließende Fuß des Hassan Dag südlich von Akserai sein), da beobachtete das Heer einen glänzenden Meteor, der am Himmel westwärts fuhr, gerade in der Richtung, die es selbst zu ziehen hatte. Der alte Marschweg, der später in der Römerzeit eine ausgebaute Straße und die Hauptverbindung zwischen West- und Ost-Kleinasien war, führte zunächst durch ein wasserarmes und ödes Gebiet südlich vom großen Salzsee. Aber dies Gebiet war dem Hethiter treu, also ohne Aufenthalt zu überwinden, und das nötige Wasser für die ersten drei Tagemärsche konnte man wohl mitschleppen. Dann ging es durch die fruchtbare Landschaft am Nordfuß des Sultan Dag entlang, östlich von Afyon.[14] Auch hier war befriedetes Gebiet. Ortschaften sind darum im Marschbericht nicht genannt. Erst jenseits dieses Passes, bei Walma im Quellgebiet des Maiandros, „am Astarpa", traf Mursilis auf das Heer von Arzawa. Der König Uchchazitis war nicht anwesend; ihn hatte der Schlag getroffen, so daß er teilweise gelähmt war. Mursilis meinte, jener Meteor sei es gewesen, der ihn getroffen habe — ähnlich sagen ja auch die Römer vom Schlaganfall, der Blitz habe getroffen. Der Sohn des Arzawa-Königs, Pijama-Inaras, der das Heer befehligte, wehrte sich heftig. Aber Mursilis gewann den Sieg. Die Einzelheiten verschweigt er, nur daß ihm Mas'chuiluwas von Miraa zu Hilfe gezogen war, erfahren wir zufällig. So werden die Hethiter mit ihren Bundesgenossen in der Überzahl gewesen sein.

Aber obwohl es nicht ausdrücklich gesagt ist, können wir dem Bericht entnehmen, daß Mursilis das geschlagene Heer mit der Energie verfolgte, die nur sehr disziplinierte Truppen aufbringen. In einem Zuge eilte er den Feinden nach, den Maiandros abwärts, dann wahrscheinlich ins Hermos-Tal ausbiegend, wo keine natürlichen Hindernisse entgegenstehen, und westlich Sardes in das Tal des Meles hinüberquerend. Überall floh die Bevölkerung vor ihm auf die Berge. Möglicherweise ist er auch den Maiandros abwärts bis Tralles — so weit scheint das Gebiet von Miraa gereicht zu haben — und von da aus direkt den etwas schwierigeren Weg nach Ephesos gezogen. Das läßt sich nicht mehr nachweisen.

Nach der Schlacht bei Walmaa war des Mursilis Bruder verstimmt. Hätten wir den vollständigen Text, so könnten wir wissen, warum. So läßt sich nur vermuten, daß Scharri-Kuschuch auf den gewaltigen Machtzuwachs eifersüchtig war, den sein jüngerer Bruder durch den Sieg erlangte. Mursilis begütigte ihn, indem er ihm und seinem Nachfolger die Ehrenrechte vertraglich zusicherte, die in Chattusa dem Kronprinzen zustanden.[15] Das hieß, wenn Mursilis kinderlos starb, so würde die Linie von Kargamisch erben.

Während Mursilis den Teil der Arzawa-Soldaten, der nach Puranda (der Burg von Smyrna?) hinaufgeflüchtet war,[16] nur

durch seinen Bruder beobachten und zernieren ließ, erschien
er selbst so schnell vor den Mauern von Ephesos, daß sich die
Stadt in der allgemeinen Verwirrung nicht halten ließ. Der
kranke König und seine Söhne wichen auf das Meer, also
wohl nach Samos, aus. Die Einwohner der Stadt aber, die
nicht auf den Schiffen Platz fanden, flüchteten sich auf das
steile Gebirge Arinnanda, mögen dies nun die Berge südlich
oder nördlich von Ephesos sein. Sie glaubten sich hier in
Sicherheit, denn den steilen, unwegsamen Abhang hinauf
konnte der Hethiter sie mit seinen Wagen nicht verfolgen.
Aber Mursilis ließ sich nicht abschrecken. Er zog zu Fuß an
der Spitze seines Heeres voran den Berg empor. Da gab es
keinen langen Kampf. Die Flüchtlinge, die beim plötzlichen
Aufbruch kaum Nahrung hatten mitnehmen können, sahen
sich durch Hunger und Durst gar bald gezwungen, sich zu
ergeben. Fünfzehneinhalbtausend Menschen rühmt sich Mursilis
allein für eigene Rechnung nach Chattusa geschickt zu haben,
die ungezählten Gefangenen, die sein Heer machte, nicht ein-
gerechnet. Sie stammten natürlich nicht alle aus der Stadt
Ephesos (Apasa), sondern es waren auch bei dem raschen
Verfolgungsmarsch aufgegriffene Bauern darunter. Wie diese
verschleppten Einwohner dann verwendet worden sind, davon hören wir leider kein Wort. Ich fürchte, die Ankunft
und das Zusammenpferchen so vieler Menschen in Chattusa
gab der Seuche dort neuen Auftrieb.

Die Einnahme der feindlichen Hauptstadt bedeutete noch
nicht den endgültigen Sieg. Mursilis ließ nicht locker. Zwar
wurde seine Aufforderung an die Bewohner von Puranda,
sich zu ergeben, abgewiesen. Die Belagerten erwarteten,
daß der Hethiter wegen des bevorstehenden Winters doch
abziehen müsse. Wirklich zog Mursilis sich aus dem kampf-
verheerten Gebiet für den Winter in das Flußtal des Mäander
zurück,[17] aber dort errichtete er ein befestigtes Lager — man
wird an die Gegend von Denizli denken dürfen — und hielt

die für den Winter in Chattusa vorgesehenen Feste hier im Feldlager.

Unterdessen starb der König von Arzawa „im Meere" (auf der Insel Samos?). Seine beiden Söhne teilten die Aufgaben. Während Pijama-Inaras auf der Insel blieb, um mit dem dort versammelten Teil des Heeres gelegentlich wieder zu landen, übernahm der andere Bruder, Tapalazunauwalis, das Kommando in Puranda. Zu Beginn des Frühlings war Mursilis wieder da. Er belagerte Puranda etliche Tage (die Zahl ist in unserem Text leider unleserlich geworden). Da er dem Orte die Wasserleitung abschneiden konnte, wurde die Situation der Belagerten unhaltbar. Tapalazunauwalis verließ den Ort bei Nacht mit seiner Familie und den Einwohnern. Das konnte natürlich nicht so leise geschehen, daß es unbemerkt geblieben wäre. Am frühen Morgen sandte Mursilis seine Wagen und Truppen den Fliehenden nach. Bald holten sie diese ein. Zwar entkam Tapalazunauwalis, aber seine Familie fiel in die Hand der Hethiter, ebenso die meisten Einwohner. Wieder rühmt sich Mursilis, 15 000 und etliche hundert Gefangene nach Chattusa gesandt zu haben. Damit war der Krieg gegen Arzawa praktisch beendet. Der König auf der Insel befand sich tatsächlich in der Gewalt von Achchijawa. Mursilis schickte an den König dieses Landes einen Drohbrief, und daraufhin lieferte dieser die geflüchteten Einwohner und den jungen König aus.[18] Warum hätte er mit dem siegreichen Mursilis Krieg anfangen sollen?

So konnte Mursilis uneingeschränkt als Sieger zurückkehren. Aber er wandte sich zunächst noch gegen das Secha-Fluß-Land (Teuthranien). Der König dieses Landes trat ihm aber nicht entgegen, sondern bot sogleich seine Unterwerfung an. Mursilis wollte davon nichts wissen. Er hielt dem Manapa-Dattas vor, daß er nur durch den Druck der Hethiter König geworden sei und nun doch untreu geworden war. Da schickte Manapa-Dattas seine Mutter, um für ihn zu bitten.

Es gehört zu den liebenswürdigen Zügen des Mursilis, daß er der Frau gegenüber nicht hart sein wollte und also auf ihre Bitten hin dem Manapa-Dattas Frieden und den Vertrag gewährte, von dem wir große Stücke noch besitzen.[19] In diesem Vertrage wurde dem Manapa-Dattas zwar zunächst vorgehalten, wie undankbar er sich benommen hatte, aber dann die Herrschaft über das Secha-Fluß-Land und Abbawija[20] (Teuthranien und die nördlich angrenzende Abbaeitis um Balikeçir) bestätigt und nur strenge Eide auferlegt, daß er jeden Versuch seiner Untertanen, sich gegen das Hethiterreich zu erheben oder auch nur Gerüchte gegen den Hethiterkönig zu verbreiten, scharf unterdrücken und Flüchtlinge aus dem Hethiterreich jederzeit ausliefern müsse.

So zog Mursilis dann nicht nach dem Secha-Fluß-Land, sondern zurück nach Miraa ins Mäander-Tal. Dort befestigte er drei Orte, die wir nicht identifizieren können. Er ließ dem Mas'chuiluwas 600 Mann als Leibwache zurück, weil die Bewohner von Miraa nicht zuverlässig seien. Und er legte ihm einen Vertrag auf, in dem er ihn anmahnt, gegen diese seine Untertanen mit dem Hethiterkönige zusammenzuhalten. Dafür erweiterte er sein Gebiet um die Kuwalija, das Gebiet von Kelainai (heute 'Dinar'). Vermutlich wurde schon damals als Grenzzone zum unmittelbar hethitischen Gebiet Aura (griech. 'Auro-akra'?) festgelegt. Noch einen dritten Fürsten, der für uns aber ganz schattenhaft bleibt, setzte er in Chapalla (der späteren 'Kabalia') gegen Lykien zu ein. Was mit dem Lande Arzawa selbst geschah, davon wird mindestens an dieser Stelle der Annalen nicht berichtet; aber unter dem Nachfolger des Mursilis ist es wieder selbständig.

Der abschließende Siegesbericht behauptet, Mursilis habe in diesen zwei Jahren 66 000 Gefangene gemacht. Dabei sind aber ausdrücklich diejenigen inbegriffen, die er am Orte beließ. Es ist also die Gesamteinwohnerzahl von Arzawa, vielleicht sogar einschließlich Secha-Fluß-Land, mindestens von ganz Lydien mitsamt dem nördlichen Jonien. Dafür ist die Zahl durchaus glaubwürdig.

Nach dem Siege kehrte Mursilis in die Hauptstadt zurück und feierte die Siegesfeste.[21] Er hebt ausdrücklich hervor, daß er auch seinen Bruder gebührend habe feiern lassen. Dann schickte er diesen nach Kargamisch zurück. Es war ja das gemeinsame Interesse, daß die Euphrat-Grenze gegen Assyrien hinreichend bewacht und verteidigt wurde. Wahrscheinlich versprach Mursilis auch, wenn Assyrien oder Ägypten das Land von Kargamisch angreife, seinerseits ebenso zu Hilfe zu kommen. Aber unsere Quellen schweigen darüber.

Im folgenden Jahre (1345 v. Chr.) wandte sich Mursilis wieder gegen die Gaschgasch. Die früheren Brandherde waren jetzt ungefährlich, er konnte über Pis'churus weiter nach Osten vorstoßen. Da lag das Gebirge As'charpaia,[22] ein langgestreckter, mächtiger Gebirgszug, der den nördlichen Arm des Euphrat im Norden von der Halys-Quelle bis zur Ebene von Palaa (Erzingjan) gegen die Talmulden des oberen Dachchar (Kelkit) scheidet. In diesem Gebirgszug hatten sich Gaschgasch-Stämme niedergelassen, und sie bedrohten die Verbindung des Reichs zu jenem Außenposten Palaa, wo sich ein Vetter des Mursilis, abgeschnitten vom Reich, gegen eine Übermacht von Feinden nun schon zehn Jahre behauptete. Mursilis zog also gegen diese Neusiedlungen der Gaschgasch, um wenigstens einen Handelsweg zu jenem Vetter hin wieder zu ermöglichen. Darum begnügte er sich nicht, die Gaschgasch zu unterwerfen — jedes Dorf hier wäre als Unterschlupf für Räuber gefährlich gewesen. Er vertrieb also die Siedler und machte das Gebirge unbewohnt. Einzelheiten darüber sagt uns der summarische Bericht nicht. Auch die Namen der beiden Orte, zu denen er zurückkehrte, sagen uns nichts. Vermutlich ist der erste, Sammacha (nicht zu verwechseln mit Samucha) der Grenzort, in dem Mursilis wieder das gesicherte Reichsgebiet betrat, der zweite, Ziulila, der Platz, von dem aus der König seinen sogleich anschließenden Feldzug im Westen begann.

Die Arawanna westlich des Halys nämlich hatten zur Zeit, da Suppiluliumas in Syrien weilte, gelegentlich wieder den Grenzort Kassija am Halys angegriffen und geplündert.[23] Nun, da sie sich keines Angriffs gewärtigten, da Mursilis noch eben weit im Osten beschäftigt gewesen war, schien der günstige Augenblick, jenen Überfall zu rächen. Unversehens kam Mursilis über den Halys und fiel die nichtsahnenden Arawanna an. Der genaue Feldzugsbericht ist leider bisher nicht vorhanden; nur vermuten läßt sich, daß Kammala (Çenkiri) und Ankala (Ankara) die Hauptziele waren, weil von jenem bei den Angriffen auf Kassija immer die Rede zu sein pflegt und von diesem wenigstens ein gefangener Masa gelegentlich erwähnt wird.[24] 3500 Gefangene will Mursilis von diesem Feldzug heimgebracht haben.

In seinem nächsten, dem sechsten Regierungsjahr scheint sich Mursilis vornehmlich den inneren Staatsgeschäften gewidmet zu haben. Nur eine kriegerische Unternehmung berichtet er, und diese spielte sich dicht neben der Hauptstadt ab. Seit der Zeit des Tutchalijas III. hatten sich Gaschgasch im Gebirge Tarrikarimu festgesetzt. Da sie von hier aus die Hauptstadt selbst geplündert hatten, so muß das wohl der Gebirgsstock sein, der hinter Yazili Kaya so mächtig aufsteigt und oben in ein weites, heute waldloses Hochplateau übergeht. (Weniger wahrscheinlich ist eine Lokalisation auf dem Gebirge südlich von Chattusa in Richtung auf Nefez und Tambasan.) Jedenfalls hatten sich diese Gaschgasch seit jener Zeit ruhig verhalten und zu keinem Vergeltungszug Anlaß gegeben.[25] Aber Mursilis hatte nun einmal einen Haß gegen die Gaschgasch allgemein. Sie schienen ihm überall gefährlich. So überfiel er auch die Siedler auf diesem Berge, im Lande Zicharrija. Er brannte alles nieder und vertrieb die Einwohner. Der Berg, der Chattusa gefährden konnte, sollte künftig unbewohnt bleiben. Der Berg über Yazili Kaya ist unbewohnt bis zum heutigen Tage.

Vom folgenden, siebenten Jahre sind die Berichte nur sehr summarisch oder lückenhaft auf uns gekommen. Zuerst brachen Unruhen in Nuchasse in Syrien aus. Die Kunde oder das Gerücht, ein ägyptisches Heer sei im Anmarsch, ließ diese bedrohlich anwachsen. Mursilis schickte seinem Bruder Scharri-Kuschuch Truppen unter Kantuzilis zu Hilfe, um Nuchasse zu bändigen. Er selbst wollte kommen, wenn sich die Ägypter wirklich einmischten. Aber dazu kam es nicht.[26] So konnte sich der König den Verhältnissen an der Nordgrenze zuwenden. Im Gaschgasch-Orte Tipija, erzählt uns Mursilis, hatte ein Mann namens Pichchunijas eine königliche Gewalt aufgerichtet, während dieses Volk sonst republikanische Regierungsformen mit den Ältesten an der Spitze des Dorfes zu haben pflegte.[27] Dieser Pichchunijas nun hatte, wie schon berichtet, als Suppiluliumas in Syrien weilte, das Hochland angegriffen. Er war dabei bis Zazzisa vorgedrungen, das Suppiluliumas den Azzi abgenommen hatte. Eine Stadt Istitina, die auch in den Grenzkämpfen gegen Azzi erwähnt wird, hatte er eingenommen, zerstört und ihr Gebiet zum Weideland gemacht, die Einwohner aber „hinunter" ins Gaschgasch-Land verschleppt. Wir haben Tipija also in einer Niederung, zwischen Amasia und dem Iris-Tal, zu suchen, wenn ich mich auch dort vergeblich nach einem Hüyük umgeschaut habe, der die Reste bergen könnte.

Das war nun schon einige Jahre her, und Mursilis hatte darüber weggesehen, weil der tatsächliche Friede an dieser Grenze ihm für die wichtigeren Unternehmungen freie Hand gelassen hatte. Jetzt aber fordert er schriftlich die Rückgabe der Gefangenen.[28] Andernfalls werde er mit Heeresmacht kommen. Der Kleinfürst wies das Ansinnen trotzig ab und erwiderte, er werde dem Mursilis im Chatti-Lande entgegen-

treten, wenn dieser ihn angreife. Aber die hochfahrende
Rede wurde durch den Erfolg des Mursilis Lügen gestraft.
Es gelang ihm, das Land Tipija zu besiegen. Die Einzelheiten
verschweigt der sehr summarische Bericht leider wieder. Tipija
selbst wurde verbrannt und wird nicht wieder erwähnt.
Pichchunijas entkam zunächst, und Mursilis verfolgte ihn nicht,
sondern benützte den Sommer, um Kannuwara, Istitina und
Zazzisa wiederaufzubauen. Die Orte scheinen so gelegen zu
haben, daß sie zugleich die möglichen Fluchtwege des Pichchunijas versperrten. So fand Pichchunijas schließlich keinen
anderen Ausweg mehr, als sich freiwillig dem Mursilis zu
stellen, und dieser führte ihn nach Chattusa ab, scheint ihm
aber weiter nichts zuleide getan zu haben.

Unterdessen war auch Scharri-Kuschuch der Unruhen im
Land Nuchasse (das sich südlich Aleppo vom Orontes bis zum
Euphrat erstreckte) Herr geworden. Die Ägypter waren beim
Herannahen der Hethiter ohne Kampf weggestoben, wenn
wir nicht richtiger übersetzen müssen: Das Gerücht von ägyptischen Truppen hatte sich als leeres Gerede entpuppt. Jedenfalls war Mursilis auch dieser Sorge enthoben und griff sogleich die nächste Aufgabe an. Hinter Tipija lag das Land
Azzi. Längst herrschte dort nicht mehr der von Suppiluliumas eingesetzte Herrscher, sondern ein neuer König Annijas stand an der Spitze des Landes. Dieser benützte die
Niederlage von Tipija, um sich Dankuwa (Dacoba[?] unfern
von Amasia [29]) anzueignen.

Amasia ist mit größter Wahrscheinlichkeit die Grenz-
festung des Landes Azzi, die bei den Hethitern 'Ura' heißt.[30]
Den Namen 'Amasia', 'Frauenstadt' ('Ama' ist Name der
Muttergöttin), hat es erst nach 1200 im Zusammenhang mit
jener Bewegung erhalten, deren Geschehen in die Amazonen-
sage verhüllt ist.[31] Südlich von Amasia mündet von Osten
her ein Tal in das Iris-Tal, und etwa zwölf Kilometer aufwärts in diesem liegt ein Hüyük, auf dessen Oberfläche wir

Scherben, hauptsächlich der Römerzeit, und Brandschutt gefunden haben. Er bewacht den Ausgang aus einem Seitental, wo heute zwei Kilometer nördlich, sonst ringsum eingeschlossen, in einem Felsenkessel das Dörflein Kale-Köi liegt. Schwer ersteigbar liegt darüber eine Felsenburg, wahrscheinlich zur Zeit des Reiches von Pontos errichtet, mit einer tiefen, durch Treppe zugänglichen Zisterne. Ein Bruckstück einer Inschrift in griechischen Buchstaben, das wir auf der Geröllhalde beim Aufstieg liegen sahen, bezeichnet die Burg als 'Dakopene Galalōn': 'die galatische Dakopene'.[32] Diesen Ort dicht an seiner Grenze also scheint der König von Azzi aus dem Gebiet von Tipija an sich gerissen zu haben. Mursilis aber beanspruchte alles, was Tipija besessen hatte, als hethitisches Gebiet. So schrieb er zunächst an Annijas, den König von Azzi, er solle die freiwillig oder unfreiwillig in sein Land übergesiedelten Einwohner herausgeben. Er betonte, daß er an der Grenze von Azzi Krieg geführt, aber dessen Gebiet nicht verletzt habe. Annijas erwiderte abschlägig. Daraufhin sandte Mursilis eine Kriegserklärung und rückte vor Ura.[33] „Und wer diese Tafel vorlesen hört, der soll gehen und diese Stadt Ura ansehen, wie sie gebaut ist." Der Iris tritt bei Amasia von Süden her in eine tiefe Schlucht ein. Besonders die Wand, in die später die Königsgräber der Herrscher von Pontos als Nischen eingehauen wurden, steigt streckenweise senkrecht auf. Oberhalb dieser Wand ist die Seldschukenburg, die wie an anderen Stellen wahrscheinlich eine ältere Anlage ersetzt hat (s. K. Eller, Das goldene Buch der Türkei, Abb. 149). Man kann dem Mursilis nachfühlen, wenn er stolz darauf war, eine solche Anlage genommen zu haben. Leider ist die Einzelbeschreibung des Feldzugs verloren, und es ist müßig, sich darüber Gedanken zu machen, wie eine solche Festung überhaupt hat angegriffen werden können.

Jedenfalls war die Wirkung dieses ersten Kriegserfolges so, daß die Leute von Chajasa (der Hauptstadt von Azzi) einen

Herold an Mursilis schickten, um Frieden baten und die Auslieferung der Verschleppten versprachen. Gleichzeitig aber
trafen bedrohliche Meldungen über einen Aufmarsch der
Assyrer ein. So gewährte Mursilis ihnen Frieden und zog
selbst mit seinem Heere nach Syrien, unter dem Vorwand,
der großen Göttin Chepat von Kummanni, die die Griechen
'Artemis' nennen, das Fest zu feiern, das er ihr schuldig sei.
Allerdings zog er nicht den direkten Weg, sondern über
Tiliura[34], von wo der Weg nach Syrien ihn über Pachchuwa
und Isuwa geführt haben muß, d. h. durch die Länder an der
assyrischen Grenze, die am ehesten hätten zum Feinde übergehen können. Die Abwesenheit des Hethiterkönigs benützte
Annijas. Er erklärte, daß der Friede ohne seine Zustimmung
geschlossen worden sei. Er verhinderte die Auslieferung der
verschleppten Hethiter, weil ihm die Bewohner von Chajasa
keinen Ersatz dafür zahlen könnten. Er fiel seinerseits in das
hethitische Gebiet ein, zerstörte die eben neugebaute Festung
von Istitina und belagerte Kannuwara. Mursilis bedurfte des
Heeres, das er bei sich hatte, um den Assyrern Schach zu
bieten.[35] Aber er hatte eine Abteilung unter dem 'Kellermeister' (dem 'Großen des Weins') Nuwanzas, also dem
Amtsnachfolger des Chimuilis, der unter Suppiluliumas so
lange diese Würde innehatte, in der Nordostecke des Reiches
zurückgelassen, wo der Kommandant von Palaa mit einem
Orte Wasulana[36] in Kampf geraten war. Das Erscheinen des
Nuwanzas hatte diesen Kampf zugunsten der Hethiter
entschieden. Diesem Nuwanzas also schickte er den Auftrag,
nun gegen Azzi anzutreten.

Es war ein langwieriger Marsch (von Erzingjan bis Amasia). Nuwanzas hatte also noch Zeit, eine Rückfrage zu stellen, offiziell wegen der Vorzeichen — die Opferschau konnte
er als Unterfeldherr nicht gültig durchführen. In Wirklichkeit war die Frage, ob der König nicht selbst den Oberbefehl
im Kampfe übernehmen wolle. Mursilis aber schrieb zurück,

die Vorzeichen seien günstig, und gab ihm damit den Befehl zum Angriff. Nuwanzas besiegte den König von Azzi in einer überaus blutigen Schlacht (wie die Annalen ausdrücklich hervorheben).

Inzwischen verliefen die Feste in Kummanni und dem benachbarten Orte Kizzuwadna nicht ganz nach Wunsch.[37] Scharri-Kuschuch, der Bruder des Königs, war zum Feste nach Kummanni gekommen. Aber dort war die tödliche Seuche noch nicht erloschen oder flammte vielmehr wieder von neuem auf. Scharri-Kuschuch erlag ihr. Und während Mursilis die Totenfeiern für den Verstorbenen feierte, erhob sich die Bevölkerung von Nuchasse wieder. Drohte doch der willensstarke Scharri-Kuschuch von Karkemis nicht mehr. Sie griffen Aleppo an. Dabei scheint der dortige Herrscher, der 'Priester' Telipinus, umgekommen zu sein.[38] — Oder war er schon kurz vorher gestorben und mußte Mursilis eben darum die Feste von Kummanni und Kizzuwadna dieses Jahr selbst vollziehen?

Mursilis schickte noch während des Festes einen Feldherrn Inaras gegen Nuchasse und Kinza.[39] Wir erfahren bei dieser Gelegenheit, daß der alte Ränkeschmied Aitakama, der auch in den Amarna-Briefen als Unruhestifter bekannt ist, hinter dem Aufstand von Nuchasse die treibende Kraft war. Beim Herannahen der Hethiter gewann die Friedenspartei die Oberhand. Der eigene Sohn richtete sich gegen Aitakama und erschlug ihn. Mursilis sah darin das Werk der Eidgötter, die den Bruch des Vasallenvertrages rächten. Der Bitte um Frieden versagte er sich zunächst. Inaras sollte dem Bürgerkrieg untätig zusehen und dann erst später eingreifen, um als Friedensbringer zu wirken.

Mursilis selbst zog nach Kargamisch und weiter südlich nach Astata (wohl = 'Thapsakos').[40] Hier nämlich befand sich die Furt durch den Euphrat, auf welcher ein Feind am ehesten herüberkommen konnte. Mursilis befestigte den Ort und legte eine Besatzung hinein. Die Assyrer marschierten am anderen Ufer des Flusses auf, wagten aber angesichts der Hethiter nicht, den Fluß zu überschreiten und zogen gegen Ende des Sommers wieder ab. Mursilis benützte die Ruhe, um den Sohn des Telipinus, Talmisarmas, in Aleppo und den Sohn des Scharri-Kuschuch, X-Scharruma, als König in Kargamisch einzuführen.[41]

Bei der Einsetzung zum Nachfolger des Telipinus hat Mursilis den Talmisarmas einen Vertrag unterzeichnen lassen, dessen Abschrift uns erhalten ist.[42] Für uns ist daran der geschichtliche Rückblick auf die Beziehungen zwischen Chalpa (Aleppo) und dem Hethiterreich das Interessanteste. Obwohl der neue Herrscher doch der Neffe des Mursilis war und mit den früheren Herrschern von Chalpa nicht das Mindeste zu tun hatte, wird ihm doch vorgerechnet, was seine unabhängigen Vorgänger alles gegen das Hethiterreich gesündigt hätten. Mursilis wußte eben, was viele heutige Politiker nicht wissen, daß die geographische Lage eines Landes auch seine Politik notwendig mitbestimmt, oft stärker als der Wille des Herrschers.

Nicht viel später muß auch der Schiedsspruch über Ijaruwata erlassen worden sein,[43] durch den Mursilis die südwestlich an das Gebiet von Chalpa anschließenden Gegenden ordnete. Bei seiner Empörung gegen die Hethiter hatte Tette von Nuchasse im Verein mit Enurta-El, dessen Stellung wir nicht kennen, den König von Barga, Abirattas, vertrieben, und die Stadt Ijaruwata, die ungefähr die Vorgängerin des späteren Antiochia gewesen sein muß, für sich behalten. In Barga hatte er, wie es scheint, den Bruder des Abirattas, mit Namen Aridattas oder churritisch 'Ir-Teschup', eingesetzt. Abirattas war an den Hof der Hethiter geflohen und hatte sich mit Mursilis verständigt. Mursilis besiegte bei seinem Einrücken in Syrien den Enurta-El und setzte den Abirattas wieder als Herrscher von Barga (wohl dem griechischen

'Pagros', dem Gebiet nördlich von Antiochia) ein.[44] Aber auch Aridattas hatte sich dem Mursilis zugewandt. Mursilis legte dem Abirattas auf, er solle den Ir-Teschup als Sohn und Thronfolger adoptieren: Damit war der Streit der beiden Prätendenten aus der Welt geschafft. Das ist zwar nicht ausdrücklich gesagt, aber nur so wird das Schriftstück verständlich. Sollte sich allerdings Ir-Teschup wieder empören, so sollte sein Thronfolgerecht nichtig sein.

Über die Stadt Ijaruwata hatte Mursilis mit Abirattas vereinbart, daß ihr Boden und ihre Gebäude und Grabstätten dem Abirattas gehören sollten, die Einwohner und Beute aber dem Mursilis, im Falle einer von beiden die Stadt im Kampf einnehme. Jetzt fügte Mursilis hinzu: Sollte aber durch eine Revolution in Nuchasse Tette gestürzt werden (Mursilis war wohl daran, ein solches Ereignis herbeizuführen) und der neue Herrscher sich den Hethitern zuwenden, so solle die Stadt bei Nuchasse verbleiben. Eine ähnliche Teilung der Beute haben später die Römer mit den Aitolern vereinbart:[45] Der eroberte Boden sollte den Aitolern, die Beute an Menschen und beweglichem Gut den Römern gehören. Da wir dem Abirattas nicht unterstellen wollen, er habe seine eigenen Untertanen an Mursilis verhandelt, so werden wir annehmen müssen, daß die Stadt Ijaruwata von Nuchasse aus nach der Besitzübernahme neu besiedelt worden war.

Ausdrücklich werden dann noch zwei Parteigänger der Hethiter,[46] die bei den Wirren treu geblieben waren, persönlich unter den Schutz des Hethiterkönigs gestellt, und jede Verletzung des Friedens gegen sie wird als Vertragsbruch gegenüber dem Hethiterreich erklärt. Es muß sich dabei um kleinere Vasallen des Gebietes oder der direkten Nachbarschaft handeln; doch ist Näheres nicht auszumachen.

Etwas später mag der Text fallen, in welchem Mursilis dem Duppi-Teschup von Amurru und zwei anderen sonst nicht bekannten Dynasten vorschreibt:[47] Wenn sie sich gegenseitig die Einwohner von Orten wegschnappten, so sollten sie darüber nicht Krieg anfangen, sondern es der 'Sonne' melden; dann werde er den Fall untersuchen und das Recht wiederherstellen. Das heißt, Mursilis will anstelle des herrschenden Faustrechts in diesen Gegenden den Landfrieden durchführen.

Hatte es denselben Zweck, wenn er in Ugarit einem Vasallen Abdianati von Sijanu die Selbständigkeit gab?[48] Dieser Fürst sagte sich von Ugarit los und unterstellte sich dem König von Kargamisch. Mursilis bestätigte den Herrschaftswechsel, und Niqmepa von Ugarit erreichte nur, daß ihm daraufhin wegen des geschmälerten Gebietes auch der Tribut verringert wurde, den er jährlich zu zahlen hatte.

Noch beim Aufenthalt in Syrien traf den König ein neues Unheil, das nicht in den Annalen verzeichnet steht:[49] Auch seine Frau erlag der Seuche. Und vielleicht noch schlimmer war es, daß er den Verdacht hatte, daß seine Stiefmutter, die babylonische Prinzessin, die den Namen Tawanannas führte, bei diesem Todesfall die Hand im Spiele gehabt habe. Er traute dieser herrischen Frau böse Zauberei und Giftmord zu.

Als die Assyrer abgezogen waren, war die gute Jahreszeit nahezu zu Ende.[50] Für einen Feldzug gegen Azzi war es zu spät. Aber Mursilis wollte nicht untätig bleiben. Er hielt zunächst eine Truppenschau in Charran, nicht der mesopotamischen Stadt dieses Namens, sondern im Zentrum des Reiches, westlich von Bogazlayan, wo der Name noch an dem Hüyük haftet.[51] Von da zog er, um unbeobachtet zu sein, in Nachtmärschen gegen die Gaschgasch-Orte um Nerik. Einer davon hatte einen hethitischen Nachbarort 'x-na' geplündert, vermutlich den Bergwerksort Zisparna, der durch seinen Kupferbergbau schon in der Assyrerzeit reich war und bis heute blüht ('Akdag Maden'). Mursilis schlich sich an diesem

Ort vorüber nach Pigainaressa und überfiel dieses bei Nacht, nahm die ganze Bevölkerung gefangen und lud sie auf Wagen, um sie nach Chattusa zu führen. Rückkehrend eroberte er dann Iachressa,[52] auf dessen Züchtigung es vor allem abgesehen war. Dann wandte er sich nach Norden. Als er einen dritten Ort niedergebrannt hatte, kamen die bestürzten Nachbarn herbei und boten ihm freiwillig Heeresfolge an. Damit hatte er den eigentlichen Zweck erreicht, seine Truppen aufzufüllen. Waren doch die Gaschgasch offenbar die kriegstüchtigsten Stämme von Kleinasien. Wir können die Orte nur ungefähr lokalisieren, nur Chursama, heute 'Chorun', existiert noch unter dem alten Namen. Doch liegt das heutige Dorf etwa einen halben Kilometer von dem trotzigen Felsvorsprung, auf dem die Scherben der alten Zeit Zeugnis geben von einer burgartigen Siedlung, die das Tal unterhalb überwachte.[53] Mursilis rühmt sich, diesen Feldzug in neun Tagen beendet zu haben. Es handelt sich also um ein sehr eng begrenztes Gebiet, das von seinem Überfall betroffen wurde.

Das zehnte Regierungsjahr des Mursilis, 1340 v. Chr., wurde eingeleitet von einer totalen Sonnenfinsternis[54] über Chattusa im Januar. Mursilis ließ sich von dem Vorzeichen nicht schrecken, sondern zog alsbald gegen Azzi. Den Ausgangspunkt des Feldzugs, Ingalawa, kann ich nicht lokalisieren. Das Heer von Azzi stellte sich tags nicht zum Kampf; gegen den geplanten nächtlichen Überfall traf Mursilis seine Vorkehrungen. Die Hauptstadt Chajasa im unteren Becken des Kelkit wird im erhaltenen Bericht nicht erwähnt: Wir hören nur, daß der König eine Abordnung freundlich aufnahm. Offenbar hat sich diese Stadt freiwillig ergeben. Denn die folgenden Ereignisse zeigen, daß vorher von der Eroberung dieses Gebietes die Rede gewesen war. Über das Kelkit-Tal hinaus nämlich drang Mursilis — wohl dem Iris entlang — bis an die Meeresküste vor.[55] Die Einwohner des

Landes stellten sich nicht zur offenen Feldschlacht, sie besetzten teils die Berge, teils die auf den Inseln einer Lagune liegenden Orte Aripsa und Dukkama. Oberhalb Aripsa hatten die Einwohner den Berg besetzt — es sind hier recht steile Höhen, die westlich der Flußmündung bis dicht an das Meer heranrücken. Mursilis nahm den Kampf mit ihnen auf und besiegte sie. Er überließ die Stadt dem Heere zur Plünderung und die Gefangenen als Beute. So ging der Schrecken vor ihm her, und Dukkama ergab sich ohne Kampf und leistete den Eid der Heeresfolge. Mursilis rühmt sich, dreitausend Mann in das Königshaus geführt zu haben; offenbar diente ein Teil der Burg von Chattusa als Kaserne. Die Verhältnisse des eroberten Landes zu ordnen, verschob er auf später. Die Annalen verschweigen die Familienschwierigkeiten, die ihn heimriefen; sie berichten nur von seiner Rückkehr und den Festen, die er feierte. Zu Ehren des Erfolges verfaßte er den Bericht über die Siege, die er in diesen ersten zehn Jahren erfochten hatte und legte ihn als Rechenschaft vor der Göttin von Arinna im großen Tempel von Chattusa nieder [56] — zum Dank für die Hilfe, die sie ihm gewährt hatte. War es ihm doch gelungen, alle die Feinde, die sich bei seinem Regierungsantritt erhoben hatten, dem Reiche wieder zu unterwerfen.

Dieses erste Annalenwerk des Mursilis ist ein Einschnitt in der Geschichte des menschlichen Geistes. Da er es nicht für Menschen, sondern für die Göttin schrieb, so hatte er keinen Grund, seine Taten aufzubauschen. Ja, es macht ihm Freude, seine Erfolge auf die Hilfe der Götter zurückzuführen. Er ist nicht ruhmredig. Eben als Bericht an die Göttin ist es das erste wirkliche Geschichtswerk, das nach keinem Effekt strebt, sondern darzulegen sucht, wie es wirklich gewesen ist. Freilich gibt es nur Bericht über die Taten des Königs selbst, nicht über seine Generäle und erst recht nicht über seine Feinde. Die Redeweise trägt dabei deutliche Spuren, daß das Werk vom König selbst diktiert und nicht nur von einem Schreiber zusammengestellt ist.

Und die Hinwendung zur Geschichte hatte sogleich die Folge, daß der einmal erwachte Sinn für die Vergangenheit sich weiter betätigte. Mursilis verfaßte alsbald auch einen Bericht über die großen Taten seines Vaters: Auch sie sollten nicht in Vergessenheit geraten. Mehr noch als in seinen Zehnjahr-Annalen hebt Mursilis dabei die Gefahren heraus, in denen das Reich zu Anfang der Regierung des Suppiluliumas beinahe zerrieben worden wäre. Eben dadurch macht auch dies Werk den Eindruck einer objektiven Geschichtsschreibung.

X. WEITERE REGIERUNG MURSILIS' II.

Übergangen werden in den Annalen die inneren Verhältnisse und Nöte. Kurz nach dem Bruder war, wie gesagt, auch die Gattin des Mursilis gestorben (wahrscheinlich die Frau Gassulijawijas, die er auf einem Siegel nennt)[1]. Mursilis legte diesen Todesfall seiner Stiefmutter zur Last, die bösen Zauber geübt habe. Wie erwähnt, hatte die babylonische Prinzessin, die den hethitischen Namen 'Tawanannas', 'Königin', erhalten hatte, von Babylon fremde Bräuche mitgebracht, die dem König nicht behagten, und sie der Bevölkerung übermittelt.[2] So undeutlich sich Mursilis ausdrückt, wir können erraten, daß die sakrale Prostitution gemeint ist. Denn er fährt fort mit einem Bericht, daß er eine Dirne aus dem Gefolge der Tawanannas aus dem Palast ausgewiesen hat. Und als sie aus dem Palast (in die Stadt) herunterkam, plauderte sie aus, was für Zauberriten die Tawanannas vollziehe. Die Gattin des Mursilis erfuhr davon und berichtete ihm darüber — aber sie wollte keine Hinterbringerin sein, beide ließen die Sache ruhen. Doch das Mißtrauen war nun rege. Als die Königin krank wurde, führte das der König auf einen Trunk zurück, den die Schwiegermutter ihr gegeben hatte — uns liegt es näher, an die immer weiter wütende Seuche zu denken. Als der König in Kargamisch weilte, war die Stiefmutter auch dabei, und es wurde beobachtet, daß sie dort im Tempel der Göttin Kubaba verwünschende Gebete gegen die Verwandten gesprochen habe. Aber Mursilis betont, trotz aller dieser Verdachtsgründe nichts gegen die Tawanannas unternommen zu haben.

[1] Anmerkungen zum zehnten Kapitel s. S. 332 ff.

Aber staatsgefährdend wurde das Intrigieren dieser Stiefmutter, als sie die Sonnenfinsternis von Anfang 1340[3]
darauf ausdeutete, daß das ganze Königshaus zugrunde gehen
und das Königtum auf eine weibliche Linie, die Nachkommen
einer (uns sonst unbekannten) Prinzessin Aminnaia, übergehen werde. Mursilis befand sich auf dem Feldzug gegen
Azzi, als ihm dies gemeldet wurde. Vielleicht kehrte er mehr
wegen dieser Gefahr zurück, ehe er die Verwaltung von Azzi
geordnet hatte, als wegen der Feste, die er in den Annalen
als Grund nennt. Denn diese Prophezeiung war ja regel-
recht Aufforderung zum Hochverrat zugunsten der Nachkommen jener Aminnaia. Er nahm der Tawanannas ihre
hohe Priesterinnenstellung als 'Gottesmutter' und verwies sie
„aufs Land", vermutlich in eine ferne Provinz.[4] Aber er
betont in seinem diesbezüglichen Gebet ausdrücklich, er habe
ihr nichts zuleide getan; sie könne ihr Brot essen und habe
Wasser für ihren Durst und könne das Licht der Sonne sehen.
(Er hat sie also nicht blenden lassen, wie das sonst im hethitischen Rechtsbrauch nicht selten geschah.) Dabei muß man
der Tawanannas zugestehen, daß eine totale Sonnenfinsternis
wirklich nach den Deutungsprinzipien der damaligen babylonischen Astrologie den Tod 'der Sonne', des Königs, bedeuten konnte.

Mursilis hat zwar wegen seines Vorgehens zeitlebens ein
schlechtes Gewissen behalten: Immer wieder[5] kam er in Gebeten und Orakelanfragen darauf zurück. Aber er ließ sich
nicht schrecken. Er heiratete zum zweiten Male und hatte aus
dieser Ehe vier Kinder: nämlich drei Söhne und eine Tochter.
Die Gattin hieß wahrscheinlich Malnikal. Da sie wieder einen
von der Nikkal, der Göttin von Charran, abgeleiteten Namen
trägt, scheint sie eine Prinzessin aus der syrischen Verwandtschaft, vielleicht eine Tochter des Scharri-Kuschuch, gewesen
zu sein. Der Name der ersten Frau erscheint nicht in den
Opferlisten, da sie nie die priesterlichen Würden der Königin

erlangt hatte und darum auch nicht die Opfer erhielt, die für diese Priesterinnen nach dem Tode dargebracht wurden. Da die Götter einen Anspruch auf diese Kulthandlungen der Königin hatten, muß Mursilis gleich nach der Verbannung der Stiefmutter oder vielleicht schon etwas vorher wieder geheiratet haben.

Im folgenden Jahr (1339) zog Mursilis von neuem nach dem Lande Azzi.[6] Zu neuen Kampfhandlungen kam es nicht. Der Herr von Chalimana, Muttis mit Namen, das wir im bisher noch nicht vom Krieg heimgesuchten Gebiet suchen müssen, kam im Auftrag aller Azzi-Leute und bot die Unterwerfung an. Mursilis vereidigte die Einwohner und machte das ganze Land, nach Osten vermutlich bis Ordun, zur hethitischen Provinz mit der Pflicht zur Heeresfolge. Im übrigen blieb dieses Jahr Friede. Es mag diese ungewöhnliche Ruhepause gewesen sein, die er mit der Aufzeichnung über die Taten seines Vaters ausfüllte.

Da hörte er, daß Mas'chuiluwas, der Fürst von Miraa (Karien) und Kuwalija (Kelainai), das Land Pitassa (Pisidien) aufzuwiegeln suche.[7] Es lag nahe, daß der Fürst von Westkleinasien mit den pisidischen Gebirgen die natürliche Grenze in die Hand zu bekommen suchte, die ihn gegen einen Angriff von Lykaonien her decken würde. Ohne diesen Besitz war er jedem Angriff ausgesetzt, da das Mäander-Tal bis zur Mündung nirgends eine natürliche Verteidigungsstellung bietet — die Hügel von Laodikea etwa ausgenommen. Aber eben in diesem Streben sah der Hethiterkönig schon einen Versuch der Untreue; und dem Sinne nach war es das auch wirklich. So forderte Mursilis ihn zunächst von Sallapa aus, wo er sein Heer sammelte, schriftlich zur Rechenschaft auf; dann rückte er mit seinem Heere gegen Miraa an und rief die Götter zur Entscheidung der Fehde auf.

Mas'chuiluwas muß ihm ziemlich weit entgegengerückt sein, vermutlich auf dem Wege von Afyon nach Osten zu.[8] Aber er merkte, daß die Großen von Miraa gar kein Verlangen trugen, sich mit den Hethitern zu messen. Da floh Mas'chuiluwas nordwärts in das einzige Gebiet, das den Hethitern noch nicht untertan war, nach Masa (Phrygien, 'Mosa' zu sprechen, weil die Assyrer 'Muski' schreiben).

Mursilis verfolgte ihn zunächst nicht, er drohte nur, mit Heeresmacht zu kommen, wenn die Masa ihn nicht auslieferten. Und so gewaltig war sein Ansehen nun, daß die Masa das Gastrecht hintansetzten und den Fürsten von Miraa auswiesen oder auslieferten. Mursilis setzte ihn in Chattusa gefangen. Das Land Miraa mit Kuwalija aber gab er dem Kupanta-Kalas, dem Neffen, den Mas'chuiluwas und Muwattis, die Schwester des Mursilis, adoptiert hatten. Wir haben große Teile des Lehensvertrages noch. Ausdrücklich hebt Mursilis hervor, daß er nach Kriegsrecht über Miraa nach Belieben verfügen könnte; daß Kupanta-Kalas also nur aus Gnade, nicht nach Erbrecht, das Land des Adoptivvaters erhalte. Verpflichtet wurde er, nicht nur Unruhen im eigenen Land, sondern auch Aufsässigkeiten bei einem Nachbarn sofort an 'die Sonne' zu melden. Sein Gebiet ist das Mäander-Tal und das südöstlich anschließende Kuwalija (Kelainai, heute 'Dinar'). Als Grenzen werden ihm der Sijanta (bei Kolossai?), nach der andern Seite die Pässe von Oinoanda gesetzt;[9] östlich des Flusses wurde ihm nur eine Gottesstadt (Hierapolis?) zugestanden. In Richtung auf Madunassa (Magnesia/Manissa am Sipylos) sollte das früher erwähnte Lager des Tutchalijas die Grenze sein, das wir am ehesten am Paß gegen das Hermos-Tal suchen werden,[10] wo das Flußgebiet des Maiandros sehr plötzlich gegen Lydien zu abfällt. (Oder ist Magnesia/Madnassa am Maiandros gemeint und das Lager etwa bei Tralles gelegen?) Miraa ist also ungefähr dasselbe Gebiet, das später 'Karien' heißt.

Nachdem diese Verhältnisse geordnet waren, wandte sich Mursilis wieder den Gaschgasch zu, den ewig unruhigen Grenzvölkern im Nordosten des Reiches. Denn in seinen ersten Jahren hatte er nur diejenigen Stämme dieses Gebietes behelligt, die den Weg über das obere Halys-Tal nach Syrien durch ihre Raubüberfälle stören konnten. Ist doch dies die Route, die noch im 19. Jahrhundert die am besten gangbare Verbindung war, da sie die engen Taurus-Pässe umgeht. Jetzt aber begann Mursilis auch die unabhängigen, „aufständischen" Kantone abseits dieser Hauptstrecke zu unterwerfen. War auch jeder einzelne Kanton ungefährlich, so konnte sich doch der Aufstand von einem zum andern fortpflanzen, und dann konnte die Masse dem Reich bedrohlich werden, wie schon einmal unter Arnuwandas I. Außerdem kam es dem König darauf an, die wehrfähigen Gaschgasch in sein Heer einzureihen [11] — bei Feldzügen an anderen Grenzen des Reiches waren sie zuverlässige, tapfere Soldaten. Einzelne Orte stellten mehrere hundert Mann. Und das Land der Gaschgasch war wegen seiner Bergwerke wirtschaftlich bedeutsam. Das sagen die hethitischen Annalen nie, und doch wird es durch die Spuren der alten Bergwerke bezeugt. Auch ist in nachhethitischer Zeit das östlich anschließende Land ein Hauptgebiet der Stahlerzeugung [12] des Altertums gewesen.

Es gab also Gründe genug, weshalb dem Mursilis die Unterwerfung der Gaschgasch dringlich erscheinen konnte.

Die ersten beiden Feldzüge, die sich um Tumma und Kastama, das heißt im Skylax-Tal südöstlich von Zile, abgespielt haben, sind ungenügend überliefert,[13] so daß sich ein Zusammenhang nicht herstellen läßt. Nachdem diese Feldzüge, wie es scheint, erfolgreich abgeschlossen waren und damit der räumlich nächstliegende Gefahrenherd gelöscht war, zog Mursilis gegen Ende des Sommers seines 15. Jahres (= 1335 v. Chr.) [14] noch gegen Taggasta, das ich nahe dem nördlichen Euphrat-Quellarm östlich Divrigi (griech. 'Dagusa') suchen muß. Die Aufständischen aus Taggasta hatten ein weitgedehntes Gebiet besetzt oder wenigstens ihre Vorposten

dahin ausgesandt: Wir müssen die drei Orte, die Mursilis
nennt, wohl in den Gebirgen westlich des Euphrat suchen,
jedenfalls lag einer davon, Karachna, nicht allzufern von
Malatia. Die Aufständischen bedrohten damit den bestgang-
baren Durchmarschweg nach Syrien. Sie zu bändigen, war
darum vordringlich. Mursilis hatte nur wenige Truppen bei
sich; er bot den Landsturm der Gegend auf, um gegen diese
Feinde zu ziehen. Aber welchen Weg er nahm, ist nicht klar.
Die genannten Vorposten meldeten seinen Anmarsch, so
konnten die Leute von Taggasta einen Hinterhalt legen. In
dem vieldurchfurchten Gebirgsgelände um Divrigi gab es dafür mehr als eine geeignete Stelle. Und Mursilis gesteht,
er wäre beinahe in diesen Hinterhalt hineinmarschiert. Der
Aufklärungsdienst der Hethiter scheint also nicht sehr gut
ausgebildet gewesen zu sein; sie verließen sich mehr auf ihre
Stoßkraft und die Schnelligkeit ihrer Vorstöße.

Aber Mursilis erzählt weiter, ein Vogelzeichen, gesendet
vom Wettergott, habe ihn aufgehalten. Er machte so lange
halt, bis sich die undisziplinierten Gaschgasch im Hinterhalt
wieder in ihre Heimat zerstreuten, da der angekündete Anmarsch ausblieb. Dann erst wurden die Vogelzeichen günstig,
und Mursilis besetzte die Höhe, auf der Taggasta lag, und
eine Reihe andere Orte auf den Höhen über dem nördlichen
Euphrat. „In diese Gegend", sagt er, „war bisher kein Hethiterkönig gekommen." Um so mehr regten sein Erscheinen
und die Plünderungen seines Heeres die Bevölkerung auf,
und alles sammelte sich bei Kummesmacha (heute ‚Kummach'). Hier mündet in den Euphrat ein kleinerer Nebenfluß,
und der Ort selbst lag auf einem ringsherum fast senkrecht
abfallenden Plateau (Abb. 31), dicht über dem Euphrat. Er bot
reichlich Raum, um die von allen Seiten zusammenströmenden Gaschgasch aufzufangen und zu ordnen. Mursilis erfuhr
davon durch Späher, die von den Gaschgasch (wenn wir den
Text richtig ergänzen) gefangengenommen worden, dann

jedoch wieder entsprungen waren. Schnell entschlossen griff er an und drang (wie es scheint bei Nacht) bis in das Flußland um Kummach vor; ob er den Ort selbst erobert hat, beantwortet uns der Text nicht mehr, der hier wieder sehr lückenhaft wird.

Jedenfalls hat sich Mursilis nicht lange in Kummesmacha aufgehalten. Der Sommer ging zur Neige. Er eilte auf der Südseite des Euphrat-Armes zurück.[15] Und da der Fluß einen seichten Wasserstand hatte, so scheint er ihn ohne Mühe überquert zu haben und einen Ort 'Ka-x-x-nipa' überfallen zu haben, ehe sich die Einwohner dessen versahen. Dieser Ort muß schon ziemlich nahe bei Malatia gelegen haben (offenbar entspricht das Land des Kummesmacha-Flusses dem ganzen Gebiet am nördlichen Euphrat); denn am nächsten Tage konnte Mursilis vor Sunupassi erscheinen, das nur am Nordrand der Ebene von Malatia gelegen haben kann (da es bei anderer Gelegenheit Feuerzeichen von 'Malazzija' aus empfing). Es ragt hier an der Stelle, wo der seit der Römerzeit zur Hauptstraße ausgebaute Weg von Malatia nach Kangal die Ebene von Malatia verläßt und in die nördliche Bergkette eintritt, ein mächtiger Hüyük auf, wo sich Sunupassi recht gut lokalisieren ließe. Mursilis scheint nur das umliegende Land gebrandschatzt zu haben — von Beute ist auf der Lücke der Tafel schwerlich die Rede gewesen — und zog dann nach Istachara zurück. Ich sehe diesen Ort in Arabkir. Es liegt an einer tief eingeschnittenen Schlucht, die oberhalb des Ortes von Norden nach Süden streicht und sich bei diesem selbst ostwärts wendet, um ihre Wässer dem Euphrat zuzuführen, während sich von dem Orte nach Süden und Westen ein flachgewelltes Hochland dehnt.

Eben von dieser Seite rückte Mursilis an. Gewiß lag der Ort auch nach dieser Seite hin nicht ungeschützt (der alte Hüyük scheint nicht mehr zu existieren). Aber war er dem oberhalb des Ortes aufmarschierenden hethitischen Heere

gegenüber zu halten? Der örtliche Machthaber hatte sich gegen
Alluwamnas empört und sich selbständig gemacht. Es ist dem
Texte nicht mehr zu entnehmen, ob dies der König vor mehr
als hundert Jahren war oder ein Beamter des Mursilis gemeint ist, der den gleichen Namen trug. Ersteres ist wahrscheinlicher, weil Mursilis es gerne hervorhebt, wenn ihm
gelingt, was seine Vorfahren nicht in Angriff genommen
haben. Dann würde es sich um ein seit Generationen unab-
hängiges Dynastengeschlecht handeln.

Aber als Mursilis jetzt heranrückte, da sank dem lokalen
Herrscher der Mut, und er unterwarf sich. Mursilis aber
begnügte sich damit, daß der Ort (und sein Bezirk) ihm
wieder regelmäßig Truppen zu stellen versprach, und kehrte
ins befriedete Reich zurück. Diesmal überwinterte er in
Ankuwa.

Der Feldzug hatte zwar das Gebiet, in dem die beiden
Euphrat-Quellarme sich vereinigen, dem Hethiterreich unterstellt, aber seinen eigentlichen Zweck hatte Mursilis nicht
erreicht. Das Euphrat-Tal oberhalb von Kummach ist durch
die schluchtenartig tief eingewühlten Stromschnellen des
Flusses und durch nicht minder tief eingeschnittene Rinnen
der Schneewasser, die sich von beiden Seiten in den Fluß
ergießen, so zerklüftet, daß Mursilis mindestens in der ein-
setzenden Herbstzeit, die in dieser Gegend schon Schneefälle
bringt, nicht hindurchgelangen konnte. Nach wie vor blieb
sein Vetter Chudupijanzas in Palaa (Erzingjan), vom Hethiterreich abgeschnitten,[16] auf sich selbst gestellt; erst recht wieder
nach dem neuen Gaschgasch-Aufstand. Seit zwanzig Jahren
schaltete er auf eigene Verantwortung, wehrte zwar den
Feinden, die etwa in die Ebene von Erzingjan einzudringen
suchten, hatte aber nicht genug Mannschaft, um gegen die
Gaschgasch des nördlich anschließenden Flußgebietes des
Dachchar (Kelkit) vorzugehen. So setzte sich Mursilis für das
nächste Jahr das Ziel, dieses Flußgebiet des Dachchar bis nach

Tummanna hin wieder zu unterwerfen und damit Chudupijanzas aus seiner isolierten Lage zu befreien.

Aber die Gaschgasch brachten ein gewaltiges Heer zusammen,[17] angeblich 9000 Mann unter einem Anführer Pittagattallis aus Zichchana. Mursilis seinerseits rückte durch das obere Halys-Tal an und gewann die Höhen östlich von Zara, wo auch heute die Straße über den Gebirgspaß ins Flußgebiet des Kelkit hinüberführt. Auf demselben Schlachtfeld, auf dem Mithradates 1270 Jahre später dem Pompeius entgegentrat, erwartete Pittagattallis den Mursilis, bereit, sein Heer anzufallen in dem Augenblick, wo es aus dem Gebirge heraustreten würde. Eine andere Abteilung der Gaschgasch unter Pittaparas lagerte seitwärts, wahrscheinlich im Gebiet der Iris-Quelle.

Mursilis täuschte die Feinde. Er marschierte zunächst, als wolle er den Pittaparas angreifen, ließ aber dann in der Abendstunde kehrtmachen und marschierte die ganze Nacht hindurch den Berg hinunter in Richtung auf Sappiduwa (Pjürk bei Suşechri?). So gelangte er beim Morgengrauen ins freie Feld vor diesem Orte und hatte sein Heer entfaltet, ehe die Gaschgasch zum Kampf bereit waren. So zersprengte er die Feinde und vernichtete sie. Pittagattallis zwar entkam über den kleinen Bergrücken Ellurija zum Tal des Dachchar und brachte sich jenseits des Flusses in Sicherheit. Sein ganzes Heer aber löste sich auf. Mursilis brachte die Beute zurück nach Altanna, wo er vorher gerastet hatte, und ging nun über den Berg Kassu (Köse Dag) gegen Pittaparas los. Auch diesen jagte er in die Flucht. Die nachfolgenden Ereignisse verschweigt uns der lückenhafte Text.

Wo der Text wieder einsetzt, scheint Mursilis das ganze Gebiet am oberen Kelkit wieder in der Hand zu haben. Es ist dies allerdings ein fruchtbares Hügelland mit geringeren natürlichen Hindernissen. Jedenfalls hat er die Verbindung mit Chudupijanzas hergestellt, steht an der Grenze von

Kalasma und überlegt, ob er Kalasma angreifen soll,[18] wohin die Einwohner etlicher besetzter Orte (Kasilija ist noch lesbar) geflüchtet waren und von wo aus sie nun gegen den Hethiterkönig hetzten. Sie fanden damit um so mehr Anklang, als Kalasma früher in einem Vasallenverhältnis zum Großvater und Vater des Mursilis gestanden und erst seit kürzerer Zeit dies Verhältnis gelöst hatte. Seine Einwohner hatten allen Grund, einen Rachezug des Mursilis zu befürchten. Dieser hatte aber in den vorherigen Kämpfen so viel Beute gemacht, offenbar besonders Gefangene, daß er es für vordringlicher hielt, diese Beute in Sicherheit zu bringen. Er schickte nur den Großkellermeister Nuwanzas gegen Kalasma, der dessen Grenzorte Lalcha und Midduwa plünderte. Er selbst zog nach Süden ab, nach Pachchuwa (heute 'Pach'). Er hat also den Weg über Erzingjan genommen und dort den nördlichen Euphrat überquert. Wir können den Grund vermuten, warum er diesen Weg wählte: Er wollte nicht durch das Gaschgasch-Gebiet zurückkehren, wo flüchtende Gefangene leicht Unterschlupf finden konnten. Den Heimweg von Pachchuwa aus beschreibt Mursilis nicht mehr, da er durch befriedetes Gebiet ging. Die Natur und die alten Wegeverbindungen schreiben ihn vor: Er muß von Pachchuwa aus zum Arsanias und dann über Malatia heimwärts gezogen sein, sei es über Kangal nach Siwas oder über Kataonien und auf der assyrischen Handelsstraße nach Kanes. Auf letzterem Wege kam er auf keine Weise in die Nähe anderer Gaschgasch. Die Gefangenen waren eine erwünschte Auffrischung der Bevölkerung; war doch die große Seuche, die seit 20 Jahren die Reihen des hethitischen Volkes lichtete, noch immer nicht erloschen.

In Chattusa warteten religiöse Verpflichtungen auf den König: Die Feste, die alle sechs Jahre der Sonnengöttin von Arinna und der Unterweltsgöttin Lelwannis gehalten wurden,[19] waren wieder fällig.

Der Feldzug des folgenden Jahres[20] führte den Mursilis
ins Tal des Gelben Flusses. Man bemerke, wie sich die Feldzüge fächerförmig aneinanderreihen. Leider ist die erste Hälfte
des Berichtes verloren, so daß es nicht möglich ist, den Verlauf genauer zu lokalisieren. Wo der Text einsetzt, da befinden sich die Feinde auf einem steilen, mit Gestrüpp
bewachsenen Berge, wie es deren in der Türkei so viele gibt.
Mursilis ließ seine Wagen im Tal und zog zu Fuß seinem
Heere voran; da hielten die Gaschgasch nicht stand. Mursilis drang weiter nach Tapapanuwa, das an der Seite des
Hauptkammes eines Gebirges angelegt war, und von da
nach Chattenzuwa, einer protochattischen Kultstätte. Seit
den Tagen des Telipinus war kein hethitischer König hierher
gedrungen. Es kann sich also nicht um das Gebiet am Iris
unterhalb von Komana und Tokat handeln, das breit und
offen daliegt, sondern nur um den Oberlauf, der durch eine
tiefe Klamm und ein steiles Gebirge abgesondert ist (heute
'Almus'), oder aber um die sehr unübersichtlichen und wald-
bewachsenen Gebirge nördlich von Tokat.[21] — Jedenfalls
rundete der Feldzug die Erfolge der Vorjahre glücklich ab.
Wenn wir im Jahr zuvor hörten, daß ein Gaschgasch-Führer
aus Zichchana den Feldzug gegen Mursilis geleitet hat, so
war es dringlich, in die Gegend dieses Zichchana vorzudrin-
gen, und wenn es in dem uns erhaltenen Bruchstück des
Berichtes nicht genannt ist, so liegt der Ort doch so nahe,[22]
daß wir ihn sicher im verlorenen Teil vorher oder nachher
ergänzen dürfen.

Man könnte den Eindruck gewinnen, als ob Mursilis sich
in diesen Tälern in einen Kleinkrieg verwickelt hätte, der im
Mißverhältnis zu den großen Aufgaben des Reiches stand.
Aber wie heutzutage, so werden schon damals diese Gasch-
gasch-Gegenden ein Hauptgebiet des Bergbaus gewesen sein.
Davon redet Mursilis nicht; aber es ist der eigentliche Grund,
warum das Reich auf diese Gebiete nicht verzichten konnte.

Eine größere Aufgabe aber brachte dem König das folgende Jahr.[23] Leider ist gerade diesmal der Bericht so schlecht erhalten, daß man die Zusammenhänge nur ahnen kann. Wir hören davon, daß im Lande Masa, d. h. in Phrygien, innere Unstimmigkeiten zum Austrag kamen; doch wissen wir nichts Näheres. Mursilis nutzte diese Lage, um endlich auch dieses bisher im Reichsbau fehlende Kernstück Kleinasiens zu unterwerfen. Der Sieg war verhältnismäßig leicht; denn, wie im kultischen Gedenktag festgehalten wurde, die Masa hatten als Waffen nur hölzerne Spieße und Rohrpfeile; die Hethiter aber kamen mit Erz gerüstet. Freilich darf man die Wirkung der Pfeile als Fernwaffen nicht unterschätzen.[24] Aber es siegte doch notwendig das besser gerüstete Heer. Und einmal im Lande, konnten den Hethiter auch keine natürlichen Hindernisse aufhalten.[25] Von Ankara bis zum Sangarios erstreckt sich ein liebliches, flaches Hügelland, und westlich des auf Furten zu durchquerenden Sangarios dehnt sich hinter einer quellenreichen und dadurch eher anziehenden kleinen Gebirgsrippe von Siwrihissar die weite, nur schwach gewölbte phrygische Flur, undurchschnitten, so weit das Auge reicht, nur im Süden von zerklüfteten Bergen begrenzt, im Norden vom Strombett des Sangarios begleitet.

Es ist nicht klar, ob sich auf diesen Feldzug auch ein Bruchstück bezieht, das vom Zusammenwirken des Fürsten des Secha-Fluß-Landes mit Mursilis berichtet. Doch ist dies nicht unwahrscheinlich. Wir finden Manapa-Dattas auch später noch einmal in enger Beziehung zum König.

An diese Stelle gehört vielleicht ein neu gefundenes Stück der Annalen. Der Bericht[26] beginnt mit einer Heimkehr des Mursilis nach mindestens einem Jahr der Kämpfe. Und wenn gesagt wird, er habe die Gaschgasch von Durmitta bis zum Dachchar-Fluß-Land überwältigt, so kann das ein Rückblick auf frühere Jahre sein. Da, wo die Annalen wieder einsetzen, ist Mursilis soeben heimgekehrt und hat ein Fest gefeiert. Da meldet ihm ein Mann 'X-Sarruma' (bestimmt nicht der Neffe in Kargamisch), daß zwei Gaschgasch-Häupter aus Atchulissa (am Kelkit) einen weit ausgreifenden Gaschgasch-Aufstand anzettelten. Das eine Jahr, das Mursilis nicht im Gaschgasch-Gebiet erschienen war, hatte genügt, um neuen Widerstand zu entfachen. Dazu flammte auch die Seuche wieder auf. Der König befand sich in Charziuna (Akserai am Tatta-See), wie es scheint, um einen Feldzug gegen Arzawa zu organisieren, das wieder unruhig war. Dorthin schickte Mursilis den Königssohn Aranchapilizis. Er nahm Chuwalusija (Kolossai) und verheerte das ganze Arzawa-Gebiet.[27] Mursilis selbst aber eilte wieder zum Heer und mit diesem in ein Gebiet, das er bisher nur ganz flüchtig in seinem neunten Jahr heimgesucht hatte, ins Tal des Yildiz Irmak. Der erste Stoß traf zwei Orte, die schon Suppiluliumas unterworfen hatte, Darittara (am Yildiz Irmak oder in seiner Nähe) und Was'chaia. Die Einwohner waren rechtzeitig gewarnt und besetzten einen Berggipfel, auf den kein Weg hinaufführte. Es wird der hohe Kamm zum Iris-Tal hin gewesen sein. Mursilis belagerte sie auf dem Berge so lange, bis der Feind, wohl aus Hunger, auch diese Stellung aufgab und sich weiter ostwärts auf einem anderen Berge festsetzte. Aber während dieser Bewegung fiel Mursilis ihn an und faßte den Feind. Nach einer ziemlich großen Lücke fährt der Text fort: Der König (jetzt im Lykos-Tale) ließ das Fußvolk einen anderen Weg ziehen und griff den Feind nur mit seinen Wagen an.[28] Dazu war am Dachchar-Fluß das Gelände am ehesten in der Gegend östlich von Suşehri geeignet, und so wird der Kampfort 'Sa . . usna' wohl in dieser Gegend zu suchen sein. Dort traf Mursilis nach dem Kampf wieder mit seinem Fußvolk zusammen. Und nun führte er mit diesem gemeinsam den Angriff gegen Atchulisa (Residiye?).[29] Etwa hundert Einwohner des kleinen Ortes leisteten

Widerstand, konnten aber natürlich die hethitische Übermacht nicht aufhalten. Zur Strafe für den Abfall staute
Mursilis den Lykos auf, so daß der Ort unter Wasser stand —
in der engen Schlucht ein leichtes Unterfangen. Die Rädels-
führer wurden nach Chattusa abgeführt; die Bauern blieben
unbehelligt, die übrigen Einwohner und das Vieh aber dem
Chudupijanzas[30] zur Beute überlassen. Wie Suppiluliumas
zog Mursilis dann den Dachchar abwärts, bis sich das Tal vor
Niksar erweitert, und jagte da zunächst im Iris-Tal dem
Manne namens Lustis nach, der hier der Antreiber des Aufstandes gewesen war. Es scheint, er war aus Tipija, jedenfalls aber
stand er in Verbindung mit Bewegungen in Techullija, das
uns bisher nicht begegnet war. Der geographische Zusammenhang ergäbe ein sehr ansprechendes Bild, wenn wir in Techullija das heutige Turhal erkennen dürften, den Sitz des Anti-
monbergbaues. Soweit der zerbröckelte Bericht einen Schluß
erlaubt, veranstaltete Mursilis eine richtige Treibjagd gegen
diesen Lustis; erst am achten Tag scheint er ihn ergriffen zu
haben. Der aufsässige Ort wurde wieder geplündert, seiner
Kämpfer und seines Viehs beraubt und dann wieder unter-
tänig gemacht. Mursilis gab ihm eine neue Ordnung und
scheint einen seiner Großen, Alluwamnas, als seinen Vertrauensmann dort eingesetzt zu haben. So würde der Bericht
sich vorzüglich in die Lücke der früher bekannten Erzählung
einfügen. Trotzdem ist seine Stellung nicht sicher; das Stück
könnte auch ganz ans Ende der erhaltenen Annalen gehören.[31] Dann ging Mursilis auf den glänzendsten Gasch-
gasch-Ort der Gegend, auf Timmuchala los,[32] das schon unter
Suppiluliumas als ein Glanzpunkt unter den Gaschgasch-
Orten hervorgehoben wird. Es lag auf der Höhe eines Berges,
von Tapapanuwa durch den Bergkamm geschieden, und nach
dem späteren Anmarschweg zu schließen eher nordwestlich
als nordöstlich von Tokat. Aus den nachfolgenden Beute-
zahlen ist zu erschließen, daß Mursilis im ersten Teil des

Feldzugs das Iris-Tal mit seiner dichten Bevölkerung heimgesucht hat. Doch ist dieses Stück des Berichts, das uns wahrscheinlich auch geographische Klarheit geben würde, verloren. In der Gegend, wo ich Timmuchala suche, ist noch
heute Waldland, und zwar dichter Buchenwald mit vielen
Farnkräutern anstatt Unterholzes. Man würde von Urwald
reden können, wenn mehr Gesträuch vorhanden wäre. So
war das Gelände für einen Angriff mit Streitwagen unge-
eignet. Mursilis zog wieder einmal seinem Heere zu Fuß
voran (klüger als der Reiteroberst des Mithridates, der die
römischen Nachschubkolonnen in diesem Waldgebiet be-
ritten angriff und darum vernichtend geschlagen wurde).[33]
Die Einwohner von Timmuchala, die den Kampfeifer der
Hethiter schon kannten, warteten den Angriff nicht ab; sie
flüchteten über die Berge. Mursilis ließ seinen Zorn an den
verlassenen Orten aus. Er plünderte und verbrannte nicht
nur Timmuchala und zwei Nachbarorte, sondern er weihte
den Boden dem Gewittergott zur Weide für seine heiligen
Rinder Serris und Churris; das bedeutete, er verfluchte das
Land, daß niemand mehr es wieder bebauen sollte. Er beschreibt in den Annalen genau die Grenzen des auf diese
Weise der Kultur entzogenen Gebietes. Aber die Ortsnamen
sind für uns leerer Klang.

　　Mehr als zehntausend Gefangene will Mursilis von diesem
Feldzug heim in sein Haus, also in die königlichen Werk-
stätten, gebracht haben. Er muß also ein reich besiedeltes
Gebiet unterjocht haben; da die Himmelsrichtung der Ge-
gend bekannt ist, ist schon aufgrund dieser Tatsache der
Wahrscheinlichkeitsschluß erlaubt, daß diesmal das Iris-Tal
von Gazziura bis Tokat der Schauplatz seines Feldzuges war.
Wo wäre sonst in diesen Gegenden der Raum für eine solche
Ansammlung von Menschen! Da Mursilis soeben wieder im
Gebiet des Kelkit Su gewesen war, so hatte er damit außer-
dem das Zwischenstück untertan gemacht, das zwischen den

Gebieten seiner beiden vorigen Gaschgasch-Feldzüge noch
unberührt geblieben war. Man erkennt daran, wie syste-
matisch er die Eroberung betrieb.

Noch immer wütete im Hethiterlande die Seuche, so daß
Mursilis verzweifelt die Götter anflehte, sie sollten doch
lieber die Nachbarländer Kalasma oder Arzawa heimsuchen.
Wenn das Hethitervolk aussterbe, so dürften die Götter
nicht darüber zürnen, daß ihnen niemand mehr Opfer dar-
bringe. Endlich gab ein Orakel den Bescheid, die Seuche
rühre daher, daß die althergebrachten Opfer an den Flußgott
des Euphrat[34] unterlassen worden seien. So begab sich Mursilis im Frühjahr zuerst an den Euphrat in Syrien, um die
versäumten Opfer nachzuholen. Den Hauptteil des Heeres
gab er verschiedenen Generalen, deren Taten sich aber zumeist nicht lokalisieren lassen. Nur von Nuwanzas hören
wir, daß er wieder, wie schon vier Jahre zuvor, das Grenzgebiet Lalcha des Landes Kalasma anzugreifen hatte, also in
der Gegend zwischen Kerasus und Erzingjan operierte.

Als Mursilis die umständlichen Sühnefeiern vollzogen
hatte und nach Anatolien zurückkehrte, wurde ihm gemeldet, die Gaschgasch hätten das zur Wüstung erklärte
Gebiet von Timmuchala wieder besiedelt.[35] Warum auch
sollten die geflüchteten Einwohner ihre verbrannten Häuser
nicht wiederherstellen? Der Wald gab ihnen das Material
dazu (noch heute sind die Häuser der Gegend hübsche Holz-
bauten), und was gingen sie die Götter der Hethiter an?
Mursilis aber sah darin einen Grund, bewaffnet das Recht
der Götter zu verteidigen, das er doch selbst geschaffen
hatte. Die Gaschgasch hatten angeblich ihre Späher bis in
die Gegend von Arinna, also noch südlich von Chattusa
vorgeschoben. Vielleicht waren es vielmehr Stammesbrüder
der Gaschgasch, die er selbst als Gefangene verschleppt hatte,
die mit der Heimat in Verbindung getreten waren. Um
ihren Spähdienst zu täuschen, beorderte Mursilis die Trup-

pen, die er bei sich hatte, nach Ches'chaspa (wohl Yerköi, um dessen großen Hüyük breite Flächen zum Aufmarsch des Heeres und reichlich Wasser vorhanden sind). Er ließ, wie schon einmal in seinem neunten Jahre, das Heer nur nachts marschieren und tags rasten, so daß es den Spähern unbemerkt blieb. So zog er durch die Berge von Arinna (wohl bei Yozgad) und weiter — nicht in der bequemen Mulde, die östlich von Yozgad nördlich nach Alaca und dann nordöstlich in die Gegend von Zela führt; das wäre der gegebene Weg zum Iris-Tal, den aber die Späher beobachteten. Nein, er wählte Pfade übers Gebirge, wo er bei Tage sich verstecken konnte. So gelangte er unbemerkt in die Nähe von Timmuchala und konnte den Ort gewissermaßen im Schlaf überfallen. Einwohner und Vieh fielen ihm in die Hände, nur ganz wenige entkamen.

Der Bergkamm scheint kahl gewesen zu sein; so konnte Mursilis seine Reiter hinüberschicken und auch Tapapanuwa wieder ausheben, er selbst zog weiter ins Lykos-(Kelkit-)Tal, überall aus den Dörfern Einwohner und Vieh mitschleppend, nach Kapperi (Kabeira).

Hier aber war ein Heiligtum,[36] nicht etwa der Kabiren, an die der Ortsname zufällig anklingt, sondern des chattischen Gottes Chatipunas. Mursilis war zu fromm oder zu abergläubisch, das Eigentum des Gottes verletzen zu lassen. Weder dem Heiligtum noch den Priestern ließ er etwas zuleide geschehen. Es war zugleich der nördlichste Punkt dieses Feldzugs. Mursilis zog wohl über die bequeme Paßhöhe zum Iris hinüber, der sich hier auf wenige Kilometer dem Kelkit nähert; dann jenen Fluß aufwärts. Die Gegend war befriedet oder entvölkert; so erwähnt er weder Chattenzuwa, wo er durchgekommen sein muß, noch sonst einen Ort vor Churna. Auch dieses wird nur wegen des Heiligtums des dortigen Gewittergottes erwähnt; und wieder versichert Mursilis, daß er dieses unversehrt gelassen habe, während er das Land umher brandschatzte. Er widerstand auch der Versuchung, den Berg Techsina zu besteigen, der südlich von Churna steil und wasserlos aufragte und wohl kein anderer ist, als der Yildiz Dag, ein alter erloschener Vulkankegel. Er zog vielmehr an ihm vorbei ins Tal des Marassanda (Yildiz Irmak), der hier noch ein winziges Bächlein ist. Wir hören noch von einer ganzen Reihe von Orten, die Mursilis im weiteren Verlauf des Feldzugs vernichtet haben will; aber bei fast allen ist selbst der Name in unserem Text zerstört. Nur der Namens-rest '-ressa' ('Jachressa' oder 'Pigainaressa'?) sagt uns, daß wir uns auch weiterhin im Gebiet des Yildiz Irmak befinden. Erhalten ist noch einmal ein Ortsname 'Kadudupa', den wir aber nicht lokalisieren können. Dann bricht der Text ab, und wir wissen nicht, ob Monate oder Jahre vergangen sind bis zu dem Ereignis, bei dem er wieder einsetzt.

Diesmal ist es Herbst,[37] und Mursilis stieg wahrscheinlich aus westlicher Richtung in die Ebene von Malatia hinunter. Er wollte Sunupassi angreifen; aber er war von Malatia aus bemerkt worden, und die dortigen Einwohner warnten ihre Nachbarn auf der andern Seite der Ebene durch Feuer-zeichen. Dazu fiel Regen ein, der die Gegend diesig machte, was Mursilis als Göttergunst deutete: Der Regen habe be-wirkt, daß der Feind seine Lagerfeuer nachts nicht habe sehen können. Die hethitischen Soldaten werden wohl eher über das wüste Wetter geflucht haben. Der nachfolgende Tag war neblig und gestattete es den Hethitern, an Malazzija ungesehen unmittelbar heranzurücken. So plünderte und verbrannte Mursilis auch diesen Ort, wandte sich dann nord-wärts, wo er einen Ort auf einem Felsgipfel Bittalachsa (wir dürfen wohl semitisch verstehen: 'Haus des Alachsas') ver-geblich bestürmte, ihn aber wegen der vorgerückten Jahres-zeit unbesiegt liegen ließ und statt dessen über Istachara (Arabkir) heimzog. Dabei erreichte ihn die Meldung, daß Aparrus, der Vasall von Kalasma, wieder abtrünnig geworden sei. Im Lauf des Winters gelang es dann dem Kommandanten ('Markgrafen') von Istachara, besagten Felsgipfel durch Handstreich zu nehmen und die Einwohner wegzuführen, die offenbar durch das mißglückte Unternehmen des Mursilis sorglos geworden waren.

Wieder ist eine Lücke im Text, doch ist es nicht wahrscheinlich, daß sie Jahre umfaßt hätte. Der Text beginnt: „Als es Frühling wurde, ließ ich zur Truppenschau an den Roten Fluß marschieren",[38] also an den Oberlauf des Halys etwa westlich von Zara; doch ist kein Ort genannt. Nur ist an dieser Stelle ein breites, ebenes Gelände, das sich zum Aufmarsch eines Heeres bestens eignen würde. Mursilis drillte das Heer, bis es schlagkräftig war. Dann wandte er sich gegen die Gaschgasch, zunächst gegen Taggasta oberhalb des Euphrat, dann gegen die östlich anschließenden Gaue — wobei der Text vielleicht weniger eintönig war, als er jetzt klingt, wo wir die geringen erhaltenen Spuren notwendig immer in gleicher Weise ergänzen. Jedenfalls, Mursilis erwähnt noch mehr Orte als bei seinem früheren Feldzug in dieser Gegend, die er vernichtet habe. Erst beim vierten Orte sagt er, daß sich der Feind zum Kampfe gestellt habe, aber mit Hilfe der Götter besiegt und in die Flucht gejagt wurde. Zwei weitere, sonst unbekannte Orte wurden vernichtet. Die Einwohner flüchteten auf einen mit Gestrüpp überzogenen Berg Gapagapa, zu dem man sich eine Doppelstunde den Weg hätte bahnen müssen. Zudem wehrten sich die Geflüchteten, wenn wir richtig ergänzen, dadurch, daß sie dies Gestrüpp in Brand setzten, wenn die Hethiter näher kamen. Mursilis erwartete, daß auf das Feuerzeichen hin die Bewohner der Nachbarorte herbeieilen würden und hielt sein Heer beisammen. Da aber solche Hilfe ausblieb, griff er den Berg an und kämpfte sich im Lauf von drei Tagen so weit hinauf, daß der Sieg in seinen Händen war. Bei weiteren Orten der Gegend begnügte sich der König damit, das Land zu verheeren und die Ernte zu vernichten. Als sich die Gaschgasch bei Kummesmacha (Kummach) sammelten, schickte er einen seiner Generale gegen sie. Ihn selbst nämlich riefen unerwartete Ereignisse in den Westen.

Ein Mann, der als Statthalter des Landes bezeichnet wird — sein Name ist verloren —,[39] zog mit seinen Truppen ins Land Miraa (Karien), oder vielleicht richtiger von Miraa aus. Gleichzeitig taten sich Manapa-Dattas vom Secha-Fluß-Land und ein dritter, von dessen Namen nur die Endsilbe '-dus' erhalten ist, zusammen und griffen Arawanna, das ist Phrygien, an. Unter anderm bemächtigten sie sich der Stadt Assarassa im Südteil des Landes (sie gehörte in griechischer Zeit zu Pisidien).[40] Es handelt sich wahrscheinlich um einen der Orte unterhalb des Sultan Dag. Für den Hethiterkönig ergab sich daraus die Gefahr, daß die vereinten Arzawa-Länder sich dauernd im mittleren Anatolien festsetzen und damit über die Vasallen-Stellung hinauswachsen könnten. Darum eilte Mursilis in dieselbe Gegend, sammelte und drillte sein Heer in Marassa, das in der gleichen Grenzlandschaft gelegen war. Zu Zusammenstößen mit den Arzawa-Fürsten kam es nicht, oder die Annalen verschweigen sie. Wahrscheinlich genügte das Erscheinen des Königs mit seinem Heere so dicht in ihrer Nähe, sie in ihre Länder zurückzuscheuchen. Darauf zog Mursilis, wie es scheint, ostwärts durch noch nicht befriedetes Gebiet — doch können wir die zwei Orte, die er vernichtet haben will, nicht lokalisieren, ebensowenig wie Maarista,[41] bei welchem er wieder befriedeten Reichsboden betrat. Aber da er das Land der Masa um Ankara und Gordion schon unterworfen hatte, so fordert die Logik der Geographie, daß wir den Feldzug südlich der Bergketten ansetzen, die dies Gebiet begrenzen,[42] aber nördlich der lykaonischen Steppe.

Gleichzeitig operierte Nuwanzas im Gebiet des Dachchar-Flusses. Ist auch der Zusammenhang bis auf den Namen

Atchulissa, den wir schon kennen, verloren, so war doch die schlagbereite Armee nahe an der Grenze von Kalasma bedrohlich genug für dessen König Aparrus.[43] Dieser hatte sich früher von Mursilis mit diesem Lande belehnen lassen, sich aber seit kurzem unabhängig gemacht. Jetzt griff er Sappas an (Şebbin Kara Hissar) (Abb. 2), das auf einem fast unersteigbaren Vulkanfelsen über der Schlucht liegt, die von hier fast genau nach Norden durch ein altes Bergwerksgebiet nach Kerasus hinunterführt. Der Besitz dieses Kegels war für die Sicherheit des nördlich angrenzenden Gebietes wohl lebenswichtig. So haben ihn später auch die Römer wieder befestigt, und innerhalb der römischen Mauer auf dem höchsten Gipfel haben die Kaiser von Trapezunt im 13. Jahrhundert n. Chr. eine achteckige Burg in Turmgestalt errichtet. Aber dem Aparrus gelang der Handstreich nicht. Mursilis hatte rechtzeitig einen seiner Obersten, Tarchinis, mit der Abwehr betraut, und dieser schlug die 3000 Mann des Aparrus zurück, in einem sehr blutigen Kampfe, wie die Annalen ausdrücklich betonen.

Den König Mursilis hielten religiöse Pflichten in Chattusa zurück: Er mußte ein Fest für die Unterweltsgöttin Lelwannis nachholen. Die Feier fand an der Grabstätte statt, vielleicht in Oman Kayasa. Dann zog Mursilis nach Arduna.[44] (Ordun an der Küste des Schwarzen Meeres würde der Grenze des Gebietes von Kalasma/Kerasus entsprechen. Doch ist die Gleichung ungewiß.) Jedenfalls blieb er nicht an der Küste, sondern griff zunächst Lalcha an, die südliche Grenzprovinz von Kalasma. Aber vielleicht griff er dieses eben von der Meeresseite her an, um den Frontalangriff des Tarchinis zu unterstützen. Kurz, Lalcha wurde überwunden, und Mursilis konnte weiter in Richtung auf die Hauptstadt vordringen. Vor den Toren der Festung Lakku stellte sich Aparrus zum Kampf. Mursilis schreibt den günstigen Ausgang des Treffens dem Wirken der Eidgötter zu, die des Aparrus Vertragsbruch rächten. Aber entscheidend war der Sieg nicht. Aparrus konnte Lakku halten, und Mursilis zog ab, weil der Winter herannahte. Er hatte also ein halbes Jahr zu diesem Feldzug gebraucht und doch wenig erreicht. Was Mursilis selbst nicht erreicht hatte, das gelang seinem Obersten Tarchinis: Er nahm die Stadt Lakku. Und das wurde in Kalasma das Zeichen zum Bürgerkrieg: Ein Bruder tötete den andern. Wahrscheinlich ist auch Aparrus selbst (vielleicht schon im Kampf gegen Mursilis) umgekommen, doch steht das im erhaltenen Text nicht.

Mit dem Sieg über Kalasma brechen die uns erhaltenen Teile der Mursilis-Annalen ab. Das ist aber ein Zufall der Überlieferung. Denn ausdrücklich steht auf der letzten Tafel, daß damit das Werk nicht zu Ende sei. Möglich allerdings wäre, daß der König zwar eine Fortsetzung geplant hat, aber nicht mehr dazu gekommen ist, sie abzufassen.

Jedenfalls gehört wohl noch in das Ende seiner Regierung die Episode der hethitischen Geschichte, die vielleicht am meisten besprochen worden ist, der Briefwechsel mit dem König von Achchijawa.[45] Zwar ist der Königsname nicht erhalten; aber in seinem Brief bezeichnet der Verfasser sich als alt und weist auf eine frühere Jugendtorheit zurück, die der Empfänger des Briefes nicht nachtragen möge. Und andererseits schreibt noch Manapa-Dattas vom Secha-Fluß-Land über dieselbe Episode:[46] Dieser kann zwar leicht den Regierungsanfang des Nachfolgers erlebt haben, aber nicht mehr gut sein Alter.

Zunächst beklagt sich Manapa-Dattas über die Umtriebe eines Freibeuters Pijamaradus, der in der Nachbarschaft des Secha-Flusses (am ehesten doch wohl im Hermos-Tal) eine Gefolgschaft gesammelt hat. Alle 'Feuerleute' wären ihm zugelaufen. Der Fürst hat sich auch bei dem Schwiegersohn des Pijamaradus beschwert, der, wie wir anderswo erfahren, seinen Sitz in Milawanda hatte[47] ('Milet', wie die Griechen in Analogie zu einem gleichnamigen Ort auf Kreta den Namen

umformten). Der Name dieses Schwiegersohnes Atpaa kann
die ältere Lautform von griechisch 'Hippias' sein; jedenfalls
saßen schon seit Anfang der Regierung des Mursilis Achchijawa (Argiver) in Milet. In einem andern Schriftstück erfahren wir, daß Pijamaradus das Land Lazpa angegriffen
hat, und zwar mit Schiffen.[48] Es besteht kein Grund, dies
Land anderswo als auf der Insel Lesbos zu suchen.

Aber kompliziert wurde die Lage dadurch, daß inzwischen die Achchijawa auch in Pamphylien seßhaft geworden
waren.[49] Sie scheinen diesen Küstenstrich unbesiedelt vor-
gefunden zu haben; jedenfalls hat ein Archäologe vergeblich
nach älteren Siedlungsspuren gesucht.[50] Nach Norden war
die schmale Küste durch den Taurus abgeriegelt, nach Westen
durch die lykischen Gebirge, und im Osten treten die Taurus-
Ketten so nah ans Meer, daß der Durchgang erst künstlich
von Menschenhand geschaffen sein dürfte. Die Besiedlung
kam also natürlicherweise übers Meer, und die Sprache zeigt,
daß die Siedler Griechen aus ganz verschiedenen Stämmen
waren. Jahre, vielleicht jahrzehntelang blieben sie unbehelligt.

Gegen Ende der Regierung des Mursilis aber überschritt
ein Anführer der Achchijawa namens Tawagalawas (das wäre
griech. 'Theokles'?) den Taurus;[51] angeblich hatten ihn die
Bewohner Lykaoniens selbst herbeigerufen, damit er in ihre
Händel eingreife. Der Argiver fühlte sich darum berechtigt,
in diesem Lande Fürstengewalt auszuüben. Um einen Zusammenstoß zu vermeiden, suchte Tawagalawas beim Hethiterkönig um Belehnung mit dem Lande nach. Dieser war
bereit, darauf einzugehen, und beschied Tawagalawas deswegen nach Sallapa. Da mißtraute der Grieche: Er scheint
geglaubt zu haben, der König wolle ihn in eine Falle locken,
weil er ihn so weit vom Lugga-Lande fortzitierte, zumal Mursilis offenbar bereits das Heer dort sammelte, mit dem er
kurz darauf vorrückte.

Tawagalawas zog sich zurück, nicht über den Taurus, sondern auf dem Wege, der wieder bei Xenophon und bis in unsere Tage die Verkehrsader der Gegend ist: von Konya nordwestlich am Fuß des Sultan Dag nach Afyon oder, wie es bei den Hethitern hieß, 'Ijalanda' (Abb. 33). Dort ließ er seinen Bruder als Befehlshaber zurück;[52] er selbst bog südwestwärts ein und scheint Miraa, das heißt das Mäander-Tal, bis Milet durchzogen zu haben. Ob es dabei zu Zusammenstößen mit dem Herrscher von Miraa kam, erfahren wir nicht. Etwa gleichzeitig hatte Pijamaradus die Gebiete von Masa und Karkija[53] belästigt und geplündert und damit feindselig in das Gebiet eingegriffen, das der Hethiterkönig als sein eigen beanspruchte.

Mursilis zog dem Tawagalawas nach. Um Ijalanda (Afyon) kam es zum Kampf.[54] Dieser Felsklotz aus Eruptivgestein, der mit fast senkrechten Wänden nach allen Seiten abfällt, sperrt den Durchgang nach Westkleinasien; auf ca. 100 Kilometer nach Norden und Süden ist für die Mittel der Hethiterzeit kein anderer Durchgang möglich. So scheint sich auch Pijamaradus hinter diesen Berg zurückgezogen zu haben. Beim Kampf um Ijalanda nun traf Mursilis den Bruder des Tawagalawas dort, obwohl der letztere zugesichert hatte, er werde Ijalanda nicht besetzen. Das ist ein weiterer Beschwerdegrund des Mursilis.

Nach der Einnahme von Ijalanda folgte Mursilis nicht dem Pijamaradus nach, der 7000 Untertanen des Hethiterreichs mitführte. Er fürchtete wohl sonst mit seinem Heer in Verpflegungsnot zu geraten, da kein Wasser vorhanden war.[55] Mursilis bog vielmehr nach Nordwesten ab, um nach Appawija zu gelangen — also über Kutahiye und Bozhüyük (?), bis wohin der Weg durch niedere, aber für Wagen nicht zu bewältigende Felswände gegen Osten und vielfach auch gegen Westen abgeschirmt ist, ins Gebiet von Balikeşir. Von dort scheint er einen Brief an den König von Achchijawa abgesandt zu haben, der die Verhältnisse in Wilusa, d. h. Ilios, behandelte. Denn wir hören in unserem Schriftstück,[56] daß er sich über Wilusa mit dem König von Achchijawa geeinigt habe. Es muß also ein Achchijawa-Aufgebot hier in der Troas eingegriffen haben. Die griechische Sage weiß von einem Zug des Herakles gegen Troia, das er eingenommen, aber dann wieder geräumt habe, nur die Rosse von dort, einen berühmten Schlag, habe er nach Argos mitgenommen. Wieviel an dieser Sage geschichtlich ist, wird nur ein Hellseher entscheiden wollen. Aber daß irgendeine militärische Aktion der Achchijawa um Ilios stattgefunden hat, muß man aus dem Briefe erschließen; und daß der Fürst von Wilusa nachher wieder hethitischer Vasall ist, wissen wir aus dem Vertrag des nachmaligen Herrschers mit dem Sohn des Mursilis.[57]

Bei diesen Verhandlungen müssen auch die Verhältnisse in Milet zur Sprache gekommen sein. Mursilis beanspruchte auch da die Lehenshoheit und forderte, daß Pijamaradus vor ihn komme und sich vereidigen lasse. Der Achchijawa-König hatte offenbar provozierend geantwortet: Tu das doch! Dies deutete Mursilis als eine Aufforderung, gegen Milet zu marschieren. Er kehrte also nach Ijalanda zurück und zog von da mit seinem Heere durch Miraa, d. h. das Mäander-Tal, nach Milet.[58] Aber Pijamaradus wartete sein Kommen nicht ab. Er ging zu Schiff, mit all den Menschen, die sich ihm angeschlossen hatten. Statt seiner traf Mursilis in Milet nur seinen Schwiegersohn Atpaa, der bereit war, dem Hethiter den Vasalleneid zu leisten.

Der König von Achchijawa aber sah darin einen Eingriff in seine wohlerworbenen Rechte.[59] Er schickte einen Herold an den Hethiter, der weder Geschenke noch freundliche Grüße überbrachte, sondern eine Drohung mit Gewalt. Das ist der unmittelbare Anlaß des vorliegenden einzigartigen Briefes, von dem leider nur die dritte (letzte) Tafel auf uns gekommen ist, der aber auch so noch das umfangreichste diplomatische Schriftstück des Alten Orients ist, von dem wir Kunde haben. Der Hethiter beschwert sich über das Mißtrauen, das Tawagalawas an den Tag gelegt habe, und wegen seines Übergriffes in Ijalanda sowie wegen der Feindseligkeiten des Pijamaradus gegen Karkija und Masa.[60] Er entschuldigt sein Vorgehen gegen Millawanda damit, daß ihn der Achchijawa-König ja selbst aufgefordert habe; auch habe er gewünscht, daß seine Verhandlungen mit Atpaa in Gegenwart der Untertanen des Achchijawa-Königs stattfänden. — Damit gibt er zu, daß Millawanda dem Achchijawa-König untersteht, ohne es doch ausdrücklich zu sagen. Aber seinerseits fordert er nun,[61] daß der Achchijawa-König weitere Übergriffe des Pijamaradus unterbinde: Entweder solle er ihn zum Frieden anhalten oder ihn auf seinem eigenen Gebiet (d. h. in Griechenland) ansiedeln und so unschädlich machen, oder, wenn Pijamaradus seine Angriffslust nicht zügeln lasse, so solle der Achchijawa-König ihn ausweisen, daß er von anderswoher angreife und seinetwegen keine Mißhelligkeiten unter den Großkönigen entstünden. Denn ausdrücklich gesteht Mursilis seinem Adressaten Ranggleichheit zu.[62] Wegen der von Pijamaradus mitgeschleppten Menschen macht er ein wahrhaft großzügiges Angebot: Unparteiische Männer sollen jeden einzelnen fragen: Wer freiwillig mit Pijamaradus gegangen sei, solle bei ihm bleiben; wen er aber mit Gewalt verschleppt habe, der solle zurückkehren dürfen.

Wir wissen nicht, was Eurystheus — oder wer sonst damals König in Argos war — darauf geantwortet hat. Aber wir wissen, daß um diese Zeit eine Menschengruppe in der Gegend von Pisa auf der westlichen Peloponnes gesiedelt hat, die noch Herodot zu den Kleinasiaten rechnet.[63] Der Name ihres Anführers Pelops ('Schwarzauge' oder 'Schwarzgesicht') ist entweder ein Übername oder wahrscheinlicher aus der

Bezeichnung 'Peloponnes' rückgebildet. Wenn man 'Pelops' als den mythischen Namen für 'Pijamaradus' nehmen darf, so hat der Achchijawa-König den zweiten von den Vorschlägen des Mursilis verwirklicht.

Über dieselbe Zeitspanne handelt noch ein anderer Brief,[64] der aber geschichtlich nichts ergibt, als daß der Hethiterkönig zwei bedeutende Männer wieder als Lehensleute haben will, die mit Pijamaradus geflüchtet waren und ihnen Beförderung in Aussicht stellt; den einen will er sogar zum Vasallenkönig machen. Außerdem verhandelt er mit dem Fürsten von Milawanda über die gegenseitige Rückgabe von Geiseln, die in ihre Heimat zurückkehren sollen.

Damit enden unsere Nachrichten über Mursilis. Ungefähr um 1320—15, nach dreißig oder mehr Jahren Regierung, muß er gestorben sein[65]; doch ist uns nichts über die näheren Umstände bekannt. In den letzten Jahren seines Lebens hat er im Rückblick ausführlich über sein Leben berichtet. Immer fühlte er sich als Günstling der Götter; ihnen, ihrer Hilfe, schreibt er seine Siege zu. Darum können wir so eingehend über seine Taten berichten.

Nun ist noch ein Ereignis seines Lebens nachzutragen, das zwar keine geschichtliche, aber doch charakterisierende Bedeutung hat. Als er sich in Kizzuwadna befand, schlug der Blitz dicht neben ihm ein. Von dem Schock behielt er einen Sprachfehler, der sich später steigerte. Unsere Akten berichten genau, welche magischen Maßnahmen ergriffen wurden, um ihn zu heilen. Sie zeigen die eindringliche Kenntnis der suggestiven Techniken, die sich die Hethiter erworben haben. Leider erfahren wir aber nicht, ob der König durch diese Riten wirklich geheilt wurde.[66]

XI. MUWATALLIS

Mursilis hatte von seiner zweiten Frau[1] drei Söhne und eine Tochter. Der älteste Sohn Chalpasulupis scheint vor dem Vater gestorben zu sein. So folgte etwa 1320 der zweite Sohn Muwatallis, der seinen Namen von einem Beinamen des Gewittergottes entlieh. Über ihn und seine Regierung ist viel weniger bekannt als über Mursilis. Das Archiv seiner Regierung lag nämlich nicht in Chattusa, sondern in Dattasa, und ist noch nicht wieder aufgefunden — gesetzt, daß es überhaupt die Zeiten überdauert hat.

Von der Persönlichkeit des jungen Königs, der bei der Thronbesteigung noch keine 20 Jahre alt gewesen sein kann, erfahren wir am meisten durch ein Gebet,[2] das er hat aufzeichnen lassen. Zwar wissen wir nicht, ob es von ihm selbst verfaßt ist, doch hat er sich jedenfalls den Inhalt zu eigen gemacht. Er bezeichnet sich selbst darin als Luwier[3] — was nicht auf die Abstammung gehen kann, sondern nur auf seinen Geburtsort. Offenbar hat seine Mutter den Mursilis im 12. Jahr auf dem Feldzug gegen Mas'chuiluwas ein Stück begleitet und ist dann irgendwo in Lykaonien niedergekommen. Und dieser Zufall der Geburt hat auf seine weiteren Entschlüsse wesentlich eingewirkt.

Das Gebet wendet sich zunächst an alle Götter, die es nach den einzelnen Sprengeln des Reiches geordnet aufzählt. Aber dann bricht lebendige Eigenempfindung hervor, zunächst in einem Anruf an den Sonnengott,[4] wie er aus dem Meere emporsteigt. (Diese Gebetsformel führt man noch auf die

[1] Anmerkungen zum elften Kapitel s. S. 336 ff.

Zeit vor der Einwanderung in Kleinasien zurück, zu Unrecht: Für einen Luwier im Rauhen Kilikien war dieser
Eindruck täglich gegeben, sofern der Morgendunst die ganz
in der Ferne kaum noch aufscheinenden Gipfel des Amanos
verhüllte. Ich habe selbst einen solchen Sonnenaufgang aus
dem Meere Anfang Oktober 1959 erlebt.) Danach aber
wendet sich Muwatallis dem Gewittergott seiner luwischen
Hauptstadt Dattasa, dem 'Teschup(i) chassassis'[5] zu (Heißt
das dem 'königlichen Teschup', oder dem 'Teschup vom
Herde'?) und erhöht diesen über alle Götter.

Es ist das ein an den Monotheismus streifendes Zuge-
hörigkeitsgefühl zu einem bestimmten Gotte, wie wir es
ähnlich dann bei seinem Bruder Chattusilis finden, und zwar
zu einem anderen Gotte als der gemeinsamen Reichsgöttin
von Arinna, bei Muwatallis eben einem luwischen Gotte.
Diese ganz persönliche Frömmigkeit läßt uns wenigstens
einen kleinen Blick in das Wesen des jungen Königs tun. Er
war offenbar mehr eine beschauliche Natur, als ein Tatmensch
wie sein Vater und Großvater.

Ägypten, wo ein neues Herrscherhaus den Thron be-
stiegen hatte, wollte seine neue Ära, die es begann, mit einem
Sieg über die Hethiter krönen.[6] König Seti I. drang in Nordsyrien vor und bildete die Belagerung einer dort gelegenen
hethitischen Stadt ab. Leider ist der beigeschriebene Name
der Stadt nicht erhalten; so können wir nur aus dem Zusammenhang ersehen, daß ein Ort in Nordsyrien gemeint
war. Die Könige von Aleppo und Kargamisch scheinen allein
stark genug gewesen zu sein, diesen ägyptischen Vorstoß auf-
zuhalten. Dauernde Erfolge hatte Seti nicht.

Gefährlicher waren die Achchijawa in Pamphylien.[7] Daher
nahm Muwatallis seinen Regierungssitz im südlichen Lande,
im Gebiet des Chulaja-Flusses (des Kalykadnos),[8] und erbaute sich dort die Residenz in Dattasa (Dalisandos). Dorthin holte er auch alle Götterbilder aus Chattusa. Man darf

die neue Hauptstadt mit einer gewissen Wahrscheinlichkeit in dem Orte Mut nahe nördlich des Kalykadnos vermuten, der jedenfalls bis in hellenistische Zeit zurückreicht. (Als wir dort durchkamen, hatten die Einwohner soeben beim Ausschachten eines Kellers vier korinthische Säulen gehoben.) Von da aus konnte Muwatallis seine persönlichen Deckungstruppen je nach Bedarf nach Westen oder Osten oder auch in die südlich jenseits des Flusses anschließenden Taurusketten beordern, um einen plötzlichen Überfall der Achchijawa abzuwehren. Die Verwaltung des Oberen Landes um Chattusa aber übertrug er seinem noch sehr jungen Bruder Chattusilis.

Das gab zunächst zu Intrigen Anlaß, da der bisherige Inhaber dieser Kommandostelle, ein Vetter des Mursilis, Armadattas, Sohn des Zidas, sich dadurch beeinträchtigt sah und einen Verleumdungsfeldzug gegen Chattusilis eröffnete.[9] Es kam zu einer Gerichtsverhandlung, wie es scheint wegen angeblichen Hochverrates. Aber Muwatallis durchschaute das Ränkespiel und sprach seinen Bruder frei.

Bald aber zeigte es sich, daß er doch der Stellung nicht gewachsen war. Da Muwatallis den größten Teil der Truppen an die Südgrenze abgezogen hatte, erhoben sich die Gaschgasch.[10] Zuerst die von Pis'churus nahe der Halys-Quelle, die ihre Nachbarn mitrissen, nicht nur im Tal des Roten Flusses, sondern auch weit nach Süden (wenn wir auch die dabei genannten Orte 'Marista'[11] und 'La-xx' nicht genau lokalisieren können). Dann überschritten sie nach Westen den Yildiz Irmak, offenbar um die Kupfergruben von Zisparna (Akdag Maden) in ihre Hand zu bekommen. Bald breitete sich der Aufstand aus, nach Osten bis Kurustama (wohl in der Ebene von Erzingjan), nach Westen bis Gazziura (Turhal) und nach Süden bis Chattena (?) (Derende),[12] wo die Gewässer aus der Gegend um Kangal und einem breiten Flußgebiet weiter südlich sich durch eine schmale Talschlucht

den Weg nach Süden bahnen. Auch Durmitta (Zile) schloß
sich an. Die vorgeschobenen Haufen der Aufständischen
durchzogen das innere Land des Halys-Bogens, setzten sich
in Ches'chaspa fest[13] (Jerköi [?] am Delice Su, dem 'Zulija'
der Hethiter). Dort in Ches'chaspa stand ein Tempel, in dem
Mursilis II. göttlich verehrt wurde. War es seine Grabstätte?
Selbst bis zum Halys drangen die Gaschgasch vor, nahmen
Bitjarika, das am Flusse unterhalb von Kayseri gelegen haben
muß, und bedrohten schon Kanes.

So war alles, was Mursilis seit seinem 14. Regierungsjahr
in mühsamen Kämpfen aufgebaut hatte, zusammengestürzt.
Nicht nur die Gaschgasch, die in der Heimat verblieben waren, warfen das Joch der Hethiter ab, sondern sie veranlaßten
auch die Bewohner der Orte, die Mursilis mit Gefangenen
besiedelt hatte, in ihre Heimat zurückzukehren, und schleppten nun umgekehrt die ansässigen Hethiter mit sich fort.
Das Land verödete. Zehn Jahre lang, sagt Chattusilis,[14] ruhte
in den besetzten Gegenden die Feldarbeit. Das ist zwar wohl
übertrieben, kennzeichnet aber die Lage. Auch Chattusa
selbst wurde erobert und geplündert, wie die Ausgrabungen
bestätigt haben. Nur Chagmis (Çemis zwischen Siwas und
Zara) und Istachara (Arabkir) konnten sich im Anfluten der
Gaschgasch unabhängig behaupten und blieben dem Hethiterkönig treu. Muwatallis scheint die militärische Kraft nicht
gefunden zu haben, den Aufständischen wirksam entgegenzutreten; oder er fühlte sich von den Achchijawa so bedroht,
daß er keine Truppen abziehen konnte und sich auf Abwehr
beschränken mußte.

Erst nach zehn Jahren wurden die Gaschgasch zurückgeworfen.[15] Inzwischen war Chattusilis herangewachsen. Bei
Chachcha, wahrscheinlich im Halys-Tal oberhalb Kanes (nicht
zu verwechseln mit der alten Handelsstadt am Euphrat) besiegte er die Gaschgasch mit eigens aufgebotenen Milizen. Das
rühmt er als seine erste Waffentat. Wahrscheinlich sind an-

dere Generäle des Königs gleichzeitig auf anderen Straßen vorgerückt. Jedenfalls war der Erfolg, daß die Gaschgasch in ihr Land zurückkehrten und die Gefangenen nach Chattusa und ins übrige befreite Gebiet zurückkehren konnten.

Nun umging Muwatallis den Feind, indem er über den Antitaurus nach Kataonien zog und von da aus Istachara erreichte (wohl Arabkir), fast die einzige Stadt, die sich in der Woge der gaschgäischen Eroberungen selbständig gehalten hatte. Chattusilis führte die Vorhut: Mit nur 120 Streitwagen warf er die überlegenen Feinde zurück,[16] die angeblich deren 800 hatten, und siegte bei Wistauwanda (Lage unbekannt). Muwatallis aber begnügte sich damit, geschützt von dieser Vorhut, zwei Festungen zu bauen: Tapikka, im Tal von Divrigi[17] (Abb. 34/35), und Anzilija, wahrscheinlich Kangal. Von diesem nämlich zieht sich nach Divrigi eine tiefeingeschnittene Schlucht mit so steilen Wänden, daß sie kaum ein Fußgänger, jedenfalls aber kein Streitwagen durchqueren konnte. Die beiden Burgen riegelten also jeden Vorstoß der Gaschgasch nach Süden ab.

Chattusilis macht es seinem Bruder zum Vorwurf, daß er sich mit dem Bau dieser Festungen aufgehalten und ihn beim weiteren Vormarsch allein gelassen habe. Während Chattusilis an den oberen Halys vorrückte, waren neue Vorstöße der Gaschgasch an anderen Stellen der Front zu verzeichnen. Muwatallis aber wurde durch andere Aufgaben in den Süden des Reiches gerufen.

Seinem Bruder gab er die beiden treu gebliebenen Orte Istachara und Chagmis zu Untertanen und den Titel eines Königs von Chagmis (Abb. 36), womit auch das Priestertum des Wettergottes von Nerik verbunden war, außerdem aber die ganzen entvölkerten oder noch im Aufruhr befindlichen Gebiete bis Palaa (Erzingjan) und Tummanna im Osten, Sappas (Şebbin Kara Hissar) im Norden, Durmitta (Zile) im Westen und Chattena (Derende) im Süden[18]: ein ungeheures

Gebiet; kein Wunder, daß man es ihm mißgönnte. Aber es war notwendig, die Grenzmark gegen die Gaschgasch in einer Hand zu vereinigen, damit alle Unruhen sofort erstickt werden konnten, ohne daß der König durch Rückfragen damit befaßt zu werden brauchte.

Muwatallis bewachte nicht nur die Südgrenze; er muß in diesen Jahren auch Westkleinasien besucht haben. Dort unterwarf er zunächst die Masa,[19] also Phrygien. Doch wir erfahren darüber nichts Genaueres. Im Gegensatz zum Arzawa-Land scheinen die Hethiter in Masa keine Vasallenfürsten eingesetzt zu haben; sondern der König, sei es Mursilis oder Muwatallis, hat das Land unmittelbar dem Hethiterreich einverleibt. Wir besitzen noch das Ritual des Siegesfestes,[20] bei dem Masa-Männer mit Rohrwaffen sich im Zweikampf mit erzgerüsteten Hethitern messen mußten. Der Unterlegene, und das war natürlich immer der Masa-Mann, wurde in den Tempel geschleppt und dort dem Gotte dargebracht — ob als Sklave oder als Menschenopfer, läßt der Text nicht entscheiden. Ein blutiger Hohn auf die Unterlegenen, der sich eines Tages rächen mußte! Aber wie selten gibt es einen Sieger, der die augenblickliche Überlegenheit nicht übermütig zu verewigen trachtet!

Weiter schloß Muwatallis einen Vertrag mit Alaksandus von Wilusa (Ilion). Dessen Recht auf den Thron war anfechtbar, da er nicht ebenbürtiger Sohn seines Vater Guggunis, sondern nur als Erbe adoptiert war. Muwatallis bestätigte ihn in seinen Rechten. Dafür aber machte er zur Bedingung:[21] Nicht nur bei Kämpfen im benachbarten Arzawa-Land müsse Alaksandus ihm mit aller Kraft Heerfolge leisten, sondern auch wenn eine der ebenbürtigen Großmächte, Ägypten, Sanchara (d. h. Babylonien), Chanirabbat (wonach sich das Mitanni-Reich bezeichnete) oder Assur ihn angreife. Es sollte nicht lange dauern, bis er diese Hilfe in Anspruch nehmen mußte.

Eine griechische späte Notiz besagt, daß Alexandros von Ilion mit Helena bei einem asiatischen Könige Motylos gastliche Aufnahme gefunden hätten.[22] Vielleicht ist also das Bild einer Göttin aus Achchijawa, das in manchen Texten der Zeit zu Heilsegen im Hethiterland gebraucht wurde, ein aus Sparta entführtes Bild der Göttin Helena.[23] Doch darüber wird sich nie Klarheit gewinnen lassen. Der Trojanische Krieg der Griechen jedenfalls tobte erst hundert Jahre später.

Was Muwatallis sonst in Westkleinasien gewirkt hat, darüber sind uns keine Nachrichten überkommen.

Im Jahre 1300 (nach der wahrscheinlichsten Rechnung) machte sich Ramses II. von Ägypten, der erst vor wenigen Jahren auf den Thron gekommen war, auf, die seit Suppiluliumas strittigen Grenzgebiete, nämlich das Amurru-Land und Qadesch am Orontes, wieder für Ägypten zu gewinnen. Er marschierte zunächst an der Küste entlang, mindestens bis Simyra. Bentesina von Amurru könnte sich vielleicht schon beim Angriff des Seti an Ägypten angeschlossen haben, wahrscheinlicher tat er es jetzt bei der unmittelbaren Bedrohung. Zwar war es für ihn selbst ziemlich gleichgültig, ob er den Tribut nach Norden oder nach Süden abführte; aber er sah Ägypten im Augenblick als die stärkere Macht an.

Im folgenden Jahre (1299)[24] bot Ramses seine ganze Streitmacht auf. Ob diplomatische Verhandlungen vorhergegangen sind oder ob Muwatallis durch Späher am ägyptischen Hof oder etwa durch desertierende Söldner vom Vorhaben des ägyptischen Königs erfuhr, das ist uns nicht überliefert. Jedenfalls war er rechtzeitig genug benachrichtigt, um ein Heer aus allen Gegenden Kleinasiens zu sammeln.[25] Der Siegesbericht des Ägypters zählt alle die Landschaften auf, deren Truppen zusammenkamen. An der Spitze nennt er die Großstaaten: Chatti, Naharain und Arzawa. Muwatallis hatte also diese fest in der Hand. Dann folgen

— in den verschiedenen Fassungen in verschiedener Reihen-
folge — die westkleinasiatischen Landschaften: Pitassa, Dar-
dania (das ist die Troas), Masa und Karkisa; gelegentlich sind
auch Arawanna und Gaschgasch eingefügt. Es folgen die
Landschaften des Südostens: Lukka, Kizzuwadna (auch
'Qade', d. h. Kataonien, genannt) und schließlich die eigentlich syrischen Gebiete Qadesch, Ugarit (gelegentlich daneben
Aleppo, Nuchasse und Alsche) und — ein rätselhafter Name—
'Musanata';[26] insgesamt nach den ägyptischen Angaben 3500
Streitwagen und 37 000 Mann Fußvolk: wahrscheinlich das
größte Heer, das die Hethiter je auf die Beine gebracht
hatten. Es fehlen die Länder Azzi und Kalasma, die also nach
dem Gaschgasch-Aufstand nicht wieder dem Hethiterreich
eingefügt worden sind. Auch Chattusilis begleitete seinen
Bruder,[27] was immerhin darauf weist, daß die Gaschgasch
hinreichend befriedet waren, so daß die Anwesenheit des
Provinzkommandanten nicht unablässig mehr erforderlich
war.

Muwatallis hatte das Gerücht ausgesprengt, daß er seine
Truppen in der Ebene östlich der Syrischen Pforten sammle.[28]
Oder er hat wirklich diesen Sammelpunkt gewählt, der ja so
praktisch gelegen und so gut mit Wasser für Menschen und
Pferde versehen war. So sagten wenigstens aufgegriffene
Nomaden dem ägyptischen König aus. Daher marschierte
Ramses eilends nach Norden, um Qadesch zu besetzen, ehe
der Hethiter in der Nähe wäre. Aber er hatte die Beweglich-
keit des hethitischen Heeres unterschätzt. Muwatallis hatte
sein Heer, mindestens die Streitwagen, schon bis in eine
verdeckte Stellung nordöstlich oder östlich von Qadesch vorgeschoben, als Ramses heranrückte. Der Ägypterkönig hatte
sein Hauptheer in vier Divisionen gegliedert, die nach den
Göttern Amun, Rê, Ptah und Seth benannt waren. Eine
auserlesene Truppe wurde in Amurru (in Simyra?) gelandet,
die durch das Eleutheros-Tal nordwärts marschieren und bei

Qadesch zum Hauptheer stoßen sollte. Dieses aber marschierte in langer Kolonne, die vier Divisionen hintereinander, von Süden auf der Straße von Arnama (Hermil, 20 Kilometer südlich von Qadesch) durch die Wälder heran; notgedrungen weit auseinandergezogen, da nur die eine Straße vorhanden war. Zehn Kilometer vor Qadesch überschritt das Heer den Orontes. Der König befand sich bei der vordersten Division, die nach Amun benannt war. Er hatte zur Aufklärung eine Abteilung vorausgeschickt, aber keine Meldung von ihr erhalten. So schlug er westlich von Qadesch das Lager auf, in dem sich alle Truppen sammeln sollten.

Aber der Hethiter hatte aus seinem Hinterhalt heraus die Vorausabteilung im Rücken gefaßt und restlos vernichtet oder gefangen. Erst zwei hethitische Gefangene, die nun ins Lager eingebracht wurden, gaben die Nähe der hethitischen Streitmacht zu. Ehe der Kriegsrat, den Ramses daraufhin einberief, zu einem Ergebnis gekommen war, überquerten die Hethiter mit der vorderen Gruppe ihrer Streitwagen den Orontes südlich der Stadt, hinter der sie ungesehen herangekommen waren, und warfen sich auf die zweite ägyptische Division. Diese stob bei dem unerwarteten Angriff in ihrer unbeschildeten Flanke nach allen Seiten auseinander. Die Hethiter verfolgten sowohl nordwärts zu dem Lager, wo die Flüchtlinge die schanzenden Soldaten der Amun-Division in totale Verwirrung versetzten, als auch südwärts. Der Sieg schien errungen, zumal nun noch die Reserve der hethitischen Streitwagen angriff.

Ramses ließ sich feiern als den einzigen, der nicht den Kopf verloren habe, sondern sich persönlich zur Wehr setzend die Lage gewandelt habe. In Wirklichkeit traf es sich, daß gerade in diesem Augenblick — vermutlich ihren Marsch wegen des Kampflärms beschleunigend — die Seitenabteilung aus dem Eleutheros-Tal eintraf. An der Spitze dieser auserlesenen Mannschaften warf Ramses die Hethiter, deren

Reihen sich bei der Verfolgung natürlich gelockert hatten, wieder aus dem Lager hinaus. Die ägyptischen Künstler malen sie in wilder Flucht zum Fluß. Aber das braucht nicht historisch zu sein. Der weitere Verlauf der Schlacht ist nicht überliefert. Wahrscheinlich zog Muwatallis seine Streitwagen für die Nacht wieder über den Fluß zurück.

Ob der Friedensbote, den Muwatallis am nächsten Tag an Ramses geschickt haben soll, mehr ist als ein ägyptisches Phantasiegebilde, bleibe dahingestellt. Jedenfalls gab Muwatallis dem Ägypter die Rückzugsstraße frei, und Ramses zögerte nicht, die Gelegenheit zu ergreifen und die Reste seines Heeres in Sicherheit zu bringen. Die Hethiter verfolgten bis in das Gebiet von Damaskus. Da Ramses keine weiteren Kampfhandlungen wagte, übertrug Muwatallis die Verwaltung dieses Gebietes ('Amka' genannt)[29] wieder seinem Bruder Chattusilis, setzte in Amurru einen neuen König ein[30] und kehrte nach Hause zurück. Als Zeichen des Sieges mag er veranlaßt haben, an der Straße durch Kilikien bei Sirkeli am Übergang über den Pyramos sein Bild in den Felsen zu hauen. Die Ägypter kämpften zwar noch einige Jahre weiter, aber nur mit kleinerem Aufgebot, mit dem auch die lokalen Vasallen der Hethiter fertig werden konnten.[31]

Unterdessen ruhte des Chattusilis Gegner im Chatti-Lande nicht. Er erfüllte die Stadt Samucha mit Umtrieben, deren Natur wir nicht erkennen können: Chattusilis spricht von Zauberei. Vielleicht dürfen wir dahinter gehässige Gerüchte vermuten, er wolle sich des Thrones bemächtigen. Jedenfalls rief ihn Muwatallis von der ägyptischen Grenze ab. Er scheint dann dem König von Kargamisch, Ini-Teschup, dem Enkel des Scharri-Kuschuch, die stellvertretende Leitung der gesamten syrischen Angelegenheiten übertragen zu haben.[32] Wir finden diesen in solcher Stellung besonders gegenüber den Königen von Ugarit in ihren Rechtshändeln mit anderen

Fürsten. Beim Rückweg aus Syrien kam Chattusilis durch
Kilikien und gewann sich in Puduchepas, der Tochter des
Priesters Pentipsarris, eine Lebensgefährtin.[33] 'Priester' heißen
in diesem Landesteil immer die in Kummanni schaltenden
Männer; so ist es wohl nicht zu gewagt, in Pentipsarris den
Nachfolger des Talmisarmas und also wahrscheinlich einen
Enkel des Telipinus zu vermuten. Es sei denn, daß Muwatallis das Priestertum von Kummanni und das Königtum von
Aleppo voneinander zu trennen für gut befunden hatte. Chattusilis betont, daß er seinen Eheschluß nicht ohne Orakel der
Istar von Samucha vollzogen habe und daß sie als Liebesgöttin ihm zur Seite gestanden habe. In der Tat zeigen uns die
späteren Dokumente, daß in dieser Ehe die Gleichberechtigung der Frau in einem Maße durchgeführt war, wie sie sonst
im ganzen Alten Orient kein Gegenbeispiel hat.[34]

Als Chattusilis bei seiner Residenz Chagmis ankam, fand
er diese im Aufstand begriffen.[35] Er mußte sie erst wieder
bezwingen. Dann mußte er vor das Gericht seines Bruders
treten. Armadattas konnte seine Anschuldigungen nicht beweisen, und das Verfahren endete damit, daß der Intrigant
schuldig befunden wurde und — mit Ausnahme eines Sohnes
Sippazitis, der offenbar während der Vorfälle abwesend gewesen war (er wird sich beim Heer in Ägypten befunden
haben) — Muwatallis den Ankläger mitsamt seiner Familie
dem Chattusilis zur Bestrafung übergab. Dieser rühmt sich,
ihm nichts zuleide getan, sondern ihm die Hälfte seiner
Besitzungen zurückgegeben zu haben.[36] Die andere Hälfte,
nämlich den Ort Urikina und Umgebung (zwischen Kataonien und Aleppo) weihte Chattusilis seiner Göttin Sausga
von Samucha.[37] Wir haben noch die Urkunde über diesen
Weiheakt.

Dann ging Chattusilis daran, die Länder, die ihm Muwatallis überlassen hatte, neu zu besiedeln.[38] Er zählt sie nochmals auf; es fällt auf, daß diesmal die östlichen Gebiete,

234 Muwatallis

Sappas, Palaa und Tummanna, fehlen. Offenbar hat Muwatallis sie als ein eigenes Kommando für einen andern Lehensmann oder Prinzen abgetrennt.[39] Oder sollten sie dem Reiche dauernd verlorengegangen sein?

Auch den abgesetzten Fürsten von Amurru, Bentesina, überließ Muwatallis seinem Bruder, der seinen Sohn mit der Tochter des Syrers vermählte.[40]

XII. MURSILIS III. (URCHI-TESCHUP)

Kurz vor 1290, also wenige Jahre nach dem ägyptischen Feldzug, starb Muwatallis, noch verhältnismäßig jung an Jahren. Er hinterließ zwei Söhne, Urchi-Teschup und Inaras (= Ulmi-Teschup).[1] Ersterer war zwar erwachsen, aber Sohn einer Nebenfrau; ob der andere ebenbürtig war, aber noch im Kindesalter stand, verschleiert uns der Text einstweilen noch durch ein nicht sicher zu deutendes Wort. Chattusilis, der als Groß-Mesedi die Leitung der Königswahl gehabt zu haben scheint, hielt sich an die alte Thronfolgeordnung des Telipinus und verschaffte dem Urchi-Teschup die Krone. Offenbar glaubte er auf seinen Neffen hinreichenden persönlichen Einfluß ausüben zu können.

Und wirklich folgte der junge König, der sich wieder Mursilis nannte,[2] zunächst dem Rat seines Oheims. Er vermählte seine Tante, die nicht mehr ganz junge Tochter des Mursilis II., dem König des Secha-Fluß-Landes.[3] Er setzte den Bentesina, den Schwiegersohn des Chattusilis, wieder als König in Amurru ein; war dieser doch nur der Gewalt weichend zu Ägypten abgefallen und doch eben der legitime Erbe des Landes.

Chattusilis dagegen ging nun daran, die alte heilige Stadt Nerik wieder aufzubauen;[4] war ihm doch das Priestertum des Gottes übertragen, dem sie zugehörte. Auch die zwischen Nerik und Chagmis liegende Gegend, die bei den Gaschgasch-Kriegen des Mursilis II. entvölkert worden war, also die Landschaft um Siwas und den Yildiz Irmak, besiedelte er

---

[1] Anmerkungen zum zwölften Kapitel s. S. 338 ff.

von neuem. Von der Landanweisung in Chastira (Yildiz)[5]
und Umgebung haben wir noch einige Urkunden, in denen
die Grenzen der einzelnen Grundstücke festgelegt wurden.

Aber es dauerte nicht lange, da hatte sich Sippazitis, der
Sohn des Armadattas, beim jungen König eingeschmeichelt.
Und wie es der Tradition seines Hauses entsprach, sah er in
Chattusilis seinen Feind. Dazu hatte der neue Mursilis seine
Residenz wieder nach Chattusa verlegt und empfand hier
in der Nähe die stärkere Position des Onkels um so deutlicher,[6]
der rein machtmäßig hier dem Könige überlegen war. Hatte
Chattusilis doch nicht nur räumlich ein ungeheures Gebiet
unter sich; darin lagen auch die wichtigen Erzgruben des
Iris-Tals.

Chattusilis führt die entstehenden Spannungen auf die
Einflüsterungen des Sippazitis zurück.[7] Aber es war in der
Tat jetzt, wo die Gaschgasch befriedet waren, kein Anlaß
mehr, so große Gebiete unter der Verwaltung eines einzigen
Vasallen zu lassen. Eine solche Machtstellung mußte ja geradezu dazu verführen, den König unter Druck zu setzen
und dadurch zu einem Werkzeug des Vasallen herabzu-
drücken. So begann Urchi-Teschup dem Chattusilis ein Stück
seiner Herrschaft nach dem andern aufzukündigen und an
andere zu verleihen oder vielleicht in unmittelbare Verwaltung zu nehmen.

Anfangs ließ sich Chattusilis das gefallen. Mit Samucha
verbanden ihn zwar seit Kinderzeit die herzlichen Beziehungen zu der dortigen Göttin Sausga (Istar);[8] aber es lag von
seinen übrigen Besitzungen so weit getrennt, daß er den
Verlust verschmerzte. (Vielleicht hat ihm Urchi-Teschup zum
Ersatz das Priestertum im neuerbauten Nerik übertragen.)
Aber Urchi-Teschup ging weiter; er nahm sowohl im Westen
als im Süden die weitgedehnten Provinzen an sich, so daß
dem Chattusilis nur das Gebiet von Chagmis bis Nerik blieb,
vielleicht ein Drittel des früheren Besitzes, allerdings der

Teil, der durch die Neubesiedlungen die festesten Treubande
zu ihm hatte. Äußerlich fügte sich Chattusilis, aber er begann
nun seinerseits Verbindungen zu spinnen, um im Falle, daß
Urchi-Teschup ihn ganz entrechten wolle, gerüstet zu sein.
Bezeugt ist besonders, daß er sich seinen Schwager im Secha-
Fluß-Land durch Absprachen verband.[9]

Sieben Jahre hatte Urchi-Teschup (Mursilis III.) regiert,
da fällte er die Entscheidung.[10] Er hatte auch sonst durch die
Art, wie er die Lehen neu verteilte, allerlei Unzufriedene
geschaffen, die sich am Hof des Chattusilis einfanden. Auch
sein Bruder Ulmi-Teschup, genannt Inaras, gehörte dazu,
der ebenbürtige(?),[11] aber wegen seiner Jugend bei der Thronfolge übergangene Sohn des Muwatallis.

Als Urchi-Teschup, vielleicht weil er von diesen Umtrieben
erfuhr, dem Chattusilis angeblich auch Chagmis entziehen
wollte,[12] da antwortete dieser mit Kriegserklärung: Er
forderte den 'großen König' zum Gottesgericht heraus, er,
der 'kleine König', wie er sich nennt. Er hatte freilich nur
mehr die Täler von Chagmis und Nerik, das heißt das Quellgebiet des Halys von Siwas aufwärts sowohl in der Richtung
auf Zara als auch zum Yildiz Dag hin und von diesem hinüber zum Quellgebiet des Skylax, wahrscheinlich einschließlich Jenizeli. Aber er hatte dies Gebiet großenteils neu besiedelt und in diesen Siedlern eine ergebene Gefolgschaft;
und außerdem hatte er es verstanden, sich mit den Gaschgasch
gutzustellen,[13] die nördlich und östlich seiner jetzigen Lehen
im oberen Iris-Tal und Lykos-Tal ansässig waren und gerne
den Zwist im Innern des Hethiterreichs benützten, um sich
selbständig zu machen.

Demgegenüber hatte Urchi-Teschup zwar die großen
Hilfsquellen des Gebietes um Chattusa und des Inneren
Landes bis zum Salzsee und Taurus. Aber er mußte einen
Teil seiner Streitkräfte im Süden lassen, weil die Achchijawa
von Pamphylien aus[14] erneut das Niedere Land bedrohten.

Immerhin wird er bedeutende Überlegenheit an Streitkräften gehabt haben, und wir verstehen die ängstlichen Gebete, die Puduchepas an die Götter richtete. Sie war wieder schwanger und berief sich darauf, daß die Götter einer Frau in diesen Umständen nichts abschlagen dürften.[15] Und sie versprach reichliche Stiftungen, wenn Chattusilis Sieger bleibe. Wir erfahren daraus, daß sich Chattusilis und seine Familie beim Ausbruch des Krieges in Nerik befand.

Urchi-Teschup zog von Marassantija[16] (das ist wohl Kirikkale, wo heute die Straße von Ankara her den Halys überquert) gegen Osten. Ob er lange Zeit hatte, sich zu rüsten, oder ob ihn die Kriegserklärung unvermutet überraschte, wissen wir nicht. Wir hören nur, daß er den linken Flügel, der durchs Obere Land marschieren sollte,[17] also über Yozgad und die ostwärts anschließenden Höhen, dem Sippazitis übergab, dem geschworenen Feinde des Chattusilis. Er selbst führte den rechten Flügel[18] unterhalb der Höhen, vermutlich um hier das obere Halys-Tal zu erreichen und Chattusilis dann von zwei Seiten her in der Gegend von Siwas packen zu können. Aber Chattusilis warf sich mit seiner gesammelten Macht auf Sippazitis und schlug diesen in die Flucht. So konnte er dann von Sorghum und Yozgad aus nach Süden einbiegend, den Urchi-Teschup in der linken Flanke fassen. Der König mußte sich zurückziehen, über Sulupassi (Seilep) nach Samucha (Kirşehir?).[19] Er hätte sich wohl beim Rückmarsch noch einmal selbst zum Kampf stellen können: Die große Steppe in seiner linken Flanke war ein guter Seitenschutz. Aber der Abfall in seinen eigenen Reihen machte Widerstand im offenen Feld unmöglich.[20]

Das fruchtbare Tal von Samucha (Kirşehir, lat. 'Zama'), das wohl auch damals so gut bewässert und dicht besiedelt war wie heute, hätte wohl die Hilfsquellen gehabt, um aus ihnen den Widerstand neu zu organisieren. Hatte doch auch Suppiluliumas I. von hier aus das fast aufgeriebene Reich zurückerobert. Aber Chattusilis ließ seinem Gegner nicht die Zeit dazu. Wir dürfen unterstellen, daß er eine Abteilung von Yozgad über Yerköi (Ches'chaspa?) und westlich der großen Steppe über das Gebirge vorgehen ließ, während er selbst über Sulupassi östlich der Steppe vorrückte.[21]. Nur kurz wurde er dabei durch die Großen aufgehalten, die von Urchi-Teschup abgefallen waren und ihm anboten, ihm den Gegner tot zu überliefern.[22] Das lehnte Chattusilis ab. Durch die Zangenbewegung fing er den Urchi-Teschup in Samucha „wie in einem Schweinekofen". Von beiden Seiten gepackt, den Rückzug durch den Halys gesperrt, blieb diesem nur übrig, sich in Samucha belagern zu lassen. Die Kuppe des Hüyüks (heute trägt sie eine Moschee und eine große Schule) war befestigt und geräumig. Aber der Schutthügel ist ein schlechter Untergrund für Mauern. Ein Teil der Befestigung stürzte herab[23] — und wir dürfen vermuten, daß Chattusilis dazu beitrug, indem er den Hügel unten angrub. So wurde Urchi-Teschup gefangen.

XIII. CHATTUSILIS III.

Chattusilis hielt sich an die Vorschriften des Telipinus: Er führte den Neffen zwar eine Zeitlang gefangen mit sich,[1] bis er sich selbst feierlich auf den Thron gesetzt hatte. Dann verwies er ihn nach Nuchasse in Syrien. Er behauptet, ihm die dortigen Städte zum Unterhalt angewiesen zu haben;[2] aber natürlich nicht als Lehen, sondern als eine Art von freiem Gewahrsam in der Hand eines dortigen Fürsten, vermutlich des Bentesina von Amurru, der ja des Chattusilis Schwiegersohn war.

Noch stand ein Teil des südlichen Reichsgebietes unter Waffen. Es war, wie es scheint, ein Teil der Lugga-Länder, der dem Sohn des 'Luwiers' Muwatallis die Treue hielt.[3] Chattusilis bewältigte diese Gegner auf möglichst unblutige Weise: er griff den Teil an, der bei Kuwapassa (griech. 'Koropassos') nahe dem Südufer des großen Salzsees stand, und jagte ihn zurück in die wasserlose Steppe, so daß der Durst ihn zwang, sich zu ergeben.

Das nächste, was zu tun war, war der Schutz der Südgrenze im Taurus.[4] Hier hatten die Achchijawa von Pamphylien die Schwäche des Urchi-Teschup und wohl gerade den Bürgerkrieg benützt und waren gegen die lykaonischen Länder vorgegangen. Sie hatten Nachita und Walmaa (heute 'Selefkie') an der Küste des Rauhen Kilikiens besetzt, waren von da über die Berge gestiegen und überwältigten das Niedere Land, die große Ebene bis zum Salzsee. Die wichtigsten Städte, Chupisna (Eregli) und Burs'chanda scheinen sich

---

[1] Anmerkungen zum dreizehnten Kapitel s. S. 339 ff.

allerdings gehalten zu haben; sie werden im Bericht übergangen. Schon standen die Feinde vor den Toren von Charziuna (Akserai). Wir dürfen sie uns nicht als geschlossene Heeresmasse vorstellen: Es werden einzelne Häufchen gewesen sein, die plündernd durch diese Länder zogen. Chattusilis jagte sie zurück und zeigte sich damit als der König, den das Land nötig hatte. So verstummte der Widerspruch gegen den Thronraub.

Der weitere Verlauf des Feldzuges ist aus der trümmerhaften Überlieferung nicht mehr zu rekonstruieren. Deutlich ist nur, daß das Chulaja-Land mit Dattasa wieder einigermaßen vom Feinde frei wurde, aber die Kämpfe andauerten, als Chattusilis durch besondere Umstände nach Syrien gerufen wurde. Wahrscheinlich drohte Gefahr vom Assyrerkönig Salmanassar I. Gegen ihn schloß Chattusilis ein Bündnis mit Kadaschmanturgu, dem König von Babel,[5] das außerdem militärischen Beistand für den Krieg gegen Ägypten vorsah, das aber keine Folgen hatte. Vielmehr ging die Herrschaft über Babylon kurz darauf auf den Sohn dieses Königs, an Kadaschman-Ellil, über, der die bündnispolitischen Beziehungen einschlafen ließ. Auch des Chattusilis' Versuch, ihn zum Kampf mit Assyrien zu reizen, blieb vergeblich.

In der eigenen Umgebung des Königs gab es offenbar nicht wenige, die den Thronraub verurteilten. Wenn schon Urchi-Teschup abgesetzt und Sippazitis nach Zypern verbannt war,[6] war der nächste Thronanwärter Ulmi-Teschup, der andere Sohn des Muwatallis. Um diesen abzufinden, gab Chattusilis ihm Dattasa, die Gründung seines Vaters, mitsamt dem Chulaja-Lande zu Lehen. Eine genaue Grenzbeschreibung steht in der Urkunde.[7] Von den Abhängen (?) westlich Ikonion (Konya) zum Berge Chuwalussija (dem 'Schwarzen Berg', Kara Dag, der in der lykaonischen Ebene als alter Vulkankegel aufragt) und bis nahe an die Mündung des Kalykadnos sollte das Lehensgebiet reichen; gegen Pamphylien aber bis dahin, wo die Waffe die Grenze setzte.[8] Das war ein mächtiges Fürstentum, an Ausdehnung demjenigen ähnlich, das Chattusilis unter Muwatallis besessen hatte. Und dazu bestimmte Chattusilis, daß dieses Gebiet dem Inaras (so hieß Ulmi-Teschup mit anderem Namen) steuerfrei gehören sollte: Nur einen Esel sollte es jährlich als Anerkennungsgabe an den König von Chattusa abliefern; sonst sollte es abgabenfrei sein, und ein Mann der königlichen Verwaltung sollte das Land nicht einmal betreten dürfen. Damit schuf Chattusilis eine neue Rechtseinrichtung, die Immunität,[9] die wohl von hier aus über das byzantinische Reich auch nach Europa gekommen ist und das ganze Mittelalter hindurch die Grundlage der feudalen Rechte geblieben ist.[10]

Schon früher hatte Chattusilis einen Filialkult seiner Schutzgöttin, der Istar von Samucha, in Urikina eingerichtet[11] und mit den dortigen Gütern seines ehemaligen Feindes Armadattas ausgestattet — ein geistliches Fürstentum, das er seinem Sohn als ewiges Familienlehen gab.

Urchi-Teschup versuchte, aus seiner Haft über den Euphrat nach Babel zu entweichen;[12] wo er nach den verschlechterten Beziehungen des Chattusilis zu Kadaschman-Ellil von Babel gute Aufnahme erhoffen konnte. Chattusilis durchschaute rechtzeitig diesen Plan und durchkreuzte ihn, indem er den Gefangenen an die syrische Küste verbannte. Aber dort gelang es diesem, ein Schiff zu besteigen, das ihn nach Ägypten brachte.[13]

Chattusilis benützte die Gelegenheit, um mit dem bisher noch immer feindlichen Ägypten Verhandlungen anzuknüpfen. Nicht daß er Auslieferung des Geflohenen gefordert hätte. Ihm war es vielleicht ganz recht, den Prätendenten im Ausland weit von Chattusa zu wissen. Ihm kam es darauf an, daß Ägypten nicht etwa durch den gestürzten König zu neuem Kriegszug aufgewiegelt werde. Aber Ramses II., der Pharao, hatte andere Sorgen: Er mußte seine riesige Familie versorgen. (Er hatte mindestens 51 Söhne,[14] und vielleicht noch einige mehr, deren Namen wir nicht kennen.) Da also beide Teile zum Frieden bereit waren, gingen die Verhandlungen zwar schleppend voran, aber doch einem guten Abschluß entgegen: Es war nicht nur ein Frieden, sondern ein Bündnis. Gegen äußere und innere Feinde sollte auf Anruf der andere Partner zur Hilfe kommen.[15] Die Grenze wurde nicht eigens festgesetzt. (Oder war sie schon in einem uns verlorenen Vorvertrag geregelt?) Als kluger Diplomat unterließ es Chattusilis, auf die Vorgeschichte des Friedens einzugehen, wie es sonst in hethitischen Verträgen üblich war: Es hätte Ramses kränken können. Die Hauptsache war, daß Chattusilis durchsetzte, daß Ägypten ihn als Fürsten gleichen Rechtes anerkannte, während Ägypten bisher alle Fremdländer höchstens als Vasallen betrachtet hatte. Beinahe wären die Verhandlungen im letzten Augenblick daran gescheitert, daß das hethitische Vertragsformular die Auslieferung von Flüchtlingen vorsah. Die Könige gaben sich gegenseitig das Versprechen, daß solche Flüchtlinge nicht am Leben gestraft werden dürften.

Eine Besonderheit hat diese diplomatische Korrespondenz: Alle Schriftstücke wurden nicht nur von und an Chattusilis, sondern in gleichlautender Fassung auch von und an Puduchepas ausgefertigt. Die Königin nahm also eine staatsrechtlich gleiche Stellung wie der König ein.[16] Ja, in den nachfolgenden Verhandlungen scheint sie die Führung in die Hand genommen zu haben. Denn nun ging es darum, den König von Ägypten durch eine Heirat dauernd dem hethitischen Herrscherhaus zu verbinden. Das gelang erst nach dreizehn Jahren weiterer Verhandlung.

So von der Gefahr an der Südgrenze entlastet, war Chattusilis auch mächtig genug, um den Assyrer vom Angriff abzuschrecken. Auch mit ihm gab es Verhandlungen.[17] Der Assyrerkönig wünschte durch Handel „gutes Eisen", d. h. Stahl, zu erlangen. Offenbar war es eine neue Erfindung der jüngsten Jahre, das Eisen zu härten, ein Fabrikgeheimnis der Hethiter. Chattusilis lehnte mit Ausflüchten ab: Zur Zeit seien keine Vorräte vorhanden. Er wollte natürlich seinen gefährlichsten Feind nicht selbst mit Waffen versehen.

Kriegerische Verwicklungen gab es noch in den Lugga-Ländern (Lykaonien), wo wieder ein Freibeuter „nach Art des Pijamaradus" auftrat. Chattusilis überließ es seinem Sohne Tutchalijas, diese Kämpfe auszufechten. Er selbst wandte sich gegen die Gaschgasch. Palchuissa und die dahinter liegenden Länder waren abgefallen: Sie hatten Chattusilis nicht darum im Thronkampf unterstützt, damit sie Knechte seien wie vorher. Chattusilis führte einen raschen Feldzug,[18] suchte aber vor allem dadurch Frieden herzustellen, daß er die Gebiete rings um die feindlichen Orte besiedelte und damit eine ihm treue Schutztruppe im Lande schuf.

Die weiteren Feldzüge überließ Chattusilis seinem Sohne Tutchalijas. Er selbst scheint zu alt gewesen zu sein, um sich derartigen Strapazen zu unterziehen.[19] Der junge Prinz aber war ein Draufgänger; sein Vater glaubte ihn dadurch dem Volk oder wenigstens den Hofkreisen empfehlen zu können, daß er einen Bericht über seine Feldzüge veröffentlichte:[20] wie er das noch nicht wieder bezwungene Chattenzuwa niederwarf, das der König nur durch zwei Festungsbauten in Takkupta (Tokat) und auf dem nahe dabei liegenden Berge Kapa abgeriegelt hatte;[21] wie er die Gaschgasch, die in das Mündungsgebiet des Zulija (Delice Su) vorgedrungen waren, bekämpft hatte und, zurückgedrängt auf einer Brücke, die durch Hochwasser einbrach, lieber sterben wollte, als sich zurückziehen.[22]

Aber als Gesamtergebnis behauptet Chattusilis,[23] er habe sein Gebiet weiter ausgedehnt als seine Vorgänger. Das scheint nur allenfalls hinsichtlich der östlichen Gebirge zu stimmen: Hier hat er einen Vertrag mit Tiliura (griech. 'Talaura') geschlossen,[24] das am nördlichen Euphrat östlich von Erzingjan gelegen hat. Bis dahin waren die Hethiter angeblich seit 200 Jahren nicht gekommen. Und schließlich rühmt sich Chattusilis, daß seit zwölf Jahren (bei Abfassung des Schriftstücks) kein Krieg mehr gewesen sei.[25]

Trotzdem scheint die Stimmung des hethitischen Volkes dem Thronräuber nicht hold gewesen zu sein. Denn Chattusilis hielt es für geboten, mit einem umfänglichen Rechenschaftsbericht hervorzutreten.[26] Von keinem anderen Schriftstück, nicht einmal vom Gesetzbuch, scheinen so viele Abschriften in den hethitischen Archiven gelegen zu haben wie von dieser Selbstbiographie des Chattusilis. Er schildert, wie ihn als kleines, kränkliches Kind die Istar von Samucha durch einen Traum seines Bruders zum Priestertum angefordert habe und wie ihn dann diese Göttin in allen Gefahren des Lebens bewahrt habe, bei den Prozessen gegen Armadattas, bei der Heirat, und wie sie schließlich im Konflikt mit Urchi-Teschup ausdrücklich seiner Frau im Traume geoffenbart habe, daß sie — Istar — ihn zum Königtum bestimmt habe[27] („zum Priester der Sonnengöttin von Arinna" umschreibt er das). Und auf das Wirken der Göttin führt Chattusilis auch zurück, daß er so viele Anhänger im Lager des Urchi-Teschup gefunden habe — und verdeckt damit seine Verschwörertätigkeit.

Zum Dank stiftete er nun der Göttin von Samucha nicht nur einen neuen Opferstein, sondern ein Erbpriestertum mit großer Ausstattung des Kultes, und legte fest, daß dieses Priestertum stets in seinem Hause erblich sein solle[28] und kein künftiger Herrscher es seinen Nachkommen entziehen dürfe. Er sucht also für den Fall vorzusorgen, daß nach seinem Tode oder vielleicht schon zuvor durch einen Aufruhr die hethitische Königswahl wieder auf einen Sohn seines Bruders fallen könne. So wenig sicher fühlte er sich seiner Herrschaft.

Er unterbaute sie weiter (wahrscheinlich gleich nach seiner Machtergreifung) durch umfangreiche Privilegien, die er seinen Helfern angedeihen ließ.[29] Wir haben mehrere solche Schriftstücke; doch läßt sich bei dem zerbrochenen Zustand der Tafeln meist nicht erkennen, was eigentlich verliehen wurde. Gut erhalten ist das Privileg für die Söhne seines ehemaligen Erziehers, denen die Würde des Tafelschreibers als dauerndes Amt zugesichert wurde. Auch war Puduchepas geschäftig, ihren Töchtern fürstliche Heiraten anzubahnen. In Amurru erhielt Bentesina auf diese Weise eine Gattin, deren Kindern das alleinige Erbrecht gesichert wurde.[30]

Ebenso ging die Korrespondenz mit Ägypten in freundschaftlichem Tone weiter,[31] und es gelang vor allem den geschickten Verhandlungen der Puduchepas, den Ägypter dazu zu bringen, daß Ramses nach dem Tod seiner Hauptfrau um eine hethitische Prinzessin warb. Das hethitische Königspaar vergab seine Tochter aber nur unter der doppelten, für Ägypten unerhört neuen Bedingung, erstens, daß die Prinzessin die Hauptfrau des Ramses werden müsse (was noch kein Pharao einer Ausländerin zugestanden hatte) und, zweitens, auch aus dem Harem heraus mit ihren Eltern den Briefwechsel führen dürfe, wie es Puduchepas im Hethiterreich zustand. Damit wollte sie ihre Tochter wohl vor allem davor schützen, daß sie bei einer neuen Liebschaft des Königs in die Rolle einer Nebenfrau herabgedrückt werden könnte. Die Heirat fand im 34. Jahre des Ramses (1271/70) statt.[32]

Auf ähnliche Weise wie einst der Mitanni-König Tuschratta bekräftigte Ramses den Frieden.[33] Er hörte, daß in Syrien eine hethitische Prinzessin krank liege. Er sandte daraufhin ein ägyptisches Götterbild dorthin, damit es durch seine Zaubermacht die Kranke heile; und die ägyptische Legende behauptete, daß die Göttin damit Erfolg hatte — ein Machterweis, der noch nach beinahe tausend Jahren auf einer steinernen Stele verewigt wurde.

Einige Jahre später starb Chattusilis III., rund 70 Jahre
alt, in unangefochtener Herrschaft.[34] Puduchepas überlebte
ihn und führte noch neben ihrem Sohne die diplomatischen
Geschäfte weiter.

Der Historiker muß urteilen, daß Chattusilis durch seinen
Thronraub den Niedergang und Untergang des Hethiterreiches eingeleitet hat. Die Bande, die die Vasallen bisher
an den Großkönig knüpften, waren nicht mehr unanfecht-
bar. Mußte nicht jeder große Vasall den geglückten Aufstand
als lockendes Vorbild vor sich sehen, sobald er sich mit seinem
Lehensherrn überwarf? Tatsächlich begann sich das Lehens-
gefüge bei seinem Tod aufzulösen, und zwar sehen wir zuerst Arzawa im Aufstand und nach einer Generation selbständig werden. Und unter den Enkeln des Chattusilis griff
die Aufsässigkeit immer weiter um sich, bis das Reich zu-
sammenstürzte. — Doch davon merkten die Zeitgenossen
noch nichts.

Vielmehr brachte die Regierung des Chattusilis einen geistigen Aufschwung besonderer Art.[35] Der Puduchepas waren
aus Kizzuwadna eine Reihe von Männern und Frauen gefolgt, die mit großer Sorgfalt für alle möglichen Fälle des
Lebens Rituale ausdachten. Manche davon sind als Sühnefeiern für irgendein Unglück ersonnen, in dem man eine
Ungunst der Götter oder wenigstens eine Warnung er-
blickte (Abb. 38). So ist uns ein Sühneritual erhalten für den
Fall, daß unter einer gebärenden Frau der Gebärstuhl, der
damals üblich war, zusammenbrach.[36] Das war ein übles
Vorzeichen für Mutter und Kind, dem man durch eine
frohe Festlichkeit entgegenwirken mußte. Tatsächlich endet
das Ritual damit, daß zum Schluß „die Priester schmausen
und zechen". Bei manchen Gelegenheiten wird für das Ge-
lage der Priester am Ende eine besondere Delikatesse auf-
getischt. So wird uns einmal die Zubereitung einer Wurst
wie eine neue Erfindung beschrieben.[37] Wir haben Grund,

dieser Feinschmeckerei der Hethiter dankbar zu sein: Wir
verdanken ihr die Zucht von mancherlei Edelobst. Nicht nur
der Wein trägt in Ost und West den in Anatolien geprägten
Namen. Auch Kirsche,[38] Kastanie und Pfirsich sind von
Kleinasien her, allerdings erst ein Jahrtausend später, nach
Europa gekommen, und mindestens einige dieser Früchte
scheinen schon den Hethitern bekannt gewesen zu sein.

Aber nun gibt es auch Rituale, bei denen nicht solcher
Genuß, sondern die suggestive Wirkung auf den Veranstalter
der Zweck ist — so besonders das Ritual zur Beilegung eines
Familienzwistes[39] (das allerdings wohl schon älter war). Da
sollen ein Lamm, ein Ferkel, ein Hund zwischen den beiden
Streitenden hin und her geschwenkt werden mit einem Ge-
betsspruch, daß das Tier alle bösen Worte und Handlungen
der Streitenden in sich aufnehmen soll. Dann wird das Tier
geschlachtet und vergraben. Und währenddessen werden
Zungen aus Lehm und aus Teig gemacht, mit ähnlichen
Sprüchen den Streitenden auf den Kopf gelegt und dann
zerbrochen oder verbrannt. Oder der Streit wird in einen
Faden von roter und blauer Wolle gebannt, der dann durch-
geschnitten wird. Oder er wird in eine Eidechse beschworen,
die sich dann geschwind verkriecht. So abwechselnd — in
zwanzig verschiedenen Symbolen — wird das Aufhören des
Zwistes dargestellt. Dazwischen werden dann beide bisher
streitenden Personen durch Besprengen mit Wasser von aller
bösen Vergangenheit gereinigt.

Ähnlich suggestiv ist der Soldateneid.[40] Da wurde unter
anderm den Schwörenden die Spindel und der Rocken vor-
gelegt: Wenn ich den Eid nicht halte, möge ich zum Weibe
werden und an die Spindel zu sitzen kommen!

Das ist eigentlich verwunderlich, da die Stellung der Frau
bei den Hethitern gerade in dieser Zeit recht angesehen war.
Die Mehrzahl der beschriebenen Rituale sind von Frauen
verfaßt, und zwar von Luwierinnen aus der Gegend um

Kommana, die offenbar mit der Königin Puduchepas und in ihrem Gefolge nach Chattusa gekommen waren. (Und auch die Männer, die für Rituale zeichnen, stammen zumeist aus Kizzuwadna.[41]) Aber es liegt wohl ganz allgemein in der menschlichen Natur, daß der Soldat im Kriege den eigenen Manneswert besonders empfindet und die Frau demgegenüber abwertet. Zu welcher grotesken Folgerung diese Einstellung bald darauf geführt hat, wird noch zu besprechen sein.

Historisch wichtig ist das Ritual,[42] in welchem für den König ein Ersatzmann aufgestellt wurde, um die Schuld seiner Sünden den Göttern gegenüber auf sich zu nehmen. Der Gedanke stammt aus Mesopotamien, wo wir den Brauch um 1800 bei den Sumerern und im ersten Jahrtausend v. Chr. bei den Assyrern finden. Nur wurde dort der Ersatzkönig zu Tode gebracht; bei den Hethitern wurde er nur aus dem Lande gejagt. Und diese Milderung des Brauches ist dann von den Griechen übernommen worden, und in dieser Form wurde der sühnende Ersatz der Inhalt des jährlichen Targe-lienfestes — als Sühne nicht mehr für den König, sondern für das ganze Volk.

Sei der Blick noch auf Festlichkeiten gelenkt, die ganz einfach den Sinn hatten, sich fröhlich zu unterhalten. So kennen wir eine Festanweisung, wo unter jungen Mädchen ein Knabe mit einem Ziegenfell bekleidet werden soll.[43] Dann aber soll der so verkleidete Junge „in Wolfsprache reden", d. h. bellen. Man denkt an das Märchen vom Wolf und den sieben Geißlein: Etwas Analoges scheint bei diesem Scherz dargestellt worden zu sein. Hier finde ich keinen Anklang an Magie, sondern nur jugendliche Ausgelassenheit. Wir dürfen uns die Hethiter trotz aller Betonung magischer Sorge nicht als Duckmäuser vorstellen, sondern eher als behaglich ausruhend und fröhlich im Vollgefühl der errungenen Machtstellung und des gesicherten Friedens.

XIV. TUTCHALIJAS IV.

Als Nachfolger hatte Chattusilis III. seinen Sohn Tutchalijas eingesetzt. Er hatte auf einer Tafel, die nach langem
historischem Rückblick die Taten des Königsohns verherr-
lichte,[1] schon seine Thronfolge vorbereitet. Der junge König
war zugleich Erbpriester für Sauska von Samucha und scheint
sich beim Thronwechsel als solcher in Urikina befunden zu
haben, das Chattusilis dieser Göttin geschenkt hatte. Zu
seinen ersten Regierungserlassen gehört die Erneuerung des
Lehensvertrags mit Inaras von Dattasa,[2] dem Sohn (oder
Enkel?) des Muwatallis. Er übernahm dabei den Vertragstext
seines Vaters, nur daß er eine kleine Grenzverschiebung zugunsten des Belehnten einfügte und am Schluß ihm alle
Ehrenrechte zusicherte, deren der König von Kargamisch
teilhaftig war. Dieser König selbst wurde als Zeuge des Vertrags zugezogen. Andere Zeugen waren der König von Isuwa
— wohl ein Nachkomme jenes Artatama, der zuerst dem
hethitischen König gehuldigt hatte; außerdem eine Reihe
hethitischer Würdenträger. Unter diesen fällt besonders der
Bruder des Königs Nerika-Ilis auf, der mit dem König von
Amurru verschwägert war.[3] Er wird als 'Tuchkantis', das
heißt als 'Thronfolger' bezeichnet: offenbar hatte Tutchalijas
noch keine Kinder, und mit der Stellung als Thronfolger
waren bestimmte religiöse oder politische Pflichten verbunden (wie in Ägypten), so daß das Amt nicht unbesetzt bleiben
konnte. Ungefähr gleichzeitig und vor fast demselben Zeu-
genkreis erließ der König ein Privileg für die Kinder eines

[1] Anmerkungen zum vierzehnten Kapitel s. S. 342 ff.

Großen namens Sachurunuwas,[4] bei dem er zugleich das Erbe dieses Mannes unter sie verteilte.

Tutchalijas war aufgewachsen unter dem Eindruck des Thronraubes seines Vaters und trug dies als eine schwere Gewissenslast.[5] Vielleicht hatte gerade dadurch ein Zug der Pedanterie in seinem Wesen die Oberhand gewonnen. Dieser Zug waltet in seinen Regierungshandlungen; er klingt auch in seinen Annalen an,[6] die von den Aufzeichnungen seiner Vorgänger durch ihre trockene, sich in Aufzählungen erschöpfende Darstellungsweise ungünstig abstechen.

Anfangs finden wir bei den genannten Privilegien und in der diplomatischen Korrespondenz auch die Mutter Puduchepas noch mitbeteiligt.[7] Doch läßt sich wohl nicht von einer vormundschaftlichen Regierung der Mutter reden. Tutchalijas war zwar noch jung, doch hatte die Ehe seiner Eltern immerhin etwa 30 Jahre gedauert, und Tutchalijas hatte schon selbständige Kommandos bei verschiedenen Kriegszügen geführt. Eher möchte ich annehmen, daß Puduchepas als Tawanannas die königliche Kanzlei unter sich hatte, wenn der Sohn auf Feldzügen abwesend war.

Denn wieder knüpfte sich gleich an den Thronwechsel eine dreifache kriegerische Bedrohung:[8] von Arzawa, von den Gaschgasch und von Assur aus. Zunächst nutzte der König von Arzawa den Thronwechsel, um die Länder der umwohnenden Könige anzugreifen, also vermutlich Miraa und Secha-Fluß-Land. Aber die trockene Aufzählung der verheerten Städte gibt uns keinen Begriff davon, um welche Gegenden es sich handelt. Von den fünf erhaltenen Namen ist nur einer, Uliwanda (= Waliwanda), sonst bekannt,[9] nämlich als ein Ort, den Mursilis im Streit mit Arzawa als sein Eigen behandelt und deren geflüchtete Einwohner er zurückverlangt hatte. Es muß also ein hethitischer Grenzort gegen die Arzawa-Länder gewesen sein. Auf die Plünderung hin bot der König Tutchalijas seine Truppen auf. Der Bericht

über den Feldzug ist uns verloren; nur ein Bruchstück ist
erhalten, das wieder ganz eintönig die überwundenen Arzawa-Länder aufzählt. Erkennbar sind: das Flußgebiet des
Hermos, das Land Arzawa; Abaeitis und Secha-Fluß-Land
(Teuthranien) und dann die südlicheren Gebiete: Priene,
Milet (?), die Kabalia; ein 'Quellenland' (Arinna, wohl das
heutige Pamukkale) und zwei andere Gebiete.

Kaum war Tutchalijas nach Chattusa zurückgekehrt, so
bildete sich ein Bündnis der Assuwa-Länder gegen ihn, d. h.
der Länder, die nördlich an die Arzawa-Länder angrenzten,[10]
von Karkisa bis Ilios und dem sagenhaften Taruisa (vielleicht
dem griechischen 'Tyrsa', dem Heimathafen der auswandern-
den Etrusker). Merkwürdigerweise ist auch eine Stadt dabei,
die kurz zuvor Arzawa angegriffen hatte, Parsuchalda. Welchen Beweggrund der König von Assuwa, dessen Namen wir
vorläufig 'Paai-Kalas' lesen, zur Feindschaft hatte, wird nicht
angegeben. Diese versammelten Feinde griff nun Tutchalijas
bei Nacht an. Den Ort des Kampfes nennt er nicht. Er rühmt
sich, daß seine Götter ihm beigestanden haben und er das
feindliche Heer zerstreut habe. Dann drang er in das Land
ein, überwand die einzelnen Städte und nahm den König
Paai-Kalas nebst seinem Sohn und Schwager gefangen. Zehntausend Einwohner behauptet er nach Chattusa verschleppt
zu haben.

Den Paai-Kalas und seinen Schwager Malazitis, der wohl
König einer anderen mit Assuwa verbündeten Stadt war,
behielt Tutchalijas in Chattusa im Gefängnis des Wettergottes (also wohl in einer der Nebenzellen des großen, rings
nochmals ummauerten Tempels).[11] Den Sohn des Königs,
den Kukkullis, aber vereidigte er als Vasallen und entließ
ihn mitsamt der Masse der Gefangenen wieder in die Heimat.
Es ist das einzige Mal, daß wir erfahren, was aus den verschleppten Gefangenen geworden ist. Alsbald beredete Kukkullis die Soldaten zu erneutem Abfall. Doch „die Götter

zerspellten sie"; das heißt wohl, es entstand Zwietracht in den eigenen Reihen der Aufrührer, und bei der Meuterei wurde Kukkullis selbst erschlagen, ohne daß der König noch einmal hätte eingreifen müssen.

Unterdessen hatten sich auch die Gaschgasch erhoben und waren räuberisch in die Chatti-Länder eingefallen. Schon als der König von Assuwa heimkehrte, zogen sie sich wieder zurück. Tutchalijas verfolgte sie und stellte sie bei Tiwara zum Kampf.[12] Vor ihrer Front lagen der Fluß, in ihrem Rücken bewaldete Gebirge. Wenn man die heutige Bewaldung zum Maßstab nehmen dürfte, müßte der Fluß der Iris etwa bei Kommana sein. Doch das ist nicht eindeutig zu sagen. Jedenfalls hatten die Gaschgasch die Stellung gut gewählt, um jede einzelne Abteilung der Hethiter, die über den Fluß setzte, sogleich mit Übermacht erdrücken zu können.

Wie Tutchalijas dies Hindernis überwand, wird uns nicht gesagt; er begnügt sich mit der stehenden Formel: Die Götter kamen mir zu Hilfe. Er pflegt sieben Götter zu nennen, und zwar andere, als Mursilis in den eigenen Annalen und in denen des Suppiluliumas aufzählte. Neu sind besonders der Kriegsgott Zababa und der Mondgott; dazu die Unterweltsgöttin Lelwannis. Wenn man die letztere und den Schutzgott von Chatti mit Saturn und Merkur gleichsetzen dürfte, so wären es die sieben Planetengötter. Doch dies ist sehr ungewiß; nur die Siebenzahl wird auf babylonische Sternwissenschaft zurückgehen.

Die geschlagenen Gaschgasch wichen in ihre Dörfer auf schwer zugänglichen Höhenzügen zurück und fingen eilig an, sie zu befestigen. Aber Tutchalijas verfolgte sie in ihre Schlupfwinkel und überfiel sie beim Bauen, so daß sie sich ergeben mußten. Jahrelang, rühmt er sich, brauchte er nicht mehr zu Felde zu ziehen.

Dann aber griff der eben neu in Assur auf den Thron gekommene Tukulti-Ninurta die hethitischen Vasallenstaa-

ten am Euphrat an. Er rühmt sich, 28 800 hethitische Handwerker nach Assyrien verschleppt zu haben.[13] Die Zahl
(2 x 120 x 120) ist natürlich maßlos aufgerundet, wie das im
semitischen Orient so üblich ist. Merkwürdigerweise erwähnt
Tukulti-Ninurta diesen Erfolg aus dem Anfang seiner Regierung nicht in den gleichzeitigen Inschriften, sondern erst
beinahe 30 Jahre später, als die sonstigen großen Erfolge
seiner Regierung wie Schaum zergangen waren, als besonders
das eroberte Babel wieder seine Selbständigkeit erlangt hatte.
Vermutlich besorgte er zunächst, daß der Hethiterkönig ihm
den Menschenraub wieder abjagen oder ihn zur Rückgabe
zwingen könne.

Tutchalijas hat das auf zweifache Weise versucht: zunächst
durch einen Feldzug.[14] Der Churriterkönig von Isuwa hatte
sich an Assur als den augenblicklich mächtigeren Staat angeschlossen[15] und mit ihm gemeinsame Sache gemacht. Darum
richtete sich der Zorn des Hethiterkönigs zunächst gegen
diesen abtrünnigen Vasallen. Tutchalijas sagt in seinem sehr
schlecht erhaltenen Bericht, er habe Isuwa und Assur, die
beiden mächtigen Reiche, mit einem Schlag (wörtlich „wie
ein Haus") überwältigt. Aber diesmal ist nicht von der Hilfe
der Götter die Rede. Es scheint sich nur um einen ziemlich
unentschiedenen Kampf gehandelt zu haben.

Tutchalijas versuchte daher den Assyrern auf andere Weise
beizukommen. In den Verträgen mit den syrischen Staaten
legt er seinen Vasallen auf, keinen Handel mit Assyrien zu
treiben. So sperrte er Assur und Babel vom Handel mit den
Mittelmeerländern ab.[16] Das Kupfer von Nuchasse und Zypern, das Zinn, das damals schon von Spanien, wenn nicht
gar von England importiert wurde und zum Härten des
Kupfers für Waffen unentbehrlich war, sollten Assyrien nicht
mehr erreichen; ebensowenig natürlich die neue hethitische
Erfindung, der Stahl von Doliche. Durch diesen wirtschaftlichen Druck hoffte Tutchalijas Assyrien gefügig zu machen.

Es ist das erste geschichtliche Beispiel einer Handelssperre. Doch kam es auch mindestens zu einer Truppenaufstellung gegen Assyrien, wobei dem König von Ugarit gestattet wurde, statt das vertragliche Kontingent zu stellen, eine hohe Summe Geldes zu entrichten.[17] Die inneren Verhältnisse in Syrien zu regeln, blieb weiterhin dem König von Karga-misch, Ini-Teschup, dem Vetter des Tutchalijas, überlassen. Dieser übte sogar ein Recht zu internationaler Gesetzgebung aus, und die übrigen Vasallenfürsten waren an seine Weisun-gen gebunden. Er regelte nämlich die Normen für die Bußen für Mord an ausländischen Kaufleuten. Die Blutbuße wurde dabei in Geld angesetzt.

Im übrigen zeigt gerade der Vertrag, den Tutchalijas mit Sausgamuwa, dem Sohn des Bentesina von Amurru, schloß,[18] den Charakter des neuen Hethiterkönigs besonders deutlich. Er war ein ausgesprochen rechtlich gesinnter Herrscher. Er beschönigt den Thronraub des Vaters nicht; nein, er bezeich-net das Verhalten des Masturis, des Königs von Secha-Land, bei dieser Gelegenheit als Verschwörung und legt dem neu-antretenden Amurrufürsten unter besonders heftiger Selbst-verfluchung auf, zu schwören, daß er nie einen Prätendenten,[19] sei es einen anderen Sohn des Chattusilis, sei es auch der Nachkommenschaft des Muwatallis, anerkennen oder unter-stützen werde. Diesen Eifer für eine Gerechtigkeit, die uns doch fehl am Platze scheint, weil sie sich gegen die eigenen Vater und damit im Grunde gegen die eigene Königswürde richtet, atmen nun auch die gesetzlichen Neuerungen und Erlasse des Königs. Er erzählt selbst, daß ihn die zur Huldi-gung versammelten Hethiter bei seiner Rückkehr vom Feld-zug aus Assuwa mit der Forderung begrüßt hätten,[20] die Mängel der Rechtsprechung abzustellen; denn die Willkür der Richter gegen Schwache, gegen die im Lande ansässi-gen Ausländer und gegen die Taglöhner müsse aufhören. So hat Tutchalijas das alte Gesetzbuch neu überarbeiten

lassen.[21] Ob es eine Neuerung war, daß die Buße für unver-
schuldete Bluttat nunmehr in Geld, nicht mehr in Personen
zu leisten war, oder ob sich das gewohnheitsrechtlich schon
früher durchgesetzt hat, stehe dahin. Deutlich aber sind die
Strafen gegen früher erhöht. Und vor allem wird in gesonderten Erlassen über sakrale Vergehen das Recht furchtbar
verschärft. Von der alten Milde ist keine Spur mehr; schon
auf geringe Nachlässigkeit steht die Todesstrafe. Der König
scheint dem Grundsatz gehuldigt zu haben, die Strafe müsse
abschrecken und könne darum nicht scharf genug sein. Daß
wir gegenüber besiegten Königen unter diesem Herrscher
zum ersten Male von einer Gefängnisstrafe hören,[22] ist schon
erwähnt. Man muß bis auf Sargon von Akkad zurückgreifen,
um ein Beispiel von ähnlicher Siegerüberhebung zu finden.
Im übrigen Orient ist wenigstens keine auf solche Strafe
deutende Bestimmung überliefert. Dort konnte ein Schul-
diger als Sklave verkauft werden, aber nicht in staatliche
Gefängnisse kommen. Ganz abgesehen davon, daß wir keinen
Anhalt dafür haben, daß der König von Assuwa in einem
Vertragsverhältnis zum hethitischen König gestanden habe,
also als schuldig anzusprechen war. Dieselbe unerbittliche Art
bewies Tutchalijas auch in der Handhabung der Justiz. Die
Frau des Ammistamru von Ugarit, eine Prinzessin von
Amurru, also wohl des Tutchalijas Nichte als Tochter des
Bentesina, war zu ihrem Bruder heimgeflüchtet; denn sie
wurde des Ehebruchs beschuldigt. Ihr Bruder gab ihr Asyl;
aber Tutchalijas, als Schiedsrichter angerufen, zwang ihn, die
Schwester an den beleidigten Gatten auszuliefern, wo grau-
samer Tod ihrer wartete.[23]

Wir sehen also in Tutchalijas eine Verkörperung jener
falschen Auffassung von Gerechtigkeit, wie sie später die
Folterstuben des Mittelalters hervorgebracht hat. Er war ein
aufrichtiger, aber dürrer Geist. Die Folgen konnten nicht
ausbleiben.

So rühmt er sich auch, eine religiöse Reform durchgeführt zu haben.[24] Aber wenn wir die Dokumente zu dieser Reform durchsehen, so handelt es sich darum, den Gottesdienst noch peinlicher als bisher in Formeln zu schnüren. Da wird genau vorgeschrieben, welcher Beamte dem König das Handtuch zu reichen hat, wenn er eine sakrale Waschung der Hände vollzieht, und welcher es ihm wieder abnehmen muß. Gewiß konnte eine Regel darüber den ungestörten, planmäßigen Ablauf der Feier gewährleisten. Trotzdem kennzeichnet die Art der Regeln den Charakter des Königs. Er ist zwar nicht der erste Bürokrat, in ägyptischen Pharaonen hat er darin schon Vorgänger gehabt, aber unter den Hethiterkönigen war uns solche Pedanterie bisher nicht begegnet.

Darum möchte ich auch den größten Teil der Texte über Feierlichkeiten, die in großer Zahl aus dem Hethiterreich überliefert sind, dem Tutchalijas zuschreiben;[25] denn nicht nur der gleiche formalistische Ungeist waltet in ihnen, sondern sie sind so zahlreich und teilweise auf so lange Dauer berechnet, als ob der König gar nichts anderes zu tun hätte, als Feste zu feiern. Das Antachsum-Fest im Frühling[26] dauerte einen Monat und acht Tage — also etwa so lang wie unser Fasching —, und dabei hatte der König von Ort zu Ort zu ziehen — von Tachurpa nach Chattusa, später nach Arinna, Zippalanda und schließlich nach Ankuwa — und natürlich in der Hauptstadt in jedem Tempel eine Feier zu veranstalten (Abb. 39). Historisch bedeutsam ist, daß bei diesem Feste die Mesedi, die Leibwache des Königs, einen Wettlauf veranstalten mußten und der Sieger einen Preis erhielt. Es ist ein kultischer Wettstreit sportlicher Art, wie er später den besonderen Glanz griechischer Feste ausmacht. Darin sind die Hethiter also den Griechen vorangegangen.

Ein anderes noch weiter ausgedehntes Fest, das Nuntarias'-chas-Fest,[27] sollte der König abhalten, wenn er vom siegreichen Feldzug heimkehrte. Es galt hier, in eiliger Umfahrt

alle heiligen Städte des alten Chatti-Landes zu besuchen, um
allen Göttern den Dank für den Sieg gebührend abzustatten.
Das Itinerar, das uns teilweise erhalten ist, erreicht erst am
13. Tage Chattusa, nach einer Rundfahrt rings im Inneren
Lande umher — und das Verzeichnis der Kalendertage geht
noch viele Tage weiter, um auch im Oberen Lande alle Götter
zufriedenzustellen.

Als Neuerungen, die bei dieser Kultreform eingeführt
wurden, vermerkt ein Verzeichnis über westkleinasiatische
Kultorte, wahrscheinlich des Masa-Landes,[28] daß der König
anstelle der unbehauenen Steine, die bisher dort das Bild
der Wettergötter vertraten, eiserne Stiere hat aufstellen lassen. (Man sieht zugleich, welche Aufgaben die Eisenindustrie
schon bewältigen konnte.)

Anderseits haben wir einen Text, wo mehr als hundert
verschiedene Schutzgötter angerufen werden,[29] alle zum
Schutz des Königs, für jeden Körperteil ein anderer. Hier ist
die Aufspaltung der Götter, nicht nach dem Ort der Verehrung, sondern nach der Funktion, wie wir sie sonst besonders aus Rom kennen, und was dort recht eigentlich der
Ersatz für die verkümmerte Mythologie ist, auf die Spitze
getrieben. Auch bei den Hethitern können diese Schutzgöttinnen alle nur farblose Gestalten gewesen sein — keine
Götter mehr, sondern nur Gottesbegriffe, allenfalls Rechts-
personen des Kultes. Aber eben an dieser abstrakten Begriff-
lichkeit, die die Religion für Tutchalijas hat, läßt sich die
seelische Verkümmerung besonders deutlich ablesen.

Welch schauerliche Folgen die Verbindung von magischer
Technik und Bürokratismus herbeiführen konnte, sieht man
besonders an dem Ritual zur Entsühnung des Heeres.[30] Die
Indogermanen scheinen Viehherden, um sie magisch zu reinigen, zwischen zwei Feuern hindurchgetrieben zu haben; und
ähnlichen Sinn hatte der Sprung über das Johannisfeuer.[31]
Das hethitische Ritual aber schreibt vor, das Heer nach einer

Niederlage zwischen entzweigeschnittenen Leichen eines
Hundes, eines Schweines und eines Menschen durchmarschie-
ren zu lassen, um es zu entsühnen. Der grauenhafte Anblick
sollte, wie mir scheint, ein magischer Ersatz für die wegen
Feigheit verdiente Todesstrafe sein. Wann dies Ritual auf-
kam, wissen wir nicht; mir scheint es ganz den Geist der
Kultreform des Tutchalijas zu atmen. Aber es hat lange nach-
gewirkt: Noch Xerxes hat bei seinem Durchmarsch durch
Kleinasien sein Heer auf diese Weise entsühnen lassen.

Aber wir dürfen des Tutchalijas Kultreform nicht nur
nach den trockenen Akten beurteilen. Denn wir haben ein
Zeugnis, daß sich hinter diesen Nichtigkeiten ein großer
seelischer Auftrieb versteckt hat. Vielleicht stammt er nicht
vom Könige, sondern von dem beauftragten Künstler; jedenfalls ist er das dauerhafteste Zeichen der hethitischen Herr-
lichkeit geworden.[32]

Einige Kilometer von Chattusa entfernt, auf der gegen-
überliegenden Seite des Tales, wo ein alter Weg in Schlangen-
windungen den steilen Berg hinaufzog,[33] stieß man auf eine
Felsengruppe. Die Natur hatte eine engere, tiefe Schlucht und
eine breitere daneben in die Felsen gegraben. Diese breitere
Mulde weihte der König als die Stätte, wo sich nach babylo-
nischem Vorbild die Götter jedes Neujahr versammeln sollten, um das Schicksal des anbrechenden Jahres zu bestimmen.
Die enge Kluft daneben aber bestimmte der König zu seiner
Grabstätte. So konnte er unter der Obhut der Götter den
Weg antreten, der ihn selbst zum Gott machen sollte.

Ein Tempelbau am Eingang schloß die heilige Stätte gegen
die profane Welt ab. An den senkrechten Felswänden der
Bergmulde brachte der Künstler in Relief das Götterfest zur
Darstellung (Abb. 40). Auf ihren Tieren stehend kamen von
links der Gewittergott und seine männlichen Begleiter aus
der Götterwelt, von rechts die Götterkönigin Chepat mit
einem Gefolge von weiblichen Gottheiten (Abb. 41). So

wurde die Hochzeit des himmlischen Paares dargestellt. Wir
können nicht alle Gestalten benennen; es ist auch die Trennung der Geschlechter nicht überall eingehalten: Die Ischtar
oder Sausga ist unter die männlichen Gottheiten eingereiht,
wegen ihres mannweiblichen Wesens; der Sohn der Chepat,
Sarrumas, folgt seiner Mutter. Der Fries zieht sich in kleineren Gestalten an den ganzen Wänden der inneren Felsen
hin (Abb. 42), überblaut vom hereinscheinenden Himmel.
Am Schluß sind zwölf Götter in laufender Haltung dargestellt. Man hält sie wegen ihrer Tracht für Berggötter; ich
möchte vielmehr die zwölf Monatsgötter in ihnen sehen
(Abb. 43). Ihr Lauf bedeutet dann den Lauf der Zeit oder
gerade die Ewigkeit.[34] Der Boden des Heiligtums ist mit
Felsplatten ausgelegt und dadurch geglättet; und links seitwärts vom Hauptpaare ist ein steinerner Altar aus dem
Felsen herausgehauen (Abb. 42), mit länglicher, waagrechter
Oberseite, auf der bei der Ausgrabung noch Opferblutspuren
zu sehen waren. Das ganze atmet eine Heiligkeit, der sich auch
die Umwohner bis heute nicht entziehen konnten: Im Gegensatz zu anderen Götterbildern hat selbst der Islam diese
Kunstwerke unbeschädigt gelassen.

In der Grabschlucht nebenan war der Unterweltsgott dargestellt, wie er den König schützend unter seinen Mantel
nimmt (Abb. 44), und auf der linken Seite wieder die zwölf
unermüdlich laufenden Götter. Darüber waren niedrige Nischen in den Felsen gehauen, um Weihgaben oder Urnen
darin aufstellen zu können. Doch diese sind mit der Zeit
verschwunden. Es scheint auch ein Standbild des Königs
aufgerichtet gewesen zu sein, von dem man wenigstens das
Postament gefunden hat. Erst nach dem Tode des Königs
wurde auch in der Hauptkammer sein Bild, noch größer als
das der Hauptgötter, in den Felsen gemeißelt, der großen
Prozession gegenüber, so daß er als Zuschauer am Geschehen
in der Götterwelt teilzunehmen scheint. Abseits von diesem,

an einem Spalt, der heute den Zugang zur Grabkammer
bildet, waren ein König und seine Gemahlin beim Mahle
dargestellt — wohl die älteste Abbildung der Totenmahl-
zeit im Jenseits, die so viele griechische Grabsteine wiederholen (außer in Ägypten).

Man nennt dies Heiligtum heute Yazili Kaya, 'den beschriebenen Felsen'.[35] Unter dem Sohne des Tutchalijas stürzte
durch Erdbeben eine Gruppe von Steinblöcken in den Eingang zur Grabkammer und versperrte ihn, so daß der besagte
Spalt vom Hauptraum her als Zugang eröffnet werden mußte.
Das gab zu gewissen Renovierungsarbeiten Anlaß, von denen
wir durch Inschriften wissen. Die Hauptanlage aber ist nicht
mehr geändert worden.

Die Namen waren den Göttern in sogenannten hethitischen Hieroglyphen beigeschrieben, aber seltsamerweise in
churritischer Lautung. Vielleicht sind sie dadurch als die
Götter des Königshauses gekennzeichnet, das ja churritischer
Herkunft war.

Daneben vergaß Tutchalijas auch die profane Bautätigkeit
nicht.[36] Von der Burg von Chattusa durch eine tief eingeschnittene Schlucht getrennt, deren Wände fast senkrecht
emporsteigen, liegt eine Kuppe, noch etwas höher als der
Burgfelsen von Chattusa aufragend. Hier errichtete Tutchalijas ein zweites Schloß (heute 'Büyük Kale', 'das große
Schloß', genannt). Den Aufriß können wir nicht mehr erkennen; wie gewöhnlich bei alten Bauten sind nur die Grundmauern erhalten. Aber es muß ein großartiger Anblick gewesen sein, als es noch aufragte, mit dem Blick über die ganze
Talmulde, in der die Felder von Chattusa sich breiteten.

Mit der Burg der Stadt verband der König dieses Schloß
durch einen hölzernen Steg und einen Gang, den senkrechten
Felsen entlang. Man kann die Löcher noch sehen, die in den
Felsen gehauen wurden, um hoch über dem Bach[37] in der
Schlucht, der glatten Felswand entlang den schwebenden Weg

zu führen, bis dahin, wo der Steg zum Neubau hinüber-
führte.

Auch im oberen Teil der Stadt Chattusa finden sich einige
Gipfel mit steil abfallenden Felsen. Auf mehreren gibt es die
Spuren ehemals dort errichteter Tempel oder Schlösser, die
die ganze obere Stadt überragten (Abb. 45). Vielleicht sind
sie nicht von Natur so steil gewesen; möglicherweise sind die
unteren Teile als Baumaterial für die Burg abgesprengt worden. Welchem Könige diese Anlagen ihren Ursprung verdanken, wissen wir nicht. Sicher, wenn sie schon früher
bestanden hatten, waren sie verfallen, als Muwatallis die
Stadt verlassen hatte; und Urchi-Teschup hat in seiner kurzen
Regierungzeit schwerlich Zeit gefunden, die ganze Stadt
wieder zu errichten. Wenn Chattusilis III. den Leuten vom
Felsgipfel Pirwa (der innerhalb der Stadt Chattusa gelegen
haben muß) ein Privileg erteilte, das sie von anderem Frondienst entband[38] und einzig verpflichtete, die notwendigen
Maurerarbeiten an der Burg auszuführen, so ist wohl er der
große Planer gewesen, die Vollendung des Werkes aber eben
in die Zeit des Tutchalijas zu setzen.

Im Lauf der Jahre veränderte sich die Weltlage zugunsten
der Hethiter. Tukulti-Ninurta eroberte in seinem 15. Jahr
Babylon;[39] aber schon nach wenigen Jahren brachen Aufstände in dem eroberten Lande aus, die die ganze Aufmerk-
samkeit der Assyrer nach Süden lenkten. Dadurch scheint an
der hethitischen Grenze gegen Assyrien praktisch ein Friedenszustand eingetreten zu sein, obwohl, soweit wir wissen,
kein Vertrag darüber geschlossen worden ist. In den Erlassen,
die Tutchalijas um die Mitte seiner Regierung an die hohen
Beamten ausgeben ließ,[40] werden als Feinde nur Azzi und
Gaschgasch im Norden in Betracht gezogen; außerdem die
Lugga:[41] Und damit scheinen jetzt nicht die Bewohner von
Lykaonien gemeint, das jedenfalls um 1230 fest in der Hand
der Hethiter war,[42] sondern die Lykier im äußersten Süd-

westen von Kleinasien, von denen und deren Städten wir seit dieser Zeit noch öfters erfahren.[43]

Die genannten Erlasse kennzeichnen aber auch die innere Lage des Reiches sehr gut. Ausführlich wurden die Würdenträger darauf vereidigt, keine Prätendenten aus der Nachkommenschaft der früheren Könige anzuerkennen.[44] Man sieht, wie die Angst vor einem Thronraub dem König in den Knochen sitzt. Ähnliches besagt die Bestimmung, daß kein Großer der Vasall oder Verbündete eines anderen werden dürfe.[45] Das ist ein charakteristischer Unterschied gegenüber dem Feudalstaat unseres Mittelalters mit seinen Afterlehen. Es ist der Versuch, das absolute Recht der Krone gegenüber den Großen durchzusetzen.

In einer späteren Zeit seiner langen Regierung mußte Tutchalijas noch einmal im Westen eingreifen. Der Achchijawa-König war im Lande des Secha-Flusses gelandet.[46] Das führte zu einem Aufstand dieses Landes. Wobei in dem bruchstückhaften Bericht nicht zu ersehen ist, ob der Achchijawa-Fürst als Verbündeter der Hethiter oder der Aufständischen gekommen war. Doch ist letzteres wahrscheinlicher. Der Text setzt ein mit der Bemerkung: Der König von Achchijawa zog sich zurück. Dagegen rückt Tutchalijas im aufständischen Lande ein, und nach dem Kampfe um eine felsige Bergspitze bekam er das Land in seine Gewalt. Er griff zu einer außerordentlichen Maßnahme: Wegen der dauernden Aufsässigkeit dieses Landes setzte er das Königshaus ab, obwohl der regierende König der Sohn oder Enkel (vielleicht auch der Stiefsohn) seiner Tante, also sein Vetter oder Neffe, war, und setzte statt dessen einen neuen Herrscher ein, dessen Name in unserem Text verloren ist, nach Analogie wohl einen seiner Söhne, vielleicht aus einer Nebenehe. Der griechische Name des neuen Fürsten ist Telephos,[47] Sohn des Teuthras. Letzteres ist offenbar die griechische Aussprache von Tutchalijas. Die Sage macht den Telephos zu einem Sohn des Herakles von der arkadischen Prinzessin Auge, die nach Teuthranien verkauft worden war. Er sei nur ein Adoptivsohn des Teuthras gewesen. Aber das ist Klitterung aus einer Zeit, wo die Herrscherhäuser (auch das von Lydien) sich mit Vorliebe auf Herakles zurückführten. Die griechische Fürstentochter Auge, die als Sklavin in den Harem des Teuthras kam, paßt dagegen genau in den hethitischen Bericht hinein. Ob es der Fürst des Secha-Fluß-Landes war oder ein anderer hethitischer Prinz, der in diesen westlichen Ländern fiel und begraben wurde, das wissen wir nicht; jedenfalls ist in einem Waldtal östlich von Smyrna ein hethitischer Königssohn verewigt — eine wunderschöne Darstellung in hethitischem Stil (mit hieroglyphischer Beischrift) als Relief in den Felsen gehauen worden.[48] Sie war schon zu Herodots Zeit berühmt, der sie als Bild des ägyptischen Eroberers Sesostris deutete — denn was wußte man damals noch von den Hethitern!

Von einer Landung des argivischen Königs in Teuthranien weiß auch die griechische Sage.[49] Sie datiert sie 18 Jahre vor der Zerstörung von Troia (also 1225 v. Chr.) und spricht davon, daß die Griechen sich zurückzogen, als sie ihren Irrtum bemerkten. Aber die Griechen lassen schon damals den Telephos in Teuthranien regieren: Die Erinnerung hat sich also zeitlich verschoben — wenn es dieselbe Landung und Heimfahrt ist, von der die hethitische, gleichzeitige Urkunde zuverlässiger berichtet.

Sonst scheint der Friede des Reichs nicht gestört worden zu sein. Besonders das Verhältnis zu Ägypten blieb dauernd freundlich. Als es im Hethiterland eine Mißernte gab (1236 oder 1235), sandte Mernephtah,[50] der Sohn und Nachfolger des Ramses, vom ägyptischen Überfluß Schiffe in die Häfen des Lugga-Landes — die natürlichen Buchten des Rauhen Kilikiens, die mit ihren Felsvorsprüngen — wie von künstlichen Dämmen eingefaßt — den landenden Schiffen Schutz vor der Brandung auch an stürmischen Tagen gewähren.

Von dort wird die Sendung mit Eselkarawanen über den Taurus in das Innere des Landes verfrachtet worden sein. Ob auf diese Weise allerdings eine ausgiebige Hilfe beschafft werden konnte, scheint uns fraglich; es war mehr eine freundliche Geste.

Im letzten Drittel des Jahrhunderts verdüsterte sich der politische Horizont wieder.[51] Es gab allerlei Verwicklungen im Südwesten Kleinasiens. Zuerst hören wir von einem Fürsten Attarsias, der, wie es scheint, von Pamphylien aus sein Gebiet zu erweitern suchte. Er traf dabei zunächst auf einen bisher unabhängigen Fürsten Madduwattas, der das Gebirgsland nordwestlich von Pamphylien, das Tal des Sijanta-Flusses innehatte, offenbar das Tal, dessen Hauptort heute Burdur heißt. Madduwattas wurde überwältigt und floh zum Hethiterkönig. Dieser ließ ihn mit Waffen in sein Stammland zurückführen. Dafür mußte Madduwattas den Lehenseid auf sich nehmen.

Inzwischen rührte sich auch Arzawa wieder. Hier hatte sich der Fürst Kupanta-Kalas selbständig gemacht.[52] Der Name deutet darauf hin, daß er wohl der Enkel des gleichnamigen Fürsten von Miraa unter Mursilis gewesen ist. Aber er wird als Fürst von Arzawa bezeichnet; wir dürfen schließen, daß er die beiden Nachbarstaaten zusammengeerbt hat. Jedenfalls scheint Miraa um diese Zeit als selbständiges Gebiet von der Landkarte verschwunden zu sein.

Mit diesem mächtigen Feinde fing Madduwattas Händel an. Das Ergebnis war, daß Madduwattas vollständig geschlagen wurde; selbst seine Familie fiel dem Kupanta-Kalas in die Hände. Da schloß sich dem Sieger auch das Land Masa an — wohl nur der westliche Teil desselben. Damit aber war der Kriegsfall für den Hethiterkönig gegeben. Unmöglich konnte er die Abkehr des unterworfenen Landes dulden. Tutchalijas ernannte seinen Sohn Arnuwandas, der sich bisher bei Verwaltungsaufgaben im Gaschgasch-Land und in

Kilikien bewährt hatte,[53] zum zweiten Großkönig, also zum
Mitregenten. Miteinander zogen sie gegen Kupanta-Kalas,[54]
der sich auf einem Berge Chulussiwanda verschanzte. Der
Berg wird noch im Lande Masa gelegen haben und nach dem
Zusammenhang am ehesten ein Teil des Sultan Dag gewesen
sein. Die Steilheit des Anstieges wird ausdrücklich hervorgehoben. Aber die strategische Überlegenheit der Hethiter
zeigte sich gerade bei solchen Gelegenheiten. Wie sie den Berg
erstiegen haben, wird nicht gesagt; nur, daß sie den Kupanta-
Kalas verjagten, sein Heer vernichteten, seine Frau und
Kinder erbeuteten, erfahren wir, und daß ein Sonderkom-
mando auch die Familie des Madduwattas befreite. Darauf
trennten sich die Könige. Während Tutchalijas im Gebirge
weiterzog (der Bergname ist bis auf den Anfangsbuchstaben
verloren), wandte sich Arnuwandas gegen die befestigte Ort-
schaft Aassaratta,[55] die wir am Fuß des Gebirges suchen
müssen, eroberte sie und überließ sie dem Heer zur Plünderung.

Aber endgültig besiegt war Arzawa nicht; ja es scheint,
daß Tutchalijas den Kampf gegen Arzawa einschlafen ließ;
vielleicht übergehen die Annalen einen Waffenstillstand oder
Friedensschluß. Die militärischen Aktionen des nächsten Abschnittes richten sich jedenfalls nicht gegen Arzawa, sondern
gegen die Länder weiter im Norden. Karkisa, das Teuthranien benachbart lag, wohl im Gebiet um Balikeşir, dessen
Flüsse zum Marmara-Meer abströmen, ist der Mittelpunkt
der folgenden Ereignisse. Es war für die Hethiter ein Vorstoß in unbekanntes Land. Ausdrücklich erwähnt Arnuwandas, daß er dem Flusse Warma nachforschen ließ und
der Kundschafter ihm bis zum Meere nachgegangen sei. An
diesem Flusse kam es zum Kampf und, wenn wir dem
Hethiter glauben dürfen, zum Siege. Der Rest der Annalen
aber ist abgebrochen, so daß wir nicht wissen, was weiter
geschah.

Nur über die weiteren Schicksale des Madduwattas sind wir unterrichtet.[56] Zunächst versuchte noch einmal Attarsias von Achija, in dem Forrer vielleicht doch mit Recht den Atreus von Achaia zu erkennen geglaubt hat, von Pamphylien aus ins Land des Madduwattas einzudringen. Tutchalijas sandte einen Großen, Kisnapilis, zu Hilfe und es kam zu der denkwürdigen Schlacht, bei welcher beide Teile sich zurückzogen, nachdem auf jeder Seite ein Mann gefallen war:[57] offenbar in einem Zweikampf, wie er auch in der ›Ilias‹ an die Stelle des Kampfes der Heere treten sollte — nur daß dort die eidliche Verpflichtung nicht eingehalten wurde. Aber freilich, Kisnapilis blieb im Lande des Madduwattas. So hatte dieser es nicht gemeint, als er die Hethiter anrief. Tutchalijas wollte das Land des Vasallen benützen, um die bisher unabhängigen Küstenorte von Karien, Chinduwa und Dalawa[58] (griech. 'Knidos' und 'Tlos'?) dem Reiche einzufügen und wohl von da aus die aus dem inneren Lykaonien, aus Attarimma und anderen Orten entwichenen Lykier zurückzuholen.[59]

Madduwattas verabredete mit Kisnapilis einen getrennten Anmarsch gegen die Küstenorte, verriet aber den Plan den Feinden (so wenigstens behauptet der Hethiter). Diese legten sich in einen Hinterhalt, überfielen und schlugen Kisnapilis, der selbst sein Leben dabei einbüßte. Madduwattas aber nahm die Ältesten von Dalawa selbst in seine Pflicht.

Ähnlich verfuhr er im Kampfe gegen Chapalla, die Kabalia. Sie war von seinem Lande getrennt durch ein Lehen, das dem Antacharas, dem 'Kellermeister', gegeben war.[60] Madduwattas verabredete mit diesem gemeinsamen Angriff auf Chapalla und besetzte unter diesem Vorwand die Wege durch dessen Lehen. Er überwand auch wirklich Chapalla, aber gab es nicht, wie er versprochen hatte, den Hethitern, sondern behielt dies Gebiet selbst. Der Großkellermeister entwich, weil er für sein Leben fürchtete, und meldete die Umtriebe nach Chattusa, wo eben um diese Zeit Tutchalijas verstorben war.

So hatte Madduwattas ein bedeutendes Gebiet in seiner Hand vereinigt. Und nun wechselte er offen zu den Feinden des Reiches über.[61] Er schloß mit Kupanta-Kalas nicht nur einen Sonderfrieden, sondern gab diesem Feinde der Hethiter auch seine Tochter zur Ehe. Zwar behauptete er den Hethitern gegenüber, er wolle unter dem Vorwand der Hochzeit den Feind in sein Land locken, um ihn bei dieser Gelegenheit gefangenzunehmen. Aber damit brachte er sich nur in den Ruf unehrenhafter Doppelzüngigkeit.

Es muß dies die Zeit gewesen sein, zu welcher die Griechen vor Troia zogen und zunächst in vieljährigen Kämpfen die Außenposten des Gebietes, die Südküste der Troas eroberten.[62] Die bedrohlich angewachsene Macht von Arzawa und der Abfall des Madduwattas, dazu die Erschütterungen, die sich regelmäßig beim Thronwechsel einzustellen pflegten, hinderten die Hethiter, in die Kämpfe einzugreifen, obwohl sie doch die Assuwa-Länder, das ist eben die Troas, als Vasallen betrachteten, Aber eben damals ereignete sich im benachbarten Azzi-Lande eine furchtbare Revolution, die alle Wachsamkeit der Hethiter in Anspruch nahm und von der uns nur die griechische Sage eine undeutliche Kunde überliefert.

XV. DER NIEDERGANG DES HETHITERREICHES UNTER ARNUWANDAS III.

Noch vor dreißig Jahren hätte man einen Forscher, der die Amazonensage als geschichtlich genommen hätte,[1] als unwissenschaftlichen Kopf verdammt. Inzwischen haben wir durch die Funde von Frauengräbern mit Waffenbeigabe einen archäologischen Beleg. Außerdem haben wir nicht nur die Emanzipation der Frauen selbst in orientalischen Staaten, sondern auch das Aufstellen von weiblichen Kampftruppen und ihren Kampfeinsatz erlebt; und im Zeitalter der Klassenkämpfe die blutigsten Aufstände der Unterdrückten. Die Frauen waren im damaligen Recht tatsächlich eine unterdrückte Klasse, wie uns das Beispiel der Königin von Ugarit zeigt, und hatten nur gerade bei den Hethitern an Puduchepas das Beispiel erlebt, daß es auch anders sein könnte. Warum sollte nicht also auch einmal eine Frauen-Emanzipation mit Gewalt stattgefunden haben? Und nichts anderes als dies meldet die Amazonen-Sage.

Danach haben einmal in Themiskyra am Thermodon an der Küste des Schwarzen Meers die Königin ihren Gatten und nach ihrem Beispiel die andern Frauen ihre Männer umgebracht.[2] Sie haben sich dann als reisiges Heer den Nachbarländern furchtbar gemacht. Im letzten Jahr der Belagerung von Troja erschien die Amazonenkönigin mit dem hethitisch klingenden Namen Pentesilea[3] vor Troja als Helferin der Trojaner und wurde von Achilleus erschlagen — gerade dieser Zug gehört dem ältesten Gedicht, das den Griechen erhalten

[1] Anmerkungen zum fünfzehnten Kapitel s. S. 348 ff.

war, der ›Aithiopis‹ an, die nach neuesten Erkenntnissen das Vorbild war, nach dem Homer den Plan der ›Ilias‹ entworfen hat.[4] Kurz vor den Trojanischen Krieg setzt eine andere Sage einen Heereszug der Amazonen nach Griechenland,[5] der erst vor den Toren Athens und in der Argolis zum Stillstand kam. Und tatsächlich weisen die griechischen Ausgrabungen um diese Zeit eine Verwüstung des Landes auf, bei der unter anderm das Kornhaus von Mykene in Flammen aufging.[6] Sage und Ausgrabungen scheinen sich also gegenseitig zu ergänzen. Diese Ereignisse fallen in die Zeit des hethitischen Königs Arnuwandas III.

'Am' ist ein weitverbreitetes Lallwort für 'Mutter' oder 'Frau' (bei uns 'Amme'), auch im Hethitischen belegt. Das Land am Thermodon ist das Land Azzi[7] (heth. 'Azzi-udne'). 'Amazone' heißt also 'Frau des Azzi-Landes' ('Am-azziu-dnejas', von den Griechen volksetymologisch abgeändert: 'die Busenlosen'). In diesem Lande liegen die 'Frauenstädte' Amisos, Amasia, Amastris, die unter diesen Namen bei den Hethitern noch nicht erwähnt sind.

Nun hatte sich das Land Azzi beim großen Gaschgasch-Aufstand unter Muwatallis wieder unabhängig gemacht: Es wird weder unter den Hilfstruppen bei Qadesch noch sonst später als Vasall erwähnt, sondern nur als möglicher Feind. Wenn wir der Sage darin trauen dürfen, hatte es seine Hauptstadt von Chajasa am Kelkit an das Meer verlegt. Hier liegen heute breite, ebene Gartenländereien; sie waren damals ebenso für Rosseweiden geeignet. Das Reiten war im Hethiterreich bekannt, aber nur zur Abrichtung der Pferde für den Rennwagen üblich.[8] Die 'Frauen des Azzi-Landes' machten sich dadurch für den Kampf furchtbar, daß sie den Kampf zu Roß ausbildeten, bei dem die Kraft der geschlossen anstürmenden Tiere die Schwäche der Reiterinnen ausglich.

Ich schließe also: Befeuert von dem Beispiel der Puduche-pas, die im Hethiterreich gleichberechtigt neben ihrem

Gatten schaltete, und zahlreichen Frauen, die daselbst als Verfasserinnen zauberkräftiger Texte hervortraten, erhoben sich die rechtlich unselbständig gehaltenen Frauen des Azzi-Landes gegen ihre männlichen Unterdrücker; etwa um 1230 v. Chr., gegen Ende der Regierung des Tutchalijas IV. Sie erfanden den Reiterkampf und trugen mit ihm den 'Klassenkampf' gegen die Männer nach Westkleinasien.

Um diesen gefährlichen Feindinnen zu begegnen, erschließe ich, sah sich Arnuwandas gezwungen (das ist wieder gleichzeitig bezeugt), seine Truppen aus den südlichen Gegenden, aus Lykaonien und Sallapa abzuziehen,[9] um sie an der Nordgrenze bereitzustellen. Diese Gelegenheit benützte Madduwattas. Zunächst setzte er sich, vielleicht schon beim Regierungswechsel, in Besitz von Ijalanda (Afyon), dem Ort, der den Übergang nach Westkleinasien beherrschte (Abb. 33). Dann eroberte er auch die umliegenden Orte, die wir nicht näher lokalisieren können, deren Flüchtlinge aber schon zur Zeit des Mursilis II. dem Streit zwischen diesem und dem Arzawa-König zum Vorwand gedient hatten: Wallarimma, Attarimma, Suruda und einige andere.[10] Offenbar waren diese Gebiete nicht direkt dem Hethiterreich unterstellt, sondern ihren einheimischen Königen belassen, so daß er damit noch nicht in den direkten Krieg mit seinem hethitischen Lehnsherrn eintrat. Als dann Arnuwandas die Truppen aus dem Süden wegzog, da wiegelte Madduwattas auch Pitassa (Pisidien) auf[11] und vereidigte es auf seine eigene Person, und schließlich griff er die Masa-Stadt Maraassa (in Phrygien östlich Afyon) an, vernichtete eine kleine hethitische Besatzung, eroberte die Stadt und brannte sie nieder. Arnuwandas sandte einen seiner Großen zu Verhandlungen zu ihm. Madduwattas nahm ihn freundlich auf: Als er Chapalla für sich forderte, versprach er glatt, es dem Lehensmann des Hethiters zu übergeben — die Kabalia lag so isoliert, daß ein solcher Lehensmann sich notwendig an Madduwattas hätte anschließen müssen. Dagegen weigerte sich Madduwattas, irgend etwas von seinen Eroberungen im mittleren Kleinasien herauszugeben und berief sich dabei auf das Recht der Waffen, das noch Alexander der Große als seinen Rechtstitel für die Eroberung Asiens in Anspruch nahm.

Des weiteren ist der Text leider zerstört; nur der Name 'Muksus'[12] zeigt, daß wir uns jetzt in der Zeit um 1200, nach dem Trojanischen Kriege, befinden. Dieser Muksus (griech. 'Moksos' oder 'Mopsos') war nach der griechischen Überlieferung ein Seher des Apollon, der von der Küste des Ägäischen Meeres, also aus dem Arzawa-Land kam.[13] Er führte einen begeisterten Heerhaufen gerade durch die Gegend, wo Madduwattas regiert hat. Offenbar hat dieser ihn freundlich aufgenommen und nach Pisidien hindurchgeleitet; ja, wenn ein Kampf des Mopsos gegen die Amazonen berichtet wird, so mag er gerade die Länder des Madduwattas dabei verteidigt haben, während Smyrna und Ephesos, also das Arzawa-Land, den Amazonen erlegen sein sollen. Mopsos zog weiter nach Pamphylien, dessen König ihm seine Tochter zur Frau gab, und vermutlich an der Meeresküste entlang nach Kilikien, wo die Orte Mopsukrene, nördlich von Tarsos, und Mopsuhestia (heute 'Misis'), das er zur Residenz machte, seinen Namen über Jahrtausende bewahrt haben. Zur Zeit unseres Schriftstücks wird er sich allerdings noch in Pisidien aufgehalten haben. Kilikien blieb einstweilen noch in der Hand der Hethiter.

Dagegen hören wir, daß Madduwattas auch an einem Plünderungszug der Griechen von Pamphylien gegen Zypern teilnahm.[14] Der hier nochmals erwähnte Attarsias von Achija kann zeitlich kaum mehr derselbe sein, der Madduwattas in dessen Jugend bedroht hatte; vielmehr wird dieser Zug gegen Zypern in der griechischen Sage dem Teukros zugeschrieben.[15] Vielleicht liegt ein Irrtum des hethitischen Schreibers vor. Der mit ihm zusammenwirkende Mann von Piggaia ist offenbar der Herrscher von Perge in Pamphylien.[16] Der hethitische Gesandte, der Madduwattas zur Rede stellte, erhielt die Antwort: Tutchalijas habe ihm (dem Madduwattas) niemals gesagt, daß Zypern sein sei. Wenn das der Fall sei, so wolle er die erbeuteten Menschen zurückgeben. Aber es blieb bei den Worten.

Die Tafel, die uns all dies überliefert, zeichnet alle diese Vergehen des Madduwattas und dazu noch einige kleinere Verstöße gegen die Eide auf. Madduwattas z. B. hatte einen flüchtigen Jäger der Hethiter aufgenommen und, als der hethitische Gesandte dies entdeckte, glattweg geleugnet, daß er für das verantwortlich sei, was im Hause seines Sohnes geschehe — dort hatte der Flüchtling Unterschlupf gefunden. Unser Text scheint das Protokoll eines Prozesses gegen den abwesenden Madduwattas zu sein. Es schließt damit, daß der König Orakelanfragen einholt und mit einer dreisten Umdeutung der Orakelantworten den Madduwattas ächtet: [17] „Bringt mir die Nachricht von seinem Tode, dann will ich sterben", schließt der offenbar schon schwer erkrankte und zu eigenem Eingreifen nicht mehr fähige König.

Gleiche Sinnesart verrät ein Schriftstück, das ein im erhaltenen Teil ungenannter König gegen Mitas von Pachchuwa erlassen hat;[18] auch die Ausdrucksweise ist so ähnlich, daß man es allgemein demselben Arnuwandas zuschreibt. Mitas hat die Flüchtlinge bei sich aufgenommen, die dem Heer des Hethiterkönigs bei einer Schlacht bei Kummacha (heute Kemach am nördlichen Quellarm des Euphrat)[19] entkommen sind. Er hat sich eine Reihe von sonst unbekannten Orten angeeignet und hat im Gebiet von Isuwa (um Charput) geplündert. Danach ist Pachchuwa wohl das heutige ‛Pach', das an der Paßstraße vom nördlichen Euphrat nach Charput gelegen ist.[20] Gegen solche Übergriffe wären die früheren Großkönige selbst zu Felde gezogen. Der König hier aber bleibt im Innern des Reiches, in Pattejarika, wo das Schriftstück ausgefertigt zu sein scheint.[21] Er fordert nur die Bevölkerung von Pachchuwa auf, den Mitas und seinen Schwiegervater, sowie einen weiteren Mann namens Kalimunas festzunehmen und auszuliefern. Er fordert weiter seine Vasallen von Isuwa, Maldia (vielleicht Malatia), Dukkaama[22] und einen Ort, den ich zu 'Ismerika' ergänzen möchte, auf, ihre Hände in Blut zu tauchen[23] und gegen Pachchuwa zu Felde zu ziehen. Wenn sie nicht gehorchen, so droht der König selbst zu kommen und nicht etwa gegen Pachchuwa, sondern gegen die säumigen Vasallen einzuschreiten. Diese waren eben dem Zugriff des Hethiters leichter erreichbar als das Gebirgsnest Pachchuwa. Das Verhalten des Königs ist typisch für ein Reich, das im Niedergange begriffen ist; die Stellung der Vasallen, die es voraussetzt, aber zeigt, daß die Zentralisierung des Reiches sehr viel weiter vorgeschritten ist als zur Zeit der uns erhaltenen Verträge. Es sind wirklich nur mehr Untertanen.

XVI. SUPPILULIAMAS II.
UND DER UNTERGANG DES GROSSREICHES

Da Arnuwandas III. kinderlos starb,[1] wie ausdrücklich
berichtet ist, ergriff sein Bruder die Herrschaft, der sich nach
dem großen Suppiluliumas I., aber zum Unterschied mit
geringer Abweichung der Rechtschreibung meist 'Suppiluliamas' nannte.[2] Wie es scheint, begann er seine Regierung
nicht ohne Widerstand. Ausdrücklich läßt er seinen Tafelschreiber schwören, nur ihn selbst und seine Kinder, keinen
anderen Nachkommen des Suppiluliumas I., Mursilis II.,
Chattusilis III. oder Tutchalijas IV. anzuerkennen. Es scheint
also noch Gruppen gegeben zu haben, die die Nachkommen
des Urchi-Teschup als rechtmäßige Erben ansahen oder die
Nachkommen des Scharri-Kuschuch von Kargamisch, die ja
wirklich einer älteren Linie des Königshauses angehörten.

Trotzdem scheint diese innere Unruhe in Chattusa mehr
dem Gefühl des seit 80 Jahren ungestörten Friedens und
Wohllebens als ernsthafter politischer Neuerungssucht entsprungen zu sein. Dafür haben wir ein gutes Zeugnis in der
Anlage der Stadtmauer selbst.[3] Wer immer die Mauer um
die obere Stadt hat aufführen lassen, er hatte sie zu ernsthafter Verteidigung geplant. Ein unterirdischer Gang führte
durch die Nordmauer hindurch, damit man einem anstürmenden Feinde unversehens in den Rücken gelangen könne.
Aber in der langen Friedenszeit war an der Außenseite
eine Ruhebank errichtet worden, die die Augen eines
Feindes gerade auf die gefährliche Stelle lenken mußte

---

[1] Anmerkungen zum sechzehnten Kapitel s. S. 350.

(Abb. 46). Damit war die wohldurchdachte militärische Anlage in einen harmlosen Festtagsspazierweg umgewandelt
worden. Auch Suppiluliamas hat daran nichts geändert: Er
war sich sicher, daß kein Feind von außen seine Hauptstadt
bedrohen könne, mindestens keiner, der von Süden an-
rücke. Hier waren ja die überwachsenen Berge und die tief
eingeschnittenen Schluchten Schutz genug gegen einen Reiter-
angriff. Sollten die Amazonen einen Angriff wagen, so konnten sie das nur von der breiten Ebene im Norden der Stadt
aus tun. Von Kämpfen gegen die Gaschgasch hören wir nach
den Anfangsjahren Tutchalijas IV. nichts mehr — was freilich
an Zufälligkeiten der Überlieferung liegen kann.

Auch Suppiluliamas hat nicht gegen sie gekämpft. Sein
Hauptbericht erzählt vielmehr von Kämpfen gegen Zypern,
dessen Flotte er in drei Seeschlachten besiegt haben will[4] —
die ersten und einzigen Kämpfe der Hethiter zur See, die
uns überliefert sind. Er steckte die feindliche Flotte in Brand,
landete dann auf der Insel und besiegte die Gegner auch zu
Lande.

Aber wer sind diese Gegner? Sind es die Untertanen des
Königs von Alasia, denen ein Vertrag dieser Zeit (ob unter
Tutchalijas oder Suppiluliamas abgeschlossen, ist ungewiß)[5]
einen schweren Tribut an Gold und Kupfer auferlegte?
Wahrscheinlich sind es schon die auf der Insel gelandeten
Griechen, die ihre Macht so bedrohlich entwickelt hatten.
Jedenfalls geht die Besiedlung einer Hälfte der Insel durch
die Griechen, die noch heute nachwirkt, auf diese Zeit zu-
rück. Kurze Zeit später aber treffen wir den König von
Alasia in Freundschaft und Briefwechsel mit dem König
Hammurabi von Ugarit,[6] einem andern Vasallen der Hethi-
ter, der ihnen mit Heer und Flotte zu Hilfe kam.

Neben dem Feldzug gegen Alasia rühmt sich Suppiluliamas
seiner Friedenstaten. Er ließ eine Statue seines Vaters an-
fertigen und, wie wir sicher kombinieren dürfen, in dem

Heiligtum von Yazili Kaya aufstellen.[7] Die Grabkammer dieses Heiligtums war, wie erwähnt, durch einen Bergsturz, wohl bei einem Erdbeben, unzugänglich geworden. Suppiluliamas ließ den Durchgang durch einen Felsenspalt von der Hauptkammer her öffnen, den auch die heutigen Besucher noch benützen. So ehrte er das Andenken seines Vaters.

Aber plötzlich verdüsterte sich der politische Horizont. Vielleicht zum Kampf gegen die Amazonen von der einheimischen Bevölkerung Westkleinasiens selbst herbeigerufen,[8] setzten europäische Stämme über die Meerengen. Es waren teils die den Thrakern des heutigen Bulgariens verwandten Phryger,[9] teils Stämme aus Mitteleuropa, die man nach geringfügigen sprachlichen Anzeichen zur Gruppe der Veneter rechnet:[10] die Palaister[11] und ihre Bundesgenossen, die — als Zeichen ihrer Herkunft — die Bestattung in Urnen mit buckligen, ausladenden Stellen mitbrachten, wie sie seit einem halben Jahrhundert im Donauraum üblich geworden war. Vielleicht stammt ein verbündeter Stamm, die Djakkari, sogar von der Nordseeküste.[12] Dahin weist ihre Bewaffnung mit Griffzungenschwertern (bronzenen Schwertern, deren Klingen zur besseren Befestigung durch eine schmalere Fortsetzung bis in den reichverzierten Griff hineinreichten).

Bei Homer ist die Erinnerung aus dem Zeitalter des Trojanischen Krieges erhalten, daß die Phryger am Sangarios mit den Amazonen gekämpft haben.[13] Da sie nach einheimischer Nachricht erst kurz nach dem Trojanischen Krieg nach Asien kamen; so hat hier die mündliche Überlieferung den Zeitpunkt etwas, vielleicht nur um ein Jahrzehnt, verschoben. Das Endergebnis ist klar: Die Phryger gewannen das ganze Sangarios-Becken bis an den Halys, das ehemalige Masa-Land. Der Name der Vorbewohner ging auf sie über: Sie heißen für die Assyrer 'Muski'. Aber die kampflustigen Eindringlinge wurden alsbald auch dem Hethiter bedrohlich.

Wir hören, daß er die Truppen seiner syrischen Verbündeten herbeirief, um den neuen Feind gemeinsam abzuwehren. Aber die Eindringlinge, besonders die Palaister, waren auch geübte Seefahrer. Sie wirkten wahrscheinlich mit Muksus in Pamphylien zusammen. Von da aus setzten sie nach Zypern über, wo sie gewaltige Verwüstungen anrichteten, und fuhren dann nach Syrien gegen das reiche und augenblicklich militärisch ungedeckte Ugarit, dessen Flotte den Hethitern zu Hilfe nach Lugga (dem Rauhen Kilikien) gefahren war. Es waren nur wenige feindliche Schiffe: Einmal wurden 20 Schiffe gesichtet, ein andermal sieben.[14] Aber sie haben Ugarit überrumpelt, ausgeplündert und so gründlich zerstört, daß es nie wieder aufgebaut worden ist.

Von dem Gang der Ereignisse in Kleinasien haben wir nur eine ganz dürftige, durch ägyptische Inschriften vermittelte Kunde.[15] Wir müssen unterstellen, daß Suppiluliamas in einer entscheidenden Schlacht geschlagen wurde; denn die Palaister drangen durch das ganze Reich bis zur Hauptstadt vor. Unzufriedene scheinen die Gelegenheit genutzt zu haben, die Königsburg zu stürmen und zu plündern[16] — so eilig, daß sie nicht einmal Goldsachen aufhoben, die ihnen beim Abstieg von der Burg aus den Händen glitten. Die 'Seevölker', sagt der ägyptische Bericht, plünderten Chattusa und verbrannten es (Abb. 48). Mit Beute beladen zogen sie dann teils über Kappadokien südwärts, zum andern Teil heim in die Alpenländer. Denn dort, in der späteren Steiermark, haben sie ihre wichtigste 'Beute', die hethitischen Eisenschmiede, angesiedelt.[17] Kilikien blieb in den Händen des Muksus, der hier ein Königtum errichtete, das sich fast vier Jahrhunderte in seiner Familie vererbte.[18]

Ramses III. von Ägypten sah nach Art von beschränkten politischen Köpfen den Untergang des mächtigen Nachbarn nicht ungern. Er nutzte ihn zu einem Feldzug aus, bei dem er weit in die syrischen Gebiete des ehemaligen Verbündeten

vorstieß — vorausgesetzt, daß er uns nicht bloß anlügt.[19]
Aber bald mußte er sich vor dem anrückenden Feinde auf
seine Verteidigungsstellungen zurückziehen. Die Palaister,
zur See mit hochbordigen Schiffen, zu Lande mit schwer-
beladenen Ochsenkarren (Abb. 47) langsam vorwärts zie-
hend,[20] überwältigten auch die hethitischen Fürstentümer
von Aleppo und Kargamisch, doch ohne sie so gründlich zu
verwüsten wie die Hauptstadt in Anatolien. Denn nun
lockte ein größeres Ziel, das Goldland Ägypten. Um den
Zusammenhang mit ihrer Flotte nicht zu verlieren, wählten
sie den Weg am Meeresstrand entlang. Die phönikischen
Städte, soweit sie sich nicht in Frieden fügten, wurden zerstört — so ist uns von Sidon ausdrücklich überliefert (1194
v. Chr.).[21] Die ägyptische Sperrstellung: Megiddo — Beth
Sean umgingen oder durchbrachen die Wandervölker eben
an der Seeseite. Ramses III. zog ihnen nach Phönikien entgegen. Er verherrlicht in Bildern seinen großen Sieg. Aber
dieser scheint das Vordringen der Feinde bis zur Wüste
südlich Gaza nicht wesentlich behindert zu haben; erst an
der Grenze bei Suez und an der Küste des Deltas[22] konnte
Ramses III. in einer Schlacht zur See die Völkerwanderung
aufhalten. Er rühmt sich eines gewaltigen Sieges; aber er
konnte nicht verhindern, daß sich die Palaister in der Süd-
westebene des Landes, das nach ihnen bis heute Palästina
heißt, im Streifen von Gaza bis Ekron seßhaft machten und
fünf Städte gründeten, von denen Gaza und Askalon die
bedeutendsten waren. Daraus geht nebenbei hervor, daß die
Seevölker aus einem Lande gekommen sein müssen, dem die
städtische Lebensform schon nicht mehr fremd war. Ihre
Tongefäße weisen auf starke Beteiligung von Truppen aus
dem kretisch-mykenischen Kreis.[23]

In Kleinasien ließ der Zug der Seevölker ein Trümmerfeld
zurück. Mehrere Jahrhunderte fehlen alle Nachrichten. Zwar
müssen sich sogleich die Beziehungen zwischen Amazonen

und Gaschgasch geknüpft haben, die uns später berichtet
werden: [24] Amazonen und Kerketai (das scheint die griechische Schreibung für 'Gaschgasch' zu sein) feierten ein gemeinsames Frühlingsfest, bei dem sie auch Liebesumgang
pflogen. Die Mädchen, die danach geboren wurden, behielten
die Amazonen, die Knaben wurden den Kerketai überlassen.
Der Kerkennes Dag, eine Stadtanlage vom Umfang von
Chattusa, der nach Aussage von dortigen Bewohnern nach
einem Volk heißen soll, das mit den Griechen gekämpft
hat, [25] könnte seinen Namen von den 'Kerketai' tragen.

Das Erbe des Hethiterreichs übernahm das Reich von
Tabal, von dem wir allerdings erst ein halbes Jahrtausend
später hören. [26] Es steckt in dem Namen der gleiche Wort-
stamm wie in assyrisch 'Timilkija', hethitisch 'Tabalka'. Aber
das sagt uns nichts darüber aus, wo der Sitz des neuen Reiches
gewesen ist. Als die Assyrer das Land Tabal bekämpften,
richteten sie ihre Feldzüge gegen eine nicht genauer erkenn-
bare Stelle südlich des Halys-Bogens. Dorthin also scheint die
Residenz verlegt worden zu sein. Aber das Gebiet dieses
Reiches umfaßte auch die Gaschgasch-Länder. Dafür ist nicht
der Name der Tibarener Zeugnis, der in Kleinarmenien das
Reich von Tabal lange überlebte, an das der Name wohl nur
zufällig anklingt. Ich möchte den Namen lieber vom Gotte
Ziparwa ableiten, [27] so wie die benachbarten Chaldaier nach
dem Gott Chaldi von Urartu heißen. Wohl aber muß das
pontische Komana um diese Zeit als Kultfiliale des kappadokischen Kummanni gegründet worden sein. [28] In der Zeit
des hethitischen Großreiches ist es nie genannt; und doch ist
es eine ausgesprochene Trutzgründung gegen die schweine-
züchtenden Gaschgasch: In das Gebiet der Göttin durfte kein
Schwein gebracht, geschweige dort geopfert und gegessen
werden. Die griechische Sage schreibt die Gründung dem
Orestes zu und setzt sie in die Zeit seiner Rückkehr aus
Tauris. Das beruht zwar wahrscheinlich auf einer albernen

Etymologie des Stadtnamens; historische Erinnerung wird
daran nur sein, daß es sich um eine Kultfiliale des südlichen
Kummanni handelt, wie ausdrücklich in der Sage bemerkt
wird.

Sonst aber weiß unsere Überlieferung ein halbes Jahrtausend lang über die Geschichte des östlichen Anatoliens
nichts mehr. Man muß wohl unterstellen, daß mit der Stadt
Chattusa auch die Schreiberschule untergegangen ist, in der
die Keilschrift gelehrt wurde. Alle späteren Denkmäler bedienen sich vielmehr der sogenannten hethitischen Hieroglyphen, beschränken sich aber auf so kurze Texte, daß
ihnen keine geschichtlichen Zusammenhänge zu entnehmen
sind. Nur König Asitawandas in Kilikien, ein Nachkomme
des Muksus, ist etwas redseliger.[29]

Den Untergang des Großreiches überlebt haben die Staaten in Syrien, die Suppiluliumas I. zur Abfindung seiner
jüngeren Söhne errichtet hatte. Die Reiche von Aleppo und
Kargamisch tragen noch lange den hethitischen Namen.
Ebenso ein Gebiet südlich, im früheren Mukisch oder Amurru,
das jetzt den Namen 'Chattena' bzw. 'Chattin' führt. Diese im
Verhältnis sehr kleinen Staaten sind dann im 8. Jahrhundert
der Reihe nach den Assyrern erlegen.[30] Nur als Name verschol-
lener Urzeit klingt die Bezeichnung 'Hethiter' gelegentlich im
Alten Testament auf, um Menschen mit churrischen Namen zu
kennzeichnen. Sonst waren die Hethiter verschollen, bis sie
im 19. Jahrhundert in den ägyptischen Inschriften und in
unserem Jahrhundert durch ihre eigenen Denkmäler wieder
bekanntgeworden sind.

ANMERKUNGEN

Kapitel I

[1] Zur Lokalisation im allgemeinen: Anatolica I, S. 62 ff., dazu meine dort zitierten Arbeiten, bes. Or 27 (1958), S. 225 ff. BiOr 18 (1961), S. 214 ff.; 21 (1964), S. 11 ff. Alle Neufunde haben meine Ansätze bestätigt oder nur geringfügig abgewandelt. Nur mein ursprünglicher, ganz hypothetischer Ansatz für Kussar (Or 27 [1958], S. 376) ist durch J. Lewy berichtigt worden. Seit meiner genannten Zusammenfassung habe ich noch die Orte Ches'chaspa und Urikina lokalisieren können.

[2] Die Phryger wahrscheinlich und die Galater sicher sind auf diesem Wege gezogen. J. Mellaart, AnatSt XVIII (1968), S. 187 ff. möchte schon frühbronzezeitlichen Handelsverkehr auf dieser Route nachweisen.

[3] Siehe Kap. III.

[4] Auf den drei Reisen, die ich unternommen habe, um den geographischen Angaben der Hethiter durch eigene Anschauungen den Sinn abzugewinnen, der sie historiographisch verwendbar macht.

[5] Dies allerdings ist die Beobachtung im August; im Frühjahr mag der Bach auch heute mehr Wasser führen.

[6] AM, S. 132.

[7] Arrian Anab. 2, 4, 1.

[8] Herodot II 34.

[9] Appian Mithr. 80 f.; Plut. Lucullus 15 f.

[10] Den hethitischen Namen des Sangarios (türk. 'Sakariya') kenne ich nicht; denn die sachliche Gleichung mit dem Sechirija wäre gezwungen, und die lautliche Gleichung paßt weder im Nasal noch in den Vokalen. Vielmehr gehören Flußnamen auf '-ar' der alteuropäischen Völkergemeinschaft an, die H. Krahe eben an den Flußnamen herausgearbeitet hat (Sprache und Vorzeit 48 ff.; Saeculum 8 [1959], S. 1 ff.). Der Name wird also eine phrygische Bezeichnung sein. Wie denn die ersten Erwähnungen des Flusses bei Homer Il. III 185 ff.; XVI 719 zugleich die Phryger nennen. Der Halys heißt bei den Hethitern 'Marassanda', heute 'Kizil Irmak', der 'Rote Fluß'. Der Iris ist der 'Gelbe Fluß' der Hethiter (Vgl. Anatolica I, S. 65: Die Behauptung von E. v. Schuler, ich hätte die

Ideogramme verwechselt, kann jeder bei Nachprüfung an v. Sodens Zeichenliste als unrichtig ersehen.) und heißt auch heute wieder ebenso: 'Yeşil-Irmak'.

[11] Julius Lewy deutet den Chusarum-Stein der assyrischen Urkunden von Kanes auf den Meerschaum.

[12] Oft in den assyrischen Texten von Kanes genannt.

[13] E. Laroche in ›Élements orientaux dans la religion Grecque ancienne‹, 1960, S. 113 ff.

[14] Vgl. armen. 'tigrano-kerta', skand. 'gard', was lautlich lat. 'hortus', 'Garten', entspricht, also mit der Grundbedeutung 'das Eingezäunte'.

[15] A. Kammenhuber wendet mir ein, 'Ankara' sein ein phrygischer Name, und tatsächlich sind vorphrygische Reste bei den Ausgrabungen bisher nicht gefunden worden. Andererseits ist der Lautwandel von heth. l zu r im ganzen nördlichen Anatolien allgemein: 'Kammala' (sprich 'Kangala'?) = 'Gangra', 'Kalasma' = 'Kerasus', 'Saala' = 'Zara'. Erst 'Malazzija', ass. 'Miliddu', heute 'Malatia', ist vom Lautwandel nicht mehr erfaßt.

[16] Hier ist das berühmte, gewöhnlich als hethitisch angesehene Relief und Grab von Giaur oder Gâwur Kalessi ('Heidenschloß'). Die historischen Texte der Hethiter aber lassen keine Wegroute erkennen, die an dieser Stelle vorüberführt; es sei denn, man denkt an den Feldzug des Mursilis im Texte MIO III, S. 172 f. = KBo II 5 + 1041 f. Rs III 18 ff. Dem Stil nach würde ich die Reliefs ganz ans Ende der Hethiterzeit setzen, etwa 1180 v. Chr.

[17] KBo XII 94, von H. Otten in der Einleitung des Heftes dahin ergänzt, daß der 'Rote Fluß' in den Marassanda mündet. Die Ergänzung ist wohl sicher.

[18] Darauf bezieht sich meiner Meinung nach der Text KUB XXXVI 88/89, den H. G. Güterbock auf den Zickzack-Unterlauf des Halys ausgedeutet hat (JNES 20 [1961], S. 92); hier, nahe der Quelle, hätte allerdings der Fluß „verlorengehen", d. h. versiegen können, wenn ihm der Gott von Nerik (das in der Nachbarschaft lag) nicht einen Ausweg „zur Sonne hin", wie dieser Text sich ausdrückt, nämlich genau nach Süden, geschaffen hätte.

[19] So steht es auf der Generalstabskarte von 1917. Die deutsche Form des keltisch überlieferten Namens scheint mir darauf hinzudeuten, daß der Ort von einer germanischen Sippe gegründet worden ist, die sich den Galatern angeschlossen hatte. Die Römer aber schlossen sich der galatischen Aussprache des Namens an.

[20] Auch jetzt befindet sich eine Brücke direkt an dieser Stelle.

[21] Der Hüyük östlich des Flusses an dieser Stelle scheint mir das 'Ka/is-

sija' des Antachsum-Festes und der Taten des Suppiluliumas, fr. 13 =
BoTu 34/35 zu sein. Der Name 'Kassija' kehrt ungefähr da wieder, wo
der Übergang über den Euphrat lag, den die Griechen 'Zeugma' nannten:
KUB XIII 2 III 32 mit Isuwa und Tegarama in einem Atem genannt,
KUB XXVI 24 II 4 Kissija nahe Isuwa, wozu die assyrische Soldaten-
liste, E. Nassouli, MAOG III 1, S. 36, mit Namen von 'Ekallatum' bis
'Samal' zu kombinieren ist — alles nur sehr vage Anhaltsmöglichkeiten.

[22] Der Name haftet nach Kinal, Géographie et l'historie du pays
d'Arzawa, S. 7, heute noch an der Gegend um Siwas, und so läßt er sich
auch in den Annalen des Chattusilis III., Bo 6449 Rs, verstehen (H. G.
Güterbock, ZAss XLIII [1936], S. 326). Aber der Gegensatz zu dem Ausdruck 'das Innere Land' der Hethiter zwingt meiner Meinung nach zu der
Deutung, daß der Name in hethitischer Zeit auch den ganzen Höhenrücken bis Yozgad und Bogazköi und in den Feldzügen des Mursilis auch
noch dessen nördliche Verbreiterung bis jenseits Alaca mit umfaßt hat.
Bewiesen wird das durch DS fr. 13 = BoTU 35, Z. 8, siehe unten
Kap. VIII S. 139.

[23] Der keltische Name ist durch einen römischen Meilenstein gesichert.

[24] Daß Alaca Hüyük ein Königssitz war, ist durch die reichen Gold-
funde in den Gräbern aus vorhethitischer Zeit gesichert. Ebenso war
Zalpa ein Königssitz, nicht allzuweit von Chattusa entfernt, das sagen
eindeutig alle Texte des Alten Reichs, und VBoT 68 Rs belegt, daß der
bequemste Marschweg von Chattusa nach Osten in der Nähe von Zalpa
vorüberführte.

[25] Die althethitischen Texte unterscheiden genau zwischen Churma in
der Nähe von Zalpa und Churuma an der assyrischen Handelsstraße in
Kataonien. KBo I 1 und 2 wird auch letzteres 'Churma' geschrieben.

[26] Die vor mir meines Wissens niemand beachtet hat.

[27] Der Lautwandel von k zu italienisch c, von g zu dj, der im
Vulgärlatein um 200 n. Chr. datiert wird, ist in Kleinasien schon der
vorchristlichen Zeit zuzuweisen; denn Ortsnamen wie 'Caesarea' (Kayseri)
und 'Neocaesarea' (Niksar) sind nicht von ihm erfaßt worden.

[28] Strabo 538.

[29] Strabo 568.

[30] J. Mellaart, Anat St XI (1961), S. 163 und CAH I, 1964, S. 269
u. 307.

[31] Churritisch 'Sechilija' würde 'Klarfluß' bedeuten; aber es ist sehr
fraglich, ob man mit churritischem Substrat in dieser Gegend rechnen
darf. Auch ist der Fluß alles andere als klar.

[32] Es entspricht also den natürlichen Gegebenheiten, wenn ich hier eine
Völkerscheide (zwischen Azzi und Gaschgasch) ansetze.

[33] T. Özgüç und M. Akok, ›Horoztepe‹. Horoztepe heißt 'Hahnen-hügel'; es kann sich aber leicht ein älterer Name volksetymologisch in diesem Ausdruck verstecken.

[34] Siehe S. 78.

[35] H. H. v. d. Osten, OIP 5 (1929), S. 123 ff.

[36] Strabo 556.

[37] KUB XXVIII 922, 8.

[38] Tismurna ist in den assyrischen Handelsurkunden als Kupfermarkt genannt.

[39] Strabo 559: „auf einem künstlichen Hügel der Semiramis". Da dies fast das einzige Zeugnis aus der antiken Literatur für eine Anwesen-heit der Assyrer in dieser Gegend ist, die uns durch die Urkunden von Kültepe bekannt ist, so handelt es sich nicht um nachträgliche Erfindung; nur der Name der Königin ist hellenistisch.

[40] Die Schilderung im ›Bellum Alexandrinum‹ 72 übertreibt die Zer-rissenheit des Geländes.

[41] G. Neumann (in: Kuhns Z. f. vergl. Sprachwissenschaft 75 [1958], S. 222) deutet den lykaonischen Ortsnamen 'Sawatra' als 'wasserlos'. Er ist erst seit römischer Zeit belegt, inschriftlich außerdem in die wasser-arme, aber nicht ganz wasserlose Gegend östlich Konya fixiert (Ruge RE IIA 2, Sp. 250 f.). Übrigens wäre andere Etymologie möglich; nicht möglich aber ist, daß jemals ein Ort ohne Wasser existiert hat.

[42] Strabo 663.

[43] Die Karte von Kiepert verzeichnet hier „hethitische Denkmäler" bei Arisama. Es handelt sich um römische Anlagen. Siehe Abb. 14.

[44] Auch 'Burus'chanda' und assyrisch 'Puruschattum' geschrieben.

[45] Der neueste Versuch zur hethitischen Geographie, der in diese Gegend Milawata und in die Troas Achchijawa, Maduwattas nach Phry-gien lokalisiert (J. G. Macqueen, Anat St XVIII [1968], S. 161 ff.) scheitert an KUB XXXI 29; AU, S. 328, wonach ein im Fragment nicht mehr genanntes Land einerseits an Dattassa, andererseits an Achchijawa grenzte. Denn Dattassa lag im Taurus. Vgl. J. Garstang, JNES III (1944), S. 14 ff., und meine Darlegung, Münchener Studien zur Sprachwissen-schaft 6, S. 49 ff. — Auch ist unerfindlich, wie Madduwattas von Eskişehir aus, wohin ihn Macqueen versetzt, an einem Feldzug gegen Zypern hätte teilnehmen können. So methodisch scharfsinnig der Aufsatz einsetzt, so mußte er doch in die Irre gehn, weil er nicht das gesamte Material zu Rate zog.

[46] Macqueen a. a. O. möchte den Secha-Fluß um ein Tal weiter nach Norden verlegen. Das läßt sich bis jetzt nicht widerlegen; nur ist der Bach, der bei Edremet mündet, sehr viel unbedeutender als der Kaikos.

[47] 'Madnasa' in den attischen Tributlisten bezeichnet zwar 'Magnesia' am Mäander, aber in beiden Fällen haben die Griechen den gleichen einheimischen Namen nach dem thessalischen Magnesia umgeformt.

[48] Diesen Weg marschierten Xerxes (Herodot VII 26) und Kyros (Xenophon Anab. I 2, 5 ff.), letzterer allerdings vorgeblich gegen die Pisider.

[49] Strabo 580.

[50] Milet war ehemals Hafenstadt; die vorgelagerten Inseln sind heute Teile des Festlandes.

[51] Es scheint, daß die Burg von Afyon in griechischer Zeit als 'Akroene' vom nahe gelegenen, durch Inschrift bezeugten 'Eulandros' unterschieden wurde (Anderson, AnnBritSchoolAth IV, S. 49 ff.).

[52] Ich kenne ihn nicht aus eigener Sicht, kann also nur mutmaßen, daß natürliche Hindernisse, die für Kriegswagen schwer zu überwinden waren, ihn sperrten. Aber die mehrfach genannten Orte Wallarimma und Suruda, die zwischen Hethitern und Arzawa strittig waren und doch in den Feldzugberichten nicht erwähnt werden, lassen sich am besten hier lokalisieren. Siehe Kap. XIV Anm. 9.

[53] Von hier aus mag Tawagalawas in Lykaonien eingefallen sein.

[54] Sargon II. in den Berichten über seine Feldzüge gegen Midas beschreibt die Gegend recht anschaulich.

[55] Diodor XVIII 22; Strabo 569, u. a.

[56] Deutlich in KUB XXI 6a (Annalen des Chattusilis).

[57] Denn wir hören von Häfen der Lugga-Länder, besonders bei der Getreidesendung des Mernephtah (Kap. XIV Anm. 50).

[58] Im Kizzuwadna-Vertrag (KBo I 5 Rs 40 f.) ist Lamos Grenze und Salija. Letzteres wieder Grenze des Chulaja-Landes (KBo IV 10 Vs 29) mit Walma zusammen, dessen Namen bei Plinius n. h. V 92 als 'Holmoe', bei Strabo 670 'Holmoi', direkt westlich von Seleukia wiederkehrt. Der Ort Salija scheint noch nicht wiedergefunden. Griech. 'Soloi' ist zufälliger Anklang, da dieses am Meer liegt, Salija offenbar weiter im Binnenland. — 'Wadna' ist heth. 'udne', 'Land'; 'Kizzuwadna' also das Land 'Kittia' (später 'Qedi').

[59] I. Gelb OIP 45 (1939) Pl. XXII.

[60] Chuatna KUB XXVI 43 Vs 31; vgl. XXVI 50 Vs 25. Man liest gewöhnlich 'Chulana', aber 'la' und 'at' sind in dieser Inschrift nicht zu unterscheiden; und um der durch den Zusammenhang der Inschrift nahegelegten Identität mit dem Kydnos willen bevorzuge ich die Lesung Chuatna. Samri in KBo I 5 an die Berge des Landes Adanija anschließend.

[61] Ramsay, The Church in the Roman empire, 1893, S. 84.

[62] Der Name 'Sis' ist noch auf den Karten um 1900 verzeichnet und erst in jüngster Zeit osmanisiert worden.

[63] E. Laroche, Hieroglyphes Hittites I, 1960, Nr. 315 u. 345. — Ich hatte schon Orientalia 27 (1958), S. 240 erschlossen, daß Tegarama/Togarma westlich von Elbistan liege und es (Anatolica I, S. 74) mit 'Pagrum' der Tabula Peut. an dieser Stelle identifiziert. Man wird mir die Freude über die inschriftliche Bestätigung meines Ansatzes verzeihen.

[64] KUB XVII 20 III 14 zwischen Tigris und Halys aufgezählt, allerdings in einem Ritual, das aber nur diese drei Flüsse nennt.

[65] Der erstere Name ist VBoT 68 und in den Annalen des Mursilis gebraucht, der andere im Erlaß über Pachchuwa (KUB XXVI 72 Rs 37).

[66] H. v. Moltke, Briefe aus der Türkei (Gesammelte Schriften Bd. VIII) 20. VII. 1838.

[67] Muwatallis KUB VI 45 u. 46. Dieselbe Zahl auch KUB X 88 I 9.

Kapitel II

[1] J. Mellaart, in: AnatSt XI (1961), S. 159 ff. und den folgenden Jahrgängen; jetzt zusammenfassend: ›Çatal-Hüyük‹ (deutsche Ausgabe 1967).

[2] Genau wie ein Archäologe aus dem gefundenen Fuß einer Statue weitgehend diese Statue rekonstruieren kann, wenn er den Stilzusammenhang kennt, so läßt sich aus einem Brauch wie der gesonderten Bestattung des Schädels der gesamte Kulturzusammenhang erschließen, in den dieser Brauch eingebettet war. Denn die Völkerkunde hat die Erfahrung gemacht, daß jeder Brauch nur in einen ganz bestimmten Kulturzusammenhang eingeordnet vorkommt, der genannte Brauch z. B. stets im Zusammenhang mit der ältesten bodenbearbeitenden Stufe, bei der die Männer die Rodungsarbeit und die Jagd (Schutz gegen Flurschaden), die Frauen die Pflanzarbeit ausführen. Diese 'ethnologische' Methode hat sich in der Völkerkunde längst durchgesetzt. Wenn die meisten Historiker ihr noch ablehnend gegenüberstehen, so ist doch gewiß, daß sie sich bald auch in der Geschichtswissenschaft durchsetzen wird. Vgl. dafür meine ›Geistesgeschichte der Frühzeit‹ I 1, für 'Çatal' bes. S. 100 ff.

[3] J. Mellaart ordnet das Keramikum von 'Haçilar' direkt zeitlich an 'Çatal' anschließend ein.

[4] Für die chattische Sprache ist grundlegend: A. Kammenhuber, im Handbuch der Orientalistik Abt. I, Bd. II, 1/2 Abschnitt, Lieferung 2, S. 428 ff. Man muß sie danach als flektierende Sprache einordnen. Aber das gilt nur von der Kasusbildung.

⁵ In einem Punkt kann ich eine Analogie aus dem Swanischen beibringen, das bei Verwandtschaftsnamen den Plural durch die vorgesetzte Silbe 'la' bildet A. Dirr a. Anm. 19 a. O. S. 115 f.). Vgl. auch R. Bleichsteiner, RL f. Vorgeschichte, S. VI, S. 262.

⁶ Um 1800 ist (nach Kammenhuber, mündlich) bei Kanes eine Grenze zwischen der chattischen und der südostanatolischen Sprache, in den von den Assyrern aufgezeichneten einheimischen Personennamen sind beide Bestandteile vertreten (nach E. Laroche auch schon indogermanische). Andererseits sieht E. Laroche in 'Imralla', eine Tagesreise sö. von Chattusa (KUB XXV 28 I 1 ff.), eine luwische Namenbildung (RHA 60 [1957], S. 21 ff.), abgeleitet von 'immara', 'Steppe'. Das paßt aber geographisch nicht in die dortige Gebirgsgegend.

⁷ Mond: KUB XXVIII 3 u. 4; A. Kammenhuber a. Anm. 4 a. O. S. 516. Da der Mond 'hinkt', wie afrikanische Mythen sagen — er bleibt jede Stunde etwa ein Grad hinter den Sternen zurück —, sehe ich im Sturz des Hephaistos vom Himmel, Ilias A 590 ff., eine parallele Sage.

⁸ KUB IX 33. Allerdings gibt es verarbeitetes Meteoreisen auch im Alten Reich in Ägypten (W. F. Albright, Pelican Archaeology of Palestine, 1949, S. 110) und jetzt ein Zeugnis aus Babylonien um 2000 im Lugalbanda-Epos. Ägyptisch heißt es 'Metall des Himmels'. Auf denselben Ursprung weist das griechische Wort 'sideros', stammverwandt (trotz der verschiedenen Quantität des e) mit lat. 'sidus', 'Gestirn'. Ob schon die Chattier zur Verarbeitung von Raseneisenstein übergegangen sind, stehe dahin. Wir fanden in einer Höhle auf der nördlichen Talhöhe gegenüber von Bogazköi Spuren solcher Verarbeitung, die aber Jahrtausende jünger sein können.

⁹ Über das chattische Pantheon hat jetzt A. Kammenhuber, Or 41 (1972), S. 295 ff., Klarheit geschaffen. Nur das bleibt offen, ob die Sonne von Arinna nicht nur eine lokale Sonderform von Wasezzili ist. — Es hat sich eingebürgert, den 'DINGIR U' mit 'Wettergott' zu übersetzen; korrekter wäre 'Himmelsgott', denn das Keilschriftzeichen U ist das Zelt, als Bild des Himmels.

¹⁰ Ob sie bei den Chattiern Sonnengöttin war, ist nicht bekannt. Vielleicht ist sie auch bei den Hethitern nur 'Sonne' im übertragenen Sinn von 'Herrscherin'. Vgl. E. Laroche, RHA 46 (1946/7), S. 38.

¹¹ E. Laroche JCS I, S. 187 ff. bezweifelt, ob die chattischen Götter eine Familie seien. Aber sein Text nennt ausdrücklich Tasmetum die Konkubine des Teschup.

¹² Aus Kirik-Kale: T. G. Allen bei H. H. v. d. Osten, OIP V, S. 66.

¹³ Die immer wiederholten Behauptungen, in Kleinasien sei Mutterrecht üblich gewesen, bedürfen gewaltiger Einschränkung. § 31 der hethi-

tischen Gesetze, erste Fassung, gibt nicht der Frau im allgemeinen, sondern der freien Frau gegenüber dem hörigen Gatten bei der Scheidung
einen Vorzug, genau denselben, wie ihn in der späteren Fassung der freie
Mann gegenüber der hörigen Gattin hat. Der Rechtsgedanke dabei ist
also nicht mutterrechtlich, sondern ständisch. Mutterrecht ist lediglich
für die Lykier bezeugt (Herodot I 173 und seine Ausschreiber), also im
Südwestwinkel von Kleinasien, mit dem die Hethiter erst ganz spät in
Berührung gekommen sind. Diese Lykier sprachen zwar eine luwische
Mundart, sind aber ein eigenes Volk. Die 'freie' Liebe der unverheira-
teten Lydierinnen (Herodot 193/4) hat so wenig mit Mutterrecht zu tun,
wie das 'Fensterln' der bayrischen Bauern; sie ist nach L. Frobenius gerade
Eigenart der alt-vaterrechtlichen Kultur.

[14] Anittas macht ihre Felder unbrauchbar, indem er Unkraut darauf
säen läßt.

[15] Diesen Verdacht habe ich, weil Milojčič, Germania 37 (1959), S. 70
bei den chattischen Funden aus Alaca Hüyük Beziehungen zum Donauraum (Badener Kultur) feststellt.

[16] A. Kammenhuber, Die Arier im Vordern Orient, 1968, S. 14. –
E. Forrer hat Azzi in Armenien angesetzt, seine Gründe aber nie ver-
öffentlicht. Er wird dadurch widerlegt, daß die Gefangenen aus dem
Hethiterland nach Chaiasa „hinunter" gebracht werden. (AM, S. 46;
KUB XIV 17 III 5.) J. Garstang AJA (1943), S. 15 ff. setzt Azzi in die
Gegend von Kerasus und Trapezunt. Siehe dagegen Anatolica I (1969),
S. 62 ff.

[17] Chukkanas-Vertrag, MVÄG 34, 1, S. 103 ff.

[18] Abzulesen am Stammbaum der karischen Könige.

[19] Assyrisch ist der Name in der Fortbildung 'Muski' auf die Phryger
übertragen worden, die im gleichen Raum seßhaft wurden. Die Griechen
dagegen kennen die 'Mos'choi' weit ins armenische Gebiet versprengt.
'Moschoi', 'Muski' ist Pluralform zu 'Masa' (sprich 'Mosa'), wie 'Taochoi'
zu 'Taoi', zwei griechischen Bezeichnungen derselben Völkerschaft in
Armenien. Dies ist eine nordwestkaukasische (tscherkessische) Pluralbildung (A. Dirr, Einführung in das Studium der kaukasischen Sprachen, 1928, S. 40 ff.) und nach E. Speiser, Mesopotamian Origins, 1930,
S. 118, auch eine churritische. Für uns ist es ein Beleg dafür, daß sogenannte Kaukasussprachen bis ins mittlere Kleinasien hinein gesprochen
wurden. Für sich allein würde er nichts beweisen; aber ich bemerke
solche Einflüsse bis nach Griechenland: 'uk', 'nicht', schon durch den
Auslaut als Lehnwort gekennzeichnet ('ek' hat den gleichen Auslaut nur
in proklitischer Verschmelzung mit dem nachfolgenden Wort), ist churrisch '-kk', auch in türkisch 'yok' erhalten(?); griechisch 'agape' scheint

abchasisch 'gua'p', 'lieben'; beide Wörter sind zur Zeit Homers Vokabeln der Umgangssprache.

20 Das ist im Ritual KUB XVII 35 III 13 ff. festgehalten. Auf dieses Ritual hat schon Ehelolf, in SB. Ak. Berlin 1925, S. 270, hingewiesen. Das Ritual ist sicher nicht älter als die Unterjochung der Masa durch die Hethiter, die unter Muwatallis oder Mursilis Ende des 14. Jahrhunderts gelang.

21 Auf einer Anhöhe, 103 km Straßenlänge von Ankara, nordwestlich, an einer Seitenstraße, über die 1959 der Verkehr nach Gerede umgeleitet war.

22 'Kerkitai' werden als Nachbarn der Amazonen von Themiskyra genannt; Kerketai im Kaukasus (Strabo 492; 496 f.; 548). Diese hat auch R. Bleichsteiner ausdrücklich den Tscherkessen gleichgesetzt (bei Bernatzik, Die große Völkerkunde I 1 ff. und Ebert, RL für Vorgeschichte VI, S. 253).

23 Xenophon Anab. IV 7, 16; V 4, 17 (Mossynoiken).

24 Ps. Hippokrates, de aeris 35. Nach Eustathios 765 bei den 'Tzanoi', den heutigen 'Swani'. Ich ordne wieder Kulturmerkmale zusammen, deren Zusammengehörigkeit den Völkerkundlern allgemein bekannt ist. Eine gute Darstellung der zugrunde liegenden Religion bietet A. E. Jensen, Das Weltbild einer frühen Kultur, 1948.

25 Tatsächlich hieß die Unterschicht in Milet ganz ähnlich: 'Gergithai'. Doch führen solche Anklänge leicht irre. Aber die Möglichkeit, daß diese Volksschicht aus dem 5. oder 6. Jahrtausend sich quer durch Kleinasien verbreitet haben könnte (dies das Alter der zugehörigen Kultur, vgl. meine ›Geistesgeschichte der Frühzeit‹ I, 1957, S. 93 ff. und 192 ff.), nachher der Zusammenhang durch andere Völkerschübe unterbrochen worden sei, läßt sich wohl nicht bestreiten.

26 Ps. Aristoteles de mir. ausc. 61.

27 Nach dem Mineralogen Quiring ist Gazziura die einzige Fundstelle von Antimonerz im Alten Orient; dieses aber wurde schon in vordynastischer Zeit in Ägypten zu Augenschminke verarbeitet. Doch reden neuere Berichte von Malachit-Schminke.

28 Strabo 553; besonders Tibios/Tipija.

29 C. W. Blegen, Troy I 2, S. 370 a, A 17; 371 b, B. 24 = 406, 36.

30 Besonders deutlich J. Garstang, Prehistoric Mersin, Abb. 10, 4; 11, 12 u. 17: alle Belege aus den unteren Schichten XXXII—XXVI. — Auch H. Goldman, Excavations at Gözlu Kale, Tarsus II 2, 215, 1 j und p.

Kapitel III

[1] E. Weidner, Boghazköi-Studien 6, 1922. Dazu H. G. Güterbock, JCS XVIII, S. 1 ff. Ein Beweis für akkadische Einwirkung auf die Chattier ist die Übernahme des Gottes Zababa. Ein geschichtlicher Kern der Tradition ist dadurch sicher.

[2] J. Mellaart, Anat St IX (1959), S. 32; XIII (1963), S. 210.

[3] Früher als 'König von Kutha' bezeichnet, jetzt durch den Zusatzfund in Sultan Tepe so vervollständigt, daß der Gang der Erzählung klar ist. Vgl. O. R. Gurney, Anat St V (1955), S. 93 ff.

[4] So in der sogenannten Weidnerschen Chronik aus Babel.

[5] Man nennt sie 'Idole'; es können aber einfach Spielzeugpuppen sein.

[6] Der Fund von Djemdet-Nasr-Keilschrifttafeln in Rumänien beweist, wie uralt diese Handelsbeziehungen sind — wenn auch diese Tafeln Nachahmungen durch die Einheimischen in Rumänien sind (so A. Falkenstein, Germania [1965], S. 269 ff.), möglicherweise viel jünger als ihre sumerischen Vorlagen. Auf Tafel 3 glaube ich das Zeichen 'GE' = 'Guskin' ('Gold') zu erkennen.

[7] Der Untergang von Troia II wird ca. 2300 angesetzt, paßt also chronologisch genau in den rekonstruierten Zug. Vgl. Geistesgeschichte der Frühzeit II 2, 1967, S. 39 f., ebenso J. Mellaart, CAH I 2, S. 406 ff. Wenn die nachfolgende Kultur von Lykaonien Züge von Troia II zeigt, so haben die Luwier die erbeuteten Handwerker als Sklaven mitgenommen.

[8] Vgl. Iraq XXV, S. 167 ff. Daß das Wort gerade keltisch, italisch (vielleicht illyrisch) und hethitisch belegt ist (Hethitische Gesetze I § 54), ist eine häufige mundartliche Beziehung innerhalb der indogermanischen Sprachen. 'ERIN Manda' ist altbabylonisch bezeugt in den Venus-Omina des Ammizaduqa, Jahr 16 f. (gegen H. Hirsch, AfO XX [1963], S. 25 Anm.).

[9] Außer, daß 'ERIN Manda' ein Schreckenswort blieb. NB.: Man darf keine archäologischen Zeugnisse für die Wanderung erwarten. Wenn man jedes akkadische Aufgebot, das geschlagen wurde, mit einem Jahr chronologisch in Ansatz bringt — das ist das Äußerste, was die Erzählung zuläßt —, so sind die 'ERIN Manda' in drei bis vier Jahren von Kleinasien bis Elam gelangt. Der Weg vom mittleren Donauraum bis Kleinasien ist nicht länger. Es ist ganz unhistorisch, da lange Zwischenaufenthalte einzulegen. Wenn wir den Zusammenstoß mit Narâmsin um 2270 ansetzen, so sind die Kriegsscharen etwa um 2280 aus Mitteleuropa aufgebrochen, was sehr gut mit dem von A. Kammenhuber erschlossenen Zeitpunkt der Trennung aus dem gemeinindogermanischen Sprachraum

harmoniert. Über die Heimat der Indogermanen zuletzt A. Kammenhuber MSS 24 (1968), S. 89 f. Etwas anders in meiner ›Geistesgeschichte der Frühzeit‹ II 2, S. 231 ff., weil ich die Trennung der Indogermanen einige Jahrhunderte später datiere. Aber für die Hethito-Luwier und die Griechen sind die Schlüsse von Kammenhuber richtig. Sommer, Hethiter und hethitisch, 1948, S. 1 ff., hat aus der Substratwirkung auf das Hethitische, die eine Kaukasussprache ausgeübt habe, einen ca. 200jährigen Aufenthalt der Vorfahren der Hethiter im Kaukasusgebiet erschlossen. Aber die Kaukasussprachen waren im Altertum nicht auf den Kaukasus beschränkt, sondern reichten eben nach Kappadokien, und wenn ich die Anzeichen für die Pluralbildung richtig gedeutet habe, bis nach Phrygien hinein. Für diese Substratwirkung genügt also ein gemeinsamer Aufenthalt der Einwanderer in Kappadokien, ehe sie sich in die Völker der Hethiter, Palaaer und Luwier aufgespalten haben. Und diese Hypothese, die nach dem Seßhaftwerden nur mehr kleinere Wanderungen, Ausbreitung im gewonnenen Raum unterstellt, ist nicht nur einfacher, sondern auch wirklichkeitsnäher als eine mehrfache Wanderung. Bauern geben einen einmal gewonnenen Siedlungsboden nur unter schwerem Druck wieder auf.

[10] D. h. um ca. 2000.

[11] Viele Forscher wollen Palaa in der Blaene in Paphlagonien finden, die bei Strabo 562 genannt ist. Aber da die Blaene in den Küstenbeschreibungen nicht erwähnt wird, so muß sie im Innern von Paphlagonien gelegen haben. Man zeige mir doch dort einmal ein Gebiet, das so, wie es von Palaa heißt, ohne natürliche Festungspunkte wäre. Da erhebt sich überall zum Teil sehr schroffes Gebirge, ganz abgesehen davon, daß das Palaa benachbarte Tummanna, nicht die Domanitis in Paphlagonien, sondern nur Tommana nördlich Erzingjan sein kann: Denn Mursilis (AM, S. 160 ff.) zieht beutebeladen von dort nach Pachchuwa; dieses aber ist (nach KUB XXVI 72) Isuwa benachbart (= Pach, südlich Erzingjan; nicht Divrigi, wie J. Garstang, AAA 28 [1948], S. 48 ff. angesetzt hat, weil das den allgemein als unmöglich erkannten Ansatz von Palaa und Tummanna zwischen Siwas und Malatia bedingen würde und weil von da der bezeugte Einfall ins Gebiet von Isuwa nur auf dem Umweg über Malatia möglich wäre). Einen Einwand gegen diese Lage könnte man aus dem palaaischen Ritual, KUB XXXIV 17, A. Kammenhuber a. a. O. S. 342, entnehmen, das die Sonne anruft „ari" („geh auf", vgl. lat. 'orire'), „arunampi ti witesi" = „scheine umb das Meer", (So wenig sich sonst mein Aufsatz über das Palaaische, WZKM 52 [1953/5], S. 272 ff., mit der methodisch genauen Untersuchung von Kammenhuber messen kann, an dieser Stelle glaube ich auf richtigerer Spur zu sein: Daß die Sonne „das Meer baue" analog heth. 'wet-', 'bauen', ist eine Aus-

drucksweise, die höchstens bei hellenistischen oder expressionistischen, verkünstelten Dichtungen vorkommen könnte; lat. 'videri', 'scheinen' ist für die Sonne das Naheliegende.) Nun ist die Ebene von Erzingjan, wo ich Palaa suche, weit vom Meer entfernt. Aber das Stammesgebiet der Tibarener, die ich für identisch mit den Palaaern halte, reichte bis zur Küste.

[12] Denn der Name des Eisens, 'chapalki', ist auch im Luwischen chattisch.

[13] KUB IX 33.

[14] Anittas-Text 75.

[15] In Arzawa sprach man luwisch, nach den Eigennamen und nach der jüngeren Variante von § 19 a der heth. Gesetze zu schließen. Da wir dort, in Westkleinasien, nicht das gleiche Substrat voraussetzen dürfen wie in Lykaonien, zwingt das zur Annahme einer luwischen Kolonisation im Lauf des 2. Jahrtausends. Aber archäologisch scheint dieser Vorgang noch nicht faßbar zu sein.

[16] Der Ortsname, lat. 'Arcas', den die Türken in jüngster Zeit durch 'Akça Dag', 'Weißenberg', übersetzt haben, ist luwisch 'Weiße'. Die Entstehung des Hethitervolkes läßt sich nur verstehen, wenn die Truppen des Königs von Kussar dem damals noch ungespaltenen hethito-luwischen Sprachzweig angehört haben.

[17] Daß ein vordringender Kriegshaufe sich die Frauen aus den Unterworfenen nimmt (wie die Mamertiner in Messana und noch Ende des 18. Jh.s die meuternden Matrosen, die Pitcairn in der Südsee besiedelt haben), ist geschichtlich nicht ganz selten. Aber in unserem Falle macht es die nahezu gleichberechtigte Stellung der Frauen im hethitischen Recht doch unwahrscheinlich (vgl. Damanville in ›Histoire mondiale de la femme‹ I, die nur S. 256 ff. die Ausnahmestellung der Puduchepas allzusehr als typisch nimmt).

[18] Die Statistiken, die darüber aufgestellt worden sind, bedürfen allerdings der Korrektur, da noch lange nicht alle Wörter indogermanischer Herkunft im Hethitischen erkannt sind.

[19] Belege für die indogermanischen Rechtszustände in meiner ›Geistesgeschichte der Frühzeit‹ II 2, S. 241 ff. Ich weise ausdrücklich darauf hin, daß hier von indogermanischem, nicht von hethitischem Recht die Rede ist. Welche Rechte der Volksversammlungen in Anatolien erhalten blieben, müßte erst untersucht werden. A. Kammenhuber leugnet indogermanische Rechtsausdrücke. Ich weise demgegenüber auf griech. '(w)eedna', germ. 'wit-tum' hin; auf lat. 'vas', isländ. 'watta', dän. 'vidne' usw. (Ob heth. 'kwera', 'Flur' und lat. 'Quirites' zusammenhängen, stehe dahin.)

[20] Man pflegt beim hethitischen Verbum nur zwei Tempora zu unterscheiden: Praesens und Praeteritum, findet aber fast jedesmal dazu ein zweites Verbum, das, durch bestimmte Ableitungssilben gebildet, die Bedeutung der Dauer hat. Wenn wir in den Termini der griechischen Grammatik beschreiben würden, so wäre dieses Durativ das Praesens und Imperfekt, das Stammverbum ein Inchoativ (Futur) bzw. Aorist II. Vom reduplizierten Perfekt der andern indogermanischen Sprachen kann ich keine Spur entdecken — denn die 'Perfekt'-Endung, die man im Praesens auf -hi findet, kann eben die ursprüngliche Endung des 'starken' Futurs sein, das im Griechischen und Lateinischen ganz durch 'schwache' Formen verdrängt worden ist.

[21] Das Chattische nimmt eine Mittelstellung ein: Die Kasus werden hier durch Flexion, der Plural und die Verbalformen agglutinierend gebildet; vgl. Kammenhuber am Kap. II, Anm. 4 a. O.

[22] K. Brugmann u. B. Delbrück, Grundriß der vergleichenden Grammatik der indogermanischen Sprachen, 1892, II 2 § 13.

[23] Man führt diese Fülle der Ausdrücke auf mundartliche Verschiedenheiten im Indogermanischen zurück. Aber die Verteilung der einzelnen Ausdrücke auf die Einzelsprachen ist so regellos, daß man dabei soviel Mundarten als spätere Sondersprachen ansetzen müßte.

So geht das Hethitische mit dem Wort für 'Bart' mit dem Arischen gegen Latein und Germanisch zusammen, beim Wort für 'Feuer' mit Griechisch und Germanisch gegen Arisch, Latein, Baltisch, beim Wort für 'Hand' mit Griechisch gegen Latein und Germanisch. Ich möchte daher lieber glauben, daß all diese Wörter gemeinindogermanisch waren und damals verschiedene Bedeutungsnuancen hatten: z. B. 'agni/ignis' das 'Opferfeuer', 'pa'ur' vielleicht das 'Schadenfeuer' bezeichnete usw. Doch wir sind noch nicht soweit, dies im einzelnen belegen zu können.

[24] Vgl. meine ›Indogermanische Religionsgeschichte‹, 1942; kürzer und in Einzelheiten berichtigend: Geistesgeschichte der Frühzeit II 2, S. 30 ff., S. 264 ff. — Die historische Bedeutung der Urindogermanen ist von G. Kossinna und seinen Nachfolgern maßlos überschätzt worden. Heute wird sie zumeist aus dem Gegensatz dazu weit unterschätzt. Ich bemühe mich, das richtige Mittelmaß zwischen beiden Extremen einzuhalten.

[25] Bei den Hethitern scheint er sich unter dem Namen 'Wettergott des Himmels' zu verstecken, wobei der alte Name vielleicht ganz verlorengegangen ist.

[26] Auch bei den Chattiern hatte der Adler ähnliche Bedeutung, worauf mich Kammenhuber hinweist. Hier ist Parallelentwicklung wahrscheinlicher als frühe indogermanische Einwirkung.

[27] Der Latinern und Balten gemeinsame (schon vorgeschichtlich belegte) Augurenstab darf wohl als Zeugnis für Vogelschau schon in der gemeinsamen Urzeit genommen werden.

[28] Ich weise nochmals darauf hin, daß ich hier die Religion der Indogermanen, nicht der Hethito-Luwier beschreibe. Natürlich hatten auch die Chattier einen Sonnengott (Estan), dessen Namen die Hethiter übernahmen.

[29] Bei den Griechen ist der Kriegsgott aber vor allem der Erreger der Kriegspsychose und damit eine Schreckensmacht. Den Hethitern ist Jarris auch Pestgott. Hier mag der sumerische Erra eingewirkt haben; doch auch Mars ist Pestgott: vgl. ›carmen arvale‹.

[30] K. Karo, Die Religion des ägäischen Kreises (= Haas, Bilderatlas zur Religionsgeschichte, Abb. 71); Huld, RE I, Sp. 2112, s. v. ancilia; vgl. H. Otten, Festschrift für J. Friedrich, 1959, S. 351 ff.

[31] K. v. Amira, Die germanischen Todesstrafen, hat dies herausgearbeitet. Das Buch ist meinem Urteil nach von der wissenschaftlichen Kritik damals zu Unrecht abgelehnt worden.

[32] Ich möchte das Wort mit lat. 'Orcus' etymologisch verbinden.

[33] Deutlich sind besonders KUB V 1 die drei Orakel nach jeder Anfrage. Das verknüpft dies Losorakel so eng mit dem germanischen, daß wir auf gleiche Wurzel zurückschließen dürfen. Zumal wir auch bei den Griechen die sprachlichen Ausdrücke 'kleros' für 'Hufe', 'anheile' ('er hob auf') für die Antwort des delphischen Apollon auf alte Losorakel ausdeuten dürfen (so schon Lobeck). Auch das Losorakel der Fortuna von Praeneste (Cicero, de div. 2, 86) liefert eine Parallele.

[34] Vogelflugorakel hat es auch in Babylonien (seit wann?) gegeben. Über ihr Alter bei den Indogermanen vgl. Indogermanische Religionsgeschichte S. 118 (S. 257).

[35] Diese Sagen sind literarische Neugestaltungen, aber das zugrundeliegende Denkschema vom Kampf der Götter gegen dämonische Mächte ist gemeinindogermanisch.

[36] Die Opfertafeln beginnen mit Chattusilis I. Denn die früheren Könige sind keine Vorfahren. Ahnen der Königingroßmutter: KUB VI 45 II 58.

[37] Alle Nachweise in ›Geistesgeschichte der Frühzeit‹ II, S. 13 ff.; S. 241 ff. (doch hätte ich schon wieder einige Belege nachzutragen).

[38] Vgl. dazu auch P. Koschaker, Z. d. Savigny St. Rom. Abt. 60 (1940), S. 242 f.

[39] Heth. 'tuchkantis' kann nicht urverwandt sein, wie mir E. Neu freundlich dargetan hat.

[40] Telipinus II 29.

[41] Telipinus IV 19.

[42] AU I Vs 63 f.

[43] Heth. Gesetze § 1 ff. (J. Friedrich, Hethitische Gesetze, 1959).

[44] Aber darum nicht weniger wert: Das Wergeld ist bei den Hethitern wie bei den Germanen für Männer und Frauen das gleiche.

[45] Vgl. die Zusammenstellung ›Geistesgeschichte der Frühzeit‹ II 2, S. 252.

[46] Ebd. S. 253 ff.

[47] Herodot I 93.

[48] Heth. Gesetze § 37.

[49] Für die Hethiter geht dies daraus hervor, daß die freie Frau eines Knechtes unfrei wird: Gesetze § 35.

[50] Heth. Gesetze § 36. Ausdrücklich wiederhole ich, daß diese Stellung der Erbtochter kein Mutterrecht ist, sondern gerade der Fiktion der Erbfolge im Mannesstamme dient. (Geistesgeschichte der Frühzeit II 2, S. 260; P. Koschaker, in: Z. f. ausländisches und internationales Privatrecht 11, Sonderheft [1937], S. 132.)

[51] H. Lommel mündlich.

[52] Gesetze § 175. Wenn 'isḫuzzis' 'Gürtel' heißt, so muß 'isḫunanzi' 'sie gürten' bedeuten.

[53] Siehe S. 117 (Chantilis).

[54] Ed. Hermann, Die Eheformen der Urindogermanen, 1932, sieht diese Großfamilie als die gemeinindogermanische Familienform an. Vgl. dagegen meine Ausführungen a. a. O. S. 257 f., und die hethitischen Landschenkungsurkunden (S. 131 f.).

[55] Bei den Hethitern ist Abschichtung in der Familie Suppiluliumas I. nachzuweisen: Mursilis erbt das Reich, weil seine älteren Brüder schon abgefunden sind.

[56] Wie bei jenen italischen Stämmen der Stammesname nach dem Tiere gewählt wird (Piceni, Vitali usw.), so scheint der Name 'Luggaudne', und das Adjektiv 'luwili' zusammen auf eine Form mit Labio-Velar '*luqu' zu führen, was lat. 'lupus', griech. 'lykos' entspricht. Aber die Schlußkette ist hypothetisch.

[57] So noch bei Chattusilis III.

[58] Ein solcher Fall scheint Madduwattas Vs 64 vorzuliegen. Vgl. Ilias III und Livius I 24 f. und VII 10.

[59] 'Freundschaft', begründet durch gemeinsame Mahlzeit: Tawagalawas-Brief II 63 ff.

[60] Geiseln bei den Hethitern: Milawata-Brief. Die privatrechtliche Vorstufe ist bei den meisten andern indogermanischen Völkern zu belegen.

[61] Zeugen: heth. 'kutrus'. Zu unterscheiden sind davon die Anzeiger,

die eine Klage in Gang bringen, z. B. Madduwattas Rs 28. (Die Übersetzung von A. Goetze ist hier überholt.)

[62] Die vorhandenen hethitischen Gerichtsprotokolle beziehen sich alle
auf den Strafprozeß, und zwar auf die Voruntersuchung (vgl. R. Werner,
Hethitische Gerichtsprotokolle, Studien zu den Bogazköitexten 1, 1967).
Das Fehlen von Wirtschaftsurkunden (im Gegensatz zum Übermaß an
solchen in den assyrischen Handelskolonien) scheint mir die Mündlichkeit
der Verträge, die wir von den andern Indogermanen kennen, auch für die
Hethiter zu bezeugen. Anders steht es natürlich bei den Staatsverträgen.

[63] Heth. Gesetze § 47 a.

[64] Ausdrücklich mit dem Gottesabzeichen geschrieben.

[65] Ebenso die Königin, wenn sie als Priesterin fungiert hatte. Ob un-
würdige Könige davon ausgeschlossen wurden? Das würde das Fehlen
des Tutchalijas III. in den Opferlisten erklären.

[66] So schon BoTU 30 IV 10: „der Große des Weins".

[67] Vgl. die Keilschrifturkunden von Tartaria in Rumänien, die (oben
Anm. 6) sich doch am ehesten durch Vorbilder erklären lassen, die solche
wandernden Händler mitgebracht haben.

[68] Gemeingermanisch, aber ohne indogermanische Anknüpfung.

[69] Wenn die Gleichung in der Vokalfärbung nicht ganz den Laut-
gesetzen zu entsprechen scheint, so spricht das für Lehnwort. Holder,
Altkeltischer Sprachschatz II s. v., bezeichnet 'Jura' als ligurisch. Das
weicht dem Problem aus (Lautwandel *gh-g-j: ersterer allgemein keltisch,
der zweite Schritt mundartlich).

[70] Hommel hat hundert sumerisch-türkische Wortgleichungen zusammengestellt (Manuskript im Besitz der Bayer. Staatsbibliothek). Abgesehen von 'Dingir', das aber viel weiter verbreitet ist, sind es fast lauter
Bezeichnungen für Handelswaren. Dabei lasse ich ungeprüft, ob alle
Gleichungen Hommels Stich halten.

[71] Es ist dies die Zeit jener von F. Sommer, Hethiter und hethitisch,
1947, S. 1 ff., herausgearbeiteten „kaukasischen" Substratwirkung.

[72] Das zeigt der Anittas-Text, wo der König von Salatiwara (das ist
später 'Sattiwara', griech. 'Sadakora') einen gesonderten Krieg führt, der
Großkönig aber aus dessen Niederlage die politischen Folgerungen zieht.

[73] Dreschplatz, bezeugt z. B. bei Chattusilis III. Großer Text Rs IV 83.

[74] In einer Abschrift des Großen Textes des Chattusilis ABoT 62 =
KUB 1 Vs I 36.

[75] Chattusilis III., Großer Text III 21.

[76] Heth. Gesetze § 9; 25; 57—59, 'bisherige' Fassung.

[77] Entsprechend der für Totschlag festgesetzten Buße, also wohl dem
indogermanischen Rechtsgefühl.

[78] K. K. Riemschneider, ArOr 33 (1965), S. 337 f. = 1766 c, jetzt KBo XVI 54.

[79] Heth. Gesetze § 40 f. (Die Deutung 'tittijanza' = 'erbt' scheint mir der Zusammenhang zu fordern.)

[80] Das ist die Voraussetzung dafür, daß Telipinus die befestigten Magazinstädte anlegt (Telipinus III 17 ff.).

[81] Erwähnt im Ritual des Nuntarias'chas-Festes KUB X 48 II 5 f.

[82] Einige Berufe dieser Art tragen schon chattische Namen: A. Kammenhuber am Kap. II Anm. 4 a. O.

[83] Die Einschließung ist sicher nachweisbar erst bei Suppiluliumas I. (Chuqqanas-Vertrag III 53 ff.; J. Friedrich, MVÄG 34, 1, S. 103 ff.); die Existenz von Nebenfrauen setzt schon das Gesetz des Telipinus voraus (II 36 ff.).

[84] Man hat mir eingewendet, ich suche die Indogermanen gewaltsam zu einem Kulturvolk zu stempeln. Nein, mir ist es völlig gleichgültig, ob sie eine höhere oder eine niedere Kultur hatten: Ich suche nur die Tatsachen. Und da sagt die Sprache klar, daß sie ein Bauernvolk waren, und daß sie nicht nur '*ekvos', das 'Pferd' und 'rota', das 'Rad' kannten, sondern in ihrer Mythologie die Açvin und die Sonne im rossebespannten Wagen. Das hat mit geringerer oder höherer Kultur nichts zu tun, sondern ist eine durch die Sprachvergleichung und vergleichende Mythologie festgestellte Tatsache, um die man nicht herumkommt. Die von Koppers herausgearbeitete Fruchtbarkeitszeremonie mit dem Pferdephallus mag uns unappetitlich anmuten, sie gehört aber auch zum Bestand der Zeugnisse für indogermanische Pferdezucht, ob gerade zur Hochkultur, sei dahingestellt; frömmer als die sexuellen Bräuche unserer gegenwärtigen Stadtkultur war jene sicher gemeint.

Ob im übrigen hochentwickelte Kriegstechnik ein Zeichen hoher Kultur ist? Sicher ist das Zeitalter der Indogermanen viel blutiger als die altägyptische Geschichte. Und jene Negerstämme des Sudan, die nach einhelligem Zeugnis der Forscher „weder Lügen, noch Stehlen, noch Betrügen kennen", stehen an *sittlicher* Kultur höher als alle heutige Zivilisation.

[85] V. Milojčič, Germania 37 (1959), S. 70.

[86] Über die Gräber von Alaca hat W. Orthmann, Istanbuler Mitteilungen 17 (1967), S. 34 ff., Klarheit geschaffen. Der Leichenwagen allerdings bleibt ein Gebilde, das vorläufig nur die Phantasie hinzugedacht hat.

[87] Zum Taurobolium vgl. H. Oppermann, RE VA 1, 1934, Sp. 86 ff. Was R. Duthoy, The Taurobolium, 1969, über die Entwicklung des Ritus sagt, wird durch Alaca Hüyük widerlegt.

Kapitel IV

[1] Zusammenfassend: P. Garelli, Les Assyriens en Cappadoce, 1963.

[2] Th. Jacobsen, The Sumerian Kinglist, 1939, S. 117. Daß die Gutäer-Dynastie erst nachträglich in die Liste eingeschoben sei (ebd. S. 205), wird durch die astronomischen Daten widerlegt.

[3] Geistesgeschichte der Frühzeit II 1, S. 50 f.

[4] In seiner großen Inschrift, jetzt bei A. Falkenstein und W. v. Soden, Sumerische Hymnen und Gebete, S. 152 f. ist Handel vom Zedernberg gemeldet. Auf Statue B ist ausdrücklich der Amanos genannt. Das in andern Texten Babyloniens als Zielpunkt genannte Ibla hat U. B. Alkim, Orientalia 33 (1964), S. 504, im Telmen Hüyük, östl. Sençirli nicht unbedingt sicher, aber zu den Angaben aus Alalach sehr passend aufgewiesen; also ebenfalls eine Lokalisierung südlich des Taurus.

[5] Die Lage von Chachchum ergibt sich eindeutig aus der Kombination der Angaben von Gudea und Chattusilis I. Das 'Chachcha' bei Chattusilis III. ist ein anderer Ort.

[6] 'Zariqum' ist zuerst 'Sakkanakku' von Assur, nachher 'Ensi' von Susa: W. W. Hallo, JNES 15 (1956), S. 220 ff.

[7] Das wird auf den Gott Amurru übertragen, in dem hübschen Gedicht von seiner Heirat bei E. Chiera SRT, S. 15 ff.

[8] Dies ergibt sich aus den Inschriften von Mari (ARM I 1 und II 131); Ursum selbst aber muß man nach der Inschrift des Idrimi im Saros-(Seyhan-)Tal nördlich von Sis suchen, was dann aufs beste mit den Kültepe-Texten harmoniert.

[9] Mag der Ausdruck auf Innin von Uruk ursprünglich nicht zutreffen (aber was ist dann das 'Ki-agga', der 'Liebesort', nach dem der erste Herrscher von Uruk heißt?), mindestens seit Ur III (vgl. die Hymne, E. Chiera, SRT 31 bei A. Falkenstein, ZA 45, S. 173) gibt es der Ischtar von Akkad ganz gleichartige sumerische Göttinnen.

[10] Darum griechisch 'Artemis', nicht 'Aphrodite'.

[11] Nie ist davon die Rede, daß sich die Assyrer den Durchzug hätten erkämpfen müssen; wohl aber mußten sie den einheimischen Fürsten Zölle entrichten.

[12] Vielleicht das durch bild-luwische Inschrift gekennzeichnete 'Ivriz'.

[13] Salmanassar III. von Assur nennt es am Beginn seiner kilikischen Eroberungen (F. Safar, Sumer VII [1951], S. 12, IV 22 ff.). Der neue Beleg aus Ugarit (M. Astour, AJA 69, S. 257) macht damit kombiniert eine Lage auf dem Amanos-Übergang östlich Anazarbos wahrscheinlich.

[14] Man wird an eine Volksetymologie denken, die allerdings der Naturgegebenheit merkwürdig genau entspräche. Aber ausgeschlossen ist

es nicht, daß Kamelnomaden, wie wir solchen etwas weiter nördlich im selben Tal begegnet sind, schon im Altertum existiert und einen zentralasiatischen Namen hierhergetragen haben können. (Siehe Abb. 22.)

[15] Es werden neolithische Scherben von dort erwähnt.

[16] Diese waren bekanntlich das Transportmittel der Assyrer.

[17] KBo I 1 Vs 13.

[18] Garelli a. a. O. S. 102 läßt die Handelsroute von Kemer nach Westen über den Berg nach Seresek (= lat. 'Arasaxa') gehen. Aber der Ortsname ist lateinisch ('Steinaltar'), weist also eher auf eine Neuanlage der Römerzeit. Dagegen ist ein hethitischer Fund aus Pınarbaşı im Museum von Kayseri. — Daß Mursan-Dhila zu lesen ist, zeigt die orthographische Variante Parsan-Dhila in HT 2 III 11. Für andere richtige türkische Übersetzungen altanatolischer geographischer Namen vgl. Kizil Irmak, Chastira/Yildiz; Alcha/Akça Dag.

[19] M. Mellink, AJA 68 (1964), S. 151.

[20] G. Eisser und J. Lewy, MVÄG 33 (1930); J. Lewy in HUCA XXVII (1956), S. 1 ff. JAOS 78 (1958), S. 89 ff. Doch vgl. die Entgegnungen dazu und A. Goetze, Kleinasien, ²1957, S. 67 ff., wo die weitere Literatur verzeichnet ist.

[21] Daß Zela von den Assyrern angelegt sei, weiß noch Strabo 559, und das ist fast die einzige Erinnerung an die assyrischen Kolonien in Kleinasien in der griechischen Literatur (denn die 'Weiß-Syrer' des Herodot I 6 u. a. und seiner Abschreiber haben nichts mit dem Volke zu tun, das er stets 'Assyrer' nennt).

[22] Genannt sind allerdings die Gaschgasch in jener Zeit noch nie, so daß die Meinung vertreten wird, sie seien überhaupt erst gegen 1500 in dies Gebiet vorgedrungen.

[23] TC III 165; vgl. E. Bilgiç AfO XV (1945/51), S. 1 ff., bes. S. 20; Goetze, Kleinasien, S. 67 ff.

[24] Hethitisch 'Wettergott des Himmels' geschrieben (in Ideogrammen; die Aussprache nach E. Laroche, Recherches, RHA 46, S. 109: 'Chumunnas').

[25] Für 'Barga'/'Birga' vgl. H. Otten, ZAss 53 (1959), S. 174 ff.; für die Entsprechungen bei Kelten u. a. meine ›Indogermanische Religionsgeschichte‹, § 302.

[26] Der Ausbeutungswille war also bei den Assyrern nicht anders als nachher bei den Römern oder im 19. Jahrhundert bei den Briten in Indien.

[27] Vgl. E. Bilgiç, Die originellen Seiten im Eherecht der vorhethitischen Bevölkerung Anatoliens, Ankara Üniversitesi Dergisi IX 3, S. 239 ff.

[28] Nach Arrian (F.Gr.Hist. 156 fr. 74) soll der Name 'Kappadokien' von einem Assyrer 'Kappadox' abgeleitet sein. Das aber ist ein Flußname

bei Plinius, n. h. VI 9, nach Kiepert der Delice Su; auch ist 'Katpatuka'
schon hethitisch belegt. Immerhin scheint eine undeutliche Überlieferung
von den Assyrern in Südostanatolien in der Notiz enthalten.

Kapitel V

¹ Kemal Balkan, ›Letter of Anumhirbi of Mama . . .‹, 1957.

² Siegesdenkmal des Salmanassar; vgl. H. Otten bei H. Schmökel,
Kulturgeschichte des Alten Orients, S. 329. — KBo XII 3.

³ So Julius Lewy. Den Namen 'Ma' trägt die Göttin von Komana in
griechischer Zeit; bei den Hethitern hieß sie 'Chepat'; aber das ist ein
churritischer Name; der Lallname hat mehr Anspruch darauf, als alt-
einheimisch zu gelten. B. Alkim, Jahrbuch f. Kleinasiatische Forschung III
(1959), S. 220, und Bossert-Gedenkschrift, S. 10, verlegt Ma'ama nach
Göksün.

⁴ J. Lewy, HUCA XXXIII (1962), S. 45 ff.; ders., Bossert-Gedenkschrift, 1965, S. 309 ff. Das mit Kussar zugleich genannte Samucha muß
der zweite Ort dieses Namens sein, den Telipinus KBo III 68 und Muwatallis KUB VI 45, I 40/43 verzeichnen.

⁵ J. Lewy, RHA 17, S. 1 ff. — Ähnlich wie in Ägypten der Thronfolger die Pflicht hatte, die Untertanen beim Pharao zu vertreten. Aber
die Entsprechung ist nicht so genau, daß geschichtlicher Zusammenhang
zu erschließen wäre.

⁶ Erst hundert Jahre später haben die Hethiter ein Zeichen dafür
eingeführt; aber damals stand die Orthographie 'Nesa' fest und hatte der
Name 'Arinna' (der meiner Meinung nach denselben Ort bezeichnet) den
alten Namen im offiziellen Sprachgebrauch verdrängt.

⁷ KBo III 21 = BoTU 7, durch Neufunde ergänzt und übersetzt von
H. Otten, MDOG 83, S. 60 ff.

⁸ Holder, Altkeltischer Sprachschatz, s. v.

⁹ 'Arrhina' bei Diod. XX 111 als das Stammland, von dem aus das
Königreich Pontos errichtet wurde, denn das andere Stammland dieses
Begründers lag weit in Westkleinasien und ging ihm bei seiner Flucht
verloren.

¹⁰ Oder ist das ältere Aussprache?

¹¹ K. Balkan, Türk Tarih Kurumu, YarInlarIndar VII (1955) 28,
S. 41 f.

¹² KBo I 11. H. G. Güterbock hat seine Skepsis gegen die historische
Grundlage dieser Texte (ZA 44 [1938], S. 114 ff.) neuerdings zurückgenommen (JCS XVIII, S. 1 ff.).

[13] KUB XXXVI 100—102 und KBo VII 14; dazu Güterbock, MDOG 86, S. 58 f. Sollte die Inschrift erst hundert Jahre später unter Chattusilis I. abgefaßt sein, so doch nach guter historischer Erinnerung. Über die Chronologie von Alalach: RHA 66/67 (1960), S. 29 ff., wo nur leider die Filiationszeichen im Stammbaum im Druck weggefallen sind. Alalach I, wo Zukrasi genannt ist, ist der älteste Text dieses Fundortes.

[14] Das zeigt nur an, daß eine solche Namengebung zeitüblich war.

[15] Aber nicht in der Verwendung für den kollektiven Neutrum-Plural, wenn dieser wirklich ursprünglich dieselbe Form ist.

[16] Erfahrungsgemäß sind solche Aussprachegewohnheiten das Beständigste an der Sprache überhaupt. (Z. B. haben die Juden von Alexandria schon im Altertum 'gemauschelt' 'Mōyses' gesprochen, während die Aussprache 'Moses', die in Palästina üblich war, bei den Sepharden, deren Kern die von Hadrian auf seine spanischen Güter verschleppten kriegsgefangenen Sklaven aus dem Bar-Kochba-Aufstand bildeten, weiterlebte.)

[17] A. Kammenhuber am Kap. II Anm. 4 a. O. S. 267 ff.

[18] Vielleicht behält da doch die alte Hypothese von Forrer recht, der meinte, 'nesisch' sei eine Abkürzung von 'kanesisch'. Daß 'Nesa' nicht 'Kanes' ist, hat H. Lewy, JCS XVII (1963), S. 103 f., zwar endgültig erwiesen (was H. Hirsch, Or 37 [1968], S. 87 ff., dagegen vorzubringen sucht, sind Ausflüchte ohne Beweiskraft), Sedat Alp aber hat auf eine Tafel aus Anisa aus der Römerzeit hingewiesen, die angeblich aus Kültepe stammt. Das kann zwar geographisch nicht das 'Anisa' im Tatenbericht des Suppiluliumas fr. 15 sein; aber es kann in dem Falle die spätantike Schreibung für 'Kanes' sein, wenn das K dieses Namens ein Ain ist (wie in Mari 'Geschtara' für 'Ischtar' geschrieben wird und wie Mursilis im Text über seine Stiefmutter dieselbe Babylonierin 'Aniella' und 'Kaniella' schreibt). Ein solches Ain konnte bei einer Betonung K(a)nésumnili leicht unhörbar werden.

[19] 'Pinu' heißt 'Kind', wie 'dumu'; 'le-pinu' 'die Kinder' oder 'Kindheit' — und 'dumuzi' wird meist 'treues Kind' übersetzt, kann aber auch 'Kindheit' heißen. Die Vorsilbe 'te-' kann ich nicht deuten, sie scheint demonstrative Bedeutung zu haben. 'Talapinu' scheint mir tabuierende Schreibung.

[20] H. Otten, MVÄG (1942); Güterbock, Festschrift für Joh. Friedrich, 1959, S. 207 ff.

[21] KUB XXIX 1, II 1 ff. Siehe dazu H. Otten und J. Siegelowa, AfO 23 (1970), S. 32 ff. Man beachte die reduplizierende Wortbildung beider Namen. Hier im Ritual, wo darum gebetet wird, den Lebensfaden des Königs lang zu spinnen, wird die dritte, die ihn mit der Schere abschneidet, natürlich nicht genannt. 'Ritzerinnen' bedeutet 'Gulses' nach

J. Friedrich JCS I (1948), S. 282 f. Vgl. die Nornen in der ›Völuspa‹.
Einen Spiegel führen sie: dazu H. Bossert, WO II (1957), S. 349 ff.
(Hinweis von A. Kammenhuber); O. Carruba, StBoT 2 S. 28 ff., 35 ff.

[22] Lelwannis ist meiner Meinung nach eben um der Analogie zu den
beiden anderen Gulses willen, um den Dreiverein herzustellen, weiblich
geworden (nach A. Kammenhuber, Or 41 [1972], S. 299, erst unter
Chattusilis III.; aber vielleicht liefen beide Auffassungen nebeneinander
her). Sicher beweisen läßt sich das natürlich nicht. Für die Schere ist das
hethitische Gesetzbuch § 143 f. das älteste geschichtliche Zeugnis überhaupt; die kretische Frauentracht ist das älteste Beispiel ihrer Anwendung in der Kunst der Schneiderei.

[23] Es wäre natürlich auch möglich, daß die drei Schicksalsgöttinnen
gemeinsames Glaubensgut der Indogermanen sind (wie ich früher an-
nahm) und ihnen bei den Hethitern nur die chattischen Namen beigelegt
wurden, aus Scheu, jene bei ihren wirklichen Namen zu nennen. Dafür
würde sprechen, daß das Losorakel mit drei geritzten Stäben bei den
Hethitern (z. B. KUB V 1) und Germanen in gleicher Weise von alten
Frauen geübt wird und offenbar mit dem Glauben an diese Göttinnen
zusammenhängt. Losorakel aber gab es auch in Delphi und bei der
Fortuna von Praeneste (Cicero, de div. II 86; vgl. K. Latte, Römische
Religionsgeschichte, 1960, S. 177), wo es mir schwerfällt, eine genetische
Verbindung von den Hethitern her anzunehmen, während gemeinsame
indogermanische Abkunft keine Schwierigkeiten macht.

[24] Über die Herkunft des habsburgischen Doppeladlers schreibt K. v.
Schwarzenberg, der mir als der beste Kenner genannt wird, in ›Adler
und Drache‹, 1958, S. 332 Anm. 132: „Auch für die Form des Doppeladlers ist byzantinisches Vorbild maßgebend. Seit Sigismund ist der
Doppeladler offizielles Wappen des Kaisers. Unter den Paläologen wird
er ebenfalls Wappen im Osten."

[25] Wann die babylonische Göttin Tasmetum zu den Chattiern gekommen ist, von denen sie dann zu den Hethitern überging, bleibt rätsel-
haft. Weder zur Zeit von Sargon und Narâmsin noch bei den Assyrern
scheint sie bezeugt zu sein; dagegen kennt sie der Kumarbi-Mythos. Man
muß wohl eine akkadisierende Schreibung für eine einheimische Gottheit
unterstellen.

[26] Infolge der Mischehen in Kanes, die in den Urkunden gut bezeugt
sind (E. Bilgiç a. Kap. IV, Anm. 27 a. O.), konnte gerade eine solche
eherechtliche Regelung leicht in das einheimische Recht übergehen. — Verstümmelungsstrafen: Heth. Gesetze § 95; Mittelassyr. Gesetzbuch.

[27] Heth. Gesetze § 48 f.

[28] BoTU 12 II 17; und schon BoTU 5 Rs Z. 8.

[29] Z. B. werden VBoT 68 die Agrig der Sprengel benachrichtigt, durch die der König eine Reise machen will, offenbar damit die Verpflegung für den Hofstaat (bzw. das Heer) gesichert wird.

[30] Heth. Gesetze § 35.

[31] BOTU 12 ist es schon vorhanden (KBo III 34, II 11).

[32] So jedenfalls Muwatallis gegenüber Chattusilis und Chattusilis III. bei der Begründung des selbständigen Staates Dattasa.

[33] Vgl. Geistesgeschichte der Frühzeit II 2, S. 90 ff. — Ch. F. A. Schaeffer, Stratigraphie comparée, 1948, S. 6, 93 ff.

[34] Nicht 'Diorit', wie Güterbock, Kumarbi, 1946, S. 24, allzu buchstäblich übersetzt, was er aber selbst, JCS VI (1952), S. 37, zurückgenommen hat.

[35] Ammiditana, Jahr 17.

[36] Wie gering der arische Namensbestandteil bei den Churritern war, vgl. A. Kammenhuber, Die Arier im Vorderen Orient, 1968.

[37] Kein überlieferter Frauenname der Churriter ist arisch.

[38] Ihr Gott Teschup von Kumija (am Oberlauf des Tigris, nach Inschrift des Adadnirari II., hier 'Kumma' geschrieben) legt die Herkunft fest.

[39] Jedenfalls hat R. Bleichsteiner ihren Gottesnamen 'Teschup' ('Tschopai') noch im Kaukasus nachgewiesen (Bernatzik, Die große Völkerkunde I, S. 8). Fernzuhalten ist aram. 'tschopah', 'Buße'.

[40] H. G. Güterbock, Kumarbi, 1947. A. Kammenhuber, in: Kindlers Lit. Lex. III, Sp. 2268 f., erklärt das Lied von Kumarbi für reine Literatur. Aber wir wissen, daß die Hethiter ihre 'Lieder' über die Götter gerade im Kult vortrugen.

[41] 'Teschup' ist viel älter bezeugt als die arische Einwirkung auf die Churriter, war aber lautlich und sachlich geeignet, den indogermanischen Gott in sich aufgehen zu lassen. Der blitzeschleudernde Weltregent im Ulikummi-Epos trägt ganz die Züge des indogermanischen, kämpfenden Gottes. (In Kumma heißt der Gott 'Hadad'.)

[42] A. Kammenhuber am Anm. 36 a. O. S. 220 f. hat gezeigt, daß das Wort 'marianni' nicht arisch ist, im Gegensatz zu dem, was gewöhnlich angenommen wird.

[43] Statistisch zu errechnen aus Alalach-Tablets, Nr. 129 ff.

[44] 'Chani' ist ein semitischer Ortsname und folglich ist das folgende Zeichen 'groß' (sumerisch 'gal') semitisch 'rab' auszusprechen, worauf auch das phonetische Komplement der folgenden Silbe hinweist. So schrieb H. Winckler 'Chanirabbat'. Die Schreibung 'KAL' statt 'GAL' schien dies zu widerlegen; vgl. E. A. Speiser, Mesopotamian Origins, 1930, S. 95 Anm. Und das ist seitdem die herrschende Meinung, aber das

phonetische Komplement deutet auch bei diesem Zeichen darauf hin, daß die andere Aussprache des Zeichens, 'lab', gemeint ist, also eine mundartliche Umformung. Speiser a. a. O. S. 139 belegt häufigen Wechsel l/r im Churrischen.

[45] Erste Erwähnung BoTU 12 I 24 und KBo X 2, I 24. Dann hat Mursilis I. bei seiner Rückkehr aus Babylon mit den Churritern zu kämpfen. Der Name 'Mitanni' ist viel jünger. Seine Herrscherliste: A. Kammenhuber, Die Arier im Vorderen Orient, 1968, S. 68 ff.

[46] Schlüsse aus den Hyksos-Königsnamen lassen sich nicht ziehen, weil deren so wenige sind, daß sie jede Deutung zulassen.

[47] Vgl. die Funde von babylonischen Lasurstein-Gegenständen in Tot in Ägypten (Mittleres Reich um 1900), die Lieferung von Lasurstein aus Babel an Thutmosis III. (W. M. Müller, Asien und Europa . . ., 1893, S. 277 nach Lepsius, Denkmäler 32, 32) und die Funde im griechischen Theben der mykenischen Zeit (G. Daux, BCH 88 [1964], S. 775 ff.).

[48] Bei diesen deutet die sprachliche Form öfter darauf hin, daß die Churriter die Vermittler waren.

[49] KBo II 9. Nicht zu verwechseln mit der churritischen 'Sauska', die mit dem gleichen Zeichen geschrieben wird, aber durch den Beinamen 'Maati' (= churritisch 'Weisheit') als Analogon zur griechischen 'Athena' gekennzeichnet ist! (E. Laroche, Recherches, RHA 48, S. 54, leitet diesen Beinamen von arisch 'māti' 'Klugheit' ab. Ebenso nahe liegt ägyptisch 'Ma'at', 'Wahrheit, Recht'. Und wer sagt uns, daß es nicht auch ein einheimisch churrisches Wort mit ähnlicher Bedeutung gab?)

[50] Denn die baylonische Sternkunde hat sich erst seit dem 15. Jahrhundert richtig entwickelt; vgl. XVII. Deutscher Orientalistentag Würzburg 1968, ZDMG 1969 Suppl., S. 170 ff.

Kapitel VI

[1] Über Labarnas I. haben wir so wenig Nachrichten, daß O. R. Gurney (CAH II Kap. 6, S. 10 f.) und H. Otten (Abh. der Mainzer Akad., 1968) seine Existenz bezweifelt haben. Aber die zugehörige Tawanannas ist jedenfalls KBo X 2 Vs I 3 genannt, Labarnas I. selbst HAB III 42. In der Opferliste, die Otten zum Anlaß nimmt, ihn aus der Königsliste zu streichen, hat entweder der Schreiber zwei Zeilen vertauscht, wie das in alten Schriften nicht selten vorkommt, oder Labarnas I. fehlt, weil er kein Vorfahr dem Blute nach war. Dann wäre der zweite Labarnas, der hier bedacht wird, der Sohn des Chattusilis I., der schon diesen Namen trug,

aber nicht zur Regierung zugelassen wurde (HAB I/II 2 ff.). Letzteres ist viel unwahrscheinlicher.

[2] Bilingue des Chattusilis I. (HAB: F. Sommer/A. Falkenstein, Abh. d. bayer. Akad., 1939) III 43 f.

[3] Da schon im 3. Jahr des Chattusilis I. Chattusa dem Angriff der Churri standhielt, ist es nicht erst von diesem, sondern schon von seinem Vorgänger wieder aufgebaut worden.

[4] Telipinus I 2—12.

[5] Lage nach KUB XXI 29 jenseits des Kummesmacha (= westlicher Euphrat bei Kummach). Damit drängt sich die Identifikation mit Talaura an der armenischen Grenze von Pontos (Appian Mithr. 115) und vielleicht mit dem AltIn Tepe auf, den T. Özgyç ausgräbt. Dahin führte der naturgegebene Rückzugsweg des Mithradates nach seiner Niederlage bei Suşehri.

[6] KBo X 1/2 Vs 23. — Oder ist der hier 'Sanachut' geschriebene Ort ein anderer als 'Sanaúitta' (X 2 I 4? = Sanachuitta)?

[7] HAB III 41. Der Name des Vorgängers ist aber hier nur durch einen Zirkelschluß ermittelt.

[8] Heth. Gesetze § 54.

[9] KBo III 38.

[10] KBo X 1 I 6; X 2 I 15.

[11] Da Alalach VII. nur ein oder zwei Generationen nach Hammurabi von Babylon zu datieren ist und nach ca. 22 Jahren zerstört wurde, so ist es chronologisch unmöglich, diese Zerstörung mit der durch Chattusilis I. gleichzusetzen, wie es gelegentlich geschehen ist: Es liegen ca. 100 Jahre zwischen beiden Ereignissen. Vgl. RHA 66 ff. (1960), S. 29 ff.

[12] L. Woolley, A forgotten kingdom, 1953, S. 89, 95.

[13] Abhängigkeit Alalachs von Aleppo (Jamhad) ist in den Tafeln aus Alalach VII. oft bezeugt (D. Wiseman, Tablets from Alalach, Nr. 1 und passim).

[14] Die Lage ist durch Kombination der Idrimi-Inschrift mit den assyrischen Angaben aus Kültepe gesichert (siehe oben Kap. IV Anm. 8). ARM II 131 sagt nur, daß das von Ursum abhängige Gebiet bis zum Euphrat reichte.

[15] KBo X 1 Vs 10 = X 2 I 22 f.

[16] W. Orthmann bei M. J. Mellink, AJA 68 (1964), S. 156. Die Schnabelkannen datieren den Fund; die churritische Nationalität erschließe ich aus der damals sonst in Kleinasien noch nicht üblichen Leichenverbrennung.

[17] Strabo 663. Offenbar war die Gegend in vorchristlicher Zeit noch nicht so ausgetrocknet wie heute. Doch vgl. G. Neumann a. a. O. (Kap. I Anm. 41).

[18] Wofern nämlich die Lesung der hethitischen Textfassung KBo X 2 I 33 richtig ist, die von der Stadt Ulma redet und uns damit nahe an den Euphrat führt. Die akkadische Fassung KBo X 1 Vs 15—17 schreibt 'Ulumma'. Das könnte auch Ulamma (Acem Hüyük?) nördlich Akserai am großen Salzsee sein. Dann hätte sich Chattusilis I. von Nenassa aus wieder rückwärts gewendet, um diese reiche Stadt zu vernichten. Doch ist dies deswegen unwahrscheinlich, weil nach dem vorläufigen archäologischen Bericht der Ausgräberin Nimet Özgüç (mündlich in einem Vortrag in München) Acem Hüyük schon ein Jahrhundert früher untergegangen zu sein scheint. Allerdings ist Ullamma (sic) BoTU 12B I 32 als bestehend erwähnt.

[19] KBo X 1 Vs 23.

[20] In KBo I 1 Vs 12 u. 21, wo die Orte im Uhrzeigersinn aufgezählt sind, ist es direkt vor Churma in Kataonien genannt. Ich setze Alcha (über dieses: Kap. III Anm. 16) gleich lat. 'Arcas', mit vermutlich volksetymologischer Umgestaltung des alten Namens. Denn Lautwandel von l zu r, wie er im Gaschgaschgebiet und bei den Arawanna allgemein ist (Kap. I Anm. 15), darf man hier nicht unterstellen, da er im Namen 'Malatia' nicht eingetreten ist. Römische Säulentrommeln liegen in dem Ort noch zu Tage.

[21] Auch A. Goetze, JCS 14 (1962), S. 28, setzt es mit 'Alcha' gleich und lokalisiert es, wie ich soeben begründet habe. Umgekehrt stimme ich seinem Ansatz 'Timana' = 'Timna' bei. Ob das altertümliche Schreibung für 'Tummanna' ist, stehe dahin.

[22] ARM I 1 und II 131.

[23] H. Otten möchte die rhetorische Wiederholung durch Konjektur ('Chassuwa') beseitigen (MDOG 91, S. 75 ff.). Ich sehe dazu keinen Anlaß. Jedenfalls verschwindet Chassuwa damit nicht aus der Geschichte. — Chachcha bei Chattusilis III. ist ein anderer Ort.

[24] H. Stock, MDOG 94, S. 73.

[25] Wenn das Siegel des Chuzzijas (M. Riemschneider MIO VI [1958], S. 356 ff.) dem ersten, meiner Meinung nach einzigen König dieses Namens gehört und jeder König nur ein Siegel hatte, so stammt das älteste Siegel (Labarna-Siegel bei Riemschneider) von Chattusilis I. Es trägt schon die Lebenshieroglyphe.

[26] Auch die ägyptischen Könige schreiben sich in Keilschrift 'D.UTU'. Z. B. Amarna 31, Z. 13.

[27] Die in der Wissenschaft übliche Umschrift 'UTU-ŠI' ist ein Zopf. In jedem akkadischen Text umschreibt man dieselben Zeichen 'Šamši'.

[28] Es sind die Formen, die in Babylonien um 2000 üblich waren. Ich sehe eigentlich keinen Grund, warum nicht schon Anittas sie ver-

wendet haben soll. Aber unsere Archivüberlieferung scheint mit Chattusilis I. zu beginnen. Ich gebe die herrschende Meinung mit Vorbehalt wieder. Denn das Zeichen 'scha' hat KBo X 1 die altassyrische Form. Später wird sie vereinfacht.

[29] Dagegen spricht allerdings, daß die hethitischen Lexika, die (später?) aus der Schreiberschule von Chattusa hervorgingen und auf besonders dicke Tontafeln geschrieben sind, oft nur sehr oberflächliche Kenntnis der akkadischen Sprache verraten.

[30] Zababa und Tasmetum waren sogar schon durch die Chattier übernommen.

[31] Zeitpunkt strittig.

[32] Rig-Veda X 56, 2.

[33] HSS 13 (Nuzi-Texte 4), 165 Z. 2 f.: „kima šarri" (sc. Baratarna) „insud šarip".

[34] Bei den unverbrannten Leichen im selben Friedhof wird es sich nicht um Könige handeln.

[35] H. Otten, Hethitische Totenrituale (IOV 31), 1958.

[36] H. Otten, Jahrbuch f. kleinasiat. Forschung II (1951), S. 62 ff.

[37] Texte des Chattusilis III.

[38] A. Kammenhuber, Bi Or 18 (1961), S. 77 ff.

[39] J. Friedrich, Heth. Gesetze, 1959, §§ 9 u. 25 usw. Vgl. zu dem Buch die sehr viel weiter führenden Besprechungen von A. Kammenhuber a. a. O. und H. G. Güterbock, JCS XV (1961), S. 62 ff.

[40] §§ 46—48. Vgl. meine Ausführungen in: Festgabe für W. Will, 1966, S. 53 f.

[41] KBo III 34/35 und Parallelen (= BoTU 12); dazu R. S. Hardy, AJSL 58 (1941), S. 177 ff.

[42] Oder „das Öl ausgeschüttet"? Die Salbung der Könige mit Öl ist altägyptisch und bekanntlich über das Alte Testament (Saul, David) ins Brauchtum des Mittelalters und der Neuzeit gekommen.

[43] KBo III 34 Vs 11 ff.

[44] Ebd. II 1 ff.

[45] Ebd. II 21 ff. Vgl. Z. Savigny Stiftung, Rom. Abt. 86 (1969), S. 384 ff.

[46] HAB II, 62 ff.

[47] Beweisen kann ich diese Identität allerdings nicht.

[48] Mursilis I. ist also sowohl Enkel des Chattusilis I., wie der Aleppo-Vertrag sagt, als auch durch Adoption sein Sohn, wie ihn Telipinus nennt. — Bare Willkür ist es, ihn zum Schwestersohn des Königs zu machen, aus der vorgefaßten Meinung, daß es bei den Hethitern Mutterrecht gegeben habe.

[49] So nach der nicht ganz unbestrittenen Ergänzung von F. Sommer, HAB, S. 12 ff., S. 147 ff. Dasselbe verlangt dieser König auch von seinen höheren Beamten.

[50] BoTU 13.

[51] Vertragsbruchstücke: KUB XXXVI 106. Dazu H. Otten, ZAss. 43, S. 216 ff. Auch KBo III 57 (= BoTU 20) erzählt von den Feldzügen des Mursilis gegen Chalpa, die Churriter und Babylon.

[52] Dies schließe ich aus der Tatsache, daß ca. drei Jahre vor der Einnahme von Babylon in Assur ein Prinz aus einer Seitenlinie die Regierung antritt, nach ihm aber wieder die legitimen Erben der Hauptlinie folgen. B. Landsberger hat (JCS VII [1954], S. 31 f.) diese Angaben wegkonjiziert, um ein gleichmäßiges Bild zu erhalten. Aber die Geschichte verläuft unregelmäßig. Louis Philippe in Frankreich gehörte auch nicht der Hauptlinie der Bourbonen an, die bis heute im Exil Thronrechte beansprucht.

[53] King, Chronicles, 1907 (wieder abgedruckt: Pritchard, ANET, [2]1955, S. 267); Enuma Anu Enlil 20. Tafel, Siwan (E. Weidner, AfO XVII [1954/6], S. 85).

[54] Der uns erhaltene Text des Rituals ist jung, ca. Tutchalijas IV. (Hinweis von A. Kammenhuber). — Ob es in allen Einzelheiten schon ebenso unter Mursilis gehandhabt wurde, entzieht sich unserer Kenntnis. Aber die Verpflanzung der Götter ist gerade im AR üblich, vgl. KBo X 2 III 3 f.

[55] Jedenfalls befanden sich um 1300 die Götterbilder von Chalab teils in Chattusa, teils in Samucha: KUB VI 45 I 43 ff. u. 51.

[56] Enuma Anu Enlil a. a. O. Daß Könige des Meerlandes in der kurzen Zeitspanne, die bis zur Machtergreifung der Kassiten folgte, die Macht über Babylon ausübten, ist der Grund, weshalb ihre ganze Dynastie in die Königsliste aufgenommen wurde.

[57] Telip. I 30 ff.

[58] Forrer hat den überlieferten Text (Telipinus I 32: KBo III 1 I 32) durch die willkürliche Änderung 'NIN' (statt 'DAM') abgewandelt ('Schwester' statt 'Gattin' des Mursilis), und seltsamerweise hat er hier allgemeine Anerkennung gefunden. Gewiß, die Zeichen unterscheiden sich nur durch einen Keil. Aber der ganze Aufbau des Telipinus-Textes wird dadurch zerstört. Telipinus sagt: Zuerst war Eintracht im Königshaus, da wurde das Reich groß. Dann führte der Ehebruch der Charapsilis (zur Ausdrucksweise vergleiche man, daß Helena in der ›Ilias‹ Gattin des Paris heißt) zur Ermordung des Mursilis; daraus folgte Bluttat auf Bluttat — und die Götterstrafen: der Tod der Charapsilis in Sugzija (KUB III 89, woraus Telipinus I 43 ff. zu ergänzen ist), der Mord an den Söhnen des Hauptverbrechers, der Vatermord des Amunas und

schließlich der Mord an Chantilis selbst. Diese ganze Tragödie zerstört man, wenn man aus der Ehebrecherin die Schwester macht oder den Chantilis, an dem sich schließlich das Schicksal vollzieht, zu einer zweiten, gleichnamigen Person verharmlost. Wer die Kali ist, die mit Mursilis I. in den Opferlisten verbunden ist, KBo XIII 43, 3 aber getrennt vorhergeht, weiß ich nicht. Sie mag eine aus der vorhergehenden Generation überlebende Tawanannas sein wie diejenige in den ersten zehn Jahren des Mursilis II.

[59] K. Riemschneider, Beiträge zur sozialen Struktur des Alten Vorderasiens, 1971, S. 79 ff. möchte (nach dem Vorgang von G. J. Dovgjalo) die Mordtaten auf den Konflikt zweier Rechtsauffassungen über das Erbrecht am Thron zurückführen. Damit verallgemeinert er den Vorgang, wie Chattusilis I. auf den Thron kam, zu einem Rechtsgrundsatz. Kein anderer König ist Sohn des Bruders der Königin. In Wirklichkeit schimmert noch im Bericht über die Thronbesteigung des Urchi-Teschup (Chattusilis III., Gr. Text III 40 ff.) durch, daß die Hethiter eigentlich ein Wahlkönigtum hatten, wie die Makedonen, Römer, Germanen, wobei sich die Wahl an den Kreis der Verwandten des vorigen Königs zu halten pflegte. Auch die von Riemschneider erschlossene Folge wäre übrigens keine matrilineare Ordnung.

[60] K. Riemschneider a. a. O. weist darauf hin, daß Chantilis den Königstitel nicht geführt hat (ebenso schon Hardy a. a. O.).

[61] Laut Inschrift des Agum über die Zurückführung.

[62] Telipinus I 35—38. Ich ergänze Z. 37: [A-NA LUGAL KUR URU Ha-at]-ti [Ú-UL]. Die aufgezählten Länder müssen ja fest in der Hand des Mursilis gewesen sein, ehe er zum Zug gegen Babylon aufbrechen konnte. Die folgende Rede des Chantilis: Telipinus I 39 ff.

[63] Aus KBo VII 14 ist ïn Telip. I 43 'pár-ha-an-du-us' zu ergänzen. Die folgende größere Lücke wird durch KUB III 89 und KBo I 27 gefüllt.

[64] Lage: E. Steinherr, Welt des Orients II, S. 360 ff.

[65] Die Zeugnisse jetzt bequem bei W. Helck, Die Beziehungen Ägyptens zu Vorderasien . . ., 1962, S. 117 ff.

[66] S. Smith, The Statue of Idrimi, 1949. Den Königsnamen 'Baratarna' habe ich in London am Original nachgeprüft. Für die Lokalisierung seines Feldzugs: A. Goetze, JCS IV, S. 226 f.

[67] J. Bottéro, Le problème des Habiru . . ., 1954, läßt die Bedeutung offen. Neu hinzugekommen ist der Text PRU III, S. 3, wo die Chabiru als Menschen bezeichnet werden, die vor Gericht gezogen werden. Die wörtliche Bedeutung, 'die Jenseitigen', wird dadurch präzisiert: 'die jenseits der Gesetze Stehenden'. Der Name ist als Schimpfwort im Munde

von Fremden auf die Israeliten übertragen worden, von denen sie
1 Sam. 15 noch unterscheidet. Abwegig ist W. F. Albright, BASOR 163
(1961), S. 36 ff.: 'Karawanenführer'. Diese waren nie sozial deklassiert.

[68] BoTU 21.

[69] Palijas hat mit den Hethitern (H. Otten, JCS V, S. 129 ff.), aber
auch mit Idrimi einen Vertrag geschlossen. Wenige Jahre zuvor, beim
Feldzug des Idrimi, sind die Gebiete von Kizzuwadna (Lage: A. Goetze,
Kizzuwadna, Yale Or. Ser. Rech. 22, 1940) noch hethitisch. Höchstens
könnte Palijas noch einen uns unbekannten Vorgänger gehabt haben,
der ganz kurz regiert hätte. Isputachsus muß später fallen; der Vertrag
mit Palijas ist also jedenfalls von Zidanzas I. geschlossen, gesetzt, es
habe einen zweiten König des Namens gegeben.

[70] A. Goetze, ›Hethiter, Hurriter, Assyrer‹, 1936. Nur ist diese Chur-
riterherrschaft, den damaligen chronologischen Voraussetzungen gemäß,
zu langdauernd angesetzt. Sie ist auf ca. 100 Jahre zu reduzieren. Die
Chroniknotiz über Puzur-Assurs Beziehungen zu Burnaburiasch I. zeigt,
daß Assur im 16. Jahrhundert noch nicht den Churritern untertan war.

[71] K. Jaritz möchte die Kassiten aus Anatolien ableiten (MIO VI
[1958], S. 187 ff.; Anthropos LV [1960], S. 17 ff.). Der Beweis ist nicht
zwingend, siehe meine ›Geistesgeschichte der Frühzeit‹ II 2, S. 301.

[72] Inschrift des Agum. Dazu H. Schmökel, RA 53 (1959), S. 183 ff.

[73] KUB XXV 21, Z. 4 wird gesagt, daß Nerik x Jahre zerstört gelegen hat, bis Chattusilis III. es wieder aufbaute. Man liest die beschä-
digte Zahl 'x' als '400' oder '500'. Das wäre entweder eine nach orientalischer Weise übertriebene Zahl oder wie lat. 'sescenti' als 'eine Unzahl'
aufzufassen. Man könnte aber auch sexagesimal '4, 1' lesen, das wäre ein
Zeitraum von 241 Jahren und könnte historisch genau sein. Nur ist mir
sexagesimale Zahlenschreibung bei den Hethitern sonst nur in den
Pferdetexten begegnet, wo beide Stellen Verschreibungen sind: KBo III
2 Rs 24 ist der einzelnstehende Keil eine Diplographie zu 1 DANNUM
vorher: Es muß aus Gründen der Arithmetik 1 Meile, 20 IKU gelesen
werden. KUB I 13 II 24 aber hat sachlich die schwersten Bedenken gegen
sich: Es würde hier am Anfang des Trainings dem Pferde eine Leistung
abverlangt, die danach erst viele Wochen später wieder erreicht wird. Es
können auch hier nur 20, nicht 80 IKU Galopp gemeint sein.

[74] KUB VI 46 II 33 ist Kastama der Ersatz-Kultort für Nerik (unter
Muwatallis); unter Arnuwandas aber Chagmis.

[75] Telipinus I 64 f. Man hält mir den akkadischen Text des Telipinus
entgegen (KBo I 27, 11 entsprechend Telipinus I 63); hier sei sogleich
der Tod des Chantilis verzeichnet (so schon R. S. Hardy, AJSL 58 [1941],
S. 205 f.). Dann wäre hinsichtlich des Chantilis Telipinus I 42 eine Lüge.

Mir scheint vielmehr, daß die hethitischen Schreiber die hethitische, periphrastische Konjugation nicht akkadisch wiederzugeben wußten — genau dasselbe sehen wir gleich danach bei dem Tod der Charapsilis. Bei meinem chronologischen Ansatz (ca. 1505 v. Chr.) kann Pisennis ein Kind aus dem Ehebruch sein; schwerlich dagegen die Frau des Zidantas — man müßte denn unterstellen, daß der Feldzug des Mursilis fast zwei Jahrzehnte gedauert habe.

[76] H. Otten, JCS V, S. 129 f.

[77] Die Dramatik der Schilderung des Telipinus zwingt dazu, die beiden Regierungen des Zidantas und Amunas auf kürzeste Zeit zusammenzudrängen, eben weil Chantilis sie beide überlebt hat.

[78] Telipinus II 1 ff. (Zählung nach BoTU 23).

[79] BoTU 30 — wo aber nach der Beobachtung von A. Archi, Athenaeum NS 47 (1969), S. 12 wahrscheinlich nicht Amunas berichtet.

[80] K. Riemschneider, MIO VI (1958), S. 324, Abb. — Chuzzijas läßt sich nur vermutungsweise in den Stammbaum des Königshauses einordnen. Da sowohl die Kinder und Enkel des Chantilis als des Amunas erschlagen wurden, kann er nur Sohn des Zidantas sein oder aus einer fernen Nebenlinie des Königshauses stammen. Letzteres würde seine Schreckensherrschaft begreiflicher machen, ersteres die strengen Maßnahmen des Telipinus gegen seine Brüder. Den Zeitgenossen war die Genealogie bekannt, deshalb konnte Telipinus sie verschweigen.

Kapitel VII

[1] Der Ausdruck „er setzte sich auf den Thron seines Vaters" war offenbar schon formelhaft: Es ist sehr unwahrscheinlich, daß Telipinus Sohn des Zidantas gewesen ist; von den andern Königen Chantilis und Amunas ist ausdrücklich gesagt, daß ihre Kinder umgebracht worden seien. Höchstens könnte er ein spätgeborener Sohn des Mursilis I. aus einer Nebenehe gewesen sein. Wahrscheinlicher ist er, was die Assyrer 'Sohn eines Niemand' nennen.

[2] Einzige Quelle ist der Erlaß des Telipinus BoTU 23 (= KBo III 1 und Parallelen). Die Neubearbeitung durch W. Eisele, Der Telipinus-Erlaß, 1970, ist mir erst nachträglich zugänglich geworden.

[3] Wie sich 'pankus' und 'tulijas' ('Gerichtsversammlung') zueinander verhalten, ist mir nicht klar geworden.

[4] Damit wurden die Bestimmungen über die Haftung des Hauses („parnasseja suwaizzi" = lat. „domum urguet". Die lateinische Übersetzung klärt den Sinn der vielumstrittenen Klausel, die z. B. R. Haase BiOr XIX

S. 167 ff. fast umgekehrt verstanden hat. V. Koroseč, auf den er sich beruft, ließ ArOr XVIII [1950] S. 209 die Bedeutung offen.) der Gesetzessammlung beseitigt.

[5] KUB XXXI 81; vgl. das Siegel aus Tarsus: A. Goetze, AJA 40, S. 210 ff.

[6] Vgl. Orientalia 27 (1958), S. 220 ff. Aber in der Hieroglypheninschrift bei Gürün (S. 241) ist *nicht* 'Churma' zu lesen.

[7] AM 122 f. = KUB XIX 39.

[8] BoTU 26 = KUB XI 3. Forrers Ergänzung ist äußerst problematisch. Er meinte, man müsse „DUMU NITA" zu „DUMU SAL" verändern. Ich ziehe vor Z. 5 „ki-e-a DUMU. NITA MEŠ" mit „und folgende Söhne" zu übersetzen und „Ù" bzw. „SES-ia Alluwamnas" zu ergänzen. Dann geht der Text weiter: „Und Alluwamnas, der Königssohn, [setzte sich] au[f den Thron] meines [He]rrn" (= [ŠA E]N-ia). Er hat also nicht eingeheiratet.

[9] H. G. Güterbock, Siegel aus Boghazköi (AfO, Beiheft 5 u. 7); K. Riemschneider, MIO VI (1958), S. 324.

[10] Ältestes lesbares Zeugnis ist das Siegel des Isputachsus. Ein hieroglyphisches Siegel aus Beyçe Sultan und vereinzelte Zeichen auf neuesten Funden sprechen für viel weiter zurückliegende Erfindung dieser Schrift.

[11] H. Otten (briefliche Mitteilung und) MDOG 103 (1971), S. 59. Die historische Einordnung gebe ich nur ganz vermutungsweise.

[12] H. Otten, bei H. Schmökel, Kulturgeschichte des alten Orients, S. 350 (nebenbei gesagt, dem einzigen Beitrag in diesem Buche, der nicht nur Kulturstatistik ohne Unterscheidung der Jahrhunderte, sondern chronologisch geordnete Kulturgeschichte zu geben sucht) möchte die Streitfrage, ob die Opferlisten eine historische Reihenfolge einhalten, durch den Hinweis auf die Siegel entscheiden. E. Forrer hatte aus der Opferliste je einen zweiten Chantilis, Zidantas und Chuzzijas erschlossen, um die durch Rechenfehler entstandene chronologische Lücke von ca. 200 Jahren einigermaßen ausfüllen zu können. Das einzige Zeugnis wäre das Siegel des Chuzzijas. Es ist vollkommener als das des Alluwamnas. Aber darf man in künstlerischen Dingen mit geradliniger Entwicklung rechnen? Hinsichtlich der Schriftrichtung gehört das Siegel des Chuzzijas zum älteren Brauch (Standrichtung der Zeichen nach dem Mittelpunkt des Siegels). Alluwamnas kehrt das als erster um. Andererseits ist mein Hauptargument gegen die Konstruktion hinfällig, daß sich die Könige nach den Unheilsherrschern vor Telipinus genannt haben müßten. Denn auch Telipinus hat seinen Sohn nach Amunas benannt; allerdings war dieser Sohn wohl vor dem Vatermord des Königs geboren. So halten

sich die Gründe für und wider diese Könige die Waage. Wenn allerdings die Ausgabe korrekt ist, so hat sich Arnuwandas I. (KUB XXXI 123, Z. 1) als „ŠAM-ŠI X." bezeichnet; denn halb unter der Zeile ist nach 'ŠI' ein winziger Winkelhaken. Er wäre von Chattusilis I. an gerechnet der zehnte Herrscher, wenn jene drei umstrittenen Könige nicht existierten.

[13] Churrische Herkunft des neuen Hauses: H. G. Güterbock, Cahiers de l'histoire mondiale 2, 1954, S. 383 ff. Der Name 'Alluwamnas' ist „südostanatolisch" nach der Nomenklatur von A. Kammenhuber.

[14] Daß KUB XXIII 16 dem Tutchalijas II. gehören müsse, hat O. R. Gurney richtig gesehen (CAH, neue Auflage, II Kap. 15a, S. 20 f.), ich war in meiner Bearbeitung der ›Historischen Texte des hethitischen Großreiches‹, die ich im Auftrag der Deutschen Akademie in Berlin verfertigt habe, zu gleichem Ergebnis gekommen. Aber hier sendet der noch lebende Vater (ohne Titel) den Tutchalijas aus, der doch schon 'Großkönig' heißt; KUB XXIII 27 kommt Tutchalijas durch den Tod des Vaters auf den Thron. Man muß also die Annalen von zwei verschiedenen Herrschern namens Tutchalijas unterscheiden, nur der erstere hat die altertümliche Sprache.

[15] E. Weidner, Politische Dokumente aus Kleinasien = BoSt 8, S. 80 ff. = KBo I 6.

[16] Andere Möglichkeit: Er war ein Prinz, der unter Tutchalijas II. schaltete und schon den Königstitel führte, aber dann nicht zur Regierung kam und in den Opferlisten übergangen ist. Oder es war der erste Gemahl der Asmunikal, unter gleichen Schicksalen. Oder 'Chattusilis' ist an dieser Stelle ein Beiname des Tutchalijas III., an dessen Stelle ihn H. G. Güterbock (JNES 29 [1970], S. 73 ff.) und O. Carruba (Studia Micenei XIV [1971], S. 75 ff.) setzen möchten. Dagegen vgl. H. Otten, ZAss. 61 (1971), S. 233 ff. KBo XVI 35, auf das Carruba sich beruft, wird eher eine historische Einleitung zu einem Vertrag Arnuwandas' III. sein. Siehe auch A. Kammenhuber, Or 39 (1970), S. 533.

[17] Erwähnt im Vertrag des Mursilis II. mit Kupanta-Kalas, J. Friedrich, MVÄG 31, 1, II 29 ff. Magnesia am Maiandros heißt auch in den attischen Tributlisten 'Madnasa'. Vom Arzawa-Feldzug ist auch im Alaksandus-Vertrag, MVÄG 34, 1, S. 50 f., 13 f. die Rede.

[18] Der Text ist bearbeitet von G. Szabo, Ein hethitisches Entsühnungsritual, 1968.

[19] Scharfsinnig hat A. Goetze jüngst geschlossen: Die Wanderung und der Vertrag müssen in eine Zeit fallen, wo ägyptisches und hethitisches Reich aneinandergrenzten. Das war nur unter Mursilis I., Tutchalijas II. und ganz vorübergehend beim 1. syrischen Feldzug Suppiluliumas' I. der Fall gewesen.

[20] Mursilis unterstellt in einem seiner Pestgebete einen Zorn des Wettergottes gegen Asmunikal (A. Goetze, Kleinasiatische Forschungen, 1930, S. 164 ff.).

[21] Text bei E. v. Schuler, Die Kaskäer, 1963, S. 152 ff.

[22] KBo V 7. Nachträglich sah ich, daß K. K. Riemschneider, ArOr 33 (1965), S. 333 ff., das Dokument ganz ähnlich ausgedeutet hat. H. Otten, Istanbuler Mitt. 17 (1967), S. 55 ff. weist darauf hin, daß die Urkunde datiert ist aus dem „Jahr des Chuchazalmas". Das ist bisher der erste Beleg einer solchen Datierungsweise aus dem Hethiterreich, während bei den Assyrern die Datierung nach einem bestimmten Amt alter Brauch war. Vielleicht haben die Hethiter diesen Brauch nur vorübergehend nachgeahmt.

[23] Aus chronologischen Gründen und weil sein Besitz konfisziert wurde (oder wegen Mangels an Erben an den König zurückgefallen war), kann das nicht der spätere König dieses Namens sein.

[24] 'Hierodule' ist also hethitisch nicht gleich 'kinderlose Istarpriesterin' (Hetäre), so wenig wie in griechischer Zeit bei der Artemis (Chepat) von Komana.

[25] KUB XI 31. Auch KBo X 34 ist in Kolophon ein Großkönig Tutchalijas, Sohn des Arnuwandas, bezeugt, der ein Sarrijas-Fest feiert. Da die beiden andern Herrscher Arnuwandas bezeugtermaßen kinderlos waren, kann Tutchalijas, Sohn des Arnuwandas, nur der auch im Gebet des letzteren genannte Thronfolger sein. H. Otten (Abh. Akademie der Wiss. Mainz, 1968) möchte diesen Tutchalijas III. als unhistorisch ausscheiden, weil er in den Opferlisten fehle. Wenn letzteres bei der Lückenhaftigkeit dieser Listen sicher wäre, so müßte man schließen, da die Existenz durch das Thronbesteigungsritual sicher bezeugt ist, daß es auch bei den Hethitern (wie bei den Ägyptern und Römern) eine 'damnatio memoriae' gegeben hätte. Auch in den ägyptischen Opferlisten werden bestimmte Könige übergangen. – Siehe gegen H. Otten auch A. Goetze, JCS 22 (1968), S. 46 ff. Die Mutter des Suppiluliumas erscheint nicht in den Opferlisten, weil sie nicht Tawanannas war – sei es, daß Asmunikal sie überlebt hat oder daß sie nur eine Nebenfrau war (wie man aus dem Schweigen der Inschriften über sie schon früher erschlossen hat). Auch muß Otten bei seiner Rekonstruktion den Gaschgasch-Aufstand unter Arnuwandas dem unter dem Vater des Suppiluliumas I. gleichsetzen. Aber in den Zeugnissen über diesen (KBo I 1 Vs 11 ff.) sind nur die Gaschgasch von Durmitta und Karna genannt, also ganz andere als unter Arnuwandas.

[26] KBo I 1 Vs 11 ff. und KBo VI 28 ergänzen sich gegenseitig. Dazu kommen die ersten Fragmente der Taten des Suppiluliumas (letzte ein-

gehende Behandlung und Veröffentlichung: H. G. Güterbock, JCS X (1956), S. 41 ff.) und AM, S. 80.

[27] Amarna Nr. 31, Z. 27. Vgl. L. Rost, MIO IV, S. 334 ff.

[28] Urteil des Chattusilis III: KUB XIX 9, erste Zeilen. Ich ergänze „[4: n]a—aš UR—SA[G *Ú—UL* e—es—ta]"; denn die nächsten Zeilen schildern die Verwüstung, 6: „nu KUR. KUR. MES hu—u—ma[an—te—es a] r—ha ha—ra—ag—ta".

[29] Ob dieser Kantuzzilis ein Sohn des Tutchalijas war oder sonst ein Verwandter des Königshauses, ist ebensowenig bezeugt wie, ob er der Verfasser des schönen Gebetes an den Sonnengott ist, das H. G. Güterbock, JAOS 78 (1958), S. 239 ff., und A. Goetze, ANET, S. 400 behandelt haben. Trotz der von ihnen herausgearbeiteten Anklänge an babylonische Hymnen ist dies Gebet ein Zeugnis für persönliche Frömmigkeit und religionsgeschichtlich ergiebiger als die meisten Rituale.

[30] KBo I 1 Vs 11 f. und Parallelstellen. Die Verschreibung 'Tegarama' statt 'Kalasma' in einer der Aufzählungen erklärt sich durch ein Abgleiten des Auges des Abschreibers in die folgende Zeile.

[31] Wenn wir annehmen, daß das i hier Ersatzschreibung für einen dumpfen 'Schwa'-Laut ist (wie rumänisch â), so könnte es mit 'Tummanna'/'Tomana' identisch sein.

[32] DS 3.

[33] DS 4. Daß der Gegner die Arzawa waren, ist im erhaltenen Teil des Fragments nicht gesagt, geht aber aus dem geographischen Zusammenhang hervor. Denkbar wäre der Gegend nach auch Kizzuwadna, aber dieses ist KBo VI 28 unter den Gegnern des Vaters von Suppiluliumas nicht genannt, sondern im Gegenteil zum hethitischen Gebiet gerechnet.

[34] KBo VI 28 Vs 9.

[35] Daß Sallapa hier, und nicht weiter vorgeschoben in Phrygien lag, wie manche aus seiner Rolle als Ausgangspunkt der Feldzüge gegen Arzawa erschließen, geht sowohl aus den kultischen Texten hervor als auch aus dem Verhalten des Tawagalawas, der sich vom Lugga-Land aus nicht nach Sallapa wagt, weil er damit in den Machtbereich des Hethiterkönigs gelangt wäre.

Kapitel VIII

[1] Zitiert nach der Ausgabe von H. G. Güterbock, JCS X (1956), S. 41 ff. (DS).

[2] KBo I 1 Vs 1; u. a. KBo XVI, 32, 1 f.

[3] AM S. 20.

⁴ Z. B. Vertrag mit Kupanta-KAL KUB VI 41 I 6 f.; mit Chukkanas, KBo V 3 + 12, I 5 mit Kurtiwaza KBo I 1 Vs 58 f.

⁵ KUB XIII 2, vgl. unten.

⁶ DS fr. 8 (= Rs Kol III von fr. 4).

⁷ DS fr. 10 = BoTU 34.

⁸ DS 11.

⁹ DS 12 schreibt Nenistankuwa (ta statt sa, was nur ein Keil Unterschied ist). Berichtigt nach KUB VI 45 II 29 und KBo I 58. — Die Ortsliste KBo I 58 zeigt es in Beziehung zu Abzisna und Samucha; KUB VI 45 zur Schneegottheit Pirwas und zwei unbekannten Orten.

¹⁰ DS 13.

¹¹ BoTU 35 = DS 13 Fortsetzung; dazu KBo VI 28 Vs 10, wo aber die Angriffe der verschiedenen Feinde als gleichzeitige Ereignisse erzählt sind, während sie sich nach den Annalen auf mehrere Jahre verteilen.

¹² KUB XXVI 69 V 18; vgl. VI 49 „Dur—m[e—t]a". Dagegen wird Kol VII über den Süden des Reichs in direkter Rede berichtet. Die Stelle ist zugleich der Beweis dafür, daß der 'gelbe Fluß' der Iris ist, und nicht der Wollfluß von KUB XXVI 43 Vs 31 = KUB XXVI 50 Vs 24 (gegen E. v. Schuler, Die Kaskäer, S. 55).

¹³ Katchaiduwa ist dem Lande Tipija benachbart: AM, S. 28 = KBo III 4 I 49 f.

¹⁴ DS 13, 44. Ein anderer Ort des Namens im Vertrag gegen Pachchuwa KUB XXVI 72 (= Kemmach am nördlichen Euphrat-Arm) in AM und im Vertrag mit Tiliura 'Kummesmacha' geschrieben. Die Assyrer schreiben 'Kummuch' für griechisch 'Kommagene'; noch ein Ort desselben Namens kehrt bei den Lazen im Kaukasus wieder (R. Bleichsteiner, RL für Vorgeschichte VI, S. 255).

¹⁵ DS 14. Sehr viele Gaschgasch-Namen beginnen mit 'Pi-'.

¹⁶ DS 14 u. Zusatzstück Z. 31 ff.

¹⁷ Denn auf dem direkt anschließenden fr. 15 (es steht auf derselben Tafel wie 14; die Lücke ist nur etwa 11 Zeilen) ist Suppiluliumas König. Für eine auch nur flüchtig erwähnte Zwischenregierung ist da kein Platz. Suppiluliumas befindet sich eben auf dem Feldzug gegen Arzawa, zu dem sein Vater ihn ausgeschickt hat. Dies widerlegt die frühere Einordnung des Arnuwandas I. als Bruder des Suppiluliumas, die noch A. Kammenhuber, Die Arier im Vorderen Orient, 1968, S. 42, beibehalten hat. Der Text, aus dem Forrer diese erschloß (VAT 7487 = KUB XXVI 32) bezieht sich auf Suppiluliumas II. Vgl. E. Laroche, Rev. Ass. 47 (1953), S. 71 f.

¹⁸ Pestgebete; A. Goetze, Kleinasiat. Forschungen I, 1927, S. 164 ff. = KUB XIV 14 Vs I 11 ff., 46.

[19] DS 15.

[20] S. Alp, Belleten XXVII (107), 1963, S. 377 ff. — Doch muß ich zugeben, daß 'Anisa' die hellenistische Schreibung von 'Kanes' sein könnte (oben Kap. V Anm. 18); aber das ist dann ein durch verschiedene Orthographie vorgetäuschter Gleichklang.

[21] Vielleicht ist auch Z. 24 anstatt 'Nachchuria' 'Nachchutaa', ta statt ri, zu lesen (ein Winkelhaken mehr); das wäre dann die Erwähnung von Nigde (hierogl. heth.: 'Nachita'), die Meriggi in meiner Geographie vermißt hat (Oriens antiquus II [1963], S. 282). Allerdings habe ich in Nigde keine hethitischen Scherben gefunden, sondern der einzige Keramikrest, den ich aus einer Brandschicht ca. $2^1/_2$ m unterhalb der Erdoberfläche aus einer Ausschachtung direkt neben dem Hüyük bergen konnte, wurde von Bielefeld als byzantinisch klassifiziert.

[22] DS 15, Z. 26 ff.

[23] DS 17.

[24] KBo I 1 Vs 12 f.; vgl. auch KBo VI 28 Vs 12.

[25] KUB XXII 25 in Verbindung mit AM, S. 194.

[26] KBo XII 26 Vs + XII 25; dann fr. 22.

[27] Das neue Fragment KBo XII 26 I + XII 25 zwingt dazu, hier von der Reihenfolge Güterbocks abzuweichen. Auf dieses folgt vielmehr fr. 22 bis 24 (und fr. 27?); dann KBo XII 26 IV, dann fr. 18—21. Ab fr. 25 ist dann wieder die Anordnung bei Güterbock zu befolgen.

[28] DS 23, Z. 7 (Ergänzung von Güterbock).

[29] KBo VI 28, Vs 13 f.

[30] KBo I 1 12 f.

[31] Die Darstellung der syrischen Feldzüge von A. Goetze, CAH, neue Auflage 1962, Kap. XVII, ist leider mehrfach beeinträchtigt durch irrige chronologische Ordnung. Grundlegend für diese sind Amarna 116 u. 132. Danach fällt die Thronbesteigung Echnatons in eine Zeit, als Abdasirta schon tot war, aber Aziru noch nicht unter seinen Brüdern hervortrat. An Tutanchamun sind keine Briefe im Archiv, also kann nur Echnaton der Glückwunsch gelten. (Ebenso schließt jetzt R. Hachmann in ›Kamid-el-Loz-Kumidi‹, 1970, S. 63 ff.) — J. Sturm meinte, die Thronbesteigung sei in dem Briefe als ein weiter zurückliegendes Ereignis erwähnt. Ich sehe dazu keinen Grund. Nach dem Brief 132 hat die fünfjährige Feindschaft Amurrus gegen Gubla schon unter Amenophis III. begonnen. Da muß dann auch ein Gratulationsschreiben zum Thronwechsel aus Gubla geschickt worden sein. Sollte unter den vielen Briefen des Rib-Addi gerade dieser verlorengegangen sein? Zu der von Borchardt zuerst entwickelten und namentlich von J. D. B. Pendlebury unterbauten These einer gemeinsamen Regierung bemerke ich: Fast alle Argu-

mente dafür haben E. F. Campbell, The chronology of the Amarna-Letters, 1964, und D. B. Redford, History and Chronology of the 18th Dynasty of Egypt, 1967, S. 88 ff. widerlegt. Die Schlüsse aus dem Größenverhältnis der Prinzessinnen aber sind unhaltbar, weil auf ägyptischen Bildern die Größe den Rang bezeichnet und also die Kronprinzessin größer als die Schwester des Königs dargestellt werden mußte.

[32] Das ergibt der geographische Zusammenhang. KBo I 6 Vs 33 ff. kann sich nur auf diesen Feldzug beziehen, weil hier Telipinus noch nicht König in Aleppo ist.

[33] Zu erschließen aus KBo I 1/2, wo sein Sohn Kronprätendent für Mitanni ist.

[34] Zuletzt und wohl abschließend: A. Kammenhuber, Hippologia Hethitica, 1961. (NB: Daß die arischen Ausdrücke nur ungerade Zahlen der Wendungen verzeichnen, wird dadurch bedingt sein, daß die ursprüngliche Rennbahn langgestreckt mit Wendung im engen Halbkreis, wie Ilias XXIII, und ihr Anfang an der einen Schmalseite war. Drei Wendungen bedeuten also zwei Umläufe usw. Anders als Potratz errechne ich: Die Rennbahn war $^1/_4$ Meile = 20 IKU lang.)

[35] Die Abhängigkeit Ugarits ist PRU IV, S. 35 f. vorausgesetzt. Unter Tutchalijas IV. kauft sich Ugarit vom Wehrdienst los. PRU IV, S. 150, wäre die Militärhilfe freiwillig? DS 24 wird Armatena „am Ort untertan", d. h. eben Vasall.

[36] So im Vertrag mit Ugarit, PRU IV, S. 40 ff. (17, 227), und im Vertrag mit Amurru, KUB III 14 Vs 9; Weidner a. a. O. S. 76; MVÄG 31, 1, S. 134 ff.; Tutchalijas: PRU IV, S. 150.

[37] KBo I 1, 38 ff. Vielleicht zu DS 27.

[38] KBo I 5 = E. Weidner, Politische Dokumente aus Kleinasien, BoSt 8, S. 88 ff. A. Kammenhuber hat gezeigt, daß kein Grund besteht, den Namen 'Sunassura' als arisch aufzufassen.

[39] Lat. 'Sirica'. Die Grenzbeschreibung ist also vollständig, soweit sie das Hethiterreich betrifft.

[40] Ich will dem Suppuliliumas nicht unterstellen, daß er den Eid wegließ, weil er vorhatte, den Vertrag später zu brechen. Fortsetzung des Vertrags auf einer zweiten Tafel ist denkbar, m. E. aber unwahrscheinlich.

[41] KBo XII 26 Rs IV 15. Oder ist Walliwanda das Ziel des Feldzugs, die zu erbauende Stadt derselben Zeile (in der Lücke) eine andere?

[42] DS 18, Z. 6 ist das Zeitwort Singular, also ist Pedassa nicht 'und Peda', sondern der Ort, der sonst Pitassa geschrieben wird; zum Beispiel KBo IV 10 Vs 15 ff.; vgl. auch KBo XIX 53 Rs III, das vom gleichen Feldzug handelt.

[43] KBo XII 26 IV 8; DS 19, Z. 9

[44] DS 18.

[45] DS 19.

[46] DS 20.

[47] Vertrag mit Manapa-Dattas, J. Friedrich MVÄG 34, 1, S. 134 ff.

[48] Vertrag mit Kupanta-Kalas ebenda 31, 1, S. 95 ff.

[49] Über den Vertrag gegen Chuchazalmas vgl. H. Otten, Istanbuler Mitteilungen 17 (1967), S. 55 ff. und A. Kammenhuber, Orientalia 39 (1970), S. 554 f. Ich muß in folgenden Punkten von ihnen abweichen: Z. 2 am Anfang scheint mir ein kurzer Name zu fehlen, der mit Chuchazalmas grammatisch durch 'und' verbunden ist. Der Vertragspartner ist ein anderer, denn von Chuchazalmas wird in dritter Person geredet. Der Zeitpunkt des Vertragsabschlusses ergibt sich aus dem sprachlichen Anklang an den Chukkanas-Vertrag, den Otten aufgezeigt hat. Von den Orten ist Mutamutassi wohl derselbe Ort, der bei Madduwattas mit geringer lautlicher Abweichung genannt ist und dort durch den Zusammenhang in die Gegend von Ijalanda (= Afyon) festgelegt ist. Reduplizierte Ortsnamen dieser Art finden wir sowohl in Südwestkleinasien (Leleger), als auch im Gaschgasch-Gebiet (z. B. Darittara; Berg Malimalija u. a.). Orte mit dem Namen 'Uraa' kennen wir schon zwei: einen an der Küste des Rauhen Kilikien (das griechische 'Elaiusa', heute 'Ayas'; denn dieses ist der einzige Platz an der Küste, der einen so großen natürlichen Hafen hat, daß er die für Uraa angegebene Zahl der Schiffe fassen könnte). Das andere Uraa ist an der Grenze von Azzi (= Amasia, siehe Kap. IX Anm. 30). Aber es gibt noch eine Reihe Ortsnamen, die mit -Ura zusammengesetzt sind: Gazziura, Tiliura und in griechischer Zeit Karura (an der karischen Grenze) und Garzaura (= Akserai nahe dem Salzsee). Uraa ist also ein Appellativ (Forrer meinte 'Quelle'), und so liegt nichts im Wege, das Uraa im vorliegenden Vertrag als einen dritten Ort dieses Namens aufzufassen. Beide anderen passen geographisch nicht zu Mutamutassi. Wohl aber hätte das heutige Ulaş nahe der Hermosquelle die angezeigte Lage.

[50] Vertrag mit Chuqqanas, MVÄG 34, 1, S. 103 ff.

[51] AM, S. 94.

[52] KBo I 1 Vs 11; AM, S. 88. Vermutlich südlich Amasia, und zwar sicher weiter im Hethiterland als Kannuwara und Istitina.

[53] Der Regierungsantritt des Mursilis ist astronomisch durch die totale Sonnenfinsternis in Chattusa (siehe Kap. IX Anm. 54) auf 1349 festgelegt. Wie lange die Regierung des Arnuwandas II. und die vormundschaftliche Regierung der Tawanannas (KUB XIX 23), die Mursilis wohl vorsätzlich verschweigt, gedauert haben, ist nicht überliefert. Suppiluliumas selbst hat 26 Jahre (und einige Monate?) regiert (KUB XIX 9, I 7 ff.; die

sechs Jahre im Churri-Land sind dieselben Jahre, in denen nach AM, S. 20 die Feste in Chattusa aussetzten; also ist kein weiterer Zeitraum für die Gaschgaschkriege am Schluß der Regierung anzusetzen). Da Amenophis III. 1379 gestorben ist und Suppiluliumas vorher zur Regierung kommt (Amarna 41), so ist seine Regierung ca. 1381/0 bis 1355/4.

E. Hornungs neue chronologische Ansätze mißachten das ausdrückliche Zeugnis des Theon über die Sothis-Periode. Wenn für diese überhaupt ein Sehungswinkel in Betracht käme, so wäre es der von Tanis. Aber man zeige mir erst einen Kalendermacher, der die Sterne anguckt, um zu erfahren, ob er nach vier Jahren einen Schalttag einlegen muß.

[54] KUB XIII 2 und Paralleltexte; vgl. E. v. Schuler, Archiv f. Orientforschung, Beiheft 10 (1957), S. 36 ff. Die Zeitbestimmung ergibt sich aus A III 33 ff. Tacharamma, das inschriftlich festgelegt ist, und Isuwa, d. h. Kataonien und Charput, sind Nachbarländer, auf deren Truppen man achten muß, auch wenn sie als Freunde ins Land kommen. Die Lage von Chemmuwa und dem hier genannten Kassija (das auch in der assyrischen Soldatenliste [E. Nassouhi, MAOG III 1, S. 36 ff.] genannt ist, also sicher nur namensgleich dem Kassija bei Chattusa [KBo X 20 u. a.] ist) läßt sich nur aus unserer Stelle mutmaßen. Daß die Hethiter sich an dieser Stelle zwischen unabhängige Nachbarn eingeschoben haben, ist für die erste Zeit des Suppiluliumas I. zu erschließen, paßt aber mindestens zu keinem späteren Zeitpunkt der hethitischen Geschichte. Und unter Tutchalijas III. gehörte Tegarama zum Reich (KBo I 1 Vs 11 ff.). — Eine weitere Instruktion, die ziemlich sicher Suppiluliumas I. zugewiesen werden kann, ist jetzt in KBo XVI 24/25 veröffentlicht (zur Datierung vgl. A. Kammenhuber, Orientalia 39 [1970], S. 551).

[55] Ob ein Umgang an der Innenseite der Mauer gemeint ist, wie er etwa in Nördlingen erhalten ist, oder eine nach außen überkragende Bekrönung der Mauer, ist nicht zu entscheiden.

[56] KUB XIII 2 II 26 ff.

[57] Ebd. III 17 f.

[58] III 11 ff. Da es sich um religiöse Sünden handelt, sind sie hier eingeordnet, während die übrige richterliche Tätigkeit erst III 21 ff. folgt. — Ortsrecht gilt also noch vor Reichsrecht: eine wichtige Nachwirkung der feudalen Anfänge des Reichs.

[59] Dies, nicht der Umfang des Prozesses, scheint mir unter 'suwattari' zu verstehen zu sein.

[60] Die Betonung der sozialen Verpflichtung zeigt den fortgeschrittenen geistigen Stand der Entwicklung. Man vergleiche, was Goethe Friedrich dem Großen in den Mund legt: „Die Reichen im Lande haben viele

Anwälte, die Armen aber nur einen, und der bin ich." In diesem Sinne ist Suppiluliumas ein 'aufgeklärter' absoluter Herrscher.

[61] Da vorher und nachher von Palast und Domänen die Rede ist, so ist an dieser Stelle 'IR' der Domänenbeamte. Über seine rechtliche Stellung ist damit nichts ausgesagt.

[62] Von Vasallen innerhalb des Reiches ist von nun an nicht mehr die Rede. Der Feudalstaat ist überwunden. Ausnahmen bilden die Stellung des Chattusilis III. unter Muwatallis und die Schaffung des Chulaja-Landes, KBo IV 10, unter Chattusilis III. und seinem Nachfolger. Aber beide Fälle betreffen nur Grenzmarken und zugleich nur Prinzen des Königshauses. Für solche hat aber auch Suppiluliumas neue Vasallenkönigtümer geschaffen.

[63] KUB XIX 25 (u. 26?). Der Vertrag ist eine 'Abschichtung', d. h. Abfindung der Erbrechte. Daher werden nicht nur die Königin, sondern auch der Thronerbe und der Leiter der Leibwache Zidas zugezogen. Letzterer, meine ich, weil er die Huldigungsversammlung beim Thronwechsel zu leiten hatte (vgl. Chattusilis, Gr. Text, und Suppiluliamas). Eine nicht zu belegende und darum vage Vermutung will ich doch nicht unterdrücken: Es könnte Chentis, die zweite Gemahlin des Suppiluliumas, die Erbtochter von Kizzuwadna gewesen sein. Denn sie ist dadurch ausgezeichnet, daß ihre Ahnen einen Kult hatten, im Gegensatz zu den Ahnen von anderen Königinnen (KUB VI 45 II 58).

[64] Berichtigung des Bildes in meiner ›Geistesgeschichte der Frühzeit‹ II 2, S. 136 ff. Sie ergibt sich einfach aus der Chronologie der Amarna-Texte. Zu dieser vgl. noch Anm. 88.

[65] Zu erkennen aus Amarna 162; 169; 170. Reste eines Vertrages mit Aziru KUB III 7 u. 122; KBo X 12/18; H. Freydank, MIO VII (1960), S. 356 ff.

[66] KBo I 4 Vs I 6 ff.

[67] KBo I 4 = E. Weidner a. a. O. S. 58 ff.

[68] DS 25. Nach KUB XIX 9 Vs I ist dieser Vorgang ins 21. Regierungsjahr (= 1360) zu datieren.

[69] Waren die Eltern schon auf dem Altenteil, oder war er Beamter, nicht erblicher Fürst?

[70] Malatia (Miliddu) und Alzi (griech. 'Enzite') werden von den Assyrern zum Gebiet von Isuwa gerechnet. Der Verlauf des Feldzugs bestätigt die Lage.

[71] KBo I 1 I 18 f.

[72] A. Goetze, CAH II, Kap. XVII, S. 15, hat uns gelehrt, diese Heirat als Einkreisung von Mitanni zu verstehen.

[73] DS 26 u. KBo XII 27.

[74] Zum Beispiel KUB VI 45 II 5.

[75] Artatamas ist der einzige Churriter vor Kurtiwazas, von dem wir wissen, daß er den Hethitern gehuldigt hat. Isuwa war bis zu diesem Zeitpunkt der Hauptgegner im Südosten, erscheint aber künftig als Untertanenland. Daraus ist die Belehnung zu erschließen. Vgl. auch H. Klengel, Oriens antiquus 7 (1968), S. 63 ff.

[76] KBo I 1 Vs 25.

[77] PRU IV, S. 35 ff.

[78] KBo I 1 Vs 30 ff.

[79] PRU IV, S. 43, S. 40 ff. Korošeč versteht 'Goldminen' (RHA 66/67 [1960], S. 68).

[80] KBo I 1 Vs 38 ff.

[81] Die Nennung des Vaters ist ein Rätsel, da Aitakama nach den ägyptischen Nachrichten schon ca. ein Jahrzehnt allein herrschte. Hat Suppiluliumas ihn anachronistisch aus dem 1. Feldzug hierher übertragen? Oder war der Vater aus irgendeinem Grunde nicht mehr regierungsfähig?

[82] DS 28 I.

[83] Nach feudalem Brauch hat Chimuilis sein Amt lebenslänglich, mindestens ist er jetzt schon über zwanzig Jahre zugleich Mundschenk und Heerführer.

[84] AM, S. 20 ist also Übertreibung: Nicht alle Feste wurden während der Zeit der Churriterkriege vernachlässigt.

[85] DS 28 I 42 ff.

[86] Das erschließe ich aus VBoT 68 Vs 19, wo 'Ammuna' Schreibfehler für 'Kalmuna' zu sein scheint.

[87] DS 28 II.

[88] Zu den Verhandlungen mit Ägypten (DS 28 = KBo V 6 III) ist seit der Erstveröffentlichung ungeheuer viel geschrieben worden. Die meisten Probleme haben sich durch die Neufunde erledigt. 'Dachamunzus' ist der ägyptische Königinnentitel (W. Federn, JCS 14 [1960], S. 33; W. Helck a. a. O. S. 156), 'Nibchururijas' ist 'Tutanchamun'. Da er im Palast der Nofretete wohnte, ehe er König war, so gehörte er zu den sogenannten Palastkindern. Das Königshaus war also beim Tod des Echnaton noch nicht ohne Mannesstamm. W. Helck, Chronique d'Egypte 44 (1969), S. 200 ff., macht es wahrscheinlich, daß Nofretete etwa im 13. Jahr des Echnaton gestorben ist. Darum tritt die Erbprinzessin Meritaten an ihre Stelle für die Repräsentationspflichten einer Königin. Sie läßt daher in ihrem Palast (nur in diesem) ihr eigenes Bild an die Stelle von dem der Mutter setzen. 'Königsgemahlin' bezeichnet nur eben diesen Rang (W. Helck, ebd., S. 22 f.). Das ist die einfachste und darum wahr-

scheinlichste Lösung der Probleme und beseitigt zugleich die wüsten sexuellen Phantasien, mit denen sich gewisse Autoren den Hof von Amarna ausgemalt haben. Mit dem Amarna-Brief 170 machen sich manche Forscher unnötige Schwierigkeiten. (Neueste Textausgabe: M. Dietrich und O. Lordz, Festschrift für F. Altheim I, 1969, S. 16 ff.) Erstens ist er nicht an den König, sondern an einen Fürsten gerichtet, der sich „losmachen" soll; des geographischen Zusammenhangs wegen kann es nur Aziru sein. Der könnte in Amarna festgehalten worden sein, auch als der König fortzog. Zweitens ist auch diese Annahme nicht nötig; denn die beiden hethitischen Feldherrn, die der Brief nennt, können lange vor Suppiluliumas in Syrien geschaltet haben. 'Zitana' ist ja wohl 'Zidas', der Großmesedi, der schon bei der Verleihung der Priesterwürde an Telipinus herangezogen wurde. — Dies gegen E. F. Campbell a. a. O. 60 f. und D. B. Redford a. a. O. S. 160. Die Heirat der Witwe wurde nach Ablauf der siebzigtägigen Trauerzeit dringlich. Wir haben damit zu rechnen, daß der Bote der Königin unmittelbar nach dem Tode des Tutanchamun abgegangen ist.

[89] Breasted, Ancient Records III, S. 25.

[90] Vgl. E. Laroche am Kap. I Anm. 13 a. O.

[91] Sumerische Königsliste (Kisch III).

[92] KUB XIX 27. Dazu E. Forrer, Forschungen I 2, 1926, S. 48 f. H. Klengel, Geschichte Syriens, 1965, I S. 51 ff. Erkennbar ist Z. 9 'Talkana' (= 'Dolichene' der Griechen).

[93] Die Lage von Urikina ergibt sich nur sehr ungefähr daraus, daß es in churrischen Texten vorkommt (wie H. Otten mir freundlicherweise brieflich mitgeteilt hat). Daß Zidas damit belehnt wurde, ist daraus zu erschließen, daß es im Besitz seiner Familie blieb, bis Muwatallis es ihr strafweise entzog und an Chattusilis übertrug (Chattusilis Großer Text III, 29 f.; KUB XXI 17).

[94] Amarna 161; 162; 301.

[95] Der Name DS 31 wohl sicher dem Prinzen zugehörig. — Nach M. Liverani, Studi Micenei XIV (1971), S. 161 f. ist es aber kein Eigenname, sondern ägyptisch 'Königssohn'.

[96] KBo I 3, 21 ff. Die Lesung Kurtiwazas: Güterbock, JCS X (1956), S. 121 Anm. (Die hethitischen Schreiber setzen zwar 'KUR-ti' für akkad. 'mâti' = heth. 'udne'; aber das ist nur Orthographie. In allen andern Fällen wird das Zeichen 'Kur' gelesen.)

[97] KBo I 1 Vs 48 ff.; KBo I 3 Vs 1 ff. Kurtiwazas berichtet vom Morde so, daß er nicht beteiligt war. Wie der Mörder hieß, scheint nicht überliefert. Schwerlich ist es der nachher erwähnte Akit-Teschup.

[98] Die Identität des Pijassilis und des Scharri-Kuschuch hat Güterbock, JCS X (1956), S. 120 f., erwiesen.

[99] KBo I 3 Rs 29 f. Daß Tartenu zu lesen ist, hat A. Götze erkannt; er hat aber seltsamerweise geschlossen, Kurtiwazas sei damit dem Artatamas unterstellt worden und lehenspflichtig geworden.

[100] KBo I 1 Rs 14 ff.

[101] DS 31. Die Beziehung der 'tuppa' Z. 4 auf die vorher genannten Könige ist nicht unbedingt sicher.

[102] Pestgebete: A. Goetze Kleinasiat. Forsch. I, S. 161 ff.

[103] AM, S. 88.

[104] DS 34.

[105] Darittara ist bei Siwas oder nördlich davon zu suchen, aber bisher nicht gefunden.

[106] AM, S. 152 f.; KUB XIX 28 u. Zusatzstück (H. Otten und K. Riemschneider, MIO III, S. 167 f.). Möglicherweise hat Suppiluliumas den Chudupijanzas schon bei dem Feldzug, DS 28 I, eingesetzt.

[107] J. Friedrich, MVÄG 34, 1, S. 4 ff. I 4 ff.

[108] Vertrag mit Kupanta-Kalas, ebd. 31, 1, S. 95 ff.; dazu AM, S. 140 f.

[109] DS 35; KBo I 3 Vs 35 ff. nebst HT 21 + KUB VIII 80; vgl. C. G. v. Brandenstein, Orientalia NF 8 (1939), S. 82; J. Friedrich, AfO VIII, S. 119 ff.

[110] DS 37. Ergänzung nicht ganz sicher.

[111] KBo I 3.

[112] DS 36.

[113] DS 39/40.

[114] DS 37. Dazu Erlaß des Arnuwandas KBo XII 33 Rs III 2; ich ergänze Z. 2: „[nu he-e-]us ne-pi-sa-a[z me-ek-kis e-es-ta]". Der Name 'Arsasuras' (nicht arisch 'Artasuras'!) deutet nach Kizzuwadna, und der mächtige Regenfall (wenn ich richtig ergänzt habe) nach Kilikien, wo solches Wetter häufig ist. Aber warum erzählt Arnuwandas dies? Sind es die Umstände, bei denen Suppiluliumas den Tod gefunden hat? Und muß er sie verkünden, damit seine Thronbesteigung nicht als Usurpation mißverstanden werden kann?

[115] KBo XII 33 Vs II 2.

[116] KUB XXIII 68, XXVI 41 u. ABoT 58. H. Otten, BiOr XVIII, S. 229; A. Kampinski und S. Košak, WO V (1970), S. 191 ff. A. Kammenhuber, Die Arier, S. 45, weist den Vertrag dem Arnuwandas III. zu. Das ließe sich historisch schwer einordnen.

[117] Dadurch scheint es mir ausgeschlossen, daß der Vertrag von Arnuwandas I. herrühren könnte, zu dessen Zeiten Kizzuwadna ein selbständiger Staat war.

[118] Das Verständnis dieses Abschnittes ist dadurch erschwert, daß er fast in Telegrammstil gefaßt ist. Z. B. ist das Wort 'später' nur bei dem ersten Notabeln ausdrücklich gesetzt, um den Ort der Vereidigung von dem der späteren Verwendung zu unterscheiden; bei den anderen Männern muß man es daraus ergänzen. Da aber Ismerika zwischen Kizzuwadna und Wassuganna liegt, so erzwingt die Geographie die von mir gegebene Deutung, zumal der erste Vereidigte gerade in Zazlippa eingesetzt wurde, woher einer der anderen Vereidigten kommt.

[119] So A. Goetze, Kizzuwadna, S. 48. Gut möglich scheint mir, daß das Ziazia in Kizzuwadna mit dem Kiakia gleichgesetzt werden darf, das Ptolemaios (V 5, 6) 2° westl., $1/2$° südl. von Malatia lokalisiert. (K vor i wurde um diese Zeit in Kleinasien schon tch gesprochen; die lautliche Übereinstimmung ist also vollkommen, und doch kann sie irreführen.)

[120] Unter den „LÚ UKUŠ" sind wohl 'marianni' zu verstehen (AM, S. 229). 'Schwerbewaffnete' würden sich aus ihnen rekrutieren müssen.

[121] KBo XVI 27. Nicht ausschließen will ich, daß I 21 ein neuer Vertragstext beginnt.

[122] H. Otten, Baghdader Mitteilungen 3 (1964), S. 91 ff. Die KUB XIX 22 geschilderten Unruhen würden den passenden Hintergrund für die Sicherheitsvorschriften geben; daher habe ich das Dokument hier eingereiht. Doch wäre auch der Gaschgasch-Aufstand unter Arnuwandas I. hinreichend nahe an Chattusa herangekommen, um die Vorschriften zu motivieren.

[123] KUB XV 1 III 17 ff. Da auf der gleichen Tafel Gelübde für Gottheiten in Urikina (aber nicht an Sauska) und von Dattasa stehen, ist sie wohl auf die Zeit des Muwatallis zu datieren. Leider ist keine Aussicht dafür, daß ein solches Weihgeschenk bei irgendwelchen Ausgrabungen zutage kommen könnte. Zu viele Plünderungen haben gerade die Tempel ihrer Edelmetallstücke entblößt.

[124] KUB XIX 22. Dazu das neue Bruchstück, meiner Meinung aus der ersten Tafel der ausführlichen Annalen des Mursilis, bei P. H. Houwink ten Cate, JNES 25 (1966), S. 27 ff.

[125] KUB XIV 4 II 4 ff.

[126] AM, S. 14 f.

[127] Datierung siehe oben Anm. 53.

Kapitel IX

[1] AM, S. 18 f.

[2] KUB XIX 49 I 30 ff. = Friedrich, MVÄG 34, 1, S. 4 ff.

[3] Vgl. z. B. Pestgebete (A. Goetze, Kleinasiatische Forschungen I [1927], S. 161; R. Gurney, AAA 27 [1940], S. 3 ff.; vgl. auch H. G. Güterbock, RHA 66/67 [1960], S. 59).

[4] AM, S. 22.

[5] Dio Cass. XXXVI 12: Dadasa. Durch bell. Alex. 72 lokalisiert südl. Zela. Einige Säulentrommeln, die in Gartenmauern am Hang ca. 4 km ssw. von Zile als Material verwendet sind, mögen Reste des Siegesdenkmals sein, das Mithradates in griechischem Stil errichtet hat.

[6] AM, S. 24 f.

[7] AM, S. 26; vgl. S. 88.

[8] Lage nach KUB V 1, z. B. II 61 f.

[9] Gewöhnlich Sakamacha, aber KUB XXVI 62 Vs 43 'Iskamacha' geschrieben.

[10] MIO III, S. 163; AM, S. 42.

[11] Siehe oben S. 166 f.

[12] Achchijawa = Argivi: vgl. Historia XI (1962), S. 112 f. Damit sind die philologischen Bedenken F. Sommers berücksichtigt und doch der historisch richtige Weitblick E. Forrers bestätigt. Wo Achchijawa in Kleinasien seßhaft sind, weisen die geographischen Zusammenhänge nach Pamphylien. Vgl. MSS 6 (1955), S. 30 ff.

[13] Vorverhandlungen AM, S. 38 ff.; Kriegserklärung S. 46, Meteor ebd.

[14] Das wäre über Ijalanda; aber da dieses gesicherter hethitischer Besitz war, ist es nicht eigens genannt (dies gegen die geistreiche Konstruktion der Arzawa-Geographie von Macqueen, Anat St (1968), S. 161 ff.).

[15] KBo I 28; vgl. H. Klengel, Geschichte Syriens, 1965, I, S. 53 ff.

[16] AM, S. 52 ff.

[17] AM, S. 60.

[18] AM, S. 64. Vergessen hat der Achchijawa-König den Drohbrief nicht. Im Tawagalawas-Brief IV 33 ff. entschuldigt sich Mursilis für seine brüske Forderung durch Hinweis auf seine Jugend.

[19] MVÄG 34, 1, S. 4 ff.

[20] Die Abbaeitis hat Forrer richtig in Appawija erkannt; aber er hat sie ganz verkehrt lokalisiert. Es handelt sich um das Gebiet um Balikeşir (Strabo 625; ders. 576 sagt uns, daß es hier am Rhyndakos ein zweites Ankyra gab).

[21] KUB XIX 32 = BoTU 52 (fehlt in AM, muß S. 76 eingereiht werden).

[22] AM, S. 76.

[23] AM, S. 78.

[24] 1. Maasa ŠA URU Ankala, KUB XXXI 65 Rs 4. Zudem führt die Abzweigung vom Weg nach Çenkiri in das Tal, das weiter nach Süden gabelt, natürlicherweise in die Richtung von Ankara.

[25] Sonst hätte Suppiluliumas sie nicht unbehelligt gelassen.

[26] AM, S. 82—86.

[27] AM, S. 88.

[28] AM, S. 90 ff.

[29] Dacoba, lokalisiert durch römischen Meilenstein und durch die Inschrift im Trümmerfeld am Wege zum Felsgipfel mit pontischer Burg „Dakopēnē Galalōn" (mit Ligaturen ēnē und ōn) beglaubigt, liegt in einem kleinen Talkessel, der sich parallel zum Tal des Yeşil-Irmak östlich von Amasia einige Kilometer nördlich vom ostwestlich laufenden Seitental abzweigt, in dem die Straße nach Turhal (Gazziura) zieht. Am Eingang des Talkessels liegt ein doppelter Hüyük, auf dem wir Keramik und Brandreste fanden; aber Prof. Bielefeld erklärte die Scherben für römisch-sassanidisch. Der Schwund des Nasals macht keine Schwierigkeit, wenn man Nasalierung des vorherigen Vokals durch ihn graphisch angedeutet hat (vgl. Burus'chanda, assyr. Purus'chattum). Und den w-Laut der Hethiter haben die Griechen durch b wiedergegeben, das im Neugriechischen (seit wann?) w gesprochen wird. Es könnte also Namensidentität vorliegen. Der Ort liegt so nahe an der ehemaligen Grenze von Azzi, daß der Versuch, seiner habhaft zu werden, sich dem Herrscher von Amasia aufdrängen mußte. Trotzdem kann ich die Gleichsetzung nur mit Vorbehalt aussprechen. Das p der galatischen Inschrift ließe sich zwar stützen durch die Analogie assyr. 'Miliddu' = griech. 'Melitene': vor der Endung -ene kann die Media zur Tenuis werden. Aber heth. w ist eben keine Media.

[30] Wir sind auf unserer Reise keiner anderen Burg oder Ruine begegnet, die so uneinnehmbar schien. Afyon und Şebbin-Karahissar könnte man einschließen und aushungern, Amasia (die Burg) von Süden her nur frontal angreifen. Es ist aber nach Süden durch die fast senkrechten Wände, nach Osten durch den breiten Fluß gedeckt. So entspricht es der Beschreibung durch Mursilis AM, S. 98.

[31] Es gibt keine hethitische Entsprechung des Namens. Forrers Gleichsetzung mit Chagmis ist eine Oberflächlichkeit, die unverdienten Anklang unter den Gelehrten gefunden hat.

[32] Siehe Anm. 29.

[33] AM, S. 106.

[34] KBo XVI 6. Zuerst glaubte ich, um dieses Neufundes willen meinen Ansatz berichtigen zu müssen und Tiliura an den Weg nach Syrien, etwa nördlich von Kataonien legen zu müssen. Aber die Beziehung des Ortes

zu Kummesmacha verbietet solche Verlegung. KUB XXI 29 widerspricht, wird aber nicht wörtlich zu nehmen sein.

[35] AM, S. 116, 118, 122. Vorher S. 100 f. ist eine ganz verstümmelte Notiz, die jetzt durch den von P. Meriggi, WZKM 48 (1962), S. 70 f., bearbeiteten Text aufgehellt wird. Danach hat Manapa-Dattas vom Secha-Fluß-Land um eine hethitische Königstochter geworben (in AM ist noch das Wort „Schwester" erhalten), ist aber abschlägig beschieden worden.

[36] Berichtigte Lesung nach KBo XVI 6 Rs.

[37] AM, S. 118. Vgl. auch KUB XIV 4 Rs I (Klage über die Stiefmutter).

[38] Der Tod des Telipinus ist in dem erhaltenen Teil der Annalen nicht erwähnt, aber aus der nachfolgenden Beleihung seines Sohnes Talmisarmas mit Aleppo AM, S. 122 sicher; vgl. E. Weidner BoSt 8, S. 80 ff.

[39] AM, S. 110 f. Kinza ist wohl nur durch Zusammenziehung hier scheinbar zu Nuchasse gerechnet.

[40] AM, S. 118 f., Xenophon Anab. I 4, 11. Die ungefähre Lage von Astata ergibt sich aus KBo I 1 Rs 19.

[41] AM, S. 122.

[42] KBo I 6 + KUB III 6 u. 5; E. Weidner a. a. O. S. 80 ff.

[43] KBo III 3. Jüngste Behandlung bei H. Klengel, Or 32 (1963), S. 32 ff. Ich muß mehrfach von ihm abweichen; besonders die Lesung Z. 10: „Enurta-an" ergäbe den Sinn, daß Abirattas ihn vertrieben hätte, während der historische Zusammenhang das Umgekehrte verlangt. „Enurta-El" ist zu lesen. Das ist ein normal gebildeter semitischer Personennamen („Enurta ist Gott"); vgl. z. B. Jaqob-el unter den Hyksos. 'Ijaruwata' ist hethitische Schreibung für akkadisch 'Jarimuta'.

[44] Strabo 751.

[45] Im 2. punischen Krieg: Polyb. 9, 29 f.; Liv. 26, 24, 11.

[46] Der eine ist namensgleich mit dem Nachfolger des Aitakama von Kinza. Ist dieser gemeint?

[47] Auf der gleichen Tafel KBo III 3 II 40 ff.

[48] PRU IV, S. 71 ff. = 17. 335.

[49] KUB XIV 4 Rs, bes. IV 20 ff.

[50] AM, S. 126.

[51] Deutsche Generalstabskarte von 1916. Es sind zwei gewaltige spitzkegelförmige Hüyüks, wenige Kilometer nördlich von Öz Köi, das an der heutigen Straße von Himmidede nach Bogazlayan liegt.

[52] Lat. 'Fiarisa', nach den Itinerarien südlich der Skylaxquelle, nördlich von Yeniköi zu suchen. Die Hethiter hatten zwar für die kultischen Texte eine Zeichenreihe 'fa, fi, fu' erfunden; vgl. A. Kammenhuber,

Handbuch der Orientalistik, „Hattisch". Aber in geographischen und historischen Texten ließen sie das f unbezeichnet.

[53] Die Scherben klassifizierte Bielefeld als grobe Nachahmung hethitischer Ware. Ein Hüyük war nicht vorhanden: Die Gaschgasch scheinen nicht aus Lehm, sondern aus Bruchstein und Holz gebaut zu haben. Dieses verging oder verbrannte, jener wurde zu neuer Verwendung weggeholt.

[54] Die Sonnenfinsternis im Anfang des 10. Jahres, KUB XIV 4 IV 24 ff., hat E. Forrer erkannt (Forschungen II, S. 1 ff.). A. Goetze hat sie bestritten: Es stehe nur „Sonnen-Omen" im Text. Das ist philologisch richtig. Aber ein Omen der Sonne, das die Stiefmutter auf den Untergang des ganzen Königshauses ausdeuten kann, kann nur eine totale Sonnenfinsternis sein. Eine solche war nach O. Neugebauer (Kanon der Sonnenfinsternisse ... = Astronomische Abhandlungen 8, Lübeck 1932) am 8. Januar 1340 in Bogazköi, während die von Schoch berechnete vom Mai 1335 in Chattusa nur partiell war (Neugebauer, ebd.). Das erfordert im Text Z. 24 die Ergänzung „[hantez]-zi", statt Forrers „[hameshan]-zi". Dann ergibt sich: Thronbesteigung des Mursilis 1349; Regierung des Arnuwandas II. und vormundschaftliche Regierung der Tawanannas etwa 1353—1350; Regierung des Suppiluliumas I. 1380/79 bis 1354. In Ägypten haben wir Thronbesteigung des Sethos I. Menophres 1321; alle anderen Ausdeutungen des Sothisdatums, alle Korrekturen nach dem Sehungswinkel (die für Tanis auch gar nicht zutreffen) sind mit dem Wortlaut des Theon unvereinbar: Ramses I. also 1322; Harmais, der im 58. Jahr, vom Tode Amenophis' III. an gerechnet, gestorben ist, datiert uns letzteren auf 1380/79. Der Brief des Suppiluliumas an Echnaton (Amarna 41) mag 1378 geschrieben sein. Da er sich auf freundschaftlichen Briefwechsel mit dem Vater des Pharao beruft, muß er vor Echnaton auf den Thron gekommen sein; aber höchstens ein Jahr, da er Tutanchamun drei Jahre überlebte. Die Korrektur einer Etikette ergibt: Echnaton 17 = Semenchkere I. Von diesem gibt es Datierung bis ins dritte Jahr. Für Tutanchamun sind vier Jahre zu rechnen. Das angebliche 9. Jahr beruht nur auf zwei Weinetiketten ohne Königsnamen aus seinem Grab, die besser Echnaton zuzurechnen sind. Auch die Ägypter werden gewußt haben, daß Wein durch längeres Lagern besser wird.

[55] AM, S. 130 ff.

[56] Ob KBo III 4 die ursprüngliche Niederschrift war, ist ungeklärt. Es existieren jedenfalls Reste von mehreren Abschriften.

Kapitel X

[1] KUB XIV 4 II 4 ff. Wie sich die Namen Malnikal, Gassulijawijas und Tanuchepas auf die Gemahlinnen der Könige verteilen, ist mir nicht klar geworden. E. Laroche, Ugaritica III, S. 100 ff. betrachtet 'Malnikal' als den hethitischen Namen der Babylonierin Tawanannas. Aber das ist selbst ein hethitischer Name. Gassulijawijas wird als „große Frau" bezeichnet; das ist der Titel für eine Königin, die nicht die priesterliche Würde der Tawanannas hat. Die andern beiden Namen können beide der zweiten Frau des Mursilis zugehören. Jedenfalls sind die Kinder des Mursilis erst aus der 2. Ehe: Muwatallis hat bei seinem Tode, fünfzig Jahre nach dem Tod von Mursilis' II. erster Gattin, noch keinen regierungsfähigen ehelichen Sohn; Chattusilis vollbringt seine erste Mannestat erst mehr als zehn Jahre nach des Vaters Tod, und die Schwester ist erst unter Urchi-Teschup, 50 Jahre nach dem Tod der ersten Frau, heiratsfähig (Meriggi, WZKM 58 [1962] S. 70 f.). In den Opferlisten kann nur der Name der zweiten Frau erscheinen, da die erste nicht Tawanannas wurde.

[2] Ebd. III 4 ff.

[3] Siehe Kap. IX Anm. 54.

[4] KBo IV 8. 'Asanna' scheint 'Hochverrat' oder etwas ähnliches zu bedeuten.

[5] Rückblicke z. B. KUB XXII 70. Vgl. auch KBo XI 1 und Houwink ten Cate/F. Josephson, RHA 81, S. 103 ff. Ist Arusna der Verbannungsort der Stiefmutter?

[6] AM, S. 138 f.

[7] AM, S. 142 f. Vorher einzuordnen ist KUB XIX 34 IV (in Wirklichkeit die erste Kolumne), ein Stück des diplomatischen Zwischenspiels. Parallele Darstellung im Vertrag mit Kupanta-Kalas. Zur Lesung vgl. KUB V 6 II 16. — MVÄG 31, 1, S. 95 ff. ist KBo V 13, 30 die Übersetzung 'Militärposten' mit Deimel, Sumerisches Lexikon, s. v., in 'Pässe' zu verbessern.

[8] KUB VI 44 I 38 ff. Wäre Mursilis schon bis Afyon vorgerückt gewesen, so hätte Mas'chuiluwas nicht mehr nach Masa ausweichen können.

[9] Siehe Anm. 7.

[10] Siehe Kap. VII, S. 128.

[11] KUB XXVI 62 + Bo 808 c bei H. Otten, RHA 67 (1960), S. 121 f.

[12] Der Stahl ist griechisch meines Erachtens nach Aleppo benannt ('Chalybon'), die 'Chalyber' in Nordarmenien nach dem Metall.

[13] Die Zusatzstücke (H. Otten und K. Riemschneider, MIO III [1955], S. 153 ff.) in der Lücke bei Goetze, AM sind: KUB VI 50 (eine Aufforderung an Manapa-Dattas, die Beute, die er bei den Unruhen in

Miraa gemacht hat, an Kupanta-Kalas zurückzugeben); KUB XIX 34,
'VsI' (in Wirklichkeit Rs IV); KUB XIX 35?; KBo VII 17: ein neuer
Jahresanfang: Der Name Kastama sagt uns, daß der Feldzug im Gebiet
östlich von Zile spielt, und ebenda, etwa im Tal des Skylax, ist Tumma
zu suchen, das KUB XXIII 61 Rs von Tuchuppija (Sorgum?) aus erreicht
wird. (Bei Houwink ten Cate, JNES 25 [1966], S. 131, fr. VI 'Gasgama'
gelesen 'KUR Tum-ma', Z. 10, als 'KUR^TUM-ma' gedeutet. Die Ergänzung '[Sapi-]nuwa' Z. 5 ist geographisch unmöglich.) Mit Chursama aber,
Z. 10, kommen wir nahe Nerik. Es folgt KUB XXXIV 36 in der gleichen
Gegend und KBo VIII 34 dem Inhalt nach direkt anschließend. KBo
VII 17 Rs IV und sein Duplikat KUB XIV 25 gehören schon in die Lücke
zwischen KBo V 8 I u. II.

[14] AM, S. 146 f.; die Bruchstücke aus der Lücke beweisen jetzt klar,
daß die sechs Jahre Lücke, die Goetze angesetzt hatte, zu streichen sind.
Aber auch das, was Goetze als 20. Jahr gerechnet hat (KBo V 8 II 8 ff.),
ist nur eine Zwischenbemerkung, die chronologisch nicht zählt.

[15] KBo VII 17 IV und Paralleltext KUB XIV 25.

[16] AM, S. 152 f. (durch KUB XXXIV 39 und Zusatzstücke [MIO
III, S. 167] vervollständigt).

[17] AM, S. 154 ff.

[18] AM, S. 160 f. (kein neuer Jahres-Einschnitt!).

[19] Gelegentlich hat ein moderner Forscher in dieser Lelwannis die
Istar LIL (= Sauska von Ninive) vermutet. Aber diese ist keine Unter-
weltsgottheit, sondern eine Kriegs- und Liebesgöttin.

[20] AM, S. 162 f.

[21] Je nachdem, ob man in dem von H. Klengel, MIO VIII, S. 15 ff.,
bearbeiteten Text KUB XIX 19 + XXXIV 43 + Bo 5607, Z. 8,
'GAM' = 'katta ÍD' mit 'flußabwärts' oder 'zum Fluß hinunter' übersetzt.

[22] Das ergibt sich aus KUB V 1 passim (vgl. Or 27 [1958], S. 232 ff.,
wo statt 'Astika' 'Astigurka' zu schreiben und der Ort ein Stück nördlicher zu rücken ist).

[23] AM, S. 166.

[24] KUB XVII 35 Rs III 12. Vgl. schon H. Ehelolf, Sitzungsber. Berl.
Akad. 1925, S. 267.

[25] E. Forrer, Forschungen I 2, S. 182 f., glaubte dem Tawagalawas-
Brief entnehmen zu können, daß Masa und Karkisa zu seiner Zeit noch
nicht dem Hethiterreich einverleibt waren.

[26] KBo XIV 20 I + KUB XXXIV 33.

[27] KBo XIV 20 II.

[28] KBo XIV 19.

[29] Da Mursilis den Ort durch den reißenden Fluß zerstören ließ, darf man keine Reste von ihm erwarten.

[30] Der Name ist nicht vollständig erhalten, die Ergänzung aber wahrscheinlich.

[31] Der Anschluß der Texte ist nicht gesichert, aber der geographische Zusammenhang suggestiv.

[32] AM, S. 166 ff.

[33] Appian Mithr. 80 f.; Plutarch Lucull. 15 f.

[34] Daß der Maala der Euphrat ist, hatte ich Or 27 (1958), S. 386 erschlossen; die zweisprachigen Annalen des Chattusilis I. haben den urkundlichen Beleg dazu erbracht. Vgl. dazu noch KUB XXIII 79 und E. Laroche, RHA 77 (1965), S. 175 f.

[35] AM, S. 172 f.

[36] AM, S. 176.

[37] Hier reihe ich das von Goetze unbestimmt gelassene Stück KUB XIV 20 = AM, S. 194 ein. Meine Lokalisierung (Malazzija = Malatia) ist jetzt durch KBo XIX 76, Z. 29 glänzend bestätigt worden, wo das inschriftlich gesicherte 'Sugzija' als „weiter unterhalb" genannt ist. Die geographischen Zusammenhänge der Gegend erläutert der Omen-Text KUB XXII 25, den ich Or 27 (1958), S. 247 herangezogen habe. E. v. Schuler, Die Kaskäer, S. 176 ff., gibt ihn in Umschrift und Übersetzung. (Aber Z. 31 ist vor „GUL-ah-zi" noch ein '[Ú-UL]', 'nicht', einzufügen, sowohl wegen des Umfangs der Lücke als auch wegen der geographischen Möglichkeit.)

[38] AM, S. 182.

[39] MIO III, S. 172 (1041/f.). Ist etwa „x-x-dus" KBo II 5 II 57 zu 'Pijamaradus' zu ergänzen?

[40] Strabo 570 (Aarassos) mit Ausfall des ersten s, wie in 'Wilusa'/ 'Ilios'. 'Assaratta' KBo II 1 II 40 u. KUB XXIII 21 III 5 ist wohl nur orthographisch verschieden; es ist an ersterer Stelle mit Masa-Orten kultisch zusammengefaßt. Die Gleichsetzung des bei Strabo genannten Ortes mit 'Ariassos' in der Kabalia (Ptol V 5, 5), die Hirschfeld RE II, 321 vornimmt, tut Strabo Gewalt an, der ausdrücklich von 'Pisidien' redet.

[41] Sicher nicht mit Marista im Gaschgasch-Gebiet identisch.

[42] Gâwur-Kalessi könnte dann allenfalls ein Erinnerungsmal an diesen Feldzug sein. (Lieber möchte ich es dem Stil nach ins 12. Jahrhundert ansetzen.)

[43] MIO III, S 172, doch wohl zeitlich zurückgreifend.

[44] AM, S. 188 ff.

[45] F. Sommer, Achchijawa-Urkunden, Kap. I = KUB XIV 3. Die

Behandlung ist allgemein als philologisch musterhaft anerkannt. Eine einzige Stelle hat Ranoszek, Indogermanische Forschungen 56 (1938), S. 38 f. berichtigt (II 14 f.). Jugendtorheit: IV 33 f.

[46] KUB XIX 5. (Dazu Forrer, Forschungen I, S. 190 ff.; Cavaignac, RHA 10, S. 100 f. habe ich nicht einsehen können.)

[47] Milawata-Brief; Sommer, AU, S. 198 ff.

[48] Der von Sommer, AU, S. 291 ff., als Einwand gebrachte „frühere" Name von Lesbos, Diodor V 81, 2, ist eine Erfindung, wie sie in den griechischen Eponymen-Sagen zu Dutzenden begegnen.

[49] Diese Lage eines Achchijawa-Landes geht aus KUB XXXI 29, AU, S. 328 hervor; vgl. MSS 6 (1954), S. 30 ff.

[50] F. Tritsch mündlich.

[51] KUB XIV 3 I 1 ff. Für die Frage nach dem Verfasser des Tawagalawas-Briefes ist entscheidend, daß der Hethiterkönig des Briefes nicht in Dattasa sitzt, das zu den Lugga-Ländern gehörte, sondern von Sallapa her nach Lykaonien kommt. Damit scheidet Muwatallis aus. Bis in die Zeit des Chattusilis aber hat Manapa-Dattas nicht gelebt; sondern damals ist sein Sohn Masturis Herrscher des Secha-Fluß-Landes. Und Urchi-Teschup könnte nicht auf eine frühere Zeit hinweisen, wo er jung war.

[52] AU I, I 45 ff. ist wohl eher 'Tawagalawas' zu ergänzen. Aber es gehört zur Diplomatie des Briefes, daß der Verfasser die beiden Gegner durcheinanderwirft (oder ist das ein Fehler des Konzepts?).

[53] Ebd. III 52 ff. 'Karkija' und 'Karkisa' muß man auseinanderhalten. Im Ritual der Zedern-Gottheiten standen KUB XV 38 jeweils fünf Ortsnamen in einer Zeile, XV 34 je vier, weswegen die in jenem erhaltenen Ortsnamen in diesem diagonal stehen. Daraus ergibt sich aber, daß 'Karkija' und 'Karkisa' nebeneinander genannt waren, also zwei verschiedene Orte sind und daß in XV 34, nach Z. 62, eine Zeile ausgefallen ist. So bedarf die Rekonstruktion bei H. Bossert, Asia, S. 36 ff., einiger Korrektur. Leider ist Karkija nie in einem Zusammenhang genannt, der seine geographische Lage festzustellen erlaubte.

[54] AU I, I 22 ff.

[55] Ebd. I 42. Das ist im quellenreichen Westkleinasien erstaunlich, aber in dem „verbrannten Lande" (Strabo 579) im östlichen Lydien können die Flüchtigen wohl die Brunnen zugeschüttet haben.

[56] Ebd. IV 8 ff.

[57] MVÄG 34, 1, S. 50 ff.

[58] AU I, I 59 ff.

[59] Ebd. I 54 ff.

[60] Ebd. I 59 f.; II 15 ff.

[61] Ebd. II 56 ff.; III 7 ff.; III 63 ff.

[62] Ebd. II 13 f.

[63] Herodot VIII 73: „Lemnioi".

[64] KUB XIX 55 = AU, S. 198 ff. (Milawata-Brief).

[65] Für die Regierung des Muwatallis bis zur Schlacht von Qadesch sind 15 Jahre mindestens anzusetzen, eher noch fünf Jahre mehr.

[66] A. Goetze und H. Pedersen, Die Sprachlähmung des Mursilis, 1934. Da zur Sühne der Wettergott von Manuzija (einem Berge in Kizzuwadna, KUB VI 45 I 62 f.; KUB XX 52, Rs 7 in einem Ritual, das Kummanni, Adanija, Tarsa und den Fluß Purana nennt) bemüht wird, so muß es auf einer Fahrt durch dieses Land gewesen sein; da die Zauber der Stiefmutter nicht dafür verantwortlich gemacht werden, wohl am ehesten bei der Fahrt zu den Opfern an den Euphrat, AM, S. 170. Meine frühere Vermutung, daß AM, S. 194, KUB XIV 20, Z. 5, „Isdupista" eine durch den Sprachfehler bedingte Entstellung von 'Is'chupitta' beim Diktat des Textes sei, wird durch KBo XVI 27 IV 31 „URUIs-tu-mi-i[s-ta]" neben IV 6 „Is-hu-pi-it-ta" widerlegt.

Kapitel XI

[1] Vgl. Kap. X Anm. 1. Ob die zweite Frau des Mursilis II. Malnikal oder Tanuchepas hieß oder letztere die Gattin des Muwatallis war, ist mir trotz E. Laroche, Ugaritica III, S. 101 ungewiß.

[2] KUB VI 45 u. 46. Viel weniger ergiebig ist das neue Gebet, KBo XI 1.

[3] KUB VI 45 III 26.

[4] Ebd. III 14.

[5] Ich betrachte das -pi als phonetisches Komplement, damit 'Teschup' und nicht 'Dattas' oder 'Tarkun' gelesen wird. Aber möglich ist natürlich, daß ein churrischer, für uns einstweilen undeutbarer Beiname vorliegt.

[6] W. Helck a. a. O. S. 200; Breasted, Ancient Records III, S. 38 ff.

[7] Genannt sind sie nicht, aber vgl. MSS 6 (1955), S. 30 ff.

[8] KUB I 1 (Großer Text des Chattusilis III) I 75 ff.; II 52 ff.; KBo VI 29 I 31 f.

[9] KUB I 1, I 26 ff.

[10] Ebd. II 3 ff.

[11] Könnte es sein, daß der hieroglyphenhethitische Name von Gürün (x-ta) 'Marista' zu lesen ist? (Freundlicher Hinweis von F. Steinherr. Aber zujüngst liest er ihn 'Purutta'.)

[12] Doch ist der Name 'Chattena' ebd. II 8 nur ergänzt. Der Umfang der Lehen muß nicht immer gleichgeblieben sein.

[13] KUB XIX 9 II 16 f.; danach Chattusilis Großer Text II 6 zu ergänzen.

[14] Großer Text II 15.

[15] Ebd. II 23 f.

[16] Ebd. II 44 ff.

[17] Neben der Seldschukenburg von Divrigi sind noch Abarbeitungen im Felsen und ein (von dieser Burg aus nur auf Umweg zugänglicher) Brunnen vielleicht Spuren des Baus. Die verwendeten Steine sind beim Bau der Seldschukenburg wohl alle weggeholt worden.

[18] Großer Text II 56 ff.; KBo VI 29 I 25.

[19] Zusatzstück zum Alaksandus-Vertrag, H. Otten, MIO V (1957), S. 26 ff.

[20] KUB XVII 35 III.

[21] J. Friedrich, MVÄG 34, 1, S. 50 ff.

[22] Steph. Byz. s. v. Samylia. Wer gerne der „Sirene des Gleichklangs" lauscht (um mit Kammenhuber zu reden), den will ich mit dem Hinweis necken, daß 'P(r)ijamaradus' in Kurzform 'Priamos' geheißen haben könnte, da die Hethiter r nach Konsonant öfter auslassen.

[23] KUB V 6 II 57; AU, S. 275 ff.

[24] A. Goetze, CAH, neue Aufl. 1965, Kap. XVI rechnet 1300, weil er nicht beachtet, daß Ramses II. im November auf den Thron kam und seine Regierungsjahre von da ab zählt. Gehört Ugaritica V, S. 69 hierher, das den Ausmarsch der Ägypter meldet? Das Schriftstück wäre dann das älteste aus dem Archiv des Rap'anu.

[25] Helck a. a. O. S. 199 ff. hat alle Berichte zusammengestellt, so daß wir die Vorgänge klar daraus erkennen können. Vgl. auch J. Sturm, WZKM Beiheft 4 (1939), der aber die Größe des Orontes und vor allem die Genauigkeit ägyptischer Bilder überschätzt hat.

[26] Für Musanata ist kein Platz auf der Karte, es sei denn, daß es Übersetzung von 'Mukisch' ist ('KISCH' = '*sanat', 'Höhe').

[27] Großer Text II 69 ff.; KUB XXI 17 I 14 ff.

[28] Vgl. Anm. 25.

[29] KUB XXI 17 I 20 f.

[30] KUB XXIII 1 I 39.

[31] Großer Text II 74 ff.; III 17 ff. Daß die Hethiter sich als die Sieger betrachteten, sagten sie in der späteren Korrespondenz ausdrücklich: KUB XXI 17 + KUB XXXI 27; E. Edel, ZAss NF. 15 (1949), S. 212.

[32] PRU IV S. 114 ff.; 152 ff.

[33] Großer Text II 80 ff.

[34] Man darf aus den Zeugnissen über Puduchepas' Stellung keine Rückschlüsse auf die Stellung der Frau bei den Hethitern im allgemeinen ziehen. Sie ist eine Ausnahme auch unter den Königinnen.

[35] Großer Text III 10 ff.
[36] Ebd. III 24 ff.
[37] KUB XXI 17. Die Lage von Urikina siehe oben Kap. VIII Anm. 93.
[38] Großer Text III 31 ff. „Zi-ip" (Z. 32) ist zu ‚Zipis'chuna' zu ergänzen, nicht zu ‚Zippalanda', das in der Gegend südlich von Yozgad weit außerhalb der Gaschgasch-Zone lag.
[39] In einem andern Schriftstück, KUB XXI 15 I 19, behauptet Chattusilis, daß ihm erst unter Urchi-Teschup Palaa und Tummanna weggenommen worden seien.
[40] KUB III 7 I 18 ff. = E. Weidner, BoSt 9, S. 129 f.

Kapitel XII

[1] Chattusilis, Großer Text III 40 f.; IV 62; vgl. KBo IV 10 Vs 15 mit Rs 41.
[2] H. G. Güterbock, Ugaritica III, 1956, S. 161 ff.
[3] KUB XXI 33, dazu P. Meriggi, WZKM 58 (1962), S. 70 ff.
[4] Chattusilis, Großer Text III 46 ff.; KUB XXI 10 +8.
[5] Chastira steht im Zusatzstück zum Großen Text, KUB XXXI 13, nach der Ausgabe; Götze las ‚Chassura'. Landanweisungen KUB VIII 75 u. ff. (bearbeitet V. Souček, ArOr 27, S. 5, aber bei Chattusa lokalisiert), wo man I 16 „Astira" und 76 I 23 „URU MUL-ra" liest, letzteres auch KUB VIII 78 Rs VI 8; schon Sommer wies darauf hin, daß am Anfang des Ortsnamens etwas fehlen könne. Siehe jetzt auch J. Friedrich, Athenäum NF 47 (1969), S. 116 ff.
[6] KBo VI 29 I 38 f.
[7] KUB XXI 17 I 18 ff.
[8] Großer Text I 18 ff.; von dieser Beziehung zu seiner Göttin ist das ganze Schriftstück voll. Man kann das nicht als bloße Heuchelei abtun. Man erwäge namentlich die Stelle, in der Chattusilis über seine Ehe spricht (III 7 f.).
[9] KUB XXIII 1 II 15 ff.
[10] Großer Text III 63. Es dürfte die ganze Regierungszeit des Urchi-Teschup gemeint sein, nicht nur die Zeit seit der ersten Machtbeschneidung des Chattusilis.
[11] Ob Großer Text III 40 „X-hu-uihuissuwallis" ‚ebenbürtig' oder ‚volljährig' bedeutet, läßt sich noch nicht entscheiden.
[12] Ebd. III 64 ff. Aber das könnte von Chattusilis vorgeschützt sein.
[13] Ebd. IV 27 f.

[14] KUB XXI 6a. (Der Gegner ist nicht genannt; aber durch die Geographie läßt sich ermitteln, daß er aus Pamphylien kommt.)

[15] KUB XXI 27; vgl. Goetze, ANET[2], S. 393.

[16] Großer Text IV 2 f.

[17] KBo VI 29 II 19. In diesem Kurzbericht ist der Verlauf des Feldzuges ausgelassen, nur der Anfangs- und der Endpunkt genannt. Der Name 'Marassantija' fordert eine Lage am Halys, der Marsch durchs Obere Land auf Chagmis und Nerik zu eine Lage im Westen. Der große Hüyük von Kirikkale hat die geforderte Lage. Die Ausdeutung 'linker Flügel' ist durch die Geographie gefordert. Bei den Ansätzen anderer Forscher ist ein Marsch durch das Obere Land gegen Nerik und Chagmis unmöglich.

[18] Das ist nicht eigens überliefert, aber aus der Tatsache, daß er in der Richtung auf Samucha zurückweichen mußte und dort in die Zange geriet, zu erschließen — die Gleichung 'Samucha' = lat. 'Zama' = 'Kirşehir' als bewiesen vorausgesetzt. Doch muß ich offenhalten, daß Samucha/Zama einer der großen Hüyüks am Halys zwischen Muksur und Newşehir sein könnte. Das würde den Endpunkt des Feldzugs um eine Strecke nach Osten verschieben. Am Gesamtbild würde es nichts ändern.

[19] Großer Text IV 3 f.; KBo VI 29 II 22.

[20] Ebd.

[21] Bezeugt ist nur die Zangenbewegung selbst, durch die „Istar" den Urchi-Teschup in Samucha „wie in einem Schweinekofen" oder „wie einen Fisch im Netz" dem Chattusilis auslieferte. Schon die Lage von Suluppa wird nur durch die Logik dieses Verlaufes so nahe an Seilep herangerückt, daß sich eine Gleichsetzung mit diesem vortürkischen Ortsnamen anbietet. Aber ein Heer, das im Oberen Lande geworfen wird, hat gar keine andere Rückzugslinie. So schmal die Unterlage ist, die Rekonstruktion ist doch nicht nur Hypothese.

[22] KBo VI 29 II 25 ff.

[23] Ebd. II 32.

Kapitel XIII

[1] Großer Text IV 31; KBo VI 29 II 37 ff.

[2] Ebd. IV 32 ff.

[3] KUB XXXI 19 'Rs'. Ist in der ersten Zeile '[KUR]SAB[-LI-TI]' zu lesen? Die Bruchstücke der Annalentafel des Chattusilis, von der er im Großen Text I 74 redet, sind folgendermaßen zu ordnen: KUB XXXI 19 'Rs', KUB XXIII 10; KUB XXI 6a 'Rs' (in Wirklichkeit aus Kol I);

KUB XXIII 111 Vs I, Ende; KUB XXI 6; KUB XXI 6a 'Vs' (gehört
zu Kol IV); KUB XXIII 111 Rs IV; KUB XXIII 55 (IV); KUB XXXI
19 'Vs' (Schluß des Textes). Nach freundlicher Mitteilung von Frau
L. Jakob-Rost gehören die von mir als Kol IV eingereihten Stücke nicht
zu einer Tafel.

⁴ KUB XXI 6a Rs.

⁵ KBo I 10 und Zusatzstücke (Cat. 55), KUB III 71 (Cat. 67).

⁶ Großer Text IV 62 ff.

⁷ KBo IV 10 ist die von Tutchalijas erneuerte, aber mit Ausnahme
einer kleinen Grenzkorrektur zugunsten des Lehensträgers offenbar
wörtlich wiederholte Urkunde. Siehe Kap XIV Anm. 4.

⁸ Da der General des Mursilis KBo IV 4 I 43 „D.KAL" anscheinend
denselben Namen trägt, der KBo III 1 II 23 „Inaras" ausgeschrieben ist, so
setze ich auch für den König von Dattasa diese Aussprache des Ideogramms
an. Die richtige Ausdeutung der Stelle KBo IV 10 Vs 31 hat A. Goetze
gegeben: Kleinasiatische Forschungen I (1930), S. 109.

⁹ Vgl. Z. der Savigny-Stiftung Roman. Abt. 83 (1966), S. 339 f.

¹⁰ Die Urkunde, KBo IV 10, ist von Tutchalijas IV. ausgestellt. Aber
für Vs 40 ff. existiert ein Entwurf, ABoT 57, der von Chattusilis und
Puduchepas ausgefertigt worden ist (dazu E. Laroche, RHA 48 [1948],
S. 40 ff.). Nach Z. 38 f. aber ist die Vertragstafel schon lange fertig gewesen, nur dieser Passus erst nachträglich eingefügt worden. Demnach
stammt die Tafel von Chattusilis, aber die endgültige Verleihung, die
wir vor uns haben, und die Zeugen, die die Tafel unterschrieben haben,
gehören erst der Regierung des Tutchalijas an, wie E. Laroche a. a. O.
erwiesen hat.

¹¹ KUB XXI 17; Großer Text IV 66 ff.

¹² Großer Text IV 33 ff.

¹³ Helck, JCS XVII (1963), S. 87 ff.

¹⁴ H. Gauthier, Le livre des Rois d'Égypte III, 1912, S. 80 ff.

¹⁵ Der Vertrag ist von Meißner, ZDMG 72 (1918), S. 46 ff., von
E. Weidner, BoST 9, S. 112 ff. herausgegeben; Übersetzung bei Goetze
ANET, S. 201 f. mit weiteren Literaturhinweisen und zuletzt bei W. Helck,
Ägyptens Beziehungen zu Vorderasien, 1962, S. 224 ff.

¹⁶ Einzelheiten: E. Edel, Festschrift für A. Alt, S. 29 ff.; ders., ZAss 49
(1930), S. 195 ff.; JCS XII (1958), S. 131 ff.; W. Helck, JCS XVII (1963),
S. 87 ff. Weitere Stücke sollen noch unveröffentlicht sein.

¹⁷ KBo I 14; Goetze, Kizzuwadna (Yale Or.Ser.Res. XXII), 1940,
S. 27 ff.

¹⁸ KUB XXIII 111 (dazu Güterbock, ZAss 43 [1936], S. 326); KUB
XXIII 55 IV.

[19] KUB XXI 6 'Rs'; 6a 'Vs' u. KUB XXIII 10: Die Zusammenfügung ergibt „[Ich, aber, Chattusilis] der Großkönig [zog] nun nicht mehr [ins Feld]. Den Tutcha[lijas schickte ich] dann mit dem Heer auf den [Marsch]". Obwohl die Stücke von verschiedenen Tafeln sind, siehe oben Anm. 3, fordert der Sinn diesen Zusammenschluß.

[20] KUB XIX 8 III u. XIX 9 III; dazu K. Riemschneider, JCS XVI (1962), S. 110 ff.

[21] 'Kapapachsa' = 'Festung Kapa'. Ich habe leider den Berg bei Tokat, der noch heute Kapa heißt, noch nicht nach hethitischen Scherben absuchen können.

[22] KUB XIX 8 + 9 Rs IV; K. Riemschneider, JCS XVI (1962), S. 110 ff.

[23] Großer Text IV 57 ff. Unter den Feinden, die jetzt Frieden geschlossen haben, ist in erster Linie an Ägypten zu denken.

[24] KUB XXI 29. Aber Mursilis ist in seinem 9. Jahr dort gewesen: KBo XVI 6.

[25] KUB XXXI 19 'Vs' (= Schluß der Annalentafel des Chattusilis).

[26] Großer Text. Gerade weil der Text in die Form einer Aufforderung eingekleidet ist, die Istar von Samucha zu verehren, ist er als politische Propagandaschrift zu werten.

[27] IV 14 f.

[28] KBo VI 29 III 9 ff.

[29] KBo IV 12; Übersetzung bei Götze, MVÄG 29, 3 (1924), S. 40 ff.

[30] BoSt 9, S. 129 ff.

[31] Vgl. die oben Anm. 16 angegebenen Veröffentlichungen.

[32] Ramses hat auch zu einer Reise des Chattusilis nach Ägypten aufgefordert: E. Edel, MDOG 92 (1960), S. 19; und er scheint sie wirklich geplant zu haben: KBo II 11 (AU, S. 214); sie scheint aber nicht mehr zustande gekommen zu sein.

[33] Bentresch-Stele; vgl. J. A. Wilson, ANET (1955), S. 29.

[34] Noch zur Zeit Salmanassars I. Vgl. KUB XXIII 99; XXVI 70, Z. 6; dazu H. Otten, AfO Beiheft 12, S. 68.

[35] Die Datierung der Rituale ist schwierig, und einzelne uns erhaltene sind jedenfalls viel älter als Chattusilis. Seiner Regierung möchte ich vor allem diejenigen Texte zuschreiben, die von Männern und Frauen aus Kizzuwadna oder Lawazzantija verfaßt sind. Aber ich benutze die Gelegenheit, um einen allgemeinen Überblick zu geben. Natürlich gibt es auch Verfasser aus anderen Gegenden des Reiches; z. B. KUB IX 27 aus Arzawa.

[36] KBo V 1; bearbeitet F. Sommer und H. Ehelolf, BoSt 10 (1924).

[37] KUB XXX 40 I 16 ff.; vgl. F. Sommer, OLZ 42 (1939), Sp. 686.

[38] Nach Athenaios, Deipnosophistai II 51a, war der Kirschbaum den Griechen schon zur Diadochenzeit bekannt.

[39] L. Rost, MIO I (1953), S. 345 ff. Wie mir A. Kammenhuber mitteilt, gehört dieses Ritual gegen Familienzwist der Sprache nach in die Zeit vor Mursilis II.

[40] KBo VI 34; KUB VII 59, Cat. 310 bearbeitet J. Friedrich, ZAss 35 (1924), S. 161 ff.; Der Alte Orient 25, 2 (1925), S. 16 ff.; A. Goetze, ANET, S. 353 f.

[41] So Papanikri.

[42] Texte bei H. M. Kümmel, Ersatzrituale für den hethitischen König, 1967, bes. S. 10 = KUB XXIV 5 u. IX 13 Vs 23 ff.

[43] KUB IX 31 II.

Kapitel XIV

[1] KUB XIX 8 und 9 nebst K. Riemschneider, JCS XVI (1962), S. 110 ff.

[2] KBo IV 10; vgl. E. Laroche, RHA 48, S. 40 ff. und oben Kap. XIII Anm. 7.

[3] KUB III 14 I 18; E. Weidner BoSt 9, S. 129 f.

[4] KUB XXVI 43 u. 50: Gleichen Zeitpunkt hat E. Laroche a. a. O. aus der Identität der Zeugen erschlossen. Die Datierung an den Regierungsanfang ergibt sich vor allem daraus, daß der König von Isuwa als Zeuge auftritt, der alsbald zu den Assyrern abgefallen ist: KUB XXIII 11 III 27 ff. Die Mitwirkung der Puduchepas könnte ihren Grund darin haben, daß der Akt schon von Chattusilis vorbereitet war.

[5] Kennzeichnend scheint mir das Ritual oder Gebet, alle Unreinheit vom Roten Fluß möge durch den Marassanda ins Meer geschwemmt werden, KBo XII 94; vgl. die Vorbemerkung von H. Otten. Chagmis lag an diesem Roten Fluß.

[6] KUB XXIII 27; XXIII 11 u. 12; 13; nach Ranoszek, Rocznik Orjental. IX (1933), S. 43 ff., alle von derselben Tafel stammend. Ob diese Annalenform hatte, ist nicht bekannt, aber die Bezeichnung ist üblich geworden.

[7] Z. B. KUB XXI 38 scheint sie sich um die Heirat ihres Sohnes zu bemühen. KBo XXVI 43 zeichnet sie mit als Urheberin des Privilegs.

[8] Alle in den ›Annalen‹ (Anm. 6) berichtet.

[9] Herr Ünal, der z. Z. in München studiert, machte mich auf drei

große Hüyüks im oberen Hermos-Tal auf dem Wege nach Afyon auf-
merksam. Hier in der Nachbarschaft des Arzawa-Landes, wo aber Mursilis nicht vorbeikam, ist Waliwanda am ehesten zu lokalisieren, doch
bleibt das einstweilen Hypothese.

[10] Über Assuwa hat H. Bossert, Asia (Lit. Fakultät der Univ. Istan-
bul), 1946, eingehend gehandelt. Aber seine Hauptthese, daß der Name
'Asien' von 'Assuwa' ausgegangen sei und zunächst die Provinz Asia
der Römer bezeichnet habe, ist falsch: Schon bei Herodot (und seinen
Vorgängern) ist 'Asia' Bezeichnung für den Erdteil bis Indien.

[11] KUB XXIII 11 + 12 III 3 f. Nachträglich sehe ich, daß Paai-
Kalas und Kukkullis nach Raum und Zeit mit Priamos und Kyknos der
griechischen Sage identisch sein könnten. Dann müßte Tutchalijas den
ersteren wieder aus der Gefangenschaft entlassen haben.

[12] Ebd. III 9 ff. Aber 'der Fluß' ist Ergänzung, die zwar wahrscheinlich, aber nicht unbedingt zuverlässig ist.

[13] Nach der Chronologie des Berossos, die sich überall als astronomisch
zuverlässig bewährt und deshalb allen Berechnungen nach Königslisten
vorgehen muß, ist Tukulti-Ninurta 1258/7 v. Chr. auf den Thron gekommen. Seine Inschriften und besonders diese Beutezahl hat E. Weidner,
AfO Beiheft 12 (1959) beleuchtet.

[14] KUB XXIII 11 + 12 III 27 ff. Nach dem Zeichenrest in Z. 27 bin
ich versucht, die Lücke mit den Worten „LUGAL URU Assur Ù KÁ DIN-
GIR-RA" zu ergänzen. Dann fiele der hier berichtete Feldzug erst in
die Zeit nach der Einverleibung von Babylon ins assyrische Reich, also
nach 1243. H. Klengel, Oriens Antiquus VII (1968), S. 72, ordnet in diese
Zeit auch den Brief KBo VIII 23 ein. Von jenem Feldzug 1258, auf dem
Tukulti-Ninurta die Untertanen der Hethiter in Masse verschleppt hat,
erzählt Tutchalijas kein Wort: Es war ja eine Niederlage.

[15] Bevor sich der Rest des Mitanni-Reiches an Assur angeschlossen
hatte, ist der Brief IBoT I 34 einzuordnen, den H. Klengel, Or 32 (1963),
S. 280 ff. bearbeitet hat.

[16] KUB XXIII 1 bzw. VIII 82 (Vertrag mit Sauskamuwa von
Amurru). Auf die Handelssperre (Cl. F. A. Schaeffer, AfO XVII, S. 97 ff.)
hat schon Ed. Meyer, Geschichte des Altertums II, 1, S. 531, hingewiesen.

[17] PRU IV, S. 150 f. Ich glaube, daß das Ilku, das der Großkönig
dem Herrscher von Ugarit erlassen hat (Ugaritica V Nr. 33, S. 105 f.),
eben die Verpflichtung zu militärischer Hilfe ist; daß die Vasallenpflichten
erlassen worden seien (wie V. Korosec, Jura 20 [1969], S. 231, deutet),
möchte ich nicht daraus entnehmen. Auch die Geschenke, die Ammistamru
erbittet (ebd. Nr. 28), wären nur Gnadenbeweise, wie sie ein Lehensherr

344   Anmerkungen

durchaus seinem Untergebenen zukommen lassen kann. (Es handelt sich
um zwei Pferde und einen Bogen, also Dinge zum persönlichen Gebrauch
des Fürsten.) Es erinnert an germanisches Recht, wo ein Geschenk (wie
der Tribut) nicht gültig war ohne ein Gegengeschenk.

[18] Siehe Anm. 16. Der König von Amurru wird auch 'ISCHTAR-aa'
geschrieben, was ich für eine gekürzte (hypokoristische) Form des Namens
halte.

[19] „LU pahhursistas" ist nach dem Zusammenhang mit 'Prätendent'
zu übersetzen; wörtlich 'Brandstifter'?

[20] KUB XIII 9 + VAT 13574; H. Otten, ZAss 50 (1952), S. 236.

[21] KBo VI 4 bei Friedrich, Hethitische Gesetze, 1959, S. 48 ff. —
Todesstrafen: KUB XIII 3 bei Friedrich, MAOG IV, S. 46 ff.; E. H.
Sturtevant, JAOS 54 (1934), S. 363 ff.: KUB XIII 4 und Parallelen.

[22] KUB XXIII 11+12 III 2 f. Zwar ist im Narâmsin-Text aus Bogazköi (BoTU 5 Rs III 8) ein Gefängnis erwähnt und auch schon in der Hofchronik eine Gefängnisstrafe für einen untreuen Beamten; aber die
Barbarei, solche Strafe auf einen Besiegten auszudehnen, ist mir bis dahin
im Hethiterreich nicht begegnet.

[23] PRU IV, S. 132 ff.

[24] KUB XXV 21 ff.

[25] Über das Alter der meisten kultischen Ritualtexte (E. Laroche,
RHA 48, S. 40 ff. Teilweise berichtigend H. Güterbock, Or XV [1946],
S. 489 ff.) bedarf es noch genauerer Untersuchungen. Unter Tutchalijas IV.
datierbar sind alle, die der Schreiber Assuwanzas unterzeichnet hat, der
KUB XXVI 43 aufschrieb. Deutlich dem Tutchalijas IV. zugehörig
scheinen mir diejenigen Texte, bei denen wie in seinen Annalen die letzte
Silbe jeder Zeile an das Ende der Zeile gerückt ist, so daß vorher eine
größere oder kleinere Lücke bleibt.

[26] KBo X 20 und Laroche Cat. Nr. 485/97; dazu Güterbock, JNES
XX (1960), S. 80 ff. Bezeugt ist, daß schon Suppiluliumas I. dieses Fest
gefeiert hat (KUB XIX 22 u. Zusatzstück; vgl. Houwink ten Cate,
JNES XXV, S. 27 ff.), aber schwerlich schon mehr als einen Monat lang.
Das entsprechende griechische Anthesterien-Fest (vgl. XVII Renc. Ass.,
1969, S. 171 ff.) dauerte drei Tage.

[27] Cat. 481.

[28] KBo II 1, einer der ersten schon von B. Hrozny behandelten
Texte. Für die Zuweisung an Tutchalijas vgl. E. Laroche, RHA 48
(1948/9), S. 40 ff.

[29] KUB II 1.

[30] KUB XVII 28 IV 45 ff.

[31] Diese Form ist besonders aus Irland bekannt: Siehe meine ›Indo-

germanische Religionsgeschichte‹, 1943, § 305; ähnlich auch bei den Hethitern.

[32] K. Bittel, Yazilikaya, 1941 (WVDOG 61). Aber keine Veröffentlichung kann den unmittelbaren Eindruck in seiner Naturbezogenheit ersetzen.

[33] Spuren der alten Straße konnten wir am Hang noch bemerken, und einige Kilometer weiter am heutigen Fußweg fand ich einige Scherben der Art, die man als phrygisch einordnet.

[34] Vgl. Sophokles, Antigone 607 f.: „die unermüdlich laufenden Monate"; Euripides, Helena 1075 f. bei Aufzählung der troischen Götter: „der Phryger durchgottete Monate, zwölf an Zahl".

[35] Über die Datierung ist ein Streit zwischen R. Naumann und H. Otten. Doch scheinen mir die Texte Suppiluliumas' II., die letzterer auf die Restauration von Yazili Kaya deutet, beweiskräftig; zuletzt ZAss 58 (1967), S. 222 ff. Als Akitu-Haus hat W. Andrae Yazili Kaya erkannt (H. Otten mündlich).

[36] Hier darf ich den Dank für die aufschlußreichen Führungen durch die Grabungen von Bogazköi einflechten, die mir Otten, Güterbock und Beran haben zuteil werden lassen.

[37] Fälschlich habe ich den Namen 'Nirchanta' aus dem Ritual des Antachsum-Festes, KUB X 48 II 19, früher auf den Fluß bezogen. Es steht da: „I-NA URU Nir-ḫa-an-ta PA-NI ÍD".

[38] KBo VI 28 Rs.

[39] Tukulti-Ninurta, Annalen Vs 30 ff.; Chronik P IV 1 ff. (teilweise veraltete Umschrift bei L. W. King, Records of Tukulti-Ninib I, 1904, S. 86 f., S. 90 f.).

[40] E. v. Schuler, AfO Beiheft 10 (1957).

[41] KUB XXVI 12 II 14 f.

[42] Das wird bewiesen durch die Getreidesendung des Mernephtah, vgl. unten bei Anm. 50.

[43] Ausdrücklich in den Texten aus Ugarit; aber auch Chinduwa und Dalawa im Madduwattas-Text hat schon E. Forrer an der lykischen Küste lokalisiert, und es ist bisher kein anderer Ansatz wahrscheinlich gemacht worden.

[44] KUB XXVI 1 I 11 ff.; XXVI 18 (E. v. Schuler a. a. O. 21).

[45] KUB XXI 42 III 3 ff.

[46] KUB XXIII 13; dazu F. Sommer, AU, S. 314 ff.

[47] C. Robert, Griech. Heldensage, S. 1126 ff.; RE V A 1, Sp. 362 ff. Die Überlieferung bei Hesiod und in den ›Kyprien‹ ist dichterisch umgeformt, wobei chronologische Verschiebungen nahezu unvermeidlich entstehen.

[48] Zuletzt K. Bittel, MDOG 98 (1967), S. 6 ff. Das Relief ist das unwiderlegliche Zeugnis, daß die Hethiter bis Westkleinasien vorgedrungen sind. H. G. Güterbock, Istanbuler Mitt. 17 (1967), S. 63 ff., veröffentlicht von einem benachbarten Block eine Inschrift mit einem Königs- (nicht Großkönigs-)namen, den er mit aller Reserve 'Targasnallis' lesen möchte. Der Schluß, daß dann Chapalla ins Hermos-Tal zu legen sei, würde nur zulässig sein, wenn die Inschrift aus der Zeit des Mursilis II. wäre. Denn auch der Name 'Kupanta Kalas' ist zur Zeit des Mursilis in Miraa, zur Zeit des Tutchalijas IV. in Arzawa belegt. Liest man, wie Güterbock auch erwägt, nur 'Ta-la', so würde sich der Name als Kürzung von griechisch 'Telephos' erklären lassen, was chronologisch genau passen würde.

[49] Die Datierung der Zerstörung von Troia war richtig überliefert: dicht vor dem Zug des Mopsos nach Kilikien. Die Angabe des Epos über den Mond, der hell zum mitternächtlichen Kampf schien, wurde von den einen verstanden: es war beinahe Vollmond (12. Thargelion), von den anderen: er sei um Mitternacht aufgegangen, also im letzten Viertel gestanden (22. Thargelion: so der Marmor von Paros, der auf eine Atthis, letzten Endes wohl auf die des Hellanikos zurückgeht). Ferner sagte das Epos: Es war 17 Tage vor dem Einbruch der Sommersonnwendstürme, also — gregorianisch — 5. Juni. An diesem Tag war in dem vom parischen Marmor datierten Jahr 1208/7 tatsächlich letztes Mondviertel. Die Jahreszahl aber war von Hellanikos (wenn sie von diesem stammt) nach den Gedenksteinen der Herapriesterinnen von Argos errechnet. Wir haben (nach der Analogie der Stelenreihen von Gezer) keinen Grund, daran zu zweifeln, daß solche Gedenksteine bis in die mythische Zeit hinein vorhanden waren. Ob oder seit wann mit Inschriften versehen, stehe dahin. Doch ist bei den Ausgrabungen im Heraion (S. H. Waldstein, The Argive Heraeum, 1905) nichts Derartiges gefunden worden. Die astronomische Richtigkeit war seit Einführung des metonischen Schaltzyklus nachträglich zu errechnen, da dieser fast so genau wie das gregorianische Jahr war.

Aber ungefähr stimmt die Berechnung zum Untergang von Troia VII A nach dem Ansatz von G. E. Mylonas, Mycenae and the Mycenean Age, 1966, S. 215. Ungefähr dasselbe Datum hatte Manetho (unter König[in] Thuoris, die etwa 1210—1206 regiert zu haben scheint). Die später durchgedrungene Datierung des Eratosthenes (1184/3) beruht auf dem Schwindelbuch des Ktesias, wie J. Forsdyke, Greece before Homer, 1958, S. 84, gezeigt hat.

L. Derwa, RHA 74 (1964), S. 67 ff. verlegt die Zerstörung von Troia in die Zeit der Schlacht bei Qadesch, wo die Hethiter den Trojanern nicht hätten zu Hilfe kommen können. Das beruht auf der Namensgleichheit 'Alaksandus' — 'Alexandros' und übersieht, daß zu dieser Schlacht das Aufgebot der Dardaner den Hethitern Zuzug leistete. Auch ist Troia VI bei der Zerstörung nicht verbrannt worden, und eine Siedlungslücke besteht erst nach VII A. In Herrscherhäusern pflegen sich die gleichen Namen eben zu wiederholen. Die von Derwa zitierten D. L. Page und G. L. Huxley datieren den Fall von Troia um 1230 (ebenso V. R. d'A. Desborough, The last Mycenaeans 1964, S. 220), aufgrund der Achchijawa in den Annalen des Tutchalijas IV. Ich glaube diese genauer gedeutet zu haben.

[50] In seinem zweiten Jahre (= 1237), Helck a. a. O. S. 233; Breasted, Anc. Rc. III, § 580.

[51] Madduwattas Vs 6 ff., 10 ff. Vgl. aber Anm. 61.

[52] Ebd. Vs 30 u. 45 ff. Vielleicht anders zu lesen.

[53] KUB XXIII 116 und XXIII 21 Vs 1 ff.

[54] KUB XXIII 21 Vs 16 ff.; Madduwattas Vs 53—55.

[55] Vgl. Kap. X Anm. 40.

[56] Madduwattas Vs 60 ff.

[57] Vs 64.

[58] Ebd. 68 ff. Die Gleichsetzung mit den genannten griechischen Städten ist geographisch und linguistisch ohne Bedenken, damit aber doch noch nicht bewiesen.

[59] O. Carruba hat (Athenaeum NS. 42 [1964/5], S. 286 ff.) den einheimischen Namen der Lykier, 'Termilai' (Herodot I 173) sinnreich als 'Attarimmiles' gedeutet — als die öfter erwähnten Flüchtlinge aus diesem von den Hethitern unterworfenen Orte (Endung hethitisch).

[60] Madduwattas, Vs 21 ff.; Z. 27 f. ist zu übersetzen: „In dieser Sache haben Antachitas, der Große des Weins, und Mazlawas, der Mann von Kuwalija, Anzeige erstattet."

[61] Ebd. Vs 75 ff. Der Text springt plötzlich vom „Vater der Sonne" auf „die Sonne" um. Daraus geht hervor, daß der Text von Arnuwandas, nicht von Suppiluliamas II. verfaßt ist. Der Versuch von O. Carruba, ZDMG Sonderband (1968) (Orientalistentag Würzburg), S. 226 ff., den Maduwattas-Text in die Zeit vor dem Großreich zu datieren, scheitert an der Chronologie, da Muksus sowohl nach den griechischen Nachrichten als auch nach den Inschriften von Karatepe um 1200 zu datieren ist. Auch ist die Erwähnung der kleinasiatischen Küstenstädte Chinduwa und Daluwa vor Mursilis II. kaum denkbar. H. Otten StBo T 8 hat den Frühansatz ausführlich philologisch begründet. Aber da der Madduwattas-Text eine Art Beschwörungstext ist, kann er leicht absichtliche Archaismen enthalten; auch unabsichtliche, wenn der Schreiber vorher

archaische Texte abgeschrieben hat. Siehe auch A. Kammenhuber, Or 39, 1970, S. 278 ff.

[62] Die Taten des Achilleus an der Südküste der Troas läßt Homer logischerweise vor dem eigentlichen Kampf um Troia geschehen.

Kapitel XV

[1] Von Mutterrecht ist weder bei den Hethitern noch bei einem der Nachbarvölker eine Spur zu entdecken. Die semitischen Rechte des Keilschriftkreises betonen ebenso schroff das Recht des Mannes, wie die indogermanischen. Gerade die sakrale Prostitution, die herkömmlicherweise als Gegenargument dient, ist die schonungsloseste Ausbeutung der Frauen. Über § 30/31 des hethitischen Gesetzbuches vgl. Kap. II Anm. 13. Direkt bezeugt ist Mutterrecht nur in Lykien; aus ethnologischer Parallele könnte man es für eine Unterschicht in Lydien erschließen aus dem Fest der 'tanzenden Körbe', Strabo 626, da solche Maskentänze ursprünglich einer mutterrechtlichen Kultur zugehört haben. Aber das ist weit hergeholt.

[2] Übersicht über die griechischen Amazonensagen ausführlich in Roscher, Mythologisches Lexikon, s. v.

[3] Vgl. für die erste Silbe 'Penti-p-sarri' (für das eingeschaltete p gibt E. A. Speiser, Mesopotamian Origins, 1930, S. 142 die Parallelbelege); der Wortausgang (mit falscher Analogie) wie in Mursilis oder Chattusilis; die den Griechen männlich klingende Endung haben sie durch eine ihnen geläufige weibliche Ableitung ersetzt.

[4] Dionys. Hal. Ant. Rom. I 68, 2 nennt Arktinos den ältesten bekannten Dichter. H. Pestalozzi, Die Achilleis als Quelle der Ilias, 1945, und, ihm zustimmend, W. Schadewaldt haben die ›Aithiopis‹ als das Vorbild Homers erkannt. Einzelheiten lassen sich aus den Vasenbildern und aus der Nachahmung bei Vergil, Aeneis XI 225 ff., wiedergewinnen.

[5] Plutarch, Theseus 27; Pausanias III 23, 3.

[6] Desborough, The last Mycenaeans, 1964, zitiert bei G. E. Mylonas a. a. O. S. 222, datiert den Brand um 1200, nach der endgültigen Zerstörung des Palastes (Mylonas selbst widerspricht, hat aber Desborough offensichtlich mißverstanden). R. J. Buck, Historia XVIII (1969), S. 276 ff., bemüht sich, die Zerstörungen mit den griechischen Überlieferungen in Einklang zu setzen, ignoriert aber die Amazonen.

[7] 'KUR URU Azzi'; für die Wortstellung der hethitischen Form vgl. 'Kizzu-wadna', wo dasselbe Wort verwendet ist. Wie aus 'Kizzuwadna' 'Kataonia' geworden ist (z ist schon in den heth. Hieroglyphen durch t

ersetzt), so aus '*Lugga-udne' 'Lykaonia', also auch aus 'Azzi-udne' '*Azzi-onia'; die Elision des i ist dann spätestens der griechischen Volksetymologie zuzuschreiben. Ich muß also trotz Kammenhubers Widerspruch an dieser Etymologie festhalten.

[8] Jedenfalls sehen wir auf den ägyptischen Schlachtbildern und Jagdszenen und auf den wenigen analogen hethitischen Bildern das Pferd nur am Streitwagen, und so reden auch durchweg die hethitischen historischen Texte.

[9] Madduwattas Rs 38 ff.

[10] Ebd. Rs 29 ff. Die mutmaßliche Lage oben Kap. XIV Anm. 9.

[11] Ebd. Rs 39 u. 42.

[12] Ebd. Rs 75.

[13] Nic. Dam. F. Gr. Hist. II 90 fr. 16 (schreibt „Moksos"), vermutlich nach Xanthos.

[14] Madduwattas Rs 84 ff. Die Voraussetzung, daß der Text eine chronologische Reihenfolge einhält, ist allerdings ungewiß, da es sich um einen Prozeßbericht handelt.

[15] Archäologische Spuren zeigen, daß es sich um ein tatsächliches Ereignis kurz vor dem Seevölkersturm handelt: Cl. F. A. Schaeffer, Enkomi-Alasia, 1952, S. 355 f.

[16] Das r in der Schreibung vernachlässigt, wie öfter; vgl. H. Ehelolf, ZAss NF 9 (1936), S. 172.

[17] Die Deutung, die Goetze dem Schlußsatz gegeben hat, scheint mir unwahrscheinlich. Ich halte mich an den Buchstaben dessen, was dasteht.

[18] KUB XXVI 72.

[19] So auch J. Garstang AAA XXVIII (1948), S. 48 ff.

[20] Garstang a. a. O. lokalisiert Pachchuwa in Divrigi. Von da aus hätte Mitas kaum anders als über Arabkir-Malatia nach Isuwa gelangen können. Diese Orte aber mußten hethitisch sein, wenn Isuwa zum Reich gehören sollte, was nebenbei gesagt eine Datierung vor Suppiluliumas I. ausschließt.

[21] Ebenso wie Urikina in KBo IV 10. Mit Unrecht ergänzt O. R. Gurney, AAA XXVIII, S. 33 ff. das „-a/erika" des Textes nach diesem Ausfertigungsort. Die Ergänzung muß nach einem Nachbarort von Isuwa Ausschau halten, und da ist Ismerika geographisch das gegebene (Siverek nach A. Goetze, Kizzuwadna, 1940, S. 48).

[22] Malatia wird sonst hethitisch 'Malazzija' geschrieben. Der Ersatz von z durch t, oben Anm. 7, ließe sich als Anzeichen für sehr späte Abfassung des Textes verwenden. 'Duggaama' kann unmöglich das 'Dukkama' in Azzi sein, das am Schwarzen Meer lag (AM, 10. Jahr), von Isuwa durch die ganze Breite von Armenien getrennt. Eher ist es

eine junge Schreibung für 'Tegarama', biblisch 'Togarma', arab. 'Thogur', wieder mit unterdrücktem r.

[23] Der brutale Ausdruck, der auch im Madduwattas-Text wiederkehrt, will über die tatsächliche Schwäche des Königs wegtäuschen.

Kapitel XVI

[1] KUB XXVI 33 und Zusatzstücke; H. Otten, MDOG 94 (1963), S. 3 f.

[2] Eine genaue Übersicht über die verschiedenen Schreibweisen gibt A. Kammenhuber, Or 39 (1970), S. 292 ff. Alle Quellen sind bei H. Otten a. a. O. aufgeführt. Vgl. auch E. Laroche, RA 47 (1953), S. 70 ff. und im Katalog (1. Aufl.) Nr. 90—93.

[3] Mit der Nisantaş-Inschrift hat der Mauerbau jedenfalls nichts zu tun.

[4] H. Otten a. Anm. 1 a. O.

[5] KBo XII 39. Für Tutchalijas als Vertragschließenden spricht besonders Madduwattas Rs 85 ff.

[6] Ugaritica V, S. 87 Nr. 20, 236; H. Otten a. a. O. S. 9.

[7] H. Otten a. a. O.

[8] Nach Xanthos, F. Gr. Hist. III 765 fr. 14 bei Strabo 680 sind die Phryger nach dem Trojanischen Krieg nach Asien gekommen. Es ist bei Strabos Homer-Gläubigkeit erstaunlich, daß er das mitteilt. Aber es muß unmittelbar nach diesem Kriege gewesen sein; denn Troia VII b hat die typische mitteleuropäische Buckelkeramik der Bronzezeit Stufe III, die kurz nach 1200 erloschen ist.

[9] Auf europäischer Seite tragen die Bryger denselben Stammesnamen, mit der auch im makedonischen Dialekt (und bei den Germanen) durchgängigen Lautwandlung von bh zu b.

[10] Wobei die Inschriften, die in der Nähe von Este gefunden sind, als Vergleich dienen. Von diesen weiß niemand, ob sie wirklich dem Volk zugehören, das im Altertum 'Veneter' hieß. Die Benennung ist also fragwürdig.

[11] Ägyptisch 'Pwrst', hebr. 'Phlstim'; die Vokale liefert uns ihr späterer Wohnsitz, der nach ihnen 'Palästina' heißt.

[12] Herkunft der Seevölker von der Nordsee verficht besonders J. Spanuth, Das enträtselte Atlantis, 1953; und selbst ein so vorsichtiger Forscher wie F. Sommer hat sich (mündlich) nicht ganz ablehnend zu dieser These geäußert. Nur daß Spanuth nach Art geistreicher Dilettanten seine Beweisführung durch manche unhaltbare Argumente zu

stützen sucht, die den richtigen Grundgedanken beeinträchtigen. (Ich selbst schränke ihn auf den einen der Wanderstämme ein.)

[13] Ilias III 185 ff.

[14] PRU 20, 238; J. Nougayrol, CRAI 13. 5. 1960; H. Otten a. a. O. S. 9; Ugaritica V, S. 87; M. C. Astour, AJA 69 (1965), S. 203 ff.

[15] Inschrift Ramses' III., übereinstimmend der Befund der Ausgrabung.

[16] Ausgrabungsbefund (Otten mündlich).

[17] Vgl. Geistesgeschichte der Frühzeit II 2, S. 207 u. 337 f.

[18] Inschrift des Asitawanda von Karatepe.

[19] Da Ramses III. oft einfach Inschriften seines Vorbildes Ramses II. abschreibt, muß man bei ihm immer diesen Vorbehalt machen.

[20] Nach den Abbildungen am Tempel von Medinet Hapu (OIP 8 usw.).

[21] Sidon: Justin XVIII 3, 5: „ein Jahr vor dem troischen Krieg"; das ist 1194, da bei Justins Quelle Trogus die alexandrinische Chronologie zu unterstellen ist. In Megiddo und Beth Sean scheinen die ägyptischen Garnisonen noch ein halbes Jahrhundert weiterzubestehen. Vgl. W. Helck a. a. O. S. 248 f., der allerdings den Kampf mit den Seevölkern auf eine ganz andere Art konstruiert. Vgl. auch Xanthos fr. 8 (F. Gr. Hist. III 765) über die Gründung von Askalon.

[22] Die Seeschlacht in der Flußmündung, die Ramses abbildet, kann nur auf dem Nil stattgefunden haben; alle syrischen Flüsse südlich des Orontes sind zu eng dafür, eigentlich auch dieser.

[23] Vgl. B. Hrouda, Moortgat-Festschrift, 1964, S. 126 ff.

[24] Sonst wären die Amazonen nach einer Generation ausgestorben. Sie existierten aber noch zur Zeit des Pompeius. Vgl. auch die Frauengräber mit Waffenbeigabe in Transkaukasien, Ebert, RL IV 1, S. 101; G. Nioradze, Europa septentr. antiqua VII, 1932, S. 82 ff.

[25] So haben sie uns 1962 mitgeteilt.

[26] Dazwischen fehlen alle Nachrichten.

[27] 'Ziparwa', palaaisch 'Zaparwa', ist der Gott von Palaa (Erzingjan), und die Tibarener sitzen an der Küste unterhalb von diesem: Xen. Anab. V 5, 1; aber auch im Binnenlande: Strabo 548.

[28] Gründungssage von Komana: Strabo 557; nebst 535 u. 575.

[29] H. Bossert u. B. Alkim, Karatepe, 1947 u. 1950; J. Friedrich, ArOr XXI (1953), S. 114 ff.

[30] Ed. Meyer, Geschichte des Altertums II 2, S. 366 ff.; III, S. 36 (Einnahme von Kargamisch 717 v. Chr. durch Sargon II.).

KÖNIGSFOLGE DES ALTEN REICHS

Anittas um 1720

Tutchalijas I. ? ca. 1650

Labarnas I. und Tawanannas ca. 1600

Chattusilis I., Neffe der Tawanannas, ca. 1580—1550

Mursilis I., sein Enkel und Adoptivsohn, ca. 1550—1530/29,
∞ mit Charapsilis

Chantilis, ∞ mit Charapsilis, ca. 1529—1505,
Zidantas ca. 1505 ∞ mit deren Tochter

Amunas, dessen Sohn, ca. 1504—1502

Chuzzijas ca. 1502—1500

Telipinus, sein Schwager, ca. 1500—1475

Alluwamnas, sein Sohn? (oder Tochtersohn?), ca. 1475—1450

?*Tachurwailis*, Sohn des Chuzzijas (Usurpator), Einordnung
ungewiß
(Chantilis II., Zidantas II., Chuzzijas II. existieren wohl
nicht)

Tutchalijas II. ∞ mit Nikkalmati, Tochter des Alluwamnas?
ca. 1450?—1420

STAMMBAUM DES KÖNIGSHAUSES
DES HETHITISCHEN GROSSREICHES

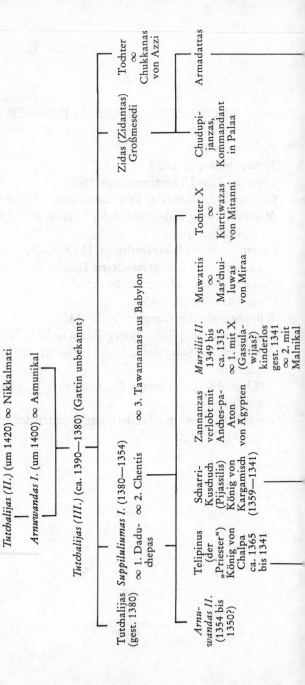

Tutchalijas (II.) (um 1420) ∞ Nikkalmati

Arnuwandas I. (um 1400) ∞ Asmunikal

Tutchalijas (III.) (ca. 1390—1380) (Gattin unbekannt)

Tutchalijas *Suppiluliumas I.* (1380—1354) Zidas (Zidantas) Tochter
(gest. 1380) ∞ 1. Dadu-   ∞ 2. Chentis   Großmesedi   ∞
              chepas   Chukkanas
                      ∞ 3. Tawanannas aus Babylon   von Azzi

Arnu-   Telipinus   Scharri-   Zannanzas   Mursilis II.   Muwattis   Tochter X   Armadattas
wandas II. (der   Kuschuch   verlobt mit 1349 bis   ∞   ∞
(1354 bis   „Priester") (Pijassilis) Anches-pa-   ca. 1315   Mas'chui- Kurtiwazas
1350?)   König von   König von   Aton   ∞ 1. mit X   luwas   von Mitanni   Chudupi-
             Chalpa   Kargamisch   von Ägypten (Gassula-   von Miraa   janzas,
             ca. 1365   (1359—1341)   wijas?)   Kommandant
             bis 1341   kinderlos   in Palaa
                                                     gest. 1341
                                                     ∞ 2. mit
                                                     Malnikal

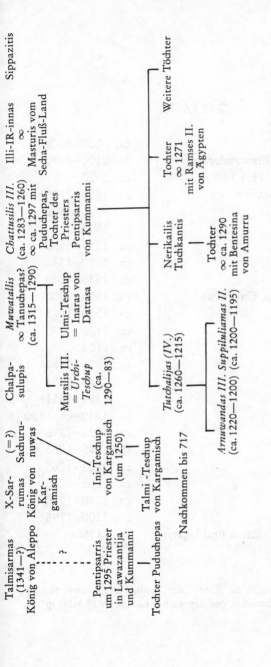

Talmisarmas
(1341—?)
König von Aleppo

X-Sar-
rumas
König von Kar-
gamisch

(=?)
Sadhuru-
nuwas

Muwatallis
∞ Tanudhepas?
(ca. 1315—1290)

Chalpa-
sulupis

Chattusilis III.
(ca. 1283—1260)
∞ ca. 1297 mit
Puduchepas, Tochter des
Priesters
Pentipsarris von Kummanni

Illi-IR-innas
∞
Masturis vom
Secha-Fluß-Land

Sippazitis

Pentipsarris
um 1295 Priester
in Lawazantija
und Kummanni

Ini-Teschup
von Kargamisch
(um 1250)

Ulmi-Teschup
= Inaras von
Dattasa

Mursilis III.
= Urchi-
Teschup
(ca.
1290—83)

Nerikailis
Tuchkantis

Tochter
∞ 1271
mit Ramses II.
von Ägypten

Weitere Töchter

Tochter Puduchepas

Talmi -Teschup
von Kargamisch

Nachkommen bis 717

Tutchalijas (IV.)
(ca. 1260—1215)

Tochter
∞ ca. 1290
mit Bentesina
von Amurru

Arnuwandas III. Suppiluliamas II.
(ca. 1220—1200) (ca. 1200—1195)

ZEITTAFEL

Funde von Çatal	ca. 7000—5000
Indogermanische Einwanderung	ca. 2300—2270
Funde von Alaca Hüyük	ca. 2000
Assyrische Kolonisation	ca. 1850—1720
Anittas	ca. 1730—1700
Labarnas I.	ca. 1600
Chattusilis I.	ca. 1580—1550
Mursilis I.	ca. 1550—1530
Chantilis	ca. 1530—1505
Zidantas, Amunas, Chuzzijas	ca. 1505—1500
Telipinus	ca. 1500—1475
Tutchalijas II.	ca. 1420
Arnuwandas I.	ca. 1400
Tutchalijas III.	ca. 1390—1380
Suppiluliumas I.	1380—1354
Arnuwandas II.	1354—1351
Mursilis II.	1349—ca. 1320
Muwatallis	ca. 1320—1290*
Urchi-Teschup	ca. 1289—1283
Chattusilis III.	ca. 1283—1265
Tutchalijas IV.	ca. 1265—1215
Arnuwandas III.	ca. 1220—1200
Suppiluliamas II.	ca. 1200—1196
Zerstörung von Chattusa und Ugarit	ca. 1196/4

---

* Tod des Muwatallis bis Antritt des Tutchalijas IV. nach anderer Berechnung der babylonischen und ägyptischen Könige um 15 Jahre später.

REGISTER

Stellen, wo der zitierte Namen nicht vorkommt, aber von dem betreffenden Ort oder der Person die Rede ist, sind in Klammern gesetzt.

Geographische Namen

Entgegen dem fachwissenschaftlichen Brauch habe ich die hethitischen Namen in der Reihenfolge unseres Alphabets eingereiht.

Sibora 17. 40. 77
Sibucha 81
Sidon 279. 351
Sijanta-Fluß 199. 265
Sijanu 192
Simyra 229 f.
Sinope 4
Sipylos 20. 199
Sirica 25. 76. 157. 320
Sirion 27
Sirkeli 27. 232
Sis 115
Siwas 6 f. 25. 78. 100. 102. 143.
 174. 177. 205. 226. 235. 237 f.
 285. 293. 326
Siwerek 169. 349
Siwrihissar 6. 207
Skamacha; siehe Sakamacha 175
Skylax 11. 17 f. 117. 130. 144.
 200. 237. 330. 333; siehe Dach-
 char, Kelkit
Smyrna 20. 179. 264. 272
Soloi 287
Solymer 22
Sorghum 10. 238. 333
Spanien 254
Sparta 229
Steiermark 278
Sudan 299
Sugzija 114. 310. 324
Sultan Dag 1. 18. 32. 178. 215.
 219. 226
Sultan Tepe 292
Sulupassi 238 f.
Suluppa 339
Sumer, sumerisch 6. 37. 48. 59. 67.
 69. 73—75. 93. 95. 112. 121. 161.
 249. 292. 298. 325
Sungurlu 11 f.
Sunupassi 202. 213
Suruda 271. 287

Suşehri 15 f. 158. 166. 204. 208.
 307
Swanisch 289. 291
Syrien 15. 25 f. 30. 73. 86 f. 94.
 96. 98. 101—104. 107. 111 f.
 119 f. 122. 127 f. 134. 144 bis
 146. 153 f. 156 f. 159 f. 162.
 164 f. 170. 172 f. 178. 184 f. 188.
 190. 192. 200 f. 211. 224. 232 f.
 240 f. 246. 254 f. 278. 281. 319.
 329
Syrische Pforte 26—28. 111. 270

Tabal 280
Tabalka 280
Tacharama 26. 322; siehe Tega-
 rama
Tachurpa 257
Taggasta 200 f. 214
Takupta 40
Talaura 244. 307
Talkana 162. 325
Tamalkija 108
Tambasan 16. 124
Tanadaris 75
Tanis 322
Taochoi 290
Tapapanuwa 206. 209. 212
Tapasanda 110
Tappika 29. 227
Tarikarimu 184
Tarsa, Tarsos (gr.) 272. 314. 336
Tartaria 298; siehe Rumänien
Taruisa 252
Tas'chinija 108. 111
Tasmacha 176
Tatta-See 18. 208; siehe Salzsee
Tauris 280
Taurus 18—26. 30. 32. 45. 73 f.
 81. 88. 94. 103. 114—116. 118.
 123. 127. 142. 145 f. 150. 152.

Götter

(a = akkadisch; ä = ägyptisch; cha = chattisch; chu = churritisch; germ =
germanisch; gr = griechisch; h = hethitisch; i = indo-iranisch; idg =
indogermanisch; kauk = kaukasisch; kelt = keltisch; lat = lateinisch;
ph = phönizisch; pr = prähistorisch; s = sumerisch; s. o. anat = südostanatolisch)

Unterweltsgott *h* 260

Wasezzili *cha* 36. 289
Wettergötter 36 f. 49. 89 f. 106 f.
  129. 136. 201. 210. 212. 259. 289
Wettergott des Himmels *h* 295.
  301. 316
Wettergott von Manuzija *h* 336
Wettergott von Nerik *h* 37. 89—
  91. 117. 130. 227. 284

Windgott *idg* 52
Wolfsgott *luw*? 63
Wurunkatte *cha* 39
Wurunsemu *cha* u. *h* 36 f. 50. 83 f.
  89

Zababa *s* 36. 98. 253. 292. 309
Zaparwa, palaaisch (= Ziparwa *h*)
  50. 54. 280. 351
Zeus *gr* 89

Personennamen

Abdaširta *m* 319
Abdianati *m* 192
Abirattas *m* 190 f. 330
Achilleus 269. 348
Adadnirari II. *m* 305
Agum *m* 311 f.
Aitaqama *m* 145. 153. 157. 160.
  189. 324. 330
Akit-Teschup *m* 156. 163. 325
Alachsas *m* 213
Alaksandus *m* 228. 347
Alexander d. Gr. 4. 7. 116. 272
Alexandros *m* (Paris) 229. 347
Alluwamnas, König 123. 125. 314 f.
Alluwamnas *m* 203. 209
Amenophis I. *m* 114
Amenophis III. *m* 319. 322. 331
Aminnaia *f* 197
Ammistamru *m* 256. 343
Ammizaduqa *m* 292
Amunas, König 117 f. 310. 313
Amunas, Königsohn 123. 314
Anchespaaton *f* 161 f. (324 f.)
Anittas *m* 82—86. 88. 99. 290.
  308
Annas *m* 142
Anniella *f* 303

Annijas *m* 186 f.
Antacharas *m* 267
Anumchirbi *m* 81
Aparrus *m* 213. 216 f.
Aranchapilizis *m* 208
Arichipa *m* 97
Aridattas *m* 190 f.
Arktinos *m* 348
Armadattas *m* 225. 233. 236. 242.
  245
Arnuwandas I. *m* 129 f. 148. 166.
  200. 312. 315 f. 318. 326 f.
Arnuwandas II. *m* 160. 168—170.
  173. 177. 316. 321. (323). 326.
  331
Arnuwandas III. *m* 265. 270—
  275. 315 f. 326. 347
Arsasuras *m* 168. 326
Artatamas *m* 145. 155. 163. 256.
  (320). 324. 326
Asitawandas *m* 281. 351
Asmunikal *f* 129. 315 f.
Assuwanzas *m* 344
Atpaa *m* (217). 218. 220 f.
Atreus *m* 267
Attarsias *m* 265. 267. 272
Auge *f* 264

Sprachliches

KARTEN

Vorderasien um 1300 v. Chr.

Dem Hethiterreich einverleibt war damals das ganze Gebiet von den Lugga-Ländern und Kizzuwadna einschließlich bis zu den Gaschgasch. Achchijawa war Griechenland nebst der Küste südlich von Pitassa.

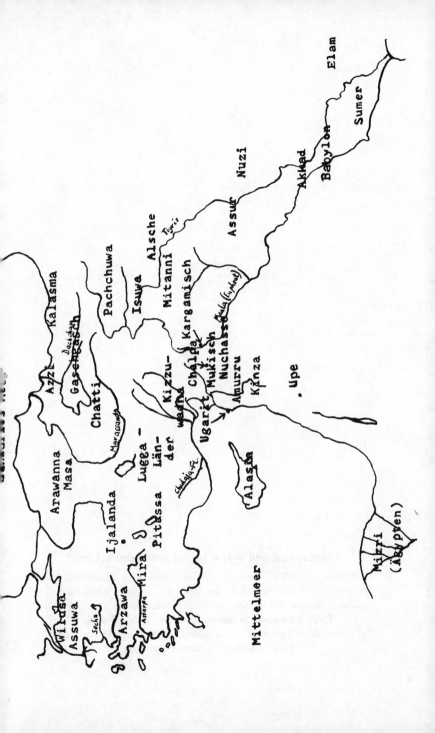

Ostanatolien und Syrien im 2. Jahrtausend v. Chr.

Griechische Namen in Versalien, türkische Namen in Klammern; alle
übrigen Namen sind hethitisch. Das Zeichen × markiert durch Inschrift
gesicherte Namen. Im hethitischen Bereich kennzeichnet ein Punkt (·)
Ruinenstätten, deren hethitischer Name erschließbar ist.
Bei Orten, deren Lage nicht genau bekannt ist, wird lediglich der betref-
fende Name in die Karte eingetragen.

ZU DEN ABBILDUNGEN

Die Auswahl der Abbildungen für dieses Buch mußte naturgemäß nach sachlich-wissenschaftlichen Gesichtspunkten erfolgen, nicht nach qualitativ-ästhetischen. Hinzu kam noch die Tatsache, daß es sich bei den Fotovorlagen um 24 x 36 mm Farbdias handelt, die zunächst in Schwarzweiß-Vorlagen umgekehrt werden mußten. Aus diesen Gründen konnte eine befriedigende Druckwiedergabe nicht in allen Fällen erreicht werden.

Der Verlag

Abb. 1: Haus in Therme am Schwarzen Meer.
Ein modernisierter Pfahlbau. Damit das Haus selbst nicht durch Überschwemmung geschädigt werden kann, ist es auf steinerne Stützen gestellt. Die Fachwerkkonstruktion des Hauses läßt erschließen, daß auch die Stützen beim ursprünglichen Typus hölzern und in die Gesamtkonstruktion des Fachwerks einbezogen waren.

Abb. 2: Şebbin Kara Hissar (das 'Schwarze Schloß Şebbin', heth. wahrscheinlich
'Sappinuwa').
Die Ruinen scheinen aus der Römerzeit zu stammen. Sie liegen auf einem allseits
steil abfallenden Vulkankegel. Das wohlerhaltene, achteckige Türmchen auf dem
Gipfel ist byzantinisch, wahrscheinlich eine Befestigung aus der Zeit des Kaiser-
reichs von Trapezunt (1204—1461 n. Chr.).

Abb. 3: Am Unterlauf des Sangarios (heute 'Sakariya').
Man beachte den Gegensatz zwischen der üppigen Vegetation am Fluß und den spärlichen Wiesen an den Abhängen, die nach oben in kahlen Fels übergehen.

Abb. 4: Sivri Hissar von Süden.
Der Ort lehnt sich an die quellenreiche Bergrippe an.

Abb. 5: Reste der Römerstraße nördlich von Sivri Hissar.
Die alte Straße übersteigt den Berg, um die gefaßten Quellen auszunützen, die in Anatolien selten sind.

Abb. 6: Gordion, Gesamtbild der Ausgrabungen (Zustand 1959).
Gordion ist die Hauptstadt des Phrygerreiches. Sie wurde 714 v. Chr. von den
Kimmerern zerstört, die aus der Ukraine kamen und ca. 60 Jahre Kleinasien ver-
wüsteten und beherrschten. Später wurde Gordion wieder aufgebaut. Die Reste
stammen aus verschiedenen Zeiten. Man beachte besonders die verbrannte Halle im
Vordergrund, deren Dach auf hölzernen Säulen geruht hat.

Abb. 7: Der Halys (heth. 'Marassanda', heute 'Kizil-Irmak') bei Kirikkale.
Der Fluß ist hier so tief, daß selbst Pferde ihn nur schwimmend überqueren können,
und war daher in der Hethiterzeit eine Grenze, die nur an wenigen Stellen von
bewaffneter Macht überschritten werden konnte.

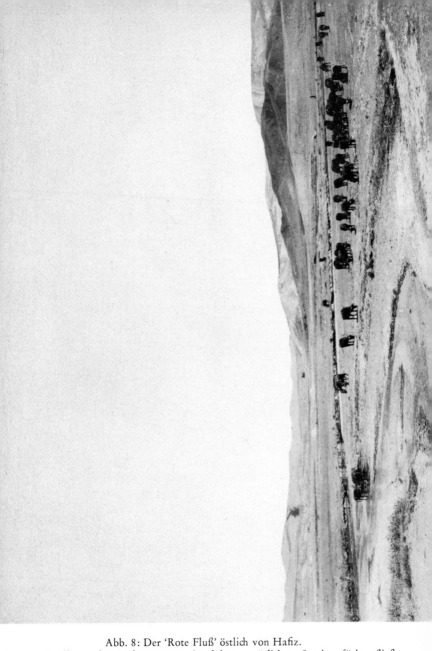

Abb. 8: Der 'Rote Fluß' östlich von Hafiz.
Dieser Quellarm des Halys, vom mitgeführten rötlichen Sand gefärbt, fließt
teilweise durch gebirgige Täler, teilweise wie hier durch breite Ebenen. Auf der
hier abgebildeten Stelle sammelte Mursilis wahrscheinlich sein Heer für den Feldzug
gegen Taggasta.

Abb. 9: Der Yildiz-Irmak ('Sternenfluß') nahe dem Ursprung.
Dieser Quellarm des Halys scheint von den Hethitern als Oberlauf des Marassanda betrachtet worden zu sein. Die Abbildung zeigt ihn da, wo er nach einem hethitischen Text in der Nähe von Nerik „verlorenzugehen" (zu versiegen) droht, bis ihm der Gott einen Ausweg nach Süden schafft.

Abb. 10: Die Felswand östlich von Cenkiri (griech. 'Gangra', heth. 'Kammala' [?]).
Diese Wand reicht bis zum Halys, ohne an irgendeiner Stelle einen Aufstieg mit
Wagen in das nördlich gelegene Paphlagonien zu gestatten.

Abb. 11: Ausblick vom Kerkennes-Dag nach Süden.
Eine Geländestufe von ca. 200 Meter grenzt das 'Obere Land' vom 'Inneren Land'
ab. Der Blick reicht an klaren Tagen bis zum Erciyas.

Abb. 12: Tuff-Felsen bei Göreme.
Von Wind und Regen in den weichen, aus vulkanischer Asche zusammengebackenen Fels eingeschnittene groteske Gesteinsformen. In manche dieser Felsen haben frühchristliche Mönche ihre ausgemalten Zellen und Kirchen als Höhlen eingetieft.

Abb. 13: Kelkit-Tal bei Niksar (griech. 'Kabeira', heth. 'Kapperi').
Unterhalb das Wiesenland am Fluß. Vom Berg herabkommend schlug an dieser
Stelle Lucullus den König Mithradates von Pontos, der sich über den Standpunkt
des Betrachters dieser Abbildung ins Tal des Gelben Flusses flüchtete.

Abb. 14: Römische Ruine bei Arisama.
Auf dem äußersten Gipfel der Bergkette nordwestlich von Arisama haben die Römer einen (heute nur sehr mühsam zugänglichen) Wachtturm mit einer großen Zisterne erbaut, die auch heute noch etwas Wasser führt. Der Blick reicht von hier über die Ebene bis zum Salzsee. Früher wurde die Ruine fälschlicherweise für hethitisch gehalten.

Abb. 15: Der Euphratdurchbruch östlich von Malatya.
Hier beginnt der Fluß sich zwischen die Berge der Tauruskette einzuzwängen, die er in breiter Schlucht mit starkem Gefälle und zahlreichen Stromschnellen durchbricht, um in die mesopotamische Tiefebene zu gelangen. Der reißende Strom ist für Schiffe auch heute noch unbefahrbar.

Abb. 16: Hütten östlich von Therme am Schwarzen Meer.
Altertümlichste Holzbau-Formen, wie sie für die Mittlere Steinzeit (ca. 10 000
bis 8000 v. Chr.) zu erschließen sind.

Abb. 17: Haus in Alaca Hüyük.
Typische Bauform des ehemals chattischen Wohngebietes. Auf steinernen Wänden ruht eine dünne Decke nur aus Lehm und Reisig, die bei den häufigen Erdbeben, auch wenn sie einstürzt, niemanden ernstlich gefährdet. Der auf dem Dach des Hauses aufgestapelte Mist dient getrocknet als Brennmaterial für den Winter.

Abb. 18: Haus im Gaschgasch-Gebiet (westlich vom Yildiz-Dag).
Das mehrstöckige Giebelhaus ist kennzeichnend für diese Gegend.

Abb. 19: Walksteine in Gordion.
Mit Hilfe solcher Steine wurde das Korn wahrscheinlich schon im dritten Jahrtausend v. Chr. geschrotet, um es zu Brei oder Brot zu verarbeiten.

Abb. 20: Dreschplatz bei Ankara.

Der Dreschplatz gehört zu den Gemeindeeinrichtungen des türkischen Dorfes heute
ebenso wie zur Hethiterzeit. Ein mit Esel oder Rind bespannter Schlitten, in dessen
Bodenrillen scharfe Steine eingefügt sind, wird auf den auf dem Boden ausgebrei-
teten Ähren hin und her gefahren, bis das Korn sich aus den Ähren gelöst hat.

Abb. 21: Kanes. Die assyrische Siedlung.
Die Assyrer brachten die Bauweise mit gebrannten Ziegeln nach Kleinasien. In
Krügen waren die Handelsarchive der Kaufleute untergebracht, die uns Zehntau-
sende von Wirtschaftsurkunden aufbewahrt haben.

Abb. 22: Nomaden im Tal südlich Pinarbaşi.
Diese Nomaden, die mit ihren Kamelen umherwandern und durch ihre schwarzen
Zelte auffallen, sind eine besondere Bevölkerungsklasse. Zur Hethiterzeit scheint
das Kamel in Kleinasien noch nicht bekannt gewesen zu sein.

Abb. 23: Schlucht bei Nefez, mit Ausblick nach Süden.
Diese Schlucht bildete die westliche Abschirmung der keltischen Stadt Tavium, von deren nach Norden anschließender Stadtmauer die eingeebneten Fundamente noch freiliegen. Weiter südlich liegen die beiden Burghügel des hethitischen Arinna.

Abb. 24: Ruinen der hethitischen Burg und Stadt von Kanes.
In der Vorstadt war die assyrische Siedlung (Abb. 21) gelegen, die aber seit ca.
1700 zerstört war, während der hethitische Ort bis zum Ende des Großreichs bedeutend blieb.

Abb. 25: Chattusa, Gesamtbild.
Die Hauptstadt der Hethiter umfaßte ein Areal von sieben Quadratkilometern, mit Höhenunterschieden von 200 Metern. Am oberen Rand des Bildes ist die südliche Stadtmauer erkennbar, links über der Schlucht die Ruinen der Burg. Eine Erweiterung der Königsburg lag auf der Kuppe östlich der Schlucht, durch eine Brücke mit der Hauptburg verbunden.

Abb. 26: Alaca-Hüyük.
Eine Königsstadt, die schon in vorhethitischer Zeit geblüht hat. Die Sphinxgestalten bezeugen ägyptischen Einfluß in der hethitischen Bauperiode.

Abb. 27: Das Löwentor in der Stadtmauer der Großreichszeit.
Durch dieses Tor führte der Weg nach Arinna, das der religiöse Mittelpunkt des
Reiches blieb.

Abb. 28: Blick auf die kataonische Ebene von Tegarama aus.
Diese Ebene war das hethitische Aufmarschgelände für die Feldzüge nach Syrien.
Das Bild zeigt auch die kleinen Staubwirbel, die sich durch den Einfluß der Sonnen-
hitze zu bilden pflegen — Windhosen in kleinem Maßstab.

Abb. 29: Die Ebene um Zile vom südlichen Grenzhügel aus.
Auf ihm befinden sich Reste griechischer Architektur. In der Mitte des Bildes der
Ort Zile, eine assyrische Gründung, assyr. 'Durchamid', heth. 'Durmitta' geheißen,
bekrönt von einer seldschukischen Burg.

Abb. 30: Selme, heth. 'Sallapa'.

(Ob die älteren Schreibungen Salma und Salampa denselben Ort meinen, ist strittig.) Das Bild zeigt nur den von Höhlen durchsetzten Hügel aus vulkanischem Tuff. Rechts deutet sich durch die Senkung der Lauf eines für türkische Verhältnisse sehr wasserreichen Baches an; links außerhalb des Bildes endet die Erhebung und schließt sich eine breite Ebene an, die zur Sammlung und Ordnung eines Streitwagenheeres sehr geeignet war. Der Ort bietet also alle Vorteile, die für den Aufmarsch des Mursilis II. in seinem 3. Jahr gegen Arzawa verlangt werden müssen. Er ist auch der geeignete Punkt, sich mit einem aus Süden durch die Kilikische Pforte und über Nigde anrückenden Heere zu vereinigen, namentlich wenn es von da den Weg nördlich des Hassan-Dag einschlug.

Abb. 31: Die Burg von Kemach, heth. 'Kummacha', am „westlichen" (richtiger nördlichen) Quellarm des Euphrat (heth. 'Kummesmacha'-Fluß).
Das Burgplateau fällt nach allen Seiten so steil ab, daß nur der eine, durch ein Tor und langen Anstieg, der stets die rechte, unbeschildete Seite den Geschossen der Verteidiger preisgibt, sehr gesicherte Eingang bleibt. Die unterste erhaltene Schicht des Mauerwerks zeigt noch hethitische Bauweise.

Abb. 32: Am Gelben Fluß.
Dieses hübsche Waldstück ist nicht typisch für die Flußufer, die fast überall von
Baumwuchs entblößt sind. Es zeigt aber, wie der Wald bei sorgsamer Bewirtschaf-
tung gedeihen könnte. (Viel größere Waldbestände sind etwas nördlich des Flusses,
zwischen Tokat [heth. 'Takupta'] und Erbaa.) In hethitischer Zeit wird man mit viel
ausgedehnterer Bewaldung rechnen dürfen.

Abb. 33: Afyon Kara-Hissar, heth. 'Ijalanda', griech. 'Eulandros'.
Der nach allen Seiten steil abstürzende Felsklotz, auf dem die Festung liegt, sperrt
den auf ca. 100 km Breite einzigen Weg von Innerkleinasien nach dem Westen.

Abb. 34: Divrigi, die Seldschuken-Burg.
Von der hethitischen Befestigung, die Muwatallis hier (heth. 'Tappika', griech. 'Tephrike') errichtet hatte, stellt nur die Abarbeitung im Felsen rechts der Burg noch eine Spur dar. Der Ort liegt so geschützt zwischen den Bergketten nördlich und südlich, daß sich eine verfolgte christliche Sekte hier jahrhundertelang verstecken konnte.

Abb. 35: Alter Brunnen in Divrigi.
Dieser Brunnen dicht neben der Seldschuken-Burg, aber von dieser aus nicht zu-
gänglich, scheint eben darum einer älteren, vielleicht der hethitischen Burg an dieser
Stelle zuzugehören.

Abb. 36: Chagmis (griech. 'Kamisa', heute 'Çemis').
In den Felsen gearbeiteter Aufgang zur Burg, deren Reste unter dem heutigen
Dreschplatz des Ortes zu vermuten sind.

Abb. 37: Bolus (griech. 'Boryza', heth. fast sicher die heilige Stadt 'Nerik'), Inneres einer türkischen Hütte.

Der Ruinenhügel ist auf der einen Seite angegraben, so daß eine Reihe von Kulturschichten zutage liegen, eine davon mit Brand- und Leichenresten über Blöcken von hethitischem Mauerwerk. Auf der Höhe des Ruinenhügels liegt ein islamischer Friedhof. Bei einer Bestattung fanden die Grabenden das hethitische Vorratsgefäß so wohlerhalten, daß sie es wieder in Gebrauch nahmen.

Abb. 38: Chattusa, Badebecken für kultische Reinigung im großen Tempel.
Ehe der König eine Kulthandlung vollziehen konnte, mußte er sich reinigen. Die
Badewanne, die aus einem einzigen Stein gehauen ist, ist durch die häufigen Erdbeben etwas aus ihrer waagrechten Stellung verschoben und in zwei Stücke zer-
sprungen.

Abb. 39: Chattusa, Eingang des großen Tempels.
Nur die niedrigen Mauerreste zeigen noch die sorgfältige Arbeit, mit der die Steine
des Tempels behauen waren. Die heiligen Räume lagen nicht vom Eingang gerade-
aus, sondern waren nur nach zweifacher Wegbiegung zu erreichen. Auch die Fenster
waren durch eine hohe Umfassungsmauer davor geschützt, daß ein profaner Blick
das Kultbild hätte treffen können (oder muß man umgekehrt deuten: daß keine
Ausstrahlung des Bildes die Umwelt magisch gefährden könne?).

Abb. 40: Yazili-Kaya, Überblick über den Hauptraum.
Der Himmel sticht in Natur tiefblau von den fast weißen Felsen ab. Der Eindruck
ist so feierlich, daß man annehmen möchte, die Bilder seien deswegen dem Zugriff
der christlichen und der islamischen Bilderstürmer entgangen.

Abb. 41: Yazili Kaya, die Götterhochzeit.
Von rechts kommt der Zug der weiblichen Gottheiten, von links die männlichen.
In der Mitte der Wettergott des Himmels und die Götterkönigin (hier in der In-
schrift 'Chepat' genannt), begleitet von ihrem Sohn Scharrumas als einzigem männ-
lichen Gotte in der weiblichen Prozession. Alle stehen auf ihren heiligen Tieren.
Man beachte besonders den Doppeladler.

Abb. 42: Yazili Kaya, der Götterfries über dem Opferaltar.
Hinter dem Mondgott, der dem Wettergott folgt, biegt der Fries der Götter in rechtem Winkel um. Unter die Götter ist auch die mannweibliche Sauska, die Beschützerin des Chattusilis III., eingereiht. Am Altar fanden die Ausgräber noch Blutspuren der Opfer. Sichtbar ist die Rinne, durch die das Blut abfloß.

Abb. 43: Yazili Kaya, die zwölf laufenden Götter.

Sie bilden den Beschluß des Götterfrieses und sind ebenfalls in der Grabkammer dargestellt. Man deutet sie gewöhnlich um ihrer Tracht willen als Berggötter.

Abb. 44: Yazili Kaya, Bild in der Grabkammer.
Der König Tutchalijas wird von seinem Schützergott in seinen Mantel eingehüllt,
um vor den Schrecken der Unterwelt bewahrt zu werden.

Abb. 45: Felskuppe in Chattusa.
Die Stadtmauer von Chattusa schließt mehrere Felskuppen ein, auf deren Gipfel
ansehnliche Gebäudereste von ehemaligen Tempeln oder Palästen Zeugnis geben.

Abb. 46: Chattusa, die Kaverne von außen.
Als heimliche Ausfallpforte wurde der unterirdische Gang unter der Stadtmauer angelegt, damit eine Abteilung unbemerkt in den Rücken der stürmenden Feinde gelangen könne. Dieser ursprüngliche Zweck wurde dadurch vereitelt, daß in der langen Friedenszeit die Ausfallpforte architektonisch kenntlich gemacht und mit einer Sitzbank ausgestattet wurde.

Abb. 47: Türkischer Büffelwagen.
Wie auf den Bildern der Seevölker in Ägypten die großen mit Beute beladenen Wagen, so sind noch heute die türkischen Erntewagen mit massiven Rädern ohne Speichen ausgestattet.

Abb. 48: Chattusa, die Königsburg (Zustand 1959).
Auf diesen Grundmauern haben ehemals mehrstöckige Prachtbauten gestanden. Was
bleibt übrig von allem menschlichen Glanz?